中央民族大学中国民族理论与民族政策研究院一流学科经费支持项目

STUDIES OF ETHNO—NATIONAL
POLITICS Vol.4

民族政治辑刊

第四辑

青觉 主编

社会科学文献出版社
SOCIAL SCIENCES ACADEMIC PRESS (CHINA)

编委会

序　言

　　自人类形成民族（种族、族群、部族）这样的聚落群体（或共同体）以来，民族问题便在人类政治社会生活中扮演着重要角色。在当下中国语境中，对于什么是民族问题，具有广义和狭义的界定：广义的民族问题既包括民族自身的发展，又包括民族之间，民族与阶级、国家之间等方面的关系；狭义的民族问题是指发生在民族之间的矛盾问题。广义的民族问题概念界定似乎有将民族问题视为普遍之嫌，但它有助于我们从更宽的视域理解民族问题产生的原因和条件，而狭义的民族问题概念界定更加凸显了"矛盾"或"问题"。不管是作为一种宽泛的研究对象，还是作为一种程度不一的社会冲突类别，民族问题一直困扰着古今先贤和有识之士，而且要想有效解决民族问题又不得不问计于政治制度设计和政策实践。

　　人类进入现代社会后，在民族学、政治学、社会学的根基上滋长出民族社会学、民族政治学、马克思主义民族理论与民族政策等学科或专业，有了浩如烟海的各类文献、资料和素材，有了数量繁多的理论分析工具和视角，但作为"社会麻烦"的民族问题依然没有偃旗息鼓，且越发有着诸多表现形态和演进趋势，抑或嵌入新的社会发展进程中。套用中国的一句俗语，那就是学术的计划、规划总是赶不上现实的变化。可以说，相对于作为"社会事实"的民族问题而言，学术的"事实"呈现、描摹和阐释总显得有些"缺斤少两"或"缺胳膊少腿"。这对于与民族问题密切相关的各学科和相关（研究）机构而言，多少显得有些尴尬，但这往往也是学术研究的宿命。从积极层面看，它既是学术研究必然面临的挑战，也是学术发展的机会。

　　近年来，中国学界颇为积极地从政治学科角度研究民族问题，一些学者旗帜鲜明地打出了民族政治学的大旗，致力于规范性的学科建设，建树不可谓不丰，譬如有学者出版了《民族政治学》之类的教材和相关专著，一些高校招收民族政治学方向硕士、博士研究生，《民族研究》《世界民族》以及一些民族类高校学报等杂志刊载了不少相关研究成果。细细思量，作为一个学科它还存在诸多不足，还不成熟，在学科化进程中也出现了一些亟待解决的问题和麻烦，譬如为学科而学科之倾向——突出表现是，将民族生硬地与"政治学"学科体系对接。本辑刊编者认为，与其过于聚焦民族政治的学科化，还不如对民族政治相关研究对象、核心问题与研究方法做出持续、全面而有深度的考察和学理辩论，如此一来，则该学科的底色、概貌、特色和边界也就水到渠成地明晰起来。这也是本书名为"民族政治辑刊"而不是"民族政治学辑刊"的原因。当然，关于民族政治学研究的文章也可以选择性地纳入本辑刊。

在这一方面，国外学术界有着可资学习、参考和评论的资源和成果。在西方学术界，鲜见明确的民族政治学这样学科化的表达，他们习惯使用"族群政治"（Ethnopolitics）一词，如英国的 Routledge 出版社 2001～2004年间出版了名为"族群政治全球评论"（*Global Review of Ethnopolitics*）的期刊，2005 年至今该刊物更名为 *Ethnopolitics：Formerly Global Review of Ethnopolitics*。该刊为季刊，其学科归属为政治学。该刊声称它是族群政治研究专家的会集地、是族性研究之家园（Ethnopolitics is a journal of the Specialist Group on Ethnopolitics and the Association for the Study of Nationalities）。由于该刊并不只研究文化意义上的族群卷入政治体系和政治进程，还涵盖了具有复杂内涵、超越文化属性的民族性（nationalities）研究，因此它所说的族群政治实际上等同于民族政治。该刊试图在理论与个案研究上维持均衡，并尽量涵盖全球各地域的民族问题，其主要关注点为：族群冲突的管理、处置和预防，少数人的权利、群体认同，民主转型语境下多数民族与少数民族的民族主义，以上议题影响着国家与地区的安全和稳定；特别关注的主题有：族群政治的国际维度，包括外交和军事干预，以及全球化对族群认同和族群认同政治表达日益增强的影响。从该杂志的研究主题来看，西方民族政治研究具有以下几个特征。首先，民族政治研究无法摆脱现实主义色彩浓厚的高位政治研究，即探索民族冲突、民族主义、民族问题引发国家和地区安全和稳定挑战。其次，民族政治研究也具有法权和规范的维度，如研讨少数人的权利、民族冲突的预防和管理等，这一点是西方学术界重点强调的。再次，民族政治研究关注全球化进程、民族问题国际化这些新趋势或重大政治社会趋势的影响。最后，民族政治研究十分看重承认政治、认同政治之类社会心理学色彩浓厚的主题。

与之比较，中国学界的民族政治研究形成了颇为不同的特点：首先，比较注重从马克思主义视角研究民族政治现象和政治过程；其次，研究国外民族政治时，更突出关注民族冲突，而在探索国内民族政治问题时，显得"玫瑰色"更为浓厚（强调民族团结、民族合作、民族和谐、民族互助）。最后，中国学界的民族政治研究往往强调从学科化的角度铺展开来，强调学科体系的严密性与逻辑合理性。前两个特点显示了中国民族政治研究深受中国政治影响，其不足之处是，其学科性（或学术努力）往往由于自上而下的政治影响或政治正确性的影响而显得自主性不够，从而导致对国内外复杂的民族政治现象的立体分析、呈现和阐释不够，学术的多元辩论偏弱。与此同时，中国社会具有视民族问题为社会"麻烦"的倾向，这使得包括民族政治研究者在内的中国民族问题研究者在国家与社会之间左右为难、十分尴尬。

民族问题时常在政治场域与社会场域之间"变身"，这也是想将其"定"住的困难之源。对于中国学界而言，如何以理性的、学科的、多元的方式向中国政府、中国社会以及西方学术界娓娓道来，中国民族政治研究者自己的"故事"和"声音"，任重道远。以下几点想法或建议，权当抛砖引玉，亦是《民族政治辑刊》极力想达致的，望学界同人能够批评和深化讨论。

首先，我们希望展现学界专业化的民族政治学术训练成果，避免情绪化和脸谱化的表达。社会理论家马克斯·韦伯在其脍炙人口的《以科学为业》的演讲中论述了专业化对于以科学为职业的人士的重要性，"只有通过严格的专业化，科学工作者才能完全地意识到——只有一次，也许他一生中不会再有第二次——他取得了某种永久的东西。一种真正确定的和卓越的成就，在今天总是专业化的结果"。还有人颇有见地地论述道，"外行不同于专家的地方，仅仅在于他缺乏一种牢固而稳定的工作程序"，这里的工作程序，便是专业化训练的结果。就民族政治研究而言，我们要积淀扎实的"民族政治史""民族政治学科思想史""民族政治方法论"知识，同时勾连其他学科理论，开展系统的方法论训练，形成穿行于各种民族政治"理论岛"的底蕴与胸怀。

其次，我们希望展现并阐释不同层面的民族政治诉求，为不同的民族政治话语之间的沟通对话搭建平台。学术是天下公器，它需要面对并展示国家、社会、学术界等不同层面的需求。对民族政治研究而言，我们应具有识辨上述三个层面的民族问题、民族政治（话语）的能力。这里所说的三个层面的民族政治，指的是，作为不同认知主体的国家、社会和学术界对民族政治具有不同的认识，从话语角度而言，它还形成了民族政治的政策话语、学术话语、民族民间话语，三种话语有时重叠交叉，但它们往往有不同的逻辑和表达方式，学界应找到三种话语的对译机理，从而能够在国家、社会和学术界之间形成桥梁和通道，并在此基础上进行学术对话与学术创新，避免自言自语式的独白。

再次，我们倡导培育多种学术意识，并在此基础上进行学术创新与学术对话。民族政治研究首先需要培育两个层面的问题意识，即敏锐的现实问题意识和前沿的学理问题意识，在复杂现实与理论逻辑之间多次往返思量，并寻找新的学术突破口。民族政治研究还需要把握时代意识，即立基于我们所处时代，仔细探究时代（特别是全球化、国际化、城镇化、市场化、民主化、信息化等）所赋予民族政治的内涵、特征、机理和影响。民族政治研究还需要统筹兼顾世界意识与中国意识。世界范围内民族政治现象是共性与个性的统一，我们的学术研究既要防止出现井底之蛙之类的只讲"中国特色"（或某国特色）的知识创造，也要警惕食洋不化地引进所谓放之四海而皆准的"国际知识"这两种极端做法。此外，民族政治研究还需要学界在民族意识与国家意识之间保持动态的良性平衡，在尊重个人、民族、国家等不同行为体的自主性和权益的前提下，避免出现极端的个体主义、国家主义或民族主义的立场，或成为某个群体或机构的工具。

最后，我们迫切需要走出民族问题"污名化"或"麻烦化"的认识误区，加强民族政治研究的学术自主与自信。诚然，如瑞典乌普萨拉大学冲突数据库所显示的，20世纪80年代中后期以来，世界范围内各类武装冲突中，民族冲突所占的比重一直居于榜首，比例一直稳定在60%左右，这些民族冲突包括民族与民族的冲突，也包括民族与国家的冲突，乃至种族屠杀，但不能因为这些，我们就束手无策，或将民族问题"污名化"。面对频频现身的民族问题，悲观的评价发人深省，积极的审视能够振奋人心，而中性的描述催促我们客观地探索，它们对应着人性与人心的不同维度，折射出我们每个人都有不同的民族问题"镜像"。或者说，作为"事实"的民族问题其实是一个复数，作为"药方"的民族问题的解决方式是千差万别的。2008年"3·14"打砸抢烧严重犯罪事件与2009年"7·5"打砸抢烧严重犯罪事件发生后，中国社会舆情中出现了关于民族问题的各类公开或不公开的言论，有辛辣而严肃的评述，有马后炮式的惋惜和慨叹，更不乏一地鸡毛式的批评。除事发地外，悲观情绪甚至在学界也蔓延开来，此时此刻，从事民族政治研究的学人应有所作为、有所担当。

综上，本书编者认为，编辑出版《民族政治辑刊》的目的与宗旨是：以政治学为依托，以民族在主动介入或被动卷入政治体系、政治过程与政治生活时所扮演的角色和所发挥的作用为主要研究对象，以梳理、阐述并创新民族政治学术"事实"为学术旨趣，以评估、回应并引领民族政治供给与需求为现实关怀，展示中国学人探索民族政治学的学科化进程以及民族政治研究的对象化过程。

以上若干想法，挂一漏万，且言易行难，但不论存在什么困难和挑战，民族政治研究来不得半点虚假和忽悠，敬畏学术并不断积累方为正能量。

是为序。

青　觉

2013 年 1 月 25 日

目录 CONTENTS

民族理论与政策研究

民族权力（利）与民族主义

民族自治与治理

"一带一路"与边疆民族地区发展

民族理论与政策研究

1 回顾与展望：中国民族政治学研究述评[*]

青　觉^{**}

【摘要】本文主要论及三个重要问题：中国民族政治学研究的历史脉络；中国民族政治学相关专题研究；中国民族政治学未来发展趋势。作为我国新兴的重要学科，民族政治学主要聚焦于民族政治生活及各种民族政治现象，并直接与多民族国家的政治发展及各民族群体的存续密切相连，并通过三个层面发挥作用：首先，就理论研究而言，民族政治学就是要论证民族权利（权力）的合法性来源，通过设定民族群体平等的框架，而研判基于不同地域、时代的多民族国家的各种治理民族问题举措的价值；其次，就政治制度设计而言，遵循多民族国家意志，进行相应的制度安排，确认或否决相关族群的权利，设定、保障民族权力及其运行以及保障民族权利；最后，就政治行为而言，规范族际政治关系、民族全体与多民族国家之间的政治关系，构建必要的民族政治参与路径，促进多民族国家的政治发展和社会和谐稳定。基于此，我国民族政治学研究只有洞察民族政治生活的缘起、关联与发展，才能构建出有利于解决我国民族政治问题的制度，才能建立起足够自信的民族政治学理论体系。

【关键词】中国民族政治学　民族政治参与路径　民族群体平等
民族政治问题

从发生学来看，民族政治学具有比较长的发展历史脉络与研究理路。自 19 世纪五六十年代起，伴随工业化的进程，民族主义就开始崭露头角，以不同种族各种外在体质特征差异为主要感性依据，来审视不同种族群体之间的政治权力（权利）及地位区别。人类历史进入 20 世纪，直至第二

＊　本文曾发表于《中央民族大学学报》2016 年第 1 期。
＊＊　青觉（1957～），甘肃天祝人，中央民族大学副校长、教授、博士生导师、法学博士，主要从事族际政治与多民族国家治理、民族理论与民族政策、民族社会问题研究。

次世界大战结束，不论是马克思主义思想家还是资产阶级思想家，不约而同地把学术目光转向了民族主义动员及其在民族独立运动中的作用。在列宁提出"民族自决"理论之后，苏联学者针对民族以及民族政治领域内的相关内容展开了研究。自苏联解体后，世界上诸多多民族国家的动荡及族性政治化的问题对民族政治学理论与实践带来了深远影响。西方族类抑或族群政治研究又迎来了新的高潮。伴随西方学者研究的不断深入，有关族群政治课程也融进了西方大学公共课程教学体系。各类相关专业期刊也不断涌现出来，为相关学术观点交流与碰撞提供了必要平台。就我国而言，关于民族政治政策实践可追溯至历代中央政府治理民族问题的制度设计及政策实践。自新中国成立以来，在社会主义政治制度的框架内，我国进行了统一多民族国家的政治制度建设。从学术层面来看，随着民族问题日益呈现复杂化、国家化特征，越来越多的学者也通过跨学科、多领域、深层次等不同维度与视角来研究各种民族政治现象，并试图寻求解决民族问题的新路径。这直接推动诸多民族政治的相关研究不断深入，使得民族政治学处于良好的发展态势。

一 发轫与繁荣：民族政治学研究的历史脉络

民族政治学作为一门科学研究民族政治问题的理论学科，不是一朝一夕形成的，而是经历了一个较长时期的理论研究与学术实践的历史过程。民族政治学作为对人类民族政治现象进行理论探索的专业性科学理论体系，脱胎于民族科学与政治科学，是二者交叉研究与专业化研究的理论成果。纵观国内民族政治学的研究发展历史，可以大体总结出如下三个发展阶段。

（一）追求国家独立、民族解放的历史时期

1840 年鸦片战争后，中国国家主权和领土危机日益严重，面临"数千年未有之变局"。伴随着民族危机的一步步加重，中国传统的政治思想失去独尊地位。西方的近代政治理论、民族理论传入我国，一批先知先觉的中国人"开眼看世界"，积极吸收西方政治思想、民族思想中的积极内容，探索救国之路，提出了不同的理论和思想体系。活跃在近代中国政治舞台上的派别主要有：清道光、咸丰年间的经世派以林则徐、魏源等为代表，

注重了解"夷情"，将西方资本主义政治制度介绍到中国，打破了"华夏"优越感和夷夏之防的中国传统民族观念。19世纪60年代到90年代的洋务派的代表人物曾国藩、李鸿章、左宗棠等，提出了"变局观"，"夷夏之防"得以进一步打破。与此同时，洋务派对于"外夷"的口诛笔伐也刺激了中国民族意识的觉醒。19世纪70年代后，伴随着中国民族资本主义的发展，以冯桂芬、张之洞、严复、郑观应等为代表的早期资产阶级维新派，深刻揭露了西方列强侵略中国的罪行，将君主立宪制、西方议会制度等政治思想与实践经验介绍到中国，起到了启蒙中国政治思想的作用。甲午中日战争后，中国民族危机进一步加剧，以康有为、梁启超为代表的戊戌维新派，在民族思想上主张抛弃"夷夏之防"，大力倡导"平满汉之界"的大民族主义思想，在政治思想上变法自强，主张在中国实行"君民共治"的君主立宪政体；而以孙中山为代表的革命派，主张通过暴力革命实施排满革命——"驱除鞑虏，恢复中华"，推翻腐朽的清王朝的统治，建立资产阶级民主共和国。为了实现各自的政治主张，这些政治家、思想家将对西方资产阶级革命起到巨大推动作用的民族主义理论，以及天赋人权、三权分立等西方民主政治思想引入了中国。辛亥革命后，中华民国成立，但伴随革命果实被袁世凯窃取，北京政府频繁更迭，中国真正独立之路变得漫长。为此，孙中山等革命先驱发动新的革命，并且对于中国多民族国家未来走向，先后提出了"五族共和"、"中华民族国家"、"国族"等理论思想和主张。以蒋介石为代表的国民党政府则不承认中国有少数民族，力主推进"民族融合"。1921年，中国共产党的诞生，走上了中国无产阶级革命的道路。在当时的特殊背景下，为了解决国内民族问题，根据形势的变化，逐步提出了民族自决、联邦制、民族区域自治等国家建构的政治理论设想。

（二）马克思主义民族政治思想初步确立时期

1949年中华人民共和国成立，中国民族解放和国家独立的历史使命宣告完成。历经列强百年的侵略、压迫与掠夺，从国内形势上看，如何在一穷二白、人口众多、民族状况复杂的多民族国家开启社会主义建设事业，是中国面临的总任务；从国际形势上看，在冷战思维的作用下，以美国为首的西方国家对新生的社会主义中国采取封锁与遏制战略，新中国自强自立发展陷入荆棘丛生的艰难路程。在这样的国际国内宏观背景下，中国作为社会主义国家，以马克思主义基本理论作为中国国家建设的指导思想，由此，马克思主义国家理论及民族理论成为中国共产党民族政策的根本理论来源。为此，这一时期我国学术界开展的与民族政治学相关的理论研究体现为：第一，由于意识形态因素，我国有关民族及民族问题的国外学术研究主要以对马克思、恩格斯、列宁、斯大林的民族、政治理论研究为主，特别是他们关于帝国主义、民族解放斗争、民族同化与融合等的重要理论。第二，结合新中国成立后我国解决民族问题的现实需要，我国学者对民族问题的实质、民族主义问题（包括大国沙文主义、狭隘民族主义、资产阶级民族主义、大汉族主义和地方民族主义等）、我国的民族区域自治制度、毛泽东等党和国家领导人关于民族解放运动的理论、中国历史上的民族斗争等问题，开展了专题性研究。第三，第二次世界大战结束后，世界反殖民主义的正义力量得以壮大，世界范围内掀起了民族解放运动的高潮，亚非拉美等众多殖民地国家通过复杂严酷的民族斗争，或是取得独立地位，或是对本国的殖民主义力量给予沉重的打击。为了宣传、了解这些正义的斗争，诸多学者开展了对反殖民者斗争、民族解放运动的一系列研究，详细地介绍了亚非拉美等殖民地国家争取民族解放运动的进展情况，总结了开展斗争过程中的经验教训，并对实施殖民统治的国家、殖民制度等进行了立场鲜明的批判。同时，在中国革命对当时世界民族解放运动的积极影响方面也给予了充分肯定。

（三）中国民族政治学的专业化研究阶段

"文化大革命"时期，我国的各项正常工作基本上处于停滞状态，学术研究工作也是如此。1978 年改革开放之后，我国的社会主义建设事业重新步入正轨。1979 年，邓小平在理论工作务虚会上指出："政治学、法学、社会学以及世界政治的研究，我们过去多年忽视了，现在也需要赶快补课。"[①] 在这一思想路线的指引下，我国的民族、政治等理论研究工作步入了规范化的发展轨道，一大批专业性的科研机构得以恢复和建立，一系列综合性或专门性的学术刊物得以复刊、创刊，大量的专家学者对民族政治诸多问题进行了深入研究和探索。而从改革开放至今，我国民族政治学研究可分为如下两个阶段。

---

① 《邓小平文选》（第 2 卷），人民出版社，1994，第 180～181 页。

第一，1978年至1992年，我国学术界涉及民族政治的主要研究成果体现在政治学、民族理论与民族政策、民族学等学科的研究成果之中，这些研究成果具有零散化特点，专业从事民族政治学研究的学者欠缺，系统性的研究更是凤毛麟角。可以说，这一时期属于民族政治学研究的积淀与酝酿时期，主要的研究成果体现在这样几个方面：一是在我国全面拨乱反正的时期，对"文化大革命"时期提出的错误政治观点，如"民族问题是阶级问题"等进行了彻底的批判，并在此基础上对我国现阶段民族问题、民族关系的实质等与民族政治密切相关的议题进行了深入论述；二是对于当时我国多民族国家政治建设、民族政策等根本性问题，如民族区域自治、民族平等、反对民族主义等问题，结合我国解决民族问题的实际需求进行了初步的研究；三是在国外民族理论研究方面，继续深入开展马克思主义民族理论研究，特别是对苏联、前南斯拉夫的民族理论与政策存在的问题及多民族国家政治面临的挑战等问题，进行了详细的介绍与深刻的反思性研究；同时，对国外学术研究的视野有所拓展，对美国、加拿大、英国等国家的相关民族政治议题进行了初步的探讨。

第二，1993年之后，我国的民族政治学研究步入了发展的快车道。这一时期，在第三次世界民族主义浪潮的冲击下，世界范围的民族分离主义运动此消彼长，出现了苏联解体、东欧剧变等重大国际事件，伴随着有关国家的民族斗争、暴力冲突事件不断，严重威胁了国家、地区的安全与稳定，民族问题成为世界性的难点热点问题。为此，民族政治研究也就升温成为国内外学术界研究的重点领域。在这种背景下，我国的民族政治学研究进入了新阶段，具体表现在：一是呈现学科化特征。1993年，周星出版了《民族政治学》一书，这是国内第一部系统探讨民族政治学基本原理的教材式专著，他在书中分析了民族政治生活与民族政治问题的不同侧面，并对中国民族政治提出了一些建设性的意见。继周星之后，云南大学周平教授出版了《民族政治学导论》、《民族政治学》；南开大学高永久教授出版了《民族政治学概论》，这些教材，较为系统地描述了民族政治学的学科构设，探讨了民族政治的基本理论，推动了民族政治学科教材体系建设。北京大学较早在本科生、硕士研究生以及博士研究生中分别开设了民族政治学课程，之后，中央民族大学、云南大学、中国政法大学等其他高等院校也开设了有关类似课程。2001年，云南大学马克思主义民族理论与政策博士专业中设立了民族政治学方向，2003 年设置民族政治与公共行政的硕士、博士招生专业。此后，中央民族大学等高校的民族政治学的硕士、博士学科点也相继建立。二是专门化特征。以周星、周平、高永久、王希恩、王建娥、陈建樾、常士闇、青觉、关凯、严庆等为代表的民族（族际）政治研究学者，紧紧围绕民族主义、族际政治整合、民族与国家、民族政治文化、民族政治参与、民族冲突等具体问题进行了广泛而深入的研究，发表了一大批高质量的研究论文与论著。据统计，近十年发表的关于民族（族际）政治问题的文章已超过一千篇，出版及翻译的关于民族（族际）政治的专著已有几十部，特别是青觉教授等撰写的二十多篇民族政治学的前沿研究成果，在《黑龙江民族丛刊》（2013～2014 年）发表，产生了重要的学术影响。

二 采借与争鸣：民族政治学相关专题研究

当前，民族政治学研究主要依赖于民族学与政治学这两个学科的基本路径。但是从侧重程度来看，民族政治学则更偏重于政治学。从政治学的主要侧重点来看，民族政治学研究主要围绕多民族国家的结构形式、民族政策及民族政治关系、民族政治制度设计及民族政策制定、民族政治过程、民族权利（权力）、民族政治参与、民族与国家间关系等内容开展，学术视野不断扩展，学术成果也日渐丰富。主要成果及学术观点介绍如下。

（一）民族政治主体研究

目前，民族政治作为一种社会存在，已经成为多民族国家普遍的社会现象，"政治是人类生存的普遍的社会事实。每个人都在某一时期以某种方式被卷入某种政治体系之中"。① 政治的存在、发展离不开政治主体，政治主体是在国家政治中具有行为能力的人或组织，具体包括组织型政治行为主体，例如国家、政党、宗教、民族等行为主体；还包括个体政治行为主体，例如政治领袖、公民个人等。就民族政治而言，民族、国家无疑是最为核心的主体。就如何实现民族与国家这两大政治主体的协

---

① 〔美〕罗伯特·达尔：《现代政治分析》，上海译文出版社，1987，第 6 页。

调一致，周平认为，民族能否认同国家，从根本上就决定了民族能否把国家作为自己的国家。① 对于政治主体的类型，研究者均认为包括群体和个体两种。陈纪、高永久从政治角色的角度出发，将其细分为政治组织和个人政治角色两个方面。其中，政治组织包括宏观层面的组织，即国家权力机关与政府机构、地方的权力机关与政府机构；以及微观层面的组织，即村落层面的家族、教会等。而民族个体政治角色包括政治精英、政治领导人、宗教领袖、政府官员、长老等。② 高永久、柳建文还专门对民族政治精英进行了系统全面的论述，民族政治精英对于凝聚民族力量、维护民族利益、协调民族关系、激发民族政治热情、推动社会政治变革等方面具有突出作用。③

（二）民族政治关系研究

民族政治关系是民族关系的重要组成部分，良好的民族政治关系是解决多民族国家政治问题的重要基础。民族政治关系包括民族之间的冲突与融合，对其进行整合是多民族国家的普遍做法。民族（族际）政治关系，特别是民族（族际）政治整合是目前我国民族政治理论界最为关注的议题，相关研究成果也最为丰富。在民族关系中，国家分配权力过程，也是各民族群体竞相追求和分享权力的过程。因此，民族权力成为民族政治行为和民族政治关系的核心概念。陈纪、高永久就把少数民族权力进行了分类，分别是国家政治权力、地方政权权力、民族村社权力等。他们进一步指出，权力作为不同层级政治资源在公共领域内通过支配民族社会的政治生活，在社会各个层面发挥着不同作用。④ 民族权力是一个民族的所有成员能够共享的集体权力，是一个民族得以生存、发展的资格和自由。青觉、马东亮指出了人权与民族权利的差异性与共同点，认为传统人权与民族观念在当代政治现实中都受了挑战，而对这些挑战的回应是否有效取决于两者在理论与现实中的突破程度。⑤ 常士訚肯定了权利实质是以个人利

---

① 周平：《对民族国家的再认识》，《政治学研究》2009 年第 4 期。

② 陈纪、高永久：《"少数民族政治认同"概念的内涵探讨》，《新疆社会科学》2009 年第 1 期。

③ 高永久、柳建文：《民族政治精英论》，《南开学报》2008 年第 5 期。

④ 高永久、柳建文：《民族政治精英论》，《南开学报》2008 年第 5 期。

⑤ 青觉、马东亮：《差异与共振：人权观念与民族权利关系解读》，《黑龙江民族丛刊》2014 年第 2 期。

益与意志为界限的，无论对于个体权利还是群体权利而言，要通过法律确立权利主体的义务。① 对于民族关系的类型，各位学者从不同的角度将民族关系划分为不同类型。周平从主体角度出发，划分为各少数民族外部的政治关系和各少数民族内部的政治关系。于春洋从动态角度出发，划分为族际冲突与族际整合。② 关于如何实现族际整合，常士闿看到族际政治整合的复杂性，主张通过多种因素联合作用，促进族际政治整合的健康发展和巩固。③ 陈纪提出了政府、社会组织与族员之间的良性互动的族际政治整合机制的基本框架，认为这种机制具有认知、理解、信任、包容等功能，这些功能促进了各族成员由民族认同到国家认同的转向。④ 学者们还结合其他理论，对族际政治整合开展了进一步的主题性探讨。如周平论述了中国族际整合的政治模式，包括族际政治整合的基本内容和我国族际整合的模式调整。⑤ 常士闿探讨了中国多元一体格局下我国族际政治整合的新发展、协商民主与中国特色的族际政治整合的完善、和谐理念指导下的中国族际整合等相关问题。⑥ 高永久、柳建文探讨了现代化进程中中国的民族政治整合，指出在现代化进程中，通过制度设计和政策安排来促进民族整合是多民族国家面临的一项重要政治任务。⑦ 周平论述了政党的民族属性，指出了政党如何在族际政治整合中发挥应有的作用。⑧

（三）民族政治参与研究

民族政治参与作为政治参与的一种典型形式，特指多民族国家内的少数民族的政治参与。在当代，诸多多民族国家抛弃了殖民时代西方国

① 常士闿：《民族和谐与融合：实现民族团结与政治一体的关键——兼析多元文化主义理论》，《天津社会科学》2007 年第 2 期。
② 于春洋：《论民族政治发展的基本内涵》，《云南民族大学学报》2012 年第 2 期。
③ 常士闿：《族际政治整合的多维构成分析》，《马克思主义与现实》2010 年第 2 期。
④ 陈纪：《多维互动：族际政治整合机制研究》，《广西民族研究》2007 年第 3 期。
⑤ 周平：《中国族际政治整合模式研究》，《政治学研究》2005 年第 2 期。
⑥ 常士闿：《当代中国多元一体格局的转变与族际政治整合建设》，《当代世界与社会主义》2010 年第 2 期；常士闿：《发展协商民主，完善中国特色的族际政治整合》，《民族研究》2010 年第 4 期；常士闿：《和谐理念与族际政治整合》，《政治学研究》2009 年第 4 期。
⑦ 高永久、柳建文：《现代化进程中的民族政治整合及其适度性》，《南开学报》2010 年第 5 期。
⑧ 周平：《多民族国家的政党与族际政治整合》，《西南民族大学学报》2011 年第 5 期。

家对殖民地的民族政策与手段，例如民族压迫、种族隔离以及强制同化等，逐步赋予民族全体的权利和构建民族政治民主制度。当前多民族国家政治建设的主要议题之一就是切实保障和促进少数民族全体的有序政治参与。周平就认为，我国的少数民族政治参与具备少数民族政治生活体系参与和国家政治体系参与的双重特征，是以少数民族群体作为政治主体而进行的政治参与行为。少数民族政治参与有自动参与和动员型参与两种主要类型。民族政治参与是一把双刃剑，其积极功能主要体现在：广泛的民族政治参与有利于政治决策合理化、促进少数民族地区社会秩序的巩固、促进少数民族地区民族政治建设的发展，同时也具有消极功能。① 严庆、青觉提出了少数民族政治参与的前提，包括民族平等、确定民族身份、法制化的制度安排等。② 于春洋认为，对少数民族而言，利益分化在引导有序政治参与的同时，也可能引致民族政治参与危机的产生。③ 严庆、张宝成分析了民族政治参与和公民政治参与不同的关键在于参与的身份不同，认为少数民族成员可以以公民身份进行政治参与，同时也可以进行民族政治参与。④ 刘娟、张国军探讨了少数民族网络政治参与问题，认为在虚拟化空间不断延伸的背景下，政府必须着力解决少数民族自治与政治秩序的关系、现实稳定与虚拟民族民主政治的关系；同时通过网络引导少数民族进行政治参与，并将网络虚拟空间作为我国民族政治发展的一个新增长点。⑤

（四）民族政治文化研究

美国政治学家阿尔蒙德对政治文化进行了开拓性研究，他就认为："政治文化是一个民族在特定时期流行的一套政治态度、信仰和感情。这个政治文化是由本民族的历史和现在社会、经济、政治活动进程所形成的。人们在过去的经历中形成的态度类型对未来的政治行为有着重要的强制作用。"⑥ 民

---

① 周平：《少数民族政治参与分析》，《云南社会科学》1997 年第 5 期。
② 严庆、青觉：《浅谈我国的少数民族政治参与》，《西南民族大学学报》2008 年第 5 期。
③ 于春洋：《刍议利益分化背景下的少数民族政治参与》，《黑龙江民族丛刊》2008 年第 5 期。
④ 严庆、张宝成：《民族政治参与刍议》，《贵州民族研究》2008 年第 3 期。
⑤ 刘娟、张国军：《少数民族网络政治参与研究》，《广西民族研究》2014 年第 6 期。
⑥ 〔美〕阿尔蒙德、鲍威尔著《比较政治学：体系、过程和政策》，曹沛霖、郑世平等译，东方出版社，2007，第 26 页。

族政治文化是将政治文化的理论应用于民族政治生活的产物，属于派生性概念。从内容上看，民族政治文化主要包括民族政治社会化、民族政治认同、民族政治心理三部分。① 在民族政治心理方面，起源于 18 世纪欧洲的民族主义是民族政治学研究的一个重要议题。民族主义主要是源于情结。这种情结体现在单个民族个体自身的民族意识和民族情感方面。从对民族政治现象的理解与解释而言，民族主义确实是一把关键性钥匙，这一点已在部分学者的研究进程中凸显出来，学术成果也最为丰富。学者们围绕民族主义概念、产生原因、发展阶段、类型、对政治发展的影响、未来发展趋势等展开了深入的研究和探讨。②

民族政治认同研究方面，高永久、陈纪就指出少数民族政治认同包括国家层面与非国家层面，一般而言，少数民族群体对本民族的认同高于国家认同的直接原因是非国家认同的强化，而国家层面上的认同弱化。③ 周平、白利友也认为，多民族国家政治认同的重心是国家认同，而且居于政治认同的核心位置。④ 蔡文成认识到公民文化对国家政治认同建构的重要作用，认为建构多民族国家政治认同的重要举措就是要构建现代公民文化体系、培育公民意识、维护公民权利、发展公民社会，构建公民身份等。纳日碧力戈对中国各民族的政治认同构建进行了理论设想——建设一个超级共同体，指出了以主权—空间共性统辖文化—情感特性是建设现代中国超级共同体的必要前提。⑤ 从 20 世纪 80 年代起，跨界民族作为一个源于认同错杂的民族政治议题，渐渐成为研究热点，并涌现出众多成果。目前普遍的观点认为，在跨界民族的认同组合中，泛民族主义运动或民族分离主义运动爆发的心理基础是跨界民族的一方、双方或多方的族性认同膨胀发展，族性认同高于或优先于国家认同，而恰恰是国家认同的排序优先于族性认同，或国家认同的排位高于族性认同时，跨界民族就不会对相关国

---

① 高永久：《民族政治学概论》，南开大学出版社，2008，第 174 页。
② 中国学界对于民族主义研究的起步较早，成果颇丰。通过对中国知网的搜索，以"民族主义"为搜索词，2005～2014 年 10 年间，发表的学术论文已近 2000 篇，有关民族主义研究综述的文章已有 20 余篇。鉴于文章篇幅原因，本文对我国学界有关民族主义研究的相关理论和观点不展开深入的介绍与讨论。
③ 高永久、陈纪：《论社会转型期少数民族政治认同的国家转向》，《广西民族研究》2008 年第 2 期。
④ 周平、白利友：《多民族国家的政治认同及认同政治》，《思想战线》2012 年第 4 期。
⑤ 纳日碧力戈：《中国各民族的政治认同：一个超级共同体的建设》，《广西民族大学学报》2010 年第 4 期。

家的政局稳定产生影响。① 对于民族政治社会化，周玉琴、贺金瑞则从基本概念入手，认为少数民族成员的政治社会化是指少数民族个体在形成政治个性和政治人格前，不断学习、接受和内化政治文化的过程。同时，少数民族个体的政治社会化也包括国家政治体系通过各种整合方式，使少数民族成员接受和内化主导政治文化和民族政治亚文化，使其发展成为具有一定政治素质的合格的"政治人"并融入现行政治生活和政治体系中的过程。② 高永久、张杰则认为少数民族政治社会化就是要通过塑造独立政治人格，提高民族成员参与政治生活的行为能力，以使民族成员顺利参与并融入政治体系当中。并进一步指出少数民族政治社会化在民族政治体系与国家政治体系两个层面同时进行。③ 王宗礼、柳建文分析了少数民族政治社会化的功能，包括传播、维持和改造政治文化；造就政治属性、培养政治角色、提高政治能力；培植统一政治文化，维护社会政治稳定等三个方面。④ 柳建文提出了少数民族政治社会化的影响因素，其中，微观因素包括家庭、学校、宗教等因素，宏观因素包括经济因素、社会结构因素、政治体制因素以及文化因素。并一步指出了少数民族政治社会化的有效实现条件。⑤

（五）民族政治发展研究

20 世纪 50 年代，美国政治学界开始关注政治发展（political development）研究，普遍认为政治发展包括两个方面内容：政治系统的制度化与政治的民主化。20 世纪 90 年代后期，我国学者开始关注民族政治发展研

---

① 相关研究成果主要有，吴楚克：《跨界民族认同意识的"心理适应度"》，《中央民族大学学报》2011 年第 1 期；雷勇：《论跨界民族认同的多重性》，《黑龙江民族丛刊》2008 年第 4 期；刘永刚：《跨界民族成员的身份认同与公民身份建构》，《西北民族大学学报》2014 年第 5 期；严庆：《全球化与本土化视野下的离散政治》，《黑龙江民族丛刊》2014 年第 1 期；马富英：《全球化背景下跨界民族的国家认同建构》，《贵州民族研究》2014 年第 6 期。
② 周玉琴、贺金瑞：《当代社会变革与少数民族政治社会化刍议》，《青海社会科学》2007 年第 4 期。
③ 高永久、张杰：《"族员"与"公民"：少数民族政治社会化的路径研究》，《云南民族大学学报》2013 年第 1 期。
④ 王宗礼、柳建文：《论少数民族的政治社会化》，《西北师范大学学报》（社会科学版）2004 年第 1 期。
⑤ 柳建文：《多重影响因素与少数民族政治社会化的有效实现》，《贵州民族研究》2004 年第 3 期。

究，研究处于不断深化发展过程中。对于"民族政治发展"的概念，学界普遍认为，所谓的政治发展是民族政治从低级到高级不断发展、变迁的过程，其中囊括了民族政治生活由传统到现代的转变以及民族政治体系的完善与发展等。周平提出了民族政治发展的总体目标，即在国家政治体系的总体框架内，在国家政治生活的基本原则下，通过推进民族政治体系朝着高效、民主目标发展，不断适应和调节其与经济和社会发展的各种要求，缩小乃至消除少数民族与汉族在政治发展程度上的差距，提高少数民族参与政治的程度和水平，促进少数民族全面发展。① 高永久、王转运对民族政治发展的目标做了明确的界定，他们认为民族政治发展应全面涵盖民族政治文化世俗化、民族权威的合理化、民族政治结构的区分化以及民族政治发展目标选择的相容性。② 周平还指出了民族政治发展过程中的四大难题，包括政治发展与少数民族政治体系中现有体制的矛盾和摩擦、既得利益者的抵制、政治衰败的消极影响、政治不稳定的可能性仍然存在。③ 李乐为提出了民族政治发展的路径，包括发展少数民族经济、建构新的政治机制和政治关系模式、提升少数民族地区政府的能力、完善民族区域自治制度。④

（六）学术争论的热点议题

近几年来我国暴力、恐怖主义事件不断涌现，对我国社会稳定、民族关系造成了极其恶劣的影响，为此，对于民族问题的关注逐步扩展到社会大众的视野中来，相关议题的学术研究成果呈现急剧上升的态势，有关我国民族问题、民族政策的争论在学界热烈展开。争论的焦点议题主要有：一是民族问题去政治化。北京大学马戎教授是秉持"民族问题去政治化"观点的代表学者，他从分析"民族"和"族群"概念的区别与联系入手，论述了中国历史上在处理族群关系时，采取"文化化"的政策，并举例说明美国、印度由于采取"文化化"的政策，在处理族群问题上取得成功，而苏联没有摆脱多民族国家解体厄运的直接原因是采取"政治化"的政

---

① 周平：《少数民族政治发展论》，《思想战线》1997 年第 1 期。
② 高永久、王转运：《民族政治发展的目标选择研究》，《云南师范大学学报》2007 年第 6 期，第 14 页。
③ 周平：《中国少数民族政治分析》，云南大学出版社，2007，第 224～225 页。
④ 李乐为：《论少数民族政治发展的意义、难题及路径选择》，《湖南师范大学社会科学学报》2009 年第 5 期。

策，由此，他主张应该将族群问题"政治化"的趋势变为"文化化"新方向，逐渐淡化族群意识，直接培养和强化民众的民族—国民意识。① 马戎针对民族问题"去政治化"的研究思路，引起学术界的广泛争论与探讨，主流意见呈现强烈批评态势。郝时远对此就指出，民族问题是多民族国家普遍存在的社会问题，对其难以做出抽象的"政治化"或"文化化"认定，中国解决民族问题要借鉴和参考世界范围的成功经验和失败教训，但绝不是简单的照搬、照抄、妄加推断，而是坚持和完善以民族区域自治制度为主体的民族政策体系。金炳镐教授认为，民族问题去政治化理论直接忽视了现实中国民族和民族问题的实际，同时更是直接忽视了中国共产党马克思主义民族理论中国化进程中的民族政策创新、民族理论创新的事实。② 陈建樾则指出，民族问题的"去政治化"是一种污名化的民族研究，从绝对平等的理念出发，混淆多民族国家内部的族际政治安排与民族优惠政策之间的差异，通过"文化化"来淡化民族问题，是缘木求鱼的做法。都永浩强调民族的核心内涵是政治属性，指出中国解决民族问题的未来政策走向应当是构建一个以公民认同为主的国家，要逐步淡化民族意识。③ 王希恩指出，"文化化"和"政治化"是一对错误的民族政策导向分类。中国的具体实践证明，民族区域自治制度、民族识别、民族优惠政策等都是中国解决民族问题的正确选择，当前对我国民族基本制度与政策的关注点不应是存废问题，而应是如何进一步坚持、发展和完善的问题。④ 除上述学者外，包玉山、陈玉屏、毕跃光、马守途、彭英明等诸多专家学者也都发文质疑与批评民族问题"去政治化"的观点。二是第二代民族政策。胡鞍钢、胡联合认为，推动我国民族政策从第一代向第二代转型，在政治、经

---

① 马戎：《当前中国民族问题研究的选题与思路》，《中央民族大学学报》2007 年第 3 期；马戎：《中国民族问题的历史与现状》，《云南民族大学学报》2011 年第 5 期；马戎：《"去政治化"的意思就是要给少数民族更大的活动空间和更完整的公民权利——对话著名社会学家马戎》，《中国民族》2011 年第 9 期；马戎：《对当代中国民族政策的反思》，《青海民族研究》2013 年第 4 期；马戎：《关于中国民族问题的问答与讨论》，《青海民族研究》2014 年第 1 期。

② 金炳镐、孙军：《民族概念：民族纲领政策的理论基础——纪念中国共产党建党 90 周年民族理论系列论文之二》，《黑龙江民族丛刊》2011 年第 2 期。

③ 都永浩：《政治属性是民族共同体的核心内涵——评民族"去政治化"与"文化化"》，《黑龙江民族丛刊》2009 年第 3 期。

④ 王希恩：《也谈在我国民族问题上的"反思"和"实事求是"——与马戎教授的几点商榷》，《西南民族大学学报》2009 年第 1 期。

济、文化、社会等方面促进国内各民族交融一体，不断淡化公民的族群意识和 56 个民族的观念，不断强化中华民族的身份意识和身份认同，切实推进中华民族一体化。效仿美国、印度、巴西等国家处理民族问题的策略，即善于采取"非政治化"的方法。① 该观点提出后，引起了学术界的热烈讨论与批评。张海洋认为，"第二代民族政策"根本之害和主旨是推翻我国宪法规定的解决民族问题的治理框架，目标是搞民族关系"大跃进"。② 郝时远是批判"第二代民族政策"理论与观点建树最多的学者，对"第二代民族政策"的立场、观点和方法进行了深刻的批评，对第二代民族政策列举的美国、印度、巴西等国处理民族问题的"成功经验"进行了实事求是的分析，指出这些所谓的"成功经验"是不符合事实的"假学说"、是以讹传讹的"伪经验"，就"第二代民族政策"对我国正确民族政策的质疑与抨击也进行了反驳。金炳镐坚持认为，"第二代民族政策"说是近年来民族研究中出现的"以族群替代民族"、民族问题"去政治化"观点的必然发展结果，是伪命题和主观臆断。这是与中国宪法、中国的历史和国情、民族与民族问题发展规律以及马克思主义民族理论相悖的。③ 我国的民族研究要坚定不移地坚持中国特色社会主义民族理论和民族政策。都永浩、左岫仙发表了系列论文，认为"第二代民族政策"的观点、理论没有新意，例证严重失实，并指出了我国应该在实现各民族真正平等的过程中汇聚各民族的共同性，最终实现民族问题的有效解决。④ 同时，为了批判"民族问题去政治化"、"第二代民族政策"等观点的理论错误与现实危害，中国民族理论学会、中央民族大学等学术研究机构多次举行专家学者座谈会、研讨会，对上述观点进行讨论。

三 反思与展望：中国民族政治学未来发展趋势

自全球化时代开启以来，基于民族构成的多样性的事实，族际政治、

① 胡鞍钢、胡联合：《第二代民族政策：促进民族交融一体和繁荣一体》，《新疆师范大学学报》2011 年第 5 期。
② 张海洋：《民族团结是中国立国之本》，《中国民族报》2011 年 12 月 30 日。
③ 金炳镐、肖锐：《坚持中国特色社会主义民族理论政策——评析"第二代民族政策"说》，《西北民族大学学报》2012 年第 4 期。
④ 都永浩、左岫仙：《什么样的民族政策可以保证国家长治久安（上）》，《黑龙江民族丛刊》2012 年第 4 期；都永浩：《什么样的民族政策可以保证国家长治久安（下）》，《黑龙江民族丛刊》2012 年第 5 期。

族类群体与多民族国家之间的关系已经成为多民族国家面临的最棘手问题。在西方现代化的历史进程中，种族清洗事件、法西斯集体屠杀犹太人、卢旺达大屠杀等一个个族际冲突的血腥案例，无不警示当代人们如何看待族类政治、如何重点解决关涉民族因素的政治问题。当今时代，世界范围内的经济现代化、民主政治等还处在不断发展与提升阶段，但是与民族有关的政治议题仍然困扰着绝大多数国家，各种问题层出不穷，这对于民族政治学的发展而言，既是机遇又是挑战，需反思与展望。

（一）研究现状反思

从上述学者对我国民族政治学研究的成果来看，当前我国民族政治学主要涵盖了民族主义、民族政治认同、民族政治关系基础理论、民族政治参与、民族冲突理论、民族整合研究等诸多方面。由此可以看出，其研究广度较为宽泛，但是从研究成果的深度及层级来看，民族政治学的研究成果仍面临提升品质、深化思考的紧迫压力。从民族政治学学科发展上看，我国民族政治学专业已经初步建立起了学科体系，拥有了一支科研教学队伍，在专业设置和学术研究方面正在不断突破，正面临着难得的发展机遇。但从目前来看，我国民族政治学研究存在以下问题。

1. 民族政治学的学科界定不清晰

民族政治学作为一个交叉学科，到底是政治学的分支，还是民族学的分支，目前尚无定论。周平教授认为民族政治学是政治学的分支，青觉教授也认为应该偏重于政治学，然而从现有的文献来看，尚不明确，比较混乱。学科界定的不清晰会造成民族政治学研究的理论和方法的模糊，因为民族学和政治学的理论在大体上有整体和个体的区别。如采用民族学的理论，则会沿着功能主义理论、社会冲突理论、社会选择理论、系统论的方向分析，这些理论的共同点就是从整体结构的角度来分析民族政治议题；而采用政治学的理论（自由主义、理性主义），则更多的是微观个体层面的分析。

2. 民族政治学的相关概念不清

概念的清晰是研究的基础，然而在目前的民族政治学的研究中则存在着许多概念不清的问题。首先，民族的个体和整体概念的模糊，特别是在民族政治参与和民族权力的研究中表现突出。民族的整体概念主要涉及民族认同、民族政治文化、民族冲突等，民族的个体概念主要指个人在一民族范围内和国家范畴下的个体政治行为。然而在研究中民族到底是指整体还是指个体，却经常让人"丈二和尚摸不着头脑"。其次，何谓民族政治关系、民族政治权力、民族政治参与等概念也没交代清楚。

3. 民族政治学研究的方法和理论研究缺乏

在理论分析和研究方法方面，民族政治学面临诸多的选择困境，即究竟该采取何种方法才最为恰当。首先，对于中国特色马克思主义的民族政治理论和方法梳理不够；其次，出现了在民族学和政治学的研究理论和方法中摇摆，生搬硬套社会学和政治学的理论和方法的现象。

4. 民族政治学研究的主题不够明确

在统一多民族国家的实际下，对于到底什么是民族政治学的研究主题，目前尚不明确。民族政治学研究的主旨则是为实现国家的稳定、民族的团结和社会的发展服务。然而怎样围绕着这一主旨，确定研究主题，仍然是摆在学者面前的重大课题。

5. 针对民族政治研究中的国内外问题的关注度不够均衡

目前，西方民族政治理论走在了学术研究的前列，为此，改革开放后，特别是 20 世纪 90 年代后，我国学者引进、翻译了大量与民族政治学研究相关的著作、论文等成果。国外学者提出的民族政治、族际政治的相关理论，对于我国具有重要的借鉴与指导作用。但是，民族政治学研究的根本目的，在于为我国民族政治问题的解决提供理论参考与支撑作用，因此，也就离不开对中国民族政治理论的研究。我国作为统一多民族国家，历史上积淀了大量与解决民族政治问题相关的政治实践与思想，为此，必须要注重民族政治本土思想资源的挖掘，注重研究我国各民族优秀的政治思想传统对我国当下民族政治问题解决的借鉴与启示。

6. 对民族政治现实问题研究不够

民族政治研究的根本目的在于促进民族冲突的解决和民族政治的良性发展。我国民族政治学经过十多年的快速发展，虽然在研究水平和成果方面取得了较大的进展，但从目前的研究现状来看，基础理论的相关成果要多于应用研究方面的成果，而对于政治研究而言，基础理论研究和应用研究同样重要、不可偏颇，两者之间相互促进、相互补充。为此，在今后的研究中，民族政治学应用研究要对我国目前的民族政治实践加以关注，特别是针对热点、难点问题在理论上给予充分的呼应，力争提出切合实际的解决对策。

7. 对相关问题的研究争论不够

目前，我国的民族政治学科的理论体系虽然已经初露端倪，但是，仍然处于发展完善阶段，远远没有达到成熟时期，研究过程中一些问题有待于进一步澄清。真理越辩越明，必要的学术争论，对于交流学术研究思想、探讨和解决复杂民族政治问题、丰富和发展学科研究、促进研究水平的不断提升无疑是十分必要的。但是，从目前的研究成果来看，绝大部分学者对我国民族政治学的研究以参与性为主，对许多民族政治学议题的研究以自我评述为主，而相关质疑、讨论较少，甚至有人云亦云的状况。为此，必须重视学术争论的作用，努力营造学术争论的宽松环境和氛围，推动民族政治学研究在深度、广度上不断提升。

（二）中国民族政治学科发展的未来展望

当前，我国正处于关键的社会转型时期，存在各种社会矛盾。在此社会背景下，民族矛盾也在一定程度上日益显现出来。目前从现实情况来看，民族问题更多表现出了复杂性、长期性、敏感性、国际性、重要性等诸多特征。基于此，我们必须给予一定的理论关怀，提供必要的解决建议和政策咨询。这正是民族政治学学科发展的重要前提。

就整体而言，民族政治学的学科发展也满足了社会现实发展的需求。一方面，民族政治学的学科发展为我国民族事业的发展进步培养了各种人才，在相当程度上扭转了民族事务管理部门和工作人员的程式化、行政化的工作作风。另一方面，民族政治学相关知识作为人力资本的有益增量，为公务员自身必备素养的提高做出了重要贡献，为应对当前越来越复杂的民族问题奠定了坚实的理论基础。

作为最具活力的新发展学科，民族政治学具有广阔的发展前景和重要的学术地位，但是鉴于自身发展基础的薄弱性，该学科在继承优良传统，特别是民族学意义上本土知识的同时，还需各种创新，吸收并借鉴当代政治科学的各种理论，逐步构建出具有中国特色、能够切实解决现实问题的具有指导意义的学科知识谱系。

当代民族政治学迫切需要解决的一个主要任务，便是构建自己的话语与理论体系，并以此与世界开展顺畅的沟通与对话，切实提升我国学者在民族问题上的学术话语权。在建构论成为主流范式的背景下，如何与之对话，吸收其精华、去除其糟粕，也是需要学界深入思考的问题。

从服务社会的角度来看，民族政治学根植于各种民族政治现象和政治生活，而且与世界各个多民族国家的民族治理及各民族群体密切相连。概括而言，主要从五个维度发挥作用。

其一，民族政治学理论和方法的建构。当前要建构民族政治学的理论和方法，须从以下几个方面入手：第一步，必须明确中国的民族政治问题到底是什么？哪些是世界民族政治问题中的普遍问题，哪些是中国独有的问题，以问题为导向去思考中国民族政治学的理论和方法。第二步，根据中国独特的民族政治问题，用中国特色的马克思主义理论、民族学以及政治学的理论来分析这些问题。第三步，根据分析的过程和结果，来构建中国特色的民族政治学理论。

其二，民族政治学研究的主题界定。在中国特色的社会主义体制和多元一体的民族格局下，笔者认为民族政治学的研究主题应包括以下几个方面：第一，关于民族理论和政策的研究，包括为中国特色的民族理论和政策寻找理论支持，研究世界多民族国家的民族理论和政策（介绍研究、比较研究以及应用研究）以及前沿研究（为新的民族问题的解决提供理论和政策支持）；第二，民族与国家稳定关系的研究，主要包括多元民族与国家稳定的关系研究、民族冲突研究（冲突的原因、层面、形式以及冲突的管理）以及民族分离主义研究；第三，民族的政治文化研究，主要涉及民族认同和国家认同研究、民族主义以及民族政治文化的世俗化研究；第四，民族政党政治研究，民族与选举政治研究（主要以介绍西方为主）；第五，多元民族和民主化以及民主稳定关系的研究；第六，各民族传统政治制度研究；第七，民族地区社会治理研究；第八，世界政治中的民族研究，主要包括全球化与民族的关系研究、跨界民族在国家关系中的作用研究、离散民族研究、国际组织与民族关系的研究等。

其三，就学理而言，民族政治学就是要论证民族权利（权力）的合法性来源，通过设定民族群体平等框架，进而研判基于不同地域、时代的多民族国家各种治理民族问题举措的价值。

其四，就政治制度设计而言，遵循多民族国家意志，进行相应的制度安排，通过制度运行，设定、保障民族权力（权利）。

其五，就政治行为而言，规范族际政治关系、民族全体与多民族国家

之间的政治关系，构建必要的民族政治参与路径，促进多民族国家的政治
发展和社会和谐稳定。

　　简言之，我国民族政治学研究只有深刻地洞察民族政治生活的缘起、
关联与发展，才能为解决多民族国家民族问题提供必要的理论、政策实践
方面的有效支持，从而构建出有利于解决我国民族政治问题的、能够树立
起足够自信的民族政治学理论体系。

2 分析折中主义：构建中国民族 政治学理论的新视角

——基于西方民族政治学理论范式的探析

王 伟[*]

【摘要】西方民族政治学在长期的发展过程中，逐渐形成了马克思主义、民族主义、文化主义、多元主义、结构主义以及理性主义的分析范式。加强对这些理论的研究，有利于构建中国特色的民族政治学理论体系。通过对西方民族政治学理论的分析，本文提出构建中国民族政治学理论的分析折中主义方法，以期为当下民族政治现象的研究提供一个新视角。

【关键词】马克思主义 民族主义 文化主义 多元主义 结构主义 理性主义 分析折中主义

从内容上看，西方民族政治学研究大体可分为两个部分：一是将民族作为自变量来研究它对政治的影响；二是将其视为因变量来研究政治因素对它的影响。一方面研究民族现实，另一方面研究政治现实。从历史发展来看，西方民族政治学在长期的研究和探索中逐渐形成了马克思主义、民族主义、文化主义、多元主义、结构主义和理性主义等主要理论范式。加强对这些理论范式的研究，有利于该学科的延续和发展，[①] 也有利于构建中国特色的民族政治学理论体系。

---

[*] 王伟（1985~ ），山东兰陵人，中央民族大学科研处干部，美国佐治亚州立大学硕士，主要从事民族政治、国际政治研究。本文指导教师：Kim Reimann，女，美国佐治亚州立大学东亚研究中心主任教授，主要从事东亚政治、国际政治、国际组织研究。

[①] Thomas Kuhn, *The Structure of Scientific Revolutions*, Chicago: University of Chicago Press, 1962.

一 阶级与民族：民族政治中的马克思主义

马克思主义的民族政治理论是马克思主义者在实践中逐步建立、发展起来的一种范式，是马克思主义思想的重要组成部分，[1] 具有"理论和实践的统一"、"科学性和革命性的统一"以及"阶级性和实践性的统一"的特点。主要包括"民族及其发展规律"、"民族问题及其发展规律"、"民族国家结构形式的基本原则"，以及"马克思主义的民族纲领和政策"四个方面的内容。[2]

（一）马克思和恩格斯的民族政治理论

马克思和恩格斯的民族政治理论深受当时历史环境的影响，具体可分为三个阶段：第一阶段是马克思和恩格斯民族观的形成阶段。1848 年《共产党宣言》的发表，标志着他们民族观的诞生，在宣言中他们阐述了新民族观的基本原理：首先，生产力的发展和社会形态的变革是民族变革的根本动力；其次，资产阶级对国家的统一在客观上促进了民族发展；再次，私有制是民族压迫和民族剥削的根源；又次，消灭民族剥削和消除民族对立的根本手段是无产阶级革命；最后，各民族无产阶级联合起来，共同反对国际资产阶级。[3] 第二阶段是丰富和完善阶段，"1848 年欧洲革命"、"亚洲民族解放运动"以及"波兰和爱尔兰的民族解放运动"的革命实际，丰富了他们关于民族解放运动和无产阶级革命的理论。第三阶段是深化和拓展阶段，这一时期，马克思和恩格斯考察了民族发展的规律，并得出民族是一个历史的范畴，有它自身发展规律的结论。马克思和恩格斯的这些经典民族政治理论，其后被列宁和斯大林继承和发展。

（二）列宁和斯大林的民族政治理论

列宁在学习马克思恩格斯理论和领导俄国无产阶级革命斗争的实践

---

[1] 王希恩：《当代西方民族理论的主要渊源》，《民族研究》2004 年第 2 期。
[2] 青觉：《马克思主义民族观的形成与发展》，民族出版社，2004，第 465～476、29～34、91～134、136～159 页。
[3] 青觉：《马克思主义民族观的形成与发展》，民族出版社，2004，第 465～476、29～34、91～134、136～159 页。

中，指出了帝国主义时代民族与殖民地问题的特点，制定了无产阶级的民族纲领，即民族平等是目的，各民族有自决权是前提，民族融合是各民族发展的最终趋势。后来在苏联的建设实践中，列宁又提出了"坚持民族平等，必须消除民族间事实上的不平等；坚持民族团结，必须反对民族主义；坚持民族平等、团结，促进各民族共同发展繁荣"的具体行动纲领。①这些思想被斯大林所继承和发扬，他在"民族概念的界定、民族平等、民族语言、民族干部培养、发展民族经济、民族文化、各民族自愿联盟、反对民族主义以及如何调动民族积极性"等问题上系统阐述了其民族政治的思想，并将马克思列宁主义原理变成国家的制度实践，对当时的社会主义阵营国家产生了深刻影响。然而斯大林也犯了不少错误，如推行"大国沙文主义"政策，在名为联邦制国家结构的形式下施行实际上的单一制等。②然而这些马克思主义的民族政治思想也受到一些"非正统"马克思主义者的批评和反对。

（三）马克思主义其他学派的民族政治理论

在第二国际时期，也有一些"非正统"的马克思主义者，如罗莎·卢森堡、卡尔·考茨基以及奥托·鲍威尔等。如卢森堡批评马克思和恩格斯对波兰民族主义运动、恢复国家独立的支持和反对列宁提出的"民族自决权"，提倡"民族自治"等思想，对当时的民族政治理论也产生了一定影响。

冷战结束后，西方政治学家们认为意识形态的争论已结束，实现了历史的终结，③民主化的第三波④在实践上标志着西方意识形态的胜利。然而事实远非如此，因为马克思主义以新的形式继续影响着世界的政治、经济以及社会的方方面面，⑤有着强大的生命和活力。然而，马克思主义民族

---

① 青觉：《马克思主义民族观的形成与发展》，民族出版社，2004，第 465 ~ 476、29 ~ 34、91 ~ 134、136 ~ 159 页。
② 青觉：《马克思主义民族观的形成与发展》，民族出版社，2004，第 465 ~ 476、29 ~ 34、91 ~ 134、136 ~ 159 页。
③ Francis Fukuyama. *The End of History and the Last Man.* New York：Free Press，2006.
④ 塞缪尔·P. 亨廷顿：《第三波：20 世纪后期的民主化浪潮》，欧阳景根译，中国人民大学出版社，2012。
⑤ Zoltan Barany & Robert G. Moser. *Ethnic Politics after Communism.* Ithaca and Landon：Cornell University Press，2005；〔俄罗斯〕季什科夫：《民族政治学论集》，高永久译，民族出版社，2008，第 72 ~ 73 页；〔美〕彼得·H. 史密斯：《论拉美的民主》，谭道明译，译林出版社，2013。

政治学的理论范式，也受到一定的批评，主要体现在关于阶级和民族的争论上，这在马克思主义和民族主义理论关系的辨析上体现得淋漓尽致。比如，马克思主义认为无产阶级可以打破民族的界限，为了反对资产阶级的统治而联合起来，而民族主义却发现为了实现民族国家的统一，无产阶级和资产阶级可以化干戈为玉帛，等等。

二 观念与运动：民族政治中的民族主义

民族主义作为民族政治学的一种理论范式，既是一种观念形态，也是一种社会运动，其发展过程中共经历了三次高潮：第一次高潮出现在"一战"之后到"二战"后初期，此时的民族主义鼓吹民族崇拜，从血统及民族遗产方面强调本民族的至高无上，强调扩张、对外侵略对于民族生存发展的意义。第二次高潮出现在 20 世纪的 60 年代到 80 年代，主要包括摆脱殖民统治和在珍视本民族传统的同时，引进西方现代文明两个内容。第三次高潮出现在 20 世纪 90 年代，主要关注于极端民族主义和经济民族主义。[1] 在这过程中，形成了原生主义、现代主义、族群－象征主义，以及后现代主义的民族主义理论。

（一）原生主义

原生主义认为民族认同植根于自然和人类共同体早期的历史中，是一种继承的人类关系，有自然原生主义和社会原生主义之分。[2] 前者认为民族认同是一种生物现象的族性，可通过代际遗传自然获得；[3] 而后者则认为民族共同体可以通过集体的历史、语言、信仰、风俗习惯来塑造个体的民族认同，并通过提供福利、安全以及相互之间的信任来区分他者和自我。[4]

然而工具主义认为原生主义是一种静态的民族主义理论，难以解释民族认同的变化。他们认为民族身份不是给定的，而是一种适应和塑造的现象，民族认同的集体边界是不断收缩或延展的，民族集体中的个体身份也

---

[1] 徐大同：《当代西方政治思潮》，天津人民出版社，2000，第 184～227 页。

[2] Milton J. Esman. *Ethnic Politics*. New York：Cornell University，1994：10.

[3] Pierre Van den Berghe. *The Ethnic Phenomenon*. New York：Elsevier，1981.

[4] Harold Isaacs. *Idols of the Triber，Group Identity and Political Change*. New York：Haper and Row，1975.

是不断变化的。因此工具主义认为人们可以通过民族身份来获得利益，它主要包含于现代主义、族群－象征主义以及后现代主义理论中。

（二）现代主义

现代主义兴起于 20 世纪 60 年代，是民族主义理论的主流范式，主要有社会经济模式、社会文化模式、政治模式以及建构主义模式。社会经济模式把民族主义视为工业资本主义的产物，因为资本主义发展的不平衡导致一些地区处于落后状态，生活在这些相对贫困地区的人民，为了获得更多的利益，常常以民族情感为纽带，组织起来反抗资本主义的压榨，进而形成民族和民族主义运动；① 社会文化模式认为民族主义是对现代化的文化适应过程，因为现代化需要人们之间打破语言障碍，进行自由交流，随着人们共用一种语言，民族主义便应运而生；② 政治模式认为民族－国家的出现，改变了国家与社会的关系，族群和民族共同体不再愿意只成为单一国家的一部分，开始强调民族自决和自治，从而产生了新的民族主义；③建构主义认为民族是社会建构的产物，如安德森认为民族是想象的共同体。④ 现代主义民族政治理论因其理性和实证分析的视角，使其更贴近现实、反映现实，一经出现，便在民族主义研究中独占鳌头，并延续至今。但现代主义也存在其固有缺陷：如社会经济模式并不能够解释为什么人们只是沿着民族的界限团结起来，而不是阶级的界限；社会文化模式也没有解释人们为何要放弃自己的语言、学习通用语言；政治模式没有指出民族寻求自决或自治的动力；同样，建构主义也忽视了任何社会的建构都是以已存在的社会文化为基础的客观事实；等等。⑤ 总之现代主义太过强调民族的现代性，而遭到族群－象征主义等其他学派的批判。⑥

---

① Hechter, M. *Internal Colonialism: The Celtic Fringe in British National Development 1536 – 1967*. London: Routledge and Kegan Paul, 1975.

② Gellner, E. *Thought and Change*. London: Weidenfeld and Nicolson, 1964.

③ Mann, M. The Autonomous Power of the State: Its Origins, Mechanisms and Results. *European Journal of Sociology*, 1984, 25 (4): 69 – 78.

④ Anderson, B. *Imagined Communities: Reflections on the Origin and Spread of Nationalism*. London: Vers, 1991.

⑤ D. V. Kumar. Gellnerian. Theory of Nation and Nationalism: A Critical Appraisal. *Sociological. Bulletin*, 2010, 59 (3): 392 – 406.

⑥ 范立强、青觉：《多维视角探究与关注案例剖析——西方民族政治研究述评》，《黑龙江民族丛刊》2013 年第 5 期。

（三）族群－象征主义

产生于 20 世纪 80 年代的族群－象征主义，虽承认民族的现代性，但反对现代主义只从现代化和全球主义的角度来分析民族主义，认为应同时观照到历史与文化在民族与民族主义起源与发展中的作用。它主要包括三个方面的内容：首先，批判现代主义对前现代族群和现代民族之间的联系的割裂，强调在族群的框架中分析现代民族和民族主义；其次，强调对族群的历史和文化的分析，因为没有神话、记忆、价值和象征符号就没有认同，没有认同也就没有族群、民族和民族主义；最后，强调族群的象征意义，并认为全球化不会导致民族主义的终结，相反可能会强化它的作用。

族群－象征主义看到了历史、文化等因素在民族和民族主义形成和发展中的象征意义，使得对民族主义的分析更加全面、系统，然而它却夸大了早期族群与现代民族的联系，低估了族群认同的易构性，[①] 因此饱受现代主义和后现代主义的批判。

（四）后现代主义

后现代主义作为一种思潮出现于 20 世纪 60 年代中期，主张侧重于以文化的视角对政治微观层面进行分析，核心就是"解构主义"，即一方面消除中心，破除独尊，解放局部和边缘，另一方面寻求与多样性结合的途径。[②] 在 20 世纪 80 年代，这一思想被引入民族主义的分析，形成了后现代主义的民族主义理论——主张废除民族主义研究中的"元叙事"（指"法国政治式叙述"和"德国思辨式的叙述"两种叙事方式，前者以实现人类解放为终极目标，后者建立在实现主体的生命的基础上，是一种整体性、同一性的模式），批判共识论，最终实现差异的统治和更大的自由。然而后现代主义只是作为一种批判的理论而存在，并不能很好地与其他学派展开对话。[③]

总之，民族主义作为民族政治学研究的一种理论范式，在民族国家建构，国际社会交流、交往和交融中发挥了重要作用，以至于金大钟发出"没

---

① Umut Ozkirimli. *Theories of Nationalism：A Critical Introduction*. Landon：Palgrave Macmillan，2010.

② 徐大同：《当代西方政治思潮》，天津人民出版社，2000，第 347～388 页。

③ Emanuel Adler. *Constructivism and International Relations*. Landon：SAGE Publications Ltd，2002.

有民族主义就不能理解近代世界的意识形态”的感慨。① 然而对于民族主
义的研究,诚如哈斯所言,"如盲人摸象,难以窥其全部"。② 首先,关于
民族主义的起源难以有定论;其次,关于民族主义内涵的界定模糊不清,
如根据宁骚的总结,关于民族主义的内涵具有代表性的就有六种之多,③
安东尼·史密斯更是提出了民族主义的八种含义;再次,民族主义易与其他
范式结合在一起形成多种"亚民族主义"范式,给研究带来诸多不便,如黑
色民族主义、④ 自由民族主义、综合民族主义、经济民族主义、⑤ 宗教民族
主义⑥以及世俗民族主义⑦等;最后,在全球化和信息化日益深化的当下,
学者们对远程民族主义和网络民族主义的研究略显不足,然而他们的作用却
日益凸显,如网络串联在爆发于 2011 年以来的阿拉伯之春运动中起到重要作
用。⑧ 民族主义因以上不足,而广受诟病,如作为一种运动它常常被形容为
多民族国家解体的幽灵,作为一种观念它又会被文化主义所取代。

三 符号与环境: 民族政治中的文化主义

文化主义的思想虽历史久远,但作为政治学的分析范式则出现于 20 世
纪 60 年代。其主张在政治学研究引入"文化"变量,并经历了"政治文
化方法发展史的研究"、"公民文化的研究"、"对政治文化研究方法的批
判"以及"政治文化研究的复兴"四个发展阶段。⑨ 主要内容包括"文化、

---

① 金大钟:《21 世纪的亚洲及其和平》,北京大学出版社,1994,第 20 页。

② E. B. Hass. What is Nationalism and why should We Study It? *International Organization*, 1986, 140 (3).

③ 宁骚:《民族与国家》,北京大学出版社,1995,第 88 页。

④ Robert A. Brown and Todd C. Shaw. Separate Nations: Two Attitudinal Dimensions of Black Nationalism. *The Journal of Politics*, 2002, 64 (1): 22 – 44.

⑤ Muhammad Badiul Alam. Contemporary Ideas and Theories of Nationalism. *The Indian Journal of Political Science*, 1980, 41 (3): 367 – 378.

⑥ Barbara – Ann J. Rieffer. Religion and Nationalism: Understanding the Consequences of a Complex Relationship. *Ethnicities*, 2003, 3 (2): 215 – 242.

⑦ Nonica Datta. Partition and Many Nationalisms. *Economic and Political Weekly*, 2005, 40 (28): 3000 – 3002.

⑧ Marc Lynch. *The Arab Uprising: the Unfinished Revolutions of the New Middle East*. New York: Public Affairs, 2013: 10.

⑨ 〔美〕霍华德·威亚尔达:《比较政治学导论:概念与过程》,娄亚、唐士其译,北京大学出版社,2005。

个性和政治（民族文化研究）"、"公民文化"、"文化与政治过程"、"政治仪式和身份"以及"文化和政治冲突"五个方面。

首先，关于民族文化的研究，是指对一个民族的政治文化研究。如日本大和民族的"菊与刀"文化、德意志民族的严谨文化、美利坚民族的个人主义文化以及中华民族的中庸文化等。其次，关于公民文化的研究，即对公民政治参与文化的分析。如阿尔蒙德和维巴笔下的村民文化、臣民文化和公民文化。① 再次，是文化与政治过程的研究，文化主义者认为政治人类学中的单一"输入－输出"模式，只关注系统结构的两端，对中间的政治过程重视不够，因此必须引入文化变量来解释政治过程的复杂性，因为所有的政治活动都是在特定的社会文化环境中进行的。如文化成为斯科特笔下弱者们应对"绿色革命"不利影响的有力武器。② 复次，对政治仪式和身份的研究，如，默里·埃德尔曼阐释了政治符号和仪式的象征意义在政治精英竞选中的作用。③ 最后，关于文化和政治冲突的研究，主要包括民族国家因不同文化造成的冲突和国际社会中的文明冲突两个方面的内容，如在《我们是谁？美国国家特性面临的挑战》中，亨廷顿认为西班牙文化等亚文化对盎格鲁－撒克逊文化的冲击是美国国家特性的主要威胁。④ 同样，在国家间关系中也内含西方文明、伊斯兰文明、儒家文明、印度文明以及日本文明等文明的冲突。⑤

文化主义作为一种理论范式，丰富和拓展了民族政治学的内容和方法，因为文化构造了政治发生的背景，联结了个体和集体身份，界定了群体的边界和组织着它们内部和相互之间的行动，为政治组织和政治动员提供了资源。⑥ 然而作为一种"特殊性"研究，文化主义者却始终受"循环论"和"目的论"的困扰，并终结于唯心主义。在分析单位、概念区分以

---

① 〔美〕加布里埃尔·A. 阿尔蒙德、西德尼·维巴：《公民文化：五个国家的政治态度与民主》，徐湘林等译，华夏出版社，1989。

② 〔美〕詹姆斯·C. 斯科特：《弱者的武器》，郑广怀等译，译林出版社，2007。

③ Murray Edelman. *The Symbolic Uses of Politics*. Illionis：University of Illinois Press, 1985.

④ 〔美〕塞缪尔·P. 亨廷顿：《我们是谁：美国国家特性面临的挑战》，程克雄译，新华出版社，2005。

⑤ 〔美〕塞缪尔·P. 亨廷顿：《文明的冲突和世界秩序的重建》，周琪等译，新华出版社，1998。

⑥ 〔美〕马克·霍华德·罗斯：《比较政治分析中的文化和身份》，载马克·I. 利希巴赫、阿兰·S. 朱克曼《比较政治：理性、文化和结构》，褚建国译，中国人民大学出版社，2007。

及解释变化等方面存在着诸多问题，受到来自理性主义、结构主义以及多元主义的批判。

四 多维与统一：民族政治中的多元主义

多元主义是相对于传统一元论而言的，兴起于 20 世纪 60 年代，根据其内容可把多元主义分为政治哲学上的价值多元主义和事实多元主义，政治社会学方面的文化多元主义和交互多元主义，以及政治行为方面的多元民主理论。

（一）价值多元主义和事实多元主义

价值多元论是柏林在批判一元论的基础上提出的，认为人类所追求的终极价值是多元的，有时甚至是相互矛盾的，由于缺乏衡量的统一标准，所以很难区分它们的优先级。在此基础上柏林提出了积极自由和消极自由的概念，积极自由指人是自己的主人，其生活自由和所做的决定取决于他自己而非任何外部力量；消极自由是指人拥有不受他人干涉而行动的自由。[①] 他认为积极自由有违理性主义观念逻辑，因为积极自由主义者始终秉持一元论的价值理念，时常假价值统一之名，行暴政之实。然而在实际中人们可以不受外界干预（消极自由），而自主决定其思想和行动，因为人类的价值选择是多元的。[②] 在此基础上，柏林提出了进攻性民族主义和非进攻性民族主义，前者表现为大国沙文主义、种族主义、极端民族主义、原教旨主义以及排外主义，后者体现为一种归属感，即人们为了获得安全感和行动自由，需归属某一群体。

柏林的价值多元主义受到多方批判，如格雷认为"柏林的多元价值和消极自由观念根本不能相互结合，因为人们越尊重多元价值，就越会削弱消极自由的地位"。[③] 罗纳德·德沃金指出柏林将一元论和暴政联系起来是

[①] 徐大同：《当代西方政治思潮》，天津人民出版社，2000，第 219 页。

[②] Sir Isaiah Berlin, *Liberty: Incorporating Four Essays on Liberty*, New York: Oxford University Press, 2002.

[③] 〔英〕约翰·格雷：《自由主义的两张面孔》，顾爱彬、李瑞华译，江苏人民出版社，2002，第 97 页。

荒谬的。① 而其中反对最为强烈的是事实多元主义，相对于价值多元主义，他们只承认多元主义的事实，认为多元主义事实与价值多元主义是完全独立的。② 然而无论是价值上的多元主义还是事实上的多元主义，都只是停留在思辨和描述的层面，而没有像文化多元主义和民主多元主义那样付诸行动。

（二）文化多元主义和交互多元主义

文化多元主义是卡伦在 20 世纪 20 年代为反对美国的种族熔炉政策首次提出的，随后经四十多年的发展演变，在 20 世纪 60 年代成为研究多元文化的主流范式。它既是一种文化观，也是一种历史观，更是一种教育理念和公共政策，③ 主要包括"给予少数族裔和妇女平等权利、一种囊括边缘种族文化的多元文化、多种文化之间的理解与宽容"三个方面的内容。④

文化多元主义与各国实际结合，形成了各具特点的文化多元主义，如美国的文化多元主义政策是在中小学教育中增加不同族裔的文化传统教育，注重对少数族裔历史的研究，强调美国历史经验的多元性，主张文化的平等，批评西欧传统文明的霸权性，以及谋求一种相互认可和尊重的文化和政治关系；加拿大则是交互多元主义，即在尊重多元文化的前提下，承认魁北克讲法语的文化主导地位，在承认少数文化的前提下推动不同文化的交流，维护共同的基本价值观。⑤

文化多元主义丰富了历史、政治文化以及公共政策的研究，对促进和改善少数族裔和弱势群体的利益起到了一定的积极作用。但也受到多方面的批判：首先，在概念的厘定上，它时常把少数族裔（移民群体）和民族共同体（原住民）混淆；其次，在文化多元主义那里，一元和多元的界限是模糊的；再次，由于其变量的难测性，文化多元主义的实证研究略显不足；最后，文化多元主义难以处理文化和权力之间的关系，⑥ 如加拿大虽

---

① 〔美〕罗纳德·德沃金：《以赛亚·伯林的遗产》，刘擎、殷莹译，新星出版社，2006。

② 聂兴超：《论当代政治哲学视域下的多元主义理论》，《求索》2011 年第 1 期。

③ 王希恩：《多元文化主义的起源、实践与局限性》，《美国研究》2000 年第 2 期。

④ Donald H. Roy. *The Reuniting of American*: *Eleven Multiculturalism Dialogues*. New York: Peter Lang Publishing, Inc., 1996: 217.

⑤ 刘兴澍：《交互文化主义与多元文化主义之争——加拿大的案例分析》，《世界民族》2014 年第 5 期。

⑥ 王悦：《对美国多元文化主义的两种思考》，《辽宁教育行政学院学报》2010 年第 1 期。

然在 1975 年实施了多元文化主义政策，但 2005 年巴黎骚乱之后，法国、德国、英国等欧美国家领导人纷纷宣布多元文化主义失败。

（三）多元民主理论

作为政治行为中多元主义的多元民主理论，是由罗伯特·达尔提出的，它假定社会和政治体系是多元的，① 其主要内容为：首先是民主的五个标准和六项制度保障，具体指"有效的政治参与、平等的投票、充分的知情、有效的议程控制以及充分的公民资格"的民主标准和"表达自由，成立和参加社团的自由，包容宽泛的公民身份，自由、公正和定期的选举，选举产生的官员和接触多种信息来源"的制度保障。② 其次是对多元社会的界定，达尔认为一个多元的社会应包括意见的多元、利益的多元、冲突的多元和权力的多元，其中权力的多元是民主社会的主要特征。最后是对多头政体的界定，即关于多数人（精英）的统治，达尔认为这种统治有利于防止永久精英的出现，有利于确保参与政治进程的渠道广泛，同时也能切实地反映多元民族国家的现状。然而，正如达尔后来所察觉的一样——多元民主理论有其自身的缺陷：使政治不平等稳定化、扭曲公民意识、扭曲公共议事日程以及最终控制的让渡。

总之，多元主义理论在政治哲学思辨、政治社会学以及政治行为分析方面，提供了一个新的视角，对于更全面、系统地认识民族政治学提供了价值、文化和行为的判断，然而多元主义也面临着一些挑战。如，多元和一元的区分，两者往往可以通约；③ 对"多元主义"的概念难以界定，故出现了自由多元主义、宗教多元主义、文化多元主义和多元文化主义等多种理论；④ 多元主义往往让位于相对主义。⑤ 在实现多元和一元的统一方面，结构主义提供了一种可能，因为无论是多元还是一元都需要在特定的结构框架下活动。

---

① 〔美〕罗伯特·达尔：《民主理论的前言》，顾昕译，三联书店，1999。

② 辛向阳：《罗伯特·达尔的多元主义民主论评析》，《东岳论丛》2010 年第 5 期。

③ Scott L. Pratt. The Experience of Pluralism. *The Journal of Speculative Philosophy*, New Series, 2007, 21（2）: 106 - 114.

④ David W. MacHacek. The Problem of Pluralism. *Sociology of Religion*, 2003, 64（2）: 145 - 161.

⑤ Matthew J. Moore. Pluralism, Relativism, and Liberalism. *Political Research Quarterly*, 2009, 62（2）: 244 - 256.

五 制度和框架：民族政治中的结构主义

结构主义是在 20 世纪六七十年代兴起的一种宏观分析范式，认为人们的活动深受他们所处的情境、社会结构、社会互动、关系网络、组织生态、国家形式、制度以及系统等因素的影响，而不是单纯个人偏好的结果。这种结构是一种关系的结构、一种位置型的和多层次的结构，而不是简单的部分之和。根据结构主义的思想来源，结构主义可分为马克思主义的结构主义、韦伯式的结构主义以及其他的结构主义。

（一）马克思主义的结构主义

马克思关于基础结构和上层建筑的理论，被视为结构分析的开端，因此被戈德利耶认为是现代结构主义的先驱。[①] 后被其他学者引用和发展，形成政治结构主义、经济结构主义和世界体系论等结构主义理论。

1. 葛兰西、阿尔都塞、勃兰扎斯的政治结构主义

政治结构主义主要关注国家与阶级的关系，即国家是不是阶级统治的工具，如安东尼奥·葛兰西认为国家活动是由社会结构决定的，而不是掌握国家权力职位的人。[②] 受其影响，阿尔都塞把国家看作一种使各统治阶级可以支配和剥削工人阶级的镇压机器；[③] 勃兰扎斯认为决定国家职能的是社会结构而不是阶级，认为国家总以统一的表象来掩饰阶级矛盾，从而为资产阶级服务。[④]

2. 斯维奇、巴伦和奥康纳的经济结构主义

经济结构主义是关于国家在经济运行中的角色和作用的理论，如保罗·斯维奇区分了阶级调节理论和阶级统治理论（阶级调节理论强调国家在阶级调整中的中介角色，而阶级统治理论认为国家是统治阶级的工具，是用来维系和保证特定财产关系的），在阶级统治理论的基础上，斯维奇

---

① Friedman, Jonathan. Marxism, Structuralism, and Vulgar Materialism. *Man 9*, 1974: 444 – 469.

② Gramsci, Antonio. *Slections from the Prison Notebooks of Antonio Gramsci*. Edited and translated by Quintin Hoare and Geoffrey Nowell Smith. London: Lawrence and Wishart.

③ Althusser, Louis. *For Marx*. Translated by Ben Brewster, New York: Vintager Books, 1970.

④ Bridges, Amy Beth. Nicos Poulantzas and the Marxist Theory of the State. *Politics and Society*, 1974: 161 – 190.

和巴伦采用工具主义和结构主义相结合的方法来分析国家是如何促进剩余物的吸纳过程，进而避免垄断资本主义的危机。[1] 詹姆斯·奥康纳发展了这一观点，认为国家是一个复杂的结构，本身具有一定的自主性。[2]

3. 加尔通、弗兰克、桑托斯、沃勒斯坦的世界体系论

约翰·加尔通于 1971 年提出帝国主义的结构理论，认为帝国主义是一种体系，可分裂为一些集合体，有些集合体在利益协调之下发生关系，而另一些集合体则在利益冲突下相互关联。这些集合体被分为中心国家和外围国家，根据中心—外围的关系，可把帝国主义分为五个类型：经济的、政治的、军事的、通信的以及文化的帝国主义。[3] 与此同时，拉美经济委员会也提出了中心与外围的结构主义方法，认为拉美经济不发达的罪魁祸首是对帝国主义的依附；弗兰克受中心与外围结构观点的影响，提出"宗主和卫星"二分法，认为商业垄断是宗主国和宗主地区剥削和攫取微型国家剩余的主要手段。[4] 然而这种观点却受到尼奥·多斯·桑托斯的反对，他认为不发达的问题是由国际依附关系引起的内部结构决定的，而不是卫星化问题。[5] 沃勒斯坦在继承和发展了中心—外围结构思想的基础上，提出了世界体系由中心、边缘和半边缘的国家组成，处于中心地位的是强大的工业发达国家，而弱小的技术落后的国家处于边缘地区，而处在中间的则是半边缘地区。[6]

总之，马克思主义的结构理论从阶级的角度出发深刻地揭露了民族国家的国家功能以及它们之间的关系，指出国家之所以欠发达，很大程度上是由帝国主义对外扩张造成的。

（二）韦伯式的结构主义

与马克思式结构主义的阶级两分法不同，韦伯式的结构主义引入了中产阶级分析。如戴维·洛克伍德认为职员和劳工之间的觉悟是不同的，这

---

[1] Sweezy, Paul. Class Societies: The Soviet Union and the United States. *Monthly Review*, 1991: 1 – 17.

[2] O'Connor, James. Monopoly Capital. *New Left Review*, 1966, 38 – 50.

[3] Galtung, John. A Structural Theory of Imperialism. *Journal of Peace Research*, 1971: 81 – 117.

[4] Frank, Andre Gunder. *Capitalism and Underdevelopment in Latin America: Historical Studies of Chile and Brazil*. New York: Monthly Review Press, 1967.

[5] Dahrendorf, Ralf. *Class and Class Conflict in Industrial Society*. Stanford: Stanford University Press, 1959.

[6] Wallerstein, Immanuel. Class – formation in the Capitalist World – Economy. *Politics and Society*, 1975: 367 – 375.

种不同的部分应分别对应不同的阶级；① 拉尔夫·达伦多夫则认为阶级不
是经济集团，而是社会冲突集团；② 安东尼·吉登斯则认为三大阶级结构
和市场能力是紧密相关的，占有生产资料的是上层阶级，拥有劳动力的是
工人阶级，而以掌握技术和文化专门知识的则为中产阶级。③ 然而这种研
究中产阶级的方法，却始终没能够提出理论上的改进，始终没能够提供中
产阶级产生的方式。④

（三）综合性结构主义

斯考克波尔综合了马克思和韦伯的两种结构主义方法，提出了一种结
构冲突变化的分析范式，在分析国家和社会的革命之中，提出了五种结构
因素：第一，国际形势，主要包括国际结构和关系，以及各个国家在国际
社会中所处的位置；第二，国家结构的性质，即国家作为管理和强制组织
对于社会的渗透力和对于人民的控制力如何；第三，阶级内部和各阶级之
间的冲突；第四，国家和阶级的关系，即国家是不是某一阶级的统治工具；
第五，革命的性质。⑤ 斯考克波尔的结构分析体现了结构主义宏观分析全
盛时期的优点，推动了宏观分析以一种更具格局特征的方式复兴起来。⑥

结构主义作为一种宏观的分析方法，给社会活动提供了一个宏观历史
和比较的结构背景，认为结构是导致行动的根本原因，而个人只不过是行
动的执行者而已，并不对行动产生决定影响。这种极端的决定论受到了文
化主义和理性主义的严厉批判。如文化主义认为执行行动的个人虽然处在
一定的结构之中，但是个人仍受特定文化的影响，理性主义认为结构主义

---

① Lockwood, David. *The Blackcoated Worker: A Study in Class Consciousness*, Landon: George Allen and Unwin, 1958.

② Dahrendorf, Ralf. *Class and Class Conflict in Industrial Society*. Stanford: Stanford University Press, 1959.

③ Giddens, Anthony. *The Class Structure of the Advanced Societies*. London: Hutchinson University Library, 1973.

④ Wacquant, Loic J. D. Making Class: the Middle Class in Social Theory and Social Structure. In Scott G. McNall, Rhonda F. Levine, and Rick Fantasia. *Bring Class Back In*. Boulder, Colorado, West - view Press, 1991: 39 - 64.

⑤ Skocpol, Theda. *States and Social Revolutions: A Comparative Analysis of France, Russia, and China*. Cambridge: Cambridge University Press, 1979.

⑥ Skocpol, Theda. *Protecting Soldiers and Mothers: The Political Origins of Social Policy in the United States*. Cambridge: The Belknap Press of Harvard University Press, 1992.

最大的缺陷就是忽略了个体的能动性和理性的作用。

六　利益和理性：民族政治中的理性主义

理性主义兴起于 20 世纪 60 年代的美国，通过采用经济人假设和博弈论的思想，形成自身的分析框架，即认为人都是理性的，会根据自己的偏好，做出最佳选择，从而实现利益最大化。理性主义一经产生，便成为政治学中的主流范式，因为它能够在微观层面的分析中引入认同变量来克服"理由不充分"的困难，同时在宏观层面上，也可通过引入制度变量来解决因"微观分析不充分"造成的分析失衡难题。①

最初的理性主义者们主要研究个人在复杂的环境中是如何实现理性选择的。如，安东尼·唐斯从政府、政党以及选民的理性行为入手，通过建立一个空间模型来分析西方民主制度背后的经济实质。后来这一模型被威廉·莱克用来研究联邦制等政治制度的起源和维持。② 随着研究的推进，学者们发现理性的个体往往很难形成集体利益的最大化，因此"作为理性的个体如何形成集体行动"便成为新的研究主题。在这一研究中出现了策略互动理论，即每个个体在其他人可能决策的基础上做出决策。这一理论不仅解释了为什么理性的个体难以形成集体行动，而且为解决"搭便车"的问题提供了方法。③ 后来道格拉斯·诺斯将策略互动和制度分析结合在一起，实现了理性和制度的结合，形成理性制度主义理论。④ 再后来理性主义者开始注意到制度、规则以及背景的丰富性以及个体偶尔的非利己主义动机，从而迎来了理性分析的丰富性和复杂性。如 Bates 在分析肯尼亚农业市场经济奇迹的过程中不仅注意到了相关行动者的政治偏好，而且意识到制度影响着政治企业家的算计，进而影响着追求选票最大化的政客们确定、分配和聚合公共利益的方式。⑤

---

① Mark I. Lichbach, *Is Rational Choice Theory All of Social Science*. Ann Arbor: The University of Michigan Press, 2003.

② 〔美〕马克·I. 利希巴赫、阿兰·S. 朱克曼：《比较政治：理性、文化和结构》，储建国译，中国人民大学出版社，2007.

③ Olson, Mancur. *The Logic of Collective Action*. Cambridge: Harvard University Press, 1965.

④ North, Douglass C., *Structure and Change in Economic History*. New York: Norton, 1981.

⑤ Bates, Robert H., *Beyond the Miracle of the Market: The Political Economy of Agrarian Development in Kenya*. Cambridge: Cambridge University of Press, 1989.

作为一种分析范式，理性主义主要采用比较静态学、路径依赖、分析性叙事以及反事实分析的研究方法，具有简约性和叙事性的特点。在西方民族政治学研究中，理性主义被广泛用于民族动员、[①] 民族冲突[②]和管理[③]的分析中。

总之，理性主义通过理性人假设，很好地阐释个人行为的动机以及集体行动的逻辑，占据着政治学乃至社会学范式分析的大半江山，以至于Mark I. Lichbach 发出"理性主义是社会科学分析的全部吗？"的感慨。但作为一种分析范式，理性主义仍受到一些批判：首先，理性主义对理性的界定不够清晰；其次，理性主义几乎没有实证分析，多为经验性分析；最后，理性主义为求逻辑总是牺牲细节。[④]

七 分析折中主义：构建中国民族政治理论的新视角

西方民族政治学在探索、研究和发展的过程中，逐渐形成了上述种种的理论范式。这些理论范式从不同角度分析了民族政治的现象和行为，让我们在阶级、民族、文化、理性、结构和多元中找到了不少合理解释。

然而正如有学者所说，社会科学中的范式分析不会是完美的，[⑤] 上文所述之范式亦如此。在某种程度上他们更多是一种分析视角，如文化主义因过分强调文化的作用，让它终结于唯心主义；民族主义因其千变万化的个性，终结于一致性分析；多元主义因过分强调多元，而忽视多元的归宿是统一；结构主义过分强调结构，而终结于历史宿命论；理性主义过于强调细节，而致牺牲了整体，交出了自我，分化着社会和毁灭着集体。范式之间也是通约甚至是超越的，在西方民族政治学的各种理论范式之间都存在着批判、继承和发展的关系。

① Milton J. Esman. *Ethnic Politic*. New York：Cornell University，1994.
② Henry E. Hale. *The Foundations of Ethnic Politics：Separatism of States and Nations in Eurasia and the World*. Cambridge：Cambridge University Press，2008.
③ John McGarry，Brendan O'aeary. *The Politics of Ethnic Conflict Regulation*. New York：Routledge，1993.
④ Green，Donald P. , Ian Shapiro. *Pathologies of Rational Choices Theory：A Critique of Applications in Political Science*. New Haven：Yale University Press，1994.
⑤ Barbara Geddes. *Paradigms and Sand Castles：Theory Building and Research Design in Comparative Politics，Analytical Perspectives on Politics*. Ann Arbor：University of Michigan Press，2003.

这也为当下中国民族政治学理论的构建提供了视角，即我们要始终坚持以马克思主义为主流范式的理念，始终以中国特色社会主义理论为理论基础，同时借鉴文化主义、民族主义、多元主义、结构主义和理性主义的有益理论。在中国民族政治学的研究中，需坚持以中国民族和民族问题的实际为导向，以描述、解释和解决这些问题为宗旨，结合上述各理论范式之所长去创建和发展中国民族政治学的特色理论和方法。即在研究中，始终以问题为导向，而不是以理论范式为指南，如卡赞斯坦所谓的超越范式的分析折中主义：首先，提出的研究问题具有反映复杂现象的开放特征，而不是以改进范式研究或是填补范式研究空白为目的；其次，构建的因果理论包含来自不同范式的多种机制和多种逻辑之间的复杂的互动内容；最后，完成的研究成果和提出的理论观点，既切实联系学术界的争论，也密切关注决策者（实践者）的现实难题。①

中国民族政治学发展至今，经过追求国家独立、民族解放，马克思主义民族政治思想初步确立。经过专业化研究的三个发展阶段，在民族主体研究、民族政治关系研究、民族政治参与研究、民族政治文化研究、民族政治发展研究等方面，取得了一定成绩。但仍存在着学科界定不清晰、相关概念模糊、理论和方法研究不足、研究主题不够明确、对现实问题关注不够等问题。因此结合分析折中主义的方法，笔者认为中国民族政治学在理论建构方面，具体应做到以下三点。

首先，确立中国特色社会主义理论主导下的多元分析格局。中国共产党在长期的革命和执政实践中形成的中国特色社会主义理论，不断指引着中国民族政治学的研究，形成了一系列的研究成果。然而在坚持中国化的马克思主义研究的同时，中国民族政治学对于其他研究范式的关注则略显不足。正如上文所述，这些理论也是一个学科研究的必要部分，如民族主义可以用来研究一些地区的民族分裂主义，文化主义可用来分析泛伊斯兰主义，理性主义可用来分析民族地区的城镇化动机，结构主义可用来研究国家大战略下的民族地区如何发挥桥头堡作用，多元主义可用来分析如何增强中华民族大团结，等等。因此，中国民族政治学的理论范式研究应该做到马克思主义主导下的多元分析，即始终以中国化的马克思主义为主要

---

① 〔美〕鲁德拉·希尔、彼得·卡赞斯坦：《超越范式：世界政治研究中的分析折中主义》，秦亚青、季玲译，上海人民出版社，2012。

分析范式，同时兼顾对其他分析范式的汲取和应用。

其次，确立以分析现实难题为导向的研究路径。中国民族政治学的研究要始终以国家重大战略急需为导向，聚焦民族地区的政治、经济、文化和社会问题。从我国统一的多民族国家的基本国情出发，在中国特色解决民族问题的正确道路上，进行独创性研究，形成可利用成果。

最后，明确以服务国家、服务民族地区为己任的研究宗旨。中国民族政治学自成立之初，便以此为己任，而在全球化、信息化高度发展的当下，中国民族政治学研究者如何能够发现新问题、研究新问题和解决新问题，以便更好地服务国家和社会，是摆在学界面前的新课题。

3 浅谈民族研究中的镜像化现象及其应对*

严　庆**

【摘要】 民族研究中的镜像化是指从关于民族的文本镜像、专家镜像、文件镜像、事件镜像出发的一种研究倾向，镜像化的研究脱离了鲜活而生动的民族事实，导致研究成果的固化与滞后，难以适应社会转型期民族以及民族事务呈现的新态势。克服民族研究中的镜像化需要开展扎扎实实的田野调查，充分尊重研究客体的真实性。

【关键词】 民族　镜像　客观求实

社会科学的研究对象是社会事实。在迪尔凯姆看来，要把社会事实作为“物”来考察，研究者要摆脱一切主观的偏见和预断，通过客观的观察方法来获得对社会现象的正确认识。迪尔凯姆的研究准则不仅适用于社会学研究，也适用于其他社会科学研究领域，这提醒人们在社会科学研究中必须遵循和坚持客观性和价值中立的原则，克服不健康的意识形态对社会科学研究的影响。① 作为社会科学的一个领域，民族研究的对象是民族现象、民族问题、民族事务、民族政策这类社会事实。本文将民族研究的对象统称为民族事象或事实。民族事象或事实，独立于我们的主观之外，具有一定的客观性、复杂性和变动性，民族研究的结论和成果要符合这些事实及其特性，以便探求关于民族的真知灼见。

---

* 本文曾发表于《贵州民族研究》2016 年第 8 期。

** 严庆（1970～），男，中央民族大学中国民族理论与民族政策研究院教授、博士生导师，研究方向：民族政治与多民族国家建设、民族理论与民族政策、民族教育。

① 陈兴炎：《对社会事实与社会科学研究客观性的思考》，《集美大学学报》（哲学社会科学版）2005 年第 4 期。

一　民族研究中的镜像化

"镜像化"是认知心理学的一个重要概念，它由法国著名的哲学家、精神分析学家、结构主义哲学的重要代表人物雅克·拉康（Jacques Lacan）于1936年提出。拉康认为，人们对主体自我的认知会受到他人看法的影响，即一个人往往按照他人对自己描绘的模样（镜像）去实现自我，镜像的我并非真实的我。在这里，笔者借用"镜像"概念，用来指代非真实的民族事实，即关于民族事实的片面、静止、部分的认知，乃至是误解、误读式的认知。或者说，相当于柏拉图所言的"洞穴墙壁上的影像"。这些关于民族事实走形的认知会影响到人们对民族事实的判断。

概括而言，当前民族研究中的镜像化主要包括文本镜像、专家镜像、文件镜像和事件镜像。

（一）　文本镜像

文本镜像是指有的人在研究马克思主义民族理论文本和西方民族主义等文本时，过于从文本的字面和概念出发，远离文本所指的事实和时空环境，从而产生空对空的"玄学"研究知识，并影响到阅读者，从而产生文本镜像效应，误导阅读者对真实民族事象（民族事实、民族问题、民族事务、民族工作等）的认知。

诚然，文本研究是民族理论与政策研究的重要方法，在做文本研究时，应注意研究的还原性和科学性。有学者指出，"完整的文本研究应当包含前后相续而又相互支持和融通的三个步骤或环节，即版本考证、文本解读和思想研究"①，文本研究不能只是复述原著思想，而没有理论建树；也不能回避或远离现实问题，而失去文本所载理论价值的当代性体现。

还有学者就如何正确对待文本研究指出：文本研究不是"唯文本中心主义"，而是强化研究者与研究对象平等对话。然而，文本解读又会受到各种因素的制约，不同研究者在介入文本过程中往往与自身的身份意识密

---

① 聂锦芳：《版本考证与文本解读、思想研究的关系辨析——以〈德意志意识形态〉为例》，《马克思主义与现实》2007年第3期。

切关联，不仅生产出无数的文本阐释，而且生产出新的意义网络。① 这说明，研究者要克服文本镜像化，就要真正懂得与文本所对应的事实是什么，懂得事实存续的必要条件，而不能简单地从本本出发。

（二）专家镜像

专家镜像是指一些专家出于研究喜好或视角差异，会有意无意地夸大或缩小所研究的民族事象和事实，从而产生凸镜或凹镜效应，从而生成不同于事实的镜像。这样的镜像一经传播，就会产生脱离于实际的认知，从而误导受众。

"专"的意义就在于与众不同，因而专家镜像的产生难以避免。爱德华·W.萨义德曾说："没有人曾经设计出什么方法可以把学者与其生活的环境分开，把他与他（有意或无意地）卷入的阶级、信仰体系和社会地位分开，因为他生来注定要成为社会的一员。这一切会理所当然地继续对他所从事的学术研究产生影响，尽管他的眼睛及其成果确实想摆脱粗鄙的日常现实的束缚和限制。"②

"专"具有独一、集中在一件事上的内涵，克服"专"的负效应需要做到"兼"，即不同专家之间的观点交流、相互借鉴。任何争论都会不自觉地夸大己方的正确性，小看或无视对方观点的正确性和合理性。换句话说，专家之间越是争论越容易产生专家镜像。民族问题研究的注意力没有必要这样狭隘地集中在各执一端的任何一种争论上，这最多只会使得民族问题的研究更加脱离现象发生的实际。③ 事实上，民族以及民族问题的复杂性与流变性早已嵌入（民族理论）学科发展的历程中，从原生主义与工具主义之争，到民族实体与想象共同体之辩，再到中国近代史上的"中华民族是不是一个？"之问，进而再到关于民族概念的两次争论，都呈现了人们关于民族与民族问题的认知之别。人们关于共同关注的研究对象——族类群体的名实认知相去甚远，甚至彼此相左。④ 近些年民族理论界的争

---

① 李长中：《文本研究的重要性》［EB/OL］，http：//www. chinawriter. com. cn/bk/2010 - 03 - 07/42298. html。

② 〔美〕爱德华·W. 萨义德：《东方学》，王宇根译，三联书店，1999，第10页。

③ 赵旭东：《中国民族研究的困境及其范式转换——基于文化转型语境》，《探索与争鸣》2014 年第 6 期。

④ 严庆：《用心阅读探求真知——浅谈如何对待当前民族理论领域中的观点与争议》，《民族论坛》2014 年第 6 期。

论不断，因而也产生出诸多镜像。

（三） 文件镜像

文件镜像是指从简单的政策文件的字面内容去主观兑现和评估政策效果，忽略了政策实践过程中的复杂性和消减效应对政策实际成效的影响。例如，有的人简单地从少数民族高考加分政策的原初印象出发，认为所有的少数民族高考考生都享受到了同样的加分照顾幅度。殊不知，民考民的考生是同类考生的内部竞争；殊不知，我国各地的高考加分政策都不尽一样，而且仍处于不断调整之中。杨芳曾指出：少数民族高考加分政策实施多年，其公正性屡遭质疑，根本原因在于对该政策的根据缺乏深入而系统的认识。[①] 除此之外，还与对政策实施中的差异性了解不够有关。

笔者曾撰文指出：消除民族政策认知差异的根本出路在于调查研究。要就某项民族政策的适用范围和存在的问题，进行扎扎实实的调查研究，进而提出改进的意见。能够支撑学理层面争辩的不是"本本"、"主义"，而是田野调查和有说服力的数据。向民族经济社会实际求解的过程，恰恰正是了解民族政策客观实践环境、消解学理主观臆测性的过程，同时也是一个对自我判断进行证实证伪的过程。[②]

（四） 事件镜像

事件镜像是指单凭偶发或个别、个体的事件及其造成的负面影响来研判民族关系、民族工作、民族事务的全局。与事件镜像相伴随的往往是对涉及事件人员所属群体的污名化。英国社会学家埃利亚斯曾指出，"污名化"即一个群体将人性的低劣强加在另一个群体之上并加以维持的过程。它反映了两个社会群体之间一种单向"命名"的权力关系，体现为群体特性与另一群体加诸该群体之上的刻板印象之间的一种特殊关系。还有学者指出"污名化"呈现为一个动态过程，在这个过程中，处于强势且不具污名的一方最常采用的一种策略即"贴标签"。一个标签，最初可能只与某群体中的个体相连。[③] 标签化是镜像化的表现形式之一。当前，我国正处

---

① 杨芳：《少数民族高考加分政策的公正性探究》，《民族研究》2010 年第 6 期。
② 言轻：《民族问题应求解于实际》，《中国民族报》2010 年 4 月 13 日。
③ 王眉：《网络舆论的"污名化"效应与"多数的暴政"》，《中国社会科学报》2011 年 11 月 20 日。

在社会转型期，个体风险日益增大，且现代社会高度分工下的知识隔离使个体对风险的认知能力和决策能力相对弱化，同时陌生人社会中的价值冲突、信息化的张力等因素也共同加剧了不信任的转移与扩散，进而促进了泛污名现象日趋严重。① 这也是我们理解民族研究中事件镜像化不断出现的时代背景和社会背景。

以上四类镜像化现象不同程度、不同范围地存在于我国当前的民族研究领域，它们一方面影响到研究者的知识生产和成果衍生，另一方面也通过社会传播影响到民族研究领域中的后学以及社会大众对我国当前民族事象及事实的认知与判断，从而进一步影响到相关的政策评价和多民族国家建设，也影响到学科的自身发展和影响力。

而一些非民族研究领域学者的介入，则进一步增加了镜像化成分。2016 年以来，关于"清真食品立法"和"城市民族工作条例"修订引发的学者争论，无意中大大加剧了镜像化趋势。在一些学者看来是被"强化"的少数民族权益在现实生活中则恰恰是被忽略或难以保障的权益。例如，《城市民族工作条例》修订稿中的"城市人民政府鼓励开展具有民族特色的文化体育活动"这一条，主要针对的是一些城市主管部门针对带有民族特色的文化活动申请不批准或不积极作为，认为是"麻烦"；同样是跳广场舞，民族地区城市的民族广场舞就会受到特别的"重视"。实质上，这是对民族文化权益的保障问题，也是一座城市文化应尊重和呈现多样化价值的问题。如果不了解这样的情况，就会认为这是在刻意"保护"和"突出"，实际上，这是针对工作中认识和行动不到位的问题。

二 民族研究镜像化成因分析

从本质上讲，民族研究镜像化就是研究行为与研究对象的脱离，研究者及其作品与事实的背离，这一现象的形成缘于认知系统或认知过程中的两个重要因素：一是被研究的对象——研究客体的演变；二是研究实施者——研究主体的立场、价值取向与方法的不当等。

（一）民族事象或事实的变动性、复杂性

世界是不断运动变化发展的，民族事象或事实作为社会事实的一部分

---

① 张昱、杨彩云：《泛污名化：风险社会信任危机的一种表征》，《河北学刊》2013 年第 2 期。

也处在不断运动和变化发展之中，这就是民族事象或事实的变动性。民族事象或事实变动性又体现在历史的变动性和现实的变动性两个方面。

历史的变动性是与民族过程这一概念紧紧联系在一起的，在不同的历史时期，民族事象或事实都具有那个时代所处大的社会环境和社会背景的特征，同时从民族自身发展过程来看，又具有一定的阶段性特点。也就是说，不同历史时期的民族事象和事实是不同的，不同时代人们对于民族事象和事实的认知也是不同的，我们不能套用今天的民族概念和认知去看待历史进程中的民族事象，包括历史上的民族关系等议题。郝时远先生在谈及如何看待历史上的民族治理时指出：我们既不能用现代的民族平等观去无度颂扬古代历史中的开明政治，也无须百般悲情地去诉说阶级社会民族压迫的黑暗统治。① 郝先生的告诫同样启示我们，研究发展过程中的民族事象和事实，要回归到当时的场景和认知体系中去，不能用今天的概念与方法的尺子去丈量历史上的"民族腰身"。

把握民族事象或事实现实的变动性主要应从两个方面下功夫。

一是将文本或文件中民族的概念性所指与现实中的民族事象或事实结合起来。文本或文件中提及的民族概念具有抽象性特征和一般性意义，往往忽略现实生活中民族事象或事实的复杂多样，这就要求在解读和阐释文本或文件时，紧密结合实际将抽象性、一般性还原到具体事象和事实。要将原则性的文本或文件精神灵活运用，而不能僵化地按照文本或文件中的"图"去索求现实中的"骥"。

二是充分认识民族事象和事实的内部差异。越是在社会快速变革的时期，民族事象或事实的变动性就越复杂。一方面，当前，社会流动性的趋强，使得少数民族人口分布更加广泛，城市民族构成更加多元，交错混居的格局更为普遍。随着我国经济社会的发展，无论是东部地区还是西部地区，社会的纵向分层越来越明显。与民族社会相对应的是民族社会内部的分层化，是同一民族内部贫富的分化。② 另一方面，伴随着社会转型和社会交往，原来被定位于整体关系的民族关系，越来越具体表现为涉及民族因素的社会关系。民族关系越来越微观化、具体化、场景化，原来民族关

---

① 郝时远：《中国共产党怎样解决民族问题》，江西人民出版社，2011，第37页。
② 青觉、严庆：《因应民族问题变化 凸显和谐治理方略（上）》，《中国民族报》2013年3月2日。

系概念的政治色彩和群体色彩淡化。顶层设计意义上的民族群体政治平等关系，重心日益下沉为社会交往层面的个体关系。① 在民族事象如此快速、复杂的变动中，停留在宏大叙事和"殿堂之高"层面的学术研究将难以适应社会需求。

（二）研究者立场、价值取向与方法方面的问题

按照都永浩的归纳，我国当前民族理论研究有三个学派：中国化的马克思主义理论学派、西方民族主义理论学派、现实主义的民族政治学派。其实，我国当前研究民族问题或议题的学者还很多，除了都永浩提到的传统民族理论研究三个学派中的学者外，民族学学科以及其他学科的一些学者也在积极关注民族问题研究。可以说，当前的民族问题研究呈现多学科学者关注、参与增多的态势。

由于不同的学者秉持的立场、恪守的价值不同，采取的研究方法不同，因而形成的研究结论也不同，甚至产生了较大的学术争论，从而产生了一些镜像化的效应。比如有的学者或从理想主义、国家主义的立场出发，或引用与我国差别较大的概念和经验，从而产生了对民族及其权益重视不够、无视国内民族实际的成果镜像；有的学者过多从政治正确出发，从民族概念出发，单一使用定性研究方法，产生了信度不高、脱离实际、高位悬置的成果镜像。

民族议题深刻涉及民族权益、国家利益乃至国际政局，民族议题产生的区域、族际亦各有不同。民族因素涉及政治、经济、文化、社会等领域的方方面面，在不同场景下，民族因素具体进入和切入各领域的角度和程度千差万别。因而，从事民族问题研究，需要道德情怀、公允立场、科学精神、求真务实。

三　民族研究中镜像化应对

研究成果的科学性在于成果与研究客体及其客体呈现的规律是否符合，不符合研究客体实际及其规律的成果都是镜像化的作品，消减民族研究中的镜像化需要从以下方面入手。

---

① 言轻：《理解民族关系的思路应与时俱进》，《中国民族报》2013年2月22日。

其一，开展调查研究，而且是扎扎实实、全面深入的调查研究。有的调研走过场，只看"盆景式"典型，满足于听听、转转、看看，蜻蜓点水、浅尝辄止。① 走过场的调研，其成果和结论也必然是镜像化的。

有研究者指出，我国民族理论研究今后应着重朝五个方向进行努力：理论研究深刻化；实证研究常态化；方法研究多样化；现实研究专题化；经验研究经常化。② 其中，实证研究有助于顺应大多民族事象越来越具体化的趋势，也有助于将议题做实做满，提升研究及其结论的自洽性。因为实证性研究的基础是要掌握第一手资料，要求研究者做到"身入"和"心到"。

其二，矫正主观观念，在指导思想和价值取向方面不偏颇。"他们要按照想象的计划重构社会，就像天文学家按照他们的计算而改变宇宙系统一样。"③ 这是蒲鲁东在《论乌托邦社会主义》中对不正确指导思想的评价。那么，我们民族研究的指导思想和价值取向应该是什么呢？是追求研究者个体的学术自足，还是追求一个民族如何实现自我终极发展，还是其他的追求？

从事民族研究当应跳出民族自我的束缚，纠正主观上的偏见。因为我们每个人都是在某一种文化中成长起来的，都会不自觉地受到自己的民族、性别、年龄和世界观等因素的限制。这就像戴着一副有色的眼镜，在调查时会对其他民族、人群或文化带有一定的成见，从而使调查和研究由于某些偏见而不够科学。④ 中国特色民族研究是从民族平等的原则出发，以融洽和优化民族关系、促进各民族共同发展进步、服务于多民族国家建设为目标。

其三，在理论、文献与经验的综合研究中凸显中国范式。民族事象既是历史的，也是世界的，还是复杂多样的；不同时代、不同空间的人们在认知与探究民族与民族问题的过程中，也积累下不同的概念、理论、方法与范式，在这当中，中国也形成了具有自身特色的本土经验。但是近代以来，中国社会的政治机构、社会结构、文化结构都受到西方的严重冲击，

---

① 习近平：《谈谈调查研究》，《学习时报》2011 年 11 月 21 日。

② 刘吉昌：《新时期我国民族理论研究的发展趋向》，《中国民族报》2015 年 4 月 15 日。

③ 詹姆斯·C. 斯科特：《国家视角下——那些试图改善人类状况的项目是如何失败的》，社会科学文献出版社，2011，第 471 页。

④ 杨圣敏：《民族学的研究方法——田野调查与民族志》，《光明日报》2003 年 6 月 17 日。

在传统中国向现代中国转型的进程中，较多地汲取了在现代转型中走在前面的一些西方国家的知识产品和学术研究成果，包括与民族及其治理议题相关的概念、理论与经验。这些概念、理论与经验的引入丰富了国内研究，但也面临着有效性的质疑。

当前，在中国社会快速转型的背景下，民族议题产生的场景越发复杂，宏大的理论叙事似乎难以应对此起彼伏的点式事端（例如，现实生活中一些涉及民族因素的小纠纷，经过网络传播会迅即成为群体舆情），各种宏大的理论与范式因而均受到质疑，甚至引发争论。有学者指出，中国民族研究在各种理论纷争之中，显露出它的范式危机。这一危机直接影响民族研究领域知识生产和积累的方式，在把本是实践智慧的民族问题的解决转化为一种纯粹民族理论构建的努力中，寻求一劳永逸的民族问题的解决成为许多研究者的追求；但从学理上看，这不仅走错了路，更为重要的是，其忽视了现实世界中可能真实存在的冲突化解机制。同时，就中国的民族研究而言，我们似乎还看不到有哪一个西方的概念可以原封不动地应用到现实的中国民族问题研究的场域中。在此意义上，我们需要有现象学意义上的直观把握，可能我们陷入既有的西方概念越深，我们的洞察力和理解力就会越弱；反之，如果我们有勇气去面对现实的而非历史的民族问题，我们便可能因此而得到超乎寻常的洞察力和理解力。[1]

当今世界在解决民族问题上没有包治百病的灵丹妙药。[2] 中国各民族正处在前所未有的快速发展和社会结构转型中，与之相伴的是民族因素与各种新老问题的交织，解读与解决这些问题需要中国情怀、中国智慧与中国范式，当然，这也是切实立足中国实际、汲取古今中外优秀智慧成果的努力过程。

结合学习落实习近平总书记在哲学社会科学工作座谈会上讲话精神，上海师范大学知识与价值科学研究所所长何云峰指出哲学社会科学研究必须着重推进四个转变：哲学社会科学研究亟须从书斋走向社会现场；哲学社会科学研究亟须从肤浅地追求标新立异转向强调求真探索；哲学社会科

---

① 赵旭东：《中国民族研究的困境及其范式转换——基于文化转型语境》，《探索与争鸣》2014年第4期。

② 国家民族事务委员会：《中央民族工作会议精神学习辅导读本》，民族出版社，2015，第53页。

学研究亟须改进研究方法，从思辨为主转向多样化方法并存；哲学社会科学研究亟须改进表达，从封闭式话语体系转向世界性开放话语体系。[①] 这四个转变，同样有助于启发民族研究领域的学者求真务实、远离镜像化的研究。从事民族研究需要足够的敬畏感，首先要敬畏民族事实。在这方面，邓小平给我们做出了很好的榜样，他认为：在少数民族问题上，我还是一个小学生。[②]

---

① 何云峰：《哲学社会科学研究要着重推进"四个转变"》，《解放日报》2016 年 5 月 31 日。
② 《邓小平文选》（第一卷），人民出版社，1989，第 161 页。

4 多源流视角下民族政策变迁理论分析框架研究[*]

——以台湾地区"原住民族"政策变迁为例

乌小花 周 辉^{**}

【摘要】 多源流理论是公共政策变迁的重要理论分析框架。用修正后的多源流理论分析台湾地区"原住民族"政策的根本性变迁历程，可以发现其对民族政策的变迁有着极强的解释力。通过对这一分析过程的总结，拟构建出一个民族政策变迁的理论分析框架——民族政策变迁的实现是由各自流动的三个源流：民族问题源流、民族政策源流、民族政治源流在机会之窗打开时，在民族政策企业家的推动之下实现汇合，从而共同推动民族政策变迁的实现。

【关键词】 民族政策变迁 多源流理论 台湾地区"原住民族"

一 问题的提出

台湾地区"原住民族"^① 是中华民族大家庭中的重要成员，台湾地区的民族问题是中国民族问题的重要组成部分。20 世纪 90 年代，台湾地区民族政策经历了从同化政策到多元文化主义政策的变迁。台湾地区对少数

* 本文曾发表于《中央民族大学学报》（哲社版）2016 年第 3 期。

** 乌小花（1971 ~ ），女，蒙古族，法学博士，中央民族大学科研处处长，教授，博士生导师，主要研究领域为民族理论与民族政策、世界民族问题、民族政治学；周辉（1981 ~ ），男，汉族，中央民族大学 2013 级民族政治学专业博士研究生。

① 此处使用"台湾地区'原住民族'"指代中国台湾地区少数民族是遵循中国民族识别政策中"名从主人"的原则，笔者并不认同台湾地区的少数民族属于国际法意义上的原住民族。

民族同胞的身份论述也从带有抹杀民族色彩意味的"山地同胞"变为所谓的"原住民族"。深入探究台湾地区民族政策变迁的动因具有重要的现实意义和理论意义。

政策变迁是一个既古老又常新的研究课题，从历史学的角度研究政策发展变迁史对当代镜鉴意义的做法自古有之，而公共政策学界开始聚焦政策变迁研究则是源自 20 世纪末传统公共政策科学所面临的质疑和挑战。20 世纪 70 年代末以来公共政策学界的案例研究表明，传统的政策阶段论所揭示的政策过程只能说明政策阶段出现的先后顺序而无法说明各个政策阶段之间的因果关系。公共政策过程并非按着政策阶段论设想的逻辑和步骤按部就班地展开。政策过程中存在着无法避免的偶然性和模糊性。因此，传统阶段论很难对政策的变迁做出有效的解释和预测。"阶段启发法的积极作用有限，有必要寻求更好的理论性框架取代它"。① 于是，探究政策变迁动因的相关理论研究开始受到广泛关注，美国学者金登的多源流理论就是其中的主流理论之一。众所周知，民族政策是公共政策的一个分支，民族政策的变迁也体现公共政策变迁的一般规律。在民族政策研究过程中，可否引入公共政策科学中的多源流理论分析框架，开展民族政策变迁动因的解释性研究呢？可否通过此项研究，对多源流理论在民族政策变迁研究中的适用性进行考察和检验，进而对多源流理论进行一定的修正，以搭建一个民族政策变迁的理论分析框架呢？本研究的目的就在于解答这些问题。

二　多源流理论及其修正

（一）多源流理论的原理

针对政策阶段论在解释政策变迁动因上的局限性，金登在批判全面理性决策理论、渐进主义理论，借鉴、修正垃圾桶模型理论的基础上创立了多源流理论。在"垃圾桶"模型的启发下，金登把美国联邦政府系统看成一种"有组织的无序"，并且把"垃圾桶"模型中的问题、解决办法和参

---

① Paul A. Sabatier, *The Need for Better Theories*, in *Theories of the Policy Process*, edited by Paul A. Sabatier, University of California, Davis, 1999.

与者及其掌控资源具体化为联邦政府议程建立过程中的问题、政策与政治三个源流。然后根据影响政策制定过程的各方面因素，为每个源流确定了构成要素，把政策企业家①推动三个源流汇合的时机设定为"政策之窗"的开启，由此完成了多源流理论的创建。

多源流理论中三个源流的基本构成为：问题源流由各种社会指标、焦点事件以及政策反馈等要素构成。政治源流由国民情绪的变动、选举导致的国会席位和内阁主导权的变更、利益集团的压力等要素构成（在后续研究中，金登又把政治制度、宪政体制、政府程序与结构等要素纳入了政治源流的组成要素中）。政策源流则由政策建议的技术可行性、政策共同体成员的价值观、预算的制约、公众对某项政策的接受程度、政治家的意愿等要素构成。政策变迁正是由原本各自流动的三条源流在特定时间点汇合并共同推动下得以实现的。但是，三条源流汇合的实现有赖于政策之窗的开启。政策之窗指的是政策企业家提出的最得意的解决办法或者促使人们更加关注某种政策问题的一种机会，即推动政策变迁的最佳时机。政策之窗是由问题源流或者政治源流中的特殊事件打开的，这两种情况分别被称为问题之窗和政治之窗。由问题源流中的某种社会统计指标剧烈变化或者某种公众关注的焦点事件，或者政策目标群体对原有政策效果的激烈反馈而触发了政策之窗的开启，这就是问题之窗。而由政治源流中的国民情绪显著变动、新的选举结果，或者利益集团的活动导致的政策之窗的开启，则称为政治之窗。政策之窗的打开有时具有可预测性，有时又完全出乎意料。政策之窗打开的时间是非常有限的，所以致力于解决某种社会问题的政策参与者把政策之窗看作问题解决的最佳时机，而致力于提供某种政策建议的政策参与者则把政策之窗看作提出政策方案的最佳时机。政策之窗的开启可以为问题源流、政策源流以及政治源流的完美结合提供最佳机会，进而形成合力共同推动政策变迁的实现。整个过程的实现又有赖于政策企业家发挥巨大的推动作用。政策企业家会通过种种手段突出政策问题的严重性，也会积极地开展政策游说和政策软化活动。在政策之窗开启之时，成熟的政策企业家会抓住时机，努力促使三个源流迅速汇合，从而推

① 政策企业家是公共政策学界的一个重要概念，是指为了推动公共政策变迁、改变公共资源分配方式而愿意投入大量时间、精力的人，具体是指国会、政府、利益集团、研究机构、新闻媒体、社会团体中积极参与政策过程的人。

动政策变迁。事实上，各自独立的三个源流的成功汇合很大程度上依赖于政策企业家的运作和推动。如果没有政策企业家的积极努力，政策之窗开启的大好时机则经常会白白错过。

金登的多源流理论在承认政策制定过程中的无序和模糊状态的前提下，建立起一个影响政策变迁的多层次稳定结构的分析框架。相较于"垃圾桶"模型，多源流理论对于政策之窗和政策企业家的地位和作用的描述，进一步明晰了促成政策变迁的触发机制和推动力量，因而对政策变迁具有极强的解释力，成为政策变迁分析中应用最广泛的主流理论之一。

（二）多源流理论的局限

任何理论都不可避免地存在着自身的局限性，基于对美国公共政策变迁案例的分析和总结而建立起来的多源流理论也存在着自身的缺陷。

不同社会的政治制度及其运转模式极大地影响着不同社会的资源分配方式，也自然会极大地影响着公共政策的制定和变迁过程。金登创立多源流理论所依据的案例全部来自美国成熟民主政治制度下的公共政策变迁案例的总结和提炼，所以金登并没有将政治制度本身当作影响政策变迁的一个重要变量。虽然在《议程、方案和政策制定》的第二版中，金登肯定了不同制度对政策变迁的确存在重要影响，但也并没有给出在不同政治制度下运用多源流理论时应该做出何种调整的设想和建议。因此，运用多源流理论对不同的政治制度下不同政策领域的政策变迁开展分析研究时，研究者必须针对多源流理论的局限性进行一定的修正。

三　民族政策变迁理论分析框架的假设

在借鉴学界原有的较为成功的修正思路的基础之上，结合民族政策领域自身存在的特点，从台湾地区当代政治发展脉络和族群关系原生态出发，拟对多源流理论进一步做出假设性修正，提出一个分析台湾地区民族政策变迁的理论框架的假设。

关于台湾地区民族政策变迁的三个源流的构成问题：将民族政策变迁中三个源流的构成设定为民族问题源流、民族政策源流和民族政治源流。首先，民族问题源流是指由民族政策存在的缺陷而导致一个国家或者地区

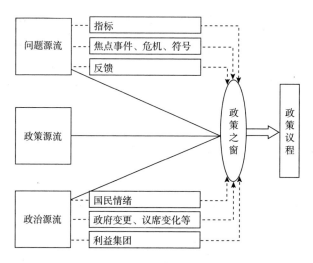

图 1 多源流理论示意图

注：曾令发《政策溪流：议程设置的多源流分析——约翰·W. 金登的政策理论述评》，《理论探讨》2007 年第 3 期。

的民族矛盾激化、民族摩擦加剧、民族发展不均衡等种种问题。具体包括：（1）台湾地区"原住民"（此处用"原住民"指代个体）作为台湾社会中的少数，其个人生存发展权利以及平等权利是否得到有效的保障。（2）台湾地区"原住民族"（此处用"原住民族"指代集体）作为一个具有悠久历史的民族，其民族发展问题包括民族政治自治、民族经济发展、民族语言文化传承等方面权利是否得到妥善保护。（3）引起社会广泛关注的民族权益被侵害的焦点事件。（4）目标群体对原有民族政策的反馈意见。其次，民族政策源流，具体表现为参与民族政策制定的各方提出的不同版本民族政策建议。最后，民族政治源流，是指民族政策变迁发生时族际政治互动格局对民族政策制定的影响，具体表现为各政党对民族问题的主张、"原住民族"社会运动、公众对民族问题的看法和情绪。其中，执政党及其领袖的民族观起着决定性作用。之所以对民族政治源流做出如此假设，是因为本研究所聚焦的台湾地区，其民族政策从同化主义到多元文化主义的变迁发生在民主化转型时期（1988～2000年）的"修宪"过程中。此时期台湾地区的政治局势，虽然政治反对运动蓬勃开展，民进党势力逐渐崛起，但是在"国民大会"、"立法院"和政府机构中，国民党均占据主导地位。因此，依然符合扎哈里尔迪斯所称的中央集权政府下政策变迁的状态。① 在这种情况下，政治源流的确定应当借鉴扎哈里尔迪斯所做的修正，将执政党意识形态和执政理念，作为政治源流的决定性影响因素。进一步具体分析这一个时期的台湾地区政局可以发现，20 世纪 90 年代中后期也就是台湾地区民族政策发生变迁的第三次"修宪"和第四次"修宪"时期，李登辉开始全面掌控台湾政局。结合台湾地区政治的这一特点，将民族政治源流中最重要的因素设定为执政党领袖执政理念下的民族观对民族政策制定产生的影响。

台湾地区民族政策变迁过程中的民族政策企业家是指民族政策变迁时期"原住民族"社会运动的领袖人物和立法机关中"原住民族"籍民意代表。他们怀有强烈的民族情结，热爱自己的民族，愿意为民族政策的变迁投入精力和资源。他们大多接受过良好高等教育，有一定的斗争策略，比较善于把握时机，对台湾地区执政当局的民族政策变迁起了一定的推动作用。

民族政策变迁中的民族政策之窗，具体是指民族政策变迁的最佳时机。结合台湾地区的具体情况来看，在台湾地区民族关系中，"原住民族"所占人口十分有限，在总人口中只占约 2%。他们与汉民族矛盾冲突对台湾地区主流社会带来的冲击力有限，很难构成直接促成"原住民族"政策变迁的"机会之窗"。因此，当代台湾地区"原住民族"政策变迁的"机会之窗"并不是由"问题之窗"即民族问题打开的，而是由于台湾地区政治发展过程中的"修宪"这一"政治之窗"开启的。

经过以上探讨，结合民族政策研究的特殊性，我们依据多源流理论原理，提出了民族政策变迁理论分析框架的假设。接下来，我们运用这一理论分析框架假设对台湾地区"原住民族"政策"入宪"变迁过程进行分析，来检验其对民族政策变迁的解释力，并针对分析过程中出现的问题进一步对这一框架进行修正和完善。

---

① 扎哈里尔迪斯的研究将多源流理论运用到英、法两国国有企业私有化政策的比较分析中去。其中最有创新意义的理论就是在类似英国这种内阁制国家，执政党或者执政联盟一旦在大选中获胜，就会既掌握国会主导权，又会执掌内阁。在这种情况下多源流理论中的政治源流的多个构成要素，包括国民情绪变化、利益集团的活动、政府与国会议席变更等要素可以修正为一种单一的决定性要素，即执政党意识形态。

四　台湾地区民族政策变迁的多源流分析

20 世纪 90 年代，在台湾地区民主化转型时期的第三次和第四次"修宪"过程中，"原住民族"条款以及肯定多元文化的条款最终"入宪"，标示台湾地区执政当局正式承认"原住民族"的民族地位和多元文化主义。台湾地区执政当局原来一直奉行的民族同化政策失去了法律依据，新的民族政策开始朝着多元文化主义的方向迈进。

（一）促成原住民族条款"入宪"的多源流要素构成

1. 民族问题源流

在运用民族政策变迁理论分析框架的假设去考察台湾地区民族政策变迁的历史过程时我们不能回避的一个问题是：在界定民族问题源流时有一个无法忽略的重要前提，就是人们对民族和民族问题的不同认识和理解导致在处理民族问题的政策上存在差异，甚至是南辕北辙。具体分析如下。

（1）多元文化主义视角下的民族问题源流。在多元文化主义视角下，"原住民族"的权利包括："原住民"个人享有的生存权、工作权、土地权、财产权、教育权、文化认同权等基本人权，"原住民族"集体享有的文化权、土地权、自治权等。但是，1945 年日本投降后国民政府接收台湾以来，延续近半个世纪的民族同化政策让台湾"原住民族"的民族特性丧失殆尽。与此同时，台湾地区在 20 世纪后半期实现了快速工业化，但"原住民"个人依然处在社会底层和边缘。

问题一：台湾地区"原住民族"处于民族传统文化加速消亡的边缘。

日本侵占台湾地区期间，针对台湾地区"原住民族"强制推行"皇民化"政策和理藩政策。台湾地区"原住民族"的传统文化、生产方式都遭到肢解和破坏。国民党政府接收台湾后，历经"中国化"政策、山地现代化政策、山地平地化政策和社会融合政策，一系列民族政策的核心目标也在于民族同化。至"解严"前，台湾"原住民族"的姓名、语言、社会制度、生产方式、传统信仰、风俗习惯几乎丧失殆尽。一个民族存在和延续的重要标志，在于其民族文化的继承和传播，而在"原住民族"政策"入宪"变迁之前，台湾地区存在的最大的民族问题就在于"原住民族"的传统文化加速消亡。

问题二：台湾地区"原住民"生活在社会底层。

在整个台湾地区，除了少部分"原住民族"精英之外，普通"原住民"大部分生活在社会底层。这主要表现在一系列社会问题上，如原乡经济破败问题、原乡人口大量外流问题、"原住民族"雏妓问题、"原住民族"劳工集中于高危职业（深井矿工、远洋海员等）、酗酒问题、健康医疗问题、都市"原住民"城市适应问题等。谢高桥的《台湾山胞迁移都市后适应问题之研究》（台北："行政院"研考会，1991年）显示，至"解严"前，台湾地区"原住民"历年人均所得远低于台湾地区社会民众历年人均所得。1953年至1985年的32年里，平地"原住民"、山地"原住民"的年人均收入一直不及台湾地区普通民众年均收入的一半。台湾省"民政厅"的《台湾民政统计》（南投：台湾省"民政厅"，1986年）、《台湾省山胞经济调查报告》（南投：台湾省"民政厅"，1980年）和《台湾省偏远地区居民经济及生活素质调查报告》（南投：台湾省"民政厅"，1993年）显示，从20世纪60年代开始，"原住民"保留地的土地被开放给汉族人企业或个人使用，主流社会通过合法或者非法的手段不断占有"原住民"家园，"原住民"持有土地持续减少，大量山地"原住民"不得不迁往都市谋生，由于缺少劳动技能，只能沦为廉价劳动力而从事重体力或者危险工作。"原住民"人均寿命低于台湾地区普通民众人均寿命约10岁。处于社会底层的"原住民"，其生活处境可以用"'四个最的民族'（生活在最高的鹰架、最远的渔船、最深的矿坑和最黑暗的卖身寮）"[1] 来形容。

综上所述，从多元文化主义的视角来审视，原有"山胞"政策对台湾地区"原住民族"本应享有的集体权利和个人权利均构成极大损害，造成了严重的民族问题。

（2）同化主义视角下的民族问题源流。在同化主义视角下，"山胞"群体中的确存在山地经济破败问题、"山胞"雏妓问题、"山胞"劳工从事高危职业（深井矿工、远洋海员等）问题、酗酒问题、健康医疗问题、"山胞"城市适应问题等一系列问题。但是，同化主义者认为这一系列问题的根源恰恰在于山地的现代化运动不够彻底，"山胞"学习主流社会规

---

[1]　台湾原住民研究会：《跨世纪的原住民政策白皮书》，财团法人台湾原住民文教基金会，1998。

则和现代生产生活方式不够充分，或者换句话说就是同化政策执行得不够彻底、不够深入。

考察台湾地区民族政策变迁的历程，我们可以发现，在多元文化主义者眼中，"原住民族"丧失母语是一个导致"原住民族"文化传承走向灭失的严重的民族问题，而在同化主义者眼中，在"原住民族"地区推行汉语，"原住民族"语言逐渐走向消亡则是一件理所当然的事。在多元文化主义者看来，在"原住民族"地区推行现代化生活方式，一方面的确改善了"原住民族"生活，但另一方面从根本上解构了"原住民族"的部落文化，破坏了"原住民族"存在和发展的文化根基，造成了严重的民族问题。而在同化主义者看来，"原住民族"地区的现代化运动，正是帮助"原住民族"除去传统陋习，接受现代文明洗礼，提升生活水平的"德政"。秉承不同民族观的民族政策制定参与者对民族问题的界定截然不同。而这恰恰是一般的公共政策变迁中并不存在的情况。一般的公共政策大多面临同样的社会问题，公共政策制定参与者之间争论的一般仅是解决问题的手段即政策工具，而对问题本身并不存在南辕北辙的观点。而对于民族政策而言，民族问题的界定则首先取决于不同的民族政策制定参与者之间的民族观，这正是民族政策变迁相较于一般的公共政策变迁的独特之处。基于这一点，我们认为，在归纳台湾地区民族政策变迁得以实现的民族问题源流时，应该加入不同民族观对民族问题界定带来的影响这一因素。因而，我们尝试把民族问题源流修正为民族观——民族问题源流。

2. 民族政策源流

在台湾地区20世纪90年代的"修宪"过程中，围绕如何确定原住民族"宪法"地位问题和基本民族政策问题，参加"国民大会"的各方先后提出了几种不同的政策主张。

（1）国民党的"山胞"（先住民、早住民）政策论述：其建议草案意欲延续山胞论述和漠视"原住民族"的民族地位的同化政策。先后提出的主张总结归纳如下：对"原住民族"称呼定位于"自由地区山胞"；对于政治地位问题，主张赋予"自由地区山胞"政治参与权而非自治权；在"国会"名额分配方面，主张保障"自由地区山胞"、"立委、国大代表"一定的席次；在经济、教育、文化方面，主张扶持并促进发展。该方案的政策实质依然是不承认"原住民族"的民族地位和政治地位，而继续沿用

"山胞"论述，从而延续民族同化政策。①

国民党统治集团所顾忌的是一旦承认台湾地区少数民族具有"宪法"上的"原住民族"地位，台湾当局就不得不依《联合国原住民族权利宣言》等国际文件的规定去调整民族政策，包括：承认"原住民族"对台湾地区的天然权利，赋予"原住民族"自治权，保护发展"原住民族"的文化、语言和传统习俗，归还或者赔偿所侵占的"原住民族"土地。这一系列后续影响将否定国民党统治当局原有的民族政策的合法性与正当性。因此，这一结果当然是国民党统治当局所不愿意看到的。"山胞"论述政策建议提出后遭到"原住民族"反抗，也遭到主流社会同情"原住民族"人士的反对。于是国民党当局又提出了"先住民"和"早住民"政策论述。此论述只是承认"原住民族"来到台湾地区先于或者早于其他族群，而继续否认其"原住民族"的地位。②

（2）"原住民族"籍"国大"代表的"原住民"政策论述：建议以"原住民"一词取代"山胞"论述。其先后提出的主张，归纳如下：在"原住民族"称呼问题上，采用"自由地区原住民"论述；在民族政治地位方面主张保障"自由地区原住民"之自治权；主张设置"中央原住民"事务专责机构；在经济、文化、教育方面主张保障"自由地区原住民"土地权，并且扶持"原住民"的经济、文化、教育并促进其发展。③

"原住民族"籍的"国大"代表代表着体制内"原住民族"精英集团的利益，他们既主张"原住民族"的权利，又顾忌国民党当局的态度。因为在民主转型期间，国民党对台湾地区政局具有绝对的主导优势。而"原住民族"籍的"国大"代表政治地位的取得又离不开国民党中央的支持。所以"原住民族"籍"国大"代表的提案表现出了一定程度的折中态度。一方面主张变更"山胞"论述，一方面又没有提出"原住民族"的正式表述，而是采取了"原住民"这一表述。这种表述强调了"原住民"的地位但没有凸显"原住民"的民族属性和民族地位。

（3）原住民族"权利促进会"提出的"原住民族"政策论述：建议以"原住民族"一词替代"山胞"一词。其先后提出的"修宪"草案版

---

① 夷将·拔路儿：《台湾原住民族运动史料汇编》（上），台北"国史馆"2008，第299页。

② 郝时远：《当代台湾的"原住民"与民族问题》，《民族研究》2003年第3期。

③ 夷将·拔路儿：《台湾原住民族运动史料汇编》（上），台北"国史馆"2008，第299页。

本的主要思想归纳如下：在民族称呼方面主张保障"原住民族"12 个族群的地位，并统称"原住民族"，对于"原住民族"中的个人称"原住民"；在政治地位方面主张保障"原住民族"享有自治权；主张由"中央政府"设立部会级专责机构管理"原住民族"事务，其首长必须由"原住民"出任；在"国会"议席名额分配方面主张保障各族群之名额，"原住民族""议员"组成"国会"的"原住民族委员会"，有关"原住民族"事务之法律案与决议案，先经"原住民族委员会"同意；仅适用于"原住民族"之法律案与决议案，应经"原住民族"复决；仅适用于特定"原住民族"之法律案与决议案，应经该族群"原住民""议员"复决；关于自治机构方面，主张应设立"原住民族议会"、各族自治"议会"和自治"政府"；关于经济、教育、文化方面主张应保障"原住民族"土地权自治，经济、教育、文化自治；同时应该明确保障"原住民族"的集体权利。①

"原权会"代表着原住民族的整体利益，所以"原权会"提出的"修宪民族条款"中"原住民族"权利主张是最彻底的。不单单要求"宪法"承认"原住民族"的民族地位和集体权利，而且要求全面的自治权，以及"国会"中相关民族事务的否决权。

（4）民进党的"原住民族"政策论述：主张以"原住民族"一词替代"山胞"一词。其先后提出的草案版本的主要思想如下：在民族称呼方面，主张应该保障 12 个族群的地位，统称为"原住民族"，对于个人称"原住民"；在政治地位方面，主张"原住民族"享有自治权（除"国防"、"外交"、司法、水资源之外）；主张应该规定"中央政府"设立部会级专责机构，其首长由"原住民"担任；在"国会"议席分配名额方面主张应该保障"原住民族""议员"名额，"原住民族议员"组成"国会"的"原住民族委员会"，"国会"有关"原住民族"之法律案，应先提交"原住民族委员会"审议；在自治问题上，主张应该设立"原住民族议会"和各族群自治团体；在经济、文化、教育方面，主张赋予"原住民族"土地自治权和经济、教育、文化自治权。此外，还主张"原住民"有依其传统命名之权利。②

当时民进党提出的"修宪民族条款"的主张一方面凸显了其"台独"

---

① 夷将·拔路儿：《台湾原住民族运动史料汇编》（上），台北"国史馆"2008，第 299 页。
② 夷将·拔路儿：《台湾原住民族运动史料汇编》（上），台北"国史馆"2008，第 299 页。

倾向，另一方面又表现出其对台湾"原住民族"权利的某种程度的限制。民进党的主张完全出于自身的政治利益考量。从族群利益角度讲，当时的民进党基本上代表的是闽南籍人的利益。民进党想通过强化"原住民族"的民族地位，来伸张"原住民族"享有台湾天然主权，强调任何外来政权都是非法政权。此举具有"一石二鸟"的用意：一方面此举打压了"中华民国"在台湾地区的统治合法性，另一方面又排斥中华人民共和国对台湾地区的主权要求。但是"原住民族"的民族地位和民族权利的全面伸张又是和民进党所代表的闽南籍人利益存在冲突的。所以，在民进党的版本中，一方面承认"原住民族"自治权，另一方面又对自治权加以明确的限制。指出"原住民族"享有"除'国防'、'外交'、司法、水资源之外的自治权"。由此可见，民进党伸张"原住民族"权利只是一个幌子，其真实目的在于借助修改"宪法"民族条款时机，利用"原住民族"搞"台独"。

以上的四种论述分别代表了台湾地区原住民与汉民族之间及其内部不同利益阶层之间对于未来民族政策的主张。通过分析，可以发现，各方均是在本群体利益考量下提出"修宪"民族条款建议。因此，本群体利益是形成民族政策建议的最重要的考量因素。

3. 民族政治源流

（1）政治领袖执政理念下的民族政策。

1987 年台湾地区"解严"以来，处在政治转型期的台湾地区开启了"政治自由化"之门，反对党以及各民间社团茁壮成长，各种社会运动也蓬勃开展。但是由于民主化的政治转型尚未完成，国民党作为执政党控制着台湾的行政系统，在"国民大会"和"立法院"中国民党占有多数席位，国民党最高领导人的个人意志对于民族政策的变迁具有决定性的影响。

自 1994 年第三次"修宪"起，李登辉政治地位基本巩固，开始强势主导"修宪"过程，并逐步实施自己的政治理念。在国家认同方面，李登辉政治理念的终极目标是把"中华民国"台湾化，以"中华民国在台湾"的形式实现"台独"。李登辉在与日本作家司马辽太郎的公开谈话中曾明白地表示过：应该建立"台湾人的国家"，"国民党是一个外来政权"，"要成为台湾人的国民党"。① 1994 年 7 月，台湾当局公布的《台海两岸关

---

① 汪澍、洪伟、艾克：《台湾"民主政治"透视》，华艺出版社，2014，第 23 页。

系说明书》明文放弃了"一个中国"的主张。这个信号清晰地表明，李登辉开始推动"台独"步骤。恰恰就是在 1994 年启动的第三次"修宪"中，李登辉主导下的"国民大会"通过了新的"宪法"增修条文中的民族条款，正式用"原住民"替代了"山胞"论述。1997 年第四次"修宪"过程中，李登辉主导下的"国民大会"通过"宪法"增修条文，正式将"原住民"论述进一步变更为"原住民族"。1999 年 7 月 9 日，李登辉在接受"德国之声"电台记者访问时突然宣称："两岸关系定位在国家与国家，至少是特殊的国与国的关系"，借此"两国论"正式提出。在整个过程中，李登辉的"两国论"的推出和"修宪"中"原住民族"条款通过绝非巧合，而是一种必然。因为《联合国原住民族权利宣言》主张原住民族享有传统领域的天然主权，李登辉正是企图通过"原住民族条款入宪"来实现台湾当局对"原住民族"的民族地位以及相关权利法理上的承认，从而对外宣称台湾"原住民族"拥有台湾地区的天然主权，以此对抗大陆的"祖国大陆"主权论述。而李登辉的这一政治图谋直接促成了其民族观的转变，即开始承认多元文化主义的民族观，承认"原住民族"的民族地位。李登辉作为当时台湾地区执政党最高领导人，其民族观点的转变是推动台湾地区民族政策实现根本变迁的最重要的政治推动力。

（2）"原运"带来的压力。

从 20 世纪 80 年代到 90 年代后期，台湾地区"原住民族"社会运动（简称"原运"）蓬勃兴起，运动形式包括了出版民族刊物，主张民族权利，游行示威和街头抗争，冲击"政府"、"国会"，发表"原住民族"文学、音乐、绘画作品，参与选举，争取国际支持，开展相关"原住民族"人权学术研究，通过媒体报道扩大影响等。这些行动一定程度上得到了大众的同情和支持，给当局带来了一定的政治压力。

（3）国际社会"原住民族"社会运动的影响。

1990 年，台湾地区"原住民族"社会运动的关键时期，"台湾原权会"以 ATA（Alliance of Taiwan Aborigines）名义受邀参加联合国人权委员会"原住民工作小组"会议。由此，台湾地区"原住民族"社会运动进一步与世界"原住民族"社会运动关联并融入其中且不断发展起来。"原运"团体自参加联合国原住民工作组的会议后，对"原住民族"权利的理解更加深入和系统。"原运"团体开始对"原住民族"集体权利、"原住民族"文化知识产权、"原住民族"领土权、"原住民族"传统领域权、"原住民族"自治权等一系列主张有了更加强硬的态度,对台湾地区执政当局的抵制有了更强有力的抗争决心。①

(4)民进党在"台独"和"人权"思维下推波助澜。

"原住民族"社会运动的目标在于原住民族的人权落实。标榜"自由、民主、人权"的民进党自然会予以全力支持。而早期的各种社会运动在共同对抗国民党的时候,也都互相支援呼应。因此,民进党作为最主要的政治反对力量,自然对"原住民族"社会运动予以支持。当时民进党的另一个非常重要的目标就是"台独"。如前所述,《联合国原住民族权利宣言》承认"原住民族"享有传统领域的天然主权。一旦台湾地区"原住民族"的"宪法"地位得以确认,即意味着台湾地区"原住民族"享有了所谓的天然主权。而这正是摧毁"中华民国"统治合法性以及对抗大陆的主权宣示的有力武器。所以民进党自始至终对"原住民族"社会运动提供了种种支持。

(二)促成原住民族条款"入宪"的多源流要素汇合

1. 民族政策之窗的开启

台湾地区民族政策变迁的"政策之窗"的开启是由于台湾地区民主化政治转型中的"修宪"给民族政策变迁带来了千载难逢的机会,因此依照金登的理论,台湾地区民族政策变迁的"机会之窗"属于"政治之窗"。

1987年台湾地区"解严"并随之开启了"政治自由化",压抑已久的社会矛盾急剧爆发,各种社会运动风起云涌,"原住民族"社会运动也自然爆发出来并在"原住民族"精英、基督教长老教会和民进党势力的操弄下发展壮大、愈演愈烈。1990年5月李登辉宣告"修宪"。表面上其"修宪"的目的在于继承和深化蒋经国的"政治革新"路线,推动台湾地区实现"民主化",事实上李登辉的真实目的是在推动台湾地区"民主化"的同时,巩固和强化个人权力并推动台湾地区"去中国化"、"本土化"乃至最终实现"台独"。"修宪"历程的正式开启为"原住民族宪法"地位变更以及台湾民族政策变迁提供了"政治之窗"。没有"修宪"的启动,就不可能使"原住民族条款以及多元文化肯认条款"进入"宪法"。民族政策"企业家"正是抓住"修宪"时机,极力推动民族问题源流、民族政策

---

① 田哲益:《台湾原住民社会运动》,台北台湾书房,2010,第56页。

源流、民族政治源流汇合，才最终实现了民族政策变迁。

2. 民族政策"企业家"的积极活动

"原住民族"条款"入宪"离不开民族政策"企业家"的积极呼吁和全力推动。这里的民族政策"企业家"主要指的是推动"原住民族"条款"入宪"的"原运"领袖人物和民意机关的"原住民族"籍的民意代表。其重要作用可概括如下。

（1）首倡"原住民族"论述并广泛争取社会各界的支持。1984年12月，原住民"权利促进会"在成立之初即发起了旨在将"山胞、番、山地人"等抹杀民族属性的歧视性称呼改为"原住民"的正名运动。1987年，"原住民族"籍"立法委员"蔡忠涵在"立法院"正式提出了"原住民"正名议题，引发台湾地区主流社会关注。主流媒体纷纷予以报道，社会各界普遍抱以同情。

（2）发动激烈的街头抗争。从20世纪80年代开始，"原权会"在基督教长老会、民进党等声援下，发动了一波又一波的社会运动。尤其是"国民大会修宪"期间采用了游行、集会、示威、静坐、请愿甚至冲击"政府部门"和"立法院"的抗争手段，对执政当局造成了一定的压力。

（3）与执政当局的谈判与沟通。"修宪"期间，民族政策"企业家"积极争取向"总统"李登辉及"国民大会"陈情、沟通的机会。"原运"积极分子也与"国大代表"、"立法委员"和相关"政府部门"展开谈判和沟通，积极表达和解释自己的主张和意见。

民族政策"企业家"一系列的政策软化活动，让全社会更加理解和支持"原住民族"的诉求，形成了有利于"原住民族"政策变迁的公共舆论与社会氛围。他们所采取的激烈抗争手段和灵活的抗争策略也给执政当局带来了相当的压力。台湾地区最高领导人出于政治利益的考量也放弃了国民党原有的"孙中山民族思想"，转而支持"原运"人士所持的民族观和民族政策建议，从而最终在"修宪国大"上完成了三条源流的汇合。

综上可以看出，正是由于民族政策"企业家"把握住了台湾地区民主化转型中的"修宪"这个民族政策变迁的"政策之窗"，积极促成了民族问题源流、民族政策源流与民族政治源流的汇合，从而推动了民族政策的变迁。

五 结论

——通过运用多源流理论对台湾地区民族政策变迁过程的分析，验证了修正之后的多源流理论对民族政策变迁的解释力。

——台湾地区民族政策变迁的案例说明，民主化转型时期是最容易实现民族政策变迁的机遇期之一。民主化转型是民族政策变迁得以实现的重要的"民族政策之窗"。

——通过借鉴和修正多源流理论的分析框架，分析台湾地区"原住民族"政策"入宪"变迁，可以构建出这样一个民族政策变迁的理论分析框架：民族政策变迁的实现是由各自流动的三个源流，即民族问题源流（是指由原有民族政策存在缺陷而导致一个国家或者地区的民族矛盾激化、民族摩擦加剧、民族发展不均衡等种种问题，但是民族政策制定的参与各方因民族观点不同，对民族问题的界定并不相同）、民族政策源流（由参与民族政策制定各方的民族利益和民族观所决定的民族政策建议所构成）、民族政治源流（由族际政治互动格局、各政党民族问题主张尤其是执政党执政理念中的民族观、公众对民族问题的看法和情绪构成）在机会之窗打开时，在民族政策"企业家"的推动之下实现汇合，从而共同推动了民族政策变迁的实现。

民族权力（利）与
民族主义

5　联合国少数民族平等权确认与保障研究[*]

王　军[**]

【摘要】　经过 70 年的努力，联合国在少数民族平等权之确认与保障上取得了巨大进展。联合国主要围绕种族灭绝的防止与惩治、种族隔离的禁止与惩治、反对种族歧视与种族主义等议题展开工作，出台了一系列规范效应不一的公约、决议、申明与规划，构建了系统性体制机制，初步尝试对某些违反公约的恶劣行径进行司法审判，开展了各类具体行动。上述实践以无差别的民族平等权的确认与保障为内核，具有鲜明的时代性与刺激－反应性，但在冷战结束后强化了具有前瞻性的预防性行动；与此同时，它还存在内在矛盾性与能力建设不足的缺陷，仍然无法填补全球少数民族平等权之巨大需求与相关供给之间的鸿沟。

【关键词】　联合国　民族平等　权利保障　危害种族罪　种族主义

在研讨少数民族权利及其保障这一重大议题时，联合国是不能忽略的国际行为体。在联合国成立 70 周年之际，系统梳理与反思联合国对少数民族权利的确认与保障，对联合国研究与少数民族权利研究而言都具有重要意义。

联合国是由主权国家构成的政府间国际组织，主权原则是其运行时最为依赖与看重的原则，少数民族权利及其保障只是其所关注的相对次要的议题，[①] 但后者具有日渐被认可的国际规范意涵与价值导向意义。联合国

---

*　本文系教育部哲学社会科学研究重大课题攻关项目"世界主要多民族国家的民族政策实践及对我启示研究"（项目号：15JZD034）的阶段性成果。

**　王军，教授，博士生导师，中央民族大学中国民族理论与民族政策研究院副院长。

①　关于民族问题在联合国体系中的地位分析，参见斯蒂芬·瑞安《民族冲突与联合国》，载《民族译丛》1992 年第 6 期。

体系中的民族权利，引申自联合国价值体系中的人权原则与平等原则，包括无差别的民族平等权与有差别的少数民族特定权利。在联合国话语体系中，少数民族权利主要体现在少数人权利（minority rights）以及反对种族（民族）歧视、禁止种族隔离与种族灭绝等议题上。其中，灭绝种族罪的防止与惩治、种族隔离（罪）的禁止与惩治、反对种族歧视与种族主义诸议题最能体现无差别的（少数）民族平等权，围绕这一权利与上述议题，联合国出台了一系列公约、决议与申明，制定了诸多规划，并开展了多层次的实践活动。本文以少数民族所享有的无差别平等权为考察对象，方法上注重将该平等权的规范阐释与实践过程分析相结合（联合国关于少数民族平等权的规范叙述、制度体制建构与实践脉络），具体思路是先讨论联合国防止与惩治危害种族罪工作，然后阐述其对种族隔离、种族歧视的禁止与治理工作，[①] 最后扼要归纳联合国少数民族平等权保障工作的特点及其面临的主要挑战。

一　防止与惩治灭绝种族罪

对联合国而言，保障民族平等权是一个系统性工作，其中具有司法意义的灭绝种族罪的防止与惩治位阶最高，且与一国之安全乃至国际安全关系密切，是联合国工作中的重点环节之一，值得重点阐释。

（一）《防止及惩治灭绝种族罪公约》的出台

联合国是国际社会深刻反思第二次世界大战的结果。"二战"前和大战过程中，德意日法西斯的种族主义暴行给人类带来空前浩劫，保护少数种族、反对种族主义、防范种族主义与极端民族主义悲剧重演，成为战后国际社会共识，也是初创时期联合国所面临的重要任务之一，但对于民族

---

① 这种排序主要基于国际政治学中的高政治（high politics）与低政治（low politics）的区分。灭绝种族罪往往涉及国家间或一国内的高烈度暴力冲突（具有民族属性的武装冲突），政治属性浓厚且直接关联国际安全和国家安全；种族隔离涵盖了政策性隔离与社会性隔离，其中政策性种族（民族）隔离的政治属性浓厚，对其安全后果则要进行具体分析，而社会性种族（民族）隔离的政治属性偏弱，安全威胁也较小；一般意义上的种族歧视是社会性的，其政治属性较弱，安全威胁也较弱。三者都有民族主义、种族主义要素与作用机理。以上属性与特征也影响了联合国的治理理念、制度建设和资源配置。

（种族）平等主题如何在《联合国宪章》中加以显现各方争议颇多。①在极端民族主义和种族主义思潮和行动中，种族灭绝最为惨无人道，有鉴于此，联合国决定以定"罪"的方式对之加以界定、防范和解决。

1946 年 12 月 11 日，联合国大会通过第 96（I）号决议，确认种族灭绝是文明世界所谴责的违反国际法的一种罪行，呼吁国际社会展开合作，请求经济及社会理事会拟定《防止及惩治灭绝种族罪公约》草案。1948 年 12 月 9 日，联合国大会通过《防止及惩治灭绝种族罪公约》（the Convention on the Prevention and Punishment of the Crime of Genocide），它对灭绝种族的内涵与惩治范围进行了界定。"灭绝种族"被定义为，蓄意全部或局部消灭某一民族、人种、种族或宗教团体，犯有下列行为之一者：杀害该团体之分子；致使该团体之分子在身体上或精神上遭受严重伤害；故意使该团体处于某种生活状况下，以毁灭其全部或局部之生命；强制施行办法意图防止该团体内之生育；强迫转移该团体之儿童至另一团体。②公约惩治范围包括灭绝种族、预谋灭绝种族、直接公然煽动灭绝种族、意图灭绝种族、共谋灭绝种族等罪行。

（二）《防止及惩治灭绝种族罪公约》的实践

冷战期间，受各种因素影响，联合国在防止与惩治灭绝种族罪事务上进展相对缓慢。冷战结束后，联合国主要通过司法实践、制度建设与具体行动三个方面持续展开相关工作，取得了新的突破。

1. 司法实践

《防止及惩治灭绝种族罪公约》指出两个机构可就种族危害罪进行审理，即行为发生地国家的主管法院，或缔约国接受的国际刑事法庭。受各种因素影响，该公约很少在司法实践中加以运用，直到冷战结束后方出现相关审判，其中有关卢旺达冲突与南斯拉夫问题的诉讼、审判具有重要意义。

（1）卢旺达案例。第一个被认定为灭绝种族罪的案子是后冷战时期卢

---

① Paul Gordon Lauren, "First Principles of Racial Equality: History and the Politics and Diplomacy of Human Rights Provisions in the United Nations Charter", *Human Rights Quarterly*, Vol. 5, No. 1 (Feb. , 1983), pp. 1 – 26.

② 联合国：《防止及惩治灭绝种族罪公约》, 1948 年 12 月 9 日, http: // daccess – dds – ny. un. org / doc /RESOLUTION /GEN /NR0 / 045 /29 / IMG /NR004529. pdf? OpenElement。

旺达国际刑事法庭判决的。联合国安全理事会于 1994 年 11 月 8 日成立了卢旺达国际刑事法庭,旨在对 1994 年度卢旺达境内及其邻国的种族灭绝和其他严重违反国际人道主义法的人员进行诉讼。经过成本高昂①且耗时漫长(1997~2015 年)的审判,93 人被法庭指控,其中 61 人被审判。该法庭的裁决被国际社会认为具有里程碑意义:其一,1998 年该法庭对种族大屠杀做出了第一份裁决,卢旺达塔巴市前市长让一保罗·阿卡耶苏(Jean – Piaul Akayesu)因 9 项涉及反人类罪与种族大屠杀罪而被判决有罪;其二,1998 年卢旺达前总理让·坎班达(Jean Kambanda)被判处终身监禁,这开了给一国首脑定下种族灭绝罪名的先河;② 其三,2003 年 12 月 3 日,该法庭判处三名前媒体负责人利用各自掌控的媒体共同策划、煽动和实施屠杀图西族人罪名成立,这是国际法庭首次对媒体进行审判的案件。③

(2)南斯拉夫案例。另一个代表性判例来自波斯尼亚和黑塞哥维那(简称"波黑")起诉南斯拉夫联盟。1993 年 3 月 20 日,波黑向国际法院起诉南斯拉夫,前者指控后者违反了 1948 年《防止及惩治灭绝种族罪公约》:在波黑境内外针对穆斯林等团体实施了种族灭绝行为,针对穆斯林等团体预谋、共谋、公然煽动种族灭绝,未能防止和惩治种族灭绝行为。1995 年 6 月 30 日,南斯拉夫联盟对其提出抗辩,主要理由与质疑点包括:波黑作为公约当事国身份存疑、波黑被承认为一个国家违反国际法、南斯拉夫联盟没有参与冲突、国际法院的管辖权存疑。经过各方多轮诉讼与交涉,国际法院于 2007 年 2 月 26 日做出最终判决。国际法院驳回塞尔维亚④对其管辖权的反对,认为自己拥有基于公约第 9 条的管辖权;认为塞尔维亚没有实施种族灭绝行为,没有预谋、共谋种族灭绝。国际法院认为,在 1995 年 7 月斯雷布雷尼察(Srebrenica)种族灭绝问题上,塞尔维亚违背了公约第 1 条所规定的预防种族灭绝义务;由于塞尔维亚没有将被指控犯

---

① 仅 2010 年与 2011 年,联合国大会批准对卢旺达问题国际刑事法庭的初步拨款总额为 2.45 亿美元(净额为 2.27 亿美元),2010 年批准的岗位数为 693 个,2011 年为 628 个。共有 77 个国家代表派驻该法庭。相关资料参见《卢旺达问题国际刑事法庭》,载 http://www.un.org/zh/aboutun/structure/ictr/。

② 法官认为,在卢旺达案件中,性侵犯成为摧毁当地少数民族图西族的一大祸根,而蓄意针对图西族女性的强暴行为表明这些行为意图明确,其种族灭绝罪足以成立。参见《卢旺达种族灭绝与联合国外联方案》,载 http://www.un.org/zh/preventgenocide/rwanda/bgjustice.shtml。

③ 刘海方:《卢旺达的跨世纪审判》,《世界知识》2006 年第 4 期。

④ 在南斯拉夫解体过程中,出现多次国家裂变,塞尔维亚被视为南斯拉夫的继承国。

有种族灭绝和共谋灭种罪行的姆拉迪奇移交给前南刑庭，没有与前南刑庭合作，因而违背了公约所规定的惩治义务。① 与此前此类审判针对具体人不同，此判定首次针对国家，言外之意是，国家应对自身实施的种族灭绝承担责任，这引发了诸多争议。②

进入 21 世纪后，鉴于种族灭绝罪司法践行困难、争议频发且世界范围内种族灭绝的危险始终存在，联合国需要探索如何更加有效地、有创造性地通过国际法途径来阻止种族灭绝事件。2008 年，防止种族灭绝罪行问题特别顾问及其工作人员便与相关国际法专家咨询沟通，最终启动了一个研究项目，即研究联合国所确定的旨在预防种族灭绝危险性的框架（由八大问题构成）与国际法相关条款如何对接，③ 但这一对接要在实践中一一践行，尚面临较大挑战。④

2. 防止种族灭绝的特别行动计划

鉴于卢旺达屠杀恶劣至极，联合国在深刻反思后决定采取一系列具体措施来防止种族灭绝行动。2004 年 4 月 7 日（即 1994 年卢旺达种族灭绝事件国际回顾日），时任联合国秘书长安南提出并阐明了"防止种族灭绝的五点行动计划"，其核心内容如下：预防常常引发种族灭绝的武装冲突；保护陷入武装冲突的平民；由国家和国际法庭采取司法行动结束有罪不罚现象；对可能导致种族灭绝的局势发出明确的早期预警，发展联合国分析和管理相关信息的能力；采取迅速且果断的包括军事行动在内的行动。⑤这五点计划涵盖了维和、人权保护、司法行动、预防性行动、能力建设以及军事行动等内容。

---

① International Court of Justice, Application of the Convention on the Prevention and Punishment of the Crime of Genocide (Bosnia and Herzegovina v. Serbia and Montenegro), 26 Feb., 2007, http://www. icj – cij. org/docket/index. php? sum = 667&code = bhy&p1 = 3&p2 = 2&case = 91&k = f4&p3 = 5。

② 关于该判案的法律分析，参见宋杰《国际法院"波黑诉塞尔维亚〈防止及惩治种族灭绝罪公约〉适用案"判决述评》，载《北大国际法与比较法评论》2011 年第 11 期。

③ 《联合国系统努力防止种族灭绝的工作及防止种族灭绝问题秘书长特别顾问的活动》，2009 年 2 月 18 日，载 http://www. un. org/zh/documents/view _ doc. asp? symbol = A/HRC/10/30。

④ 截至 2015 年，联合国有 48 个会员国尚未成为《防止及惩治灭绝种族罪公约》的缔约国，72 个会员国尚未成为《国际刑事法院罗马规约》的缔约国。

⑤ 计划内容参见《秘书长关于防止种族灭绝"五点行动计划"执行情况及防止种族灭绝问题秘书长特别顾问活动情况的报告》，2006 年 3 月 9 日。

3. 设立防止种族灭绝罪行问题特别顾问制度

在反思卢旺达屠杀与南斯拉夫内战中的种族冲突过程中，联合国深刻意识到，对潜在种族灭绝行为进行预防具有重要意义，强化早期预警能力的任务由此彰显。为此，联合国秘书长决定设立一个新机构来防止种族灭绝，即设立防止种族灭绝问题特别顾问。①该特别顾问职能有四：一为情报收集，即关注全球族裔和种族问题，特别是那些不加预防、制止就可能导致种族灭绝以及严重侵犯人权和违反国际人道主义法的事态，在联合国系统内外收集相关情报；二是提供预警，即提请联合国秘书长和安理会注意可能导致种族灭绝的潜在局势，形成特别顾问－秘书长－安理会联动的预警机制；② 三为行动建议，即通过联合国秘书长向安理会提出旨在预防或制止种族灭绝的行动建议；四为协调工作与能力建设，即在联合国系统内建立防止种族灭绝的工作网络，提高联合国分析和管理种族灭绝罪或有关罪行情报的能力。③

种族灭绝预防与惩治工作涵盖联合国系统内的不同议题，涉及联合国不同职能部门，因此特别顾问制度需要就这些议题与联合国职能部门、专门机构④之间形成沟通协调机制。经过几年实践，该机制架构基本成型：⑤其一，向联合国秘书长提交相关信息、建议与报告（部分公开）；其二，

---

① 《秘书长关于防止种族灭绝"五点行动计划"执行情况及防止种族灭绝问题秘书长特别顾问活动情况的报告》第 6～9 页专门讨论预警情况与设计规划，2006 年 3 月 9 日，载 http：// www. un. org/zh/documents/view_ doc. asp? symbol = E/CN. 4/2006/84。

② "五点计划"特别关注建立种族灭绝预警机制，特别顾问自 2004 年 8 月起设立了专门的小型办公室与信息交流系统，旨在对可导致种族灭绝的情势发出预警。联合国系统预警机制主要依赖总部和实地工作人员的研究分析，他们往往采取案例评估法而不是量化评估法。

③ 参见《防止种族灭绝罪行问题特别顾问办公室》，载 http：// www. un. org/zh/preventgenocide/adviser/。

④ 关联机构包括政治事务部、维持和平行动部、联合国人权事务高级专员办事处、人道主义事务协调办公室、法律事务厅、新闻部、联合国开发计划署、联合国儿童基金会和联合国难民事务高级专员办事处等。

⑤ 这一机制是通过分析联合国秘书长关于防止种族灭绝问题秘书长特别顾问的活动的报告内容而提炼出来的，相关报告参见《联合国人权事务高级专员的年度报告以及高级专员办事处的报告和秘书长的报告》，2009 年 2 月 18 日；《秘书长关于防止种族灭绝"五点行动计划"执行情况及防止种族灭绝问题秘书长特别顾问活动情况的报告》，2008 年 3 月 18 日；《秘书长关于防止种族灭绝"五点行动计划"执行情况及防止种族灭绝问题秘书长特别顾问活动情况的报告》，2006 年 3 月 9 日，载 http://www. un. org/zh/ preventgenocide/adviser/documents. shtml。

向联合国各办事处提供防止种族灭绝相关问题的指导性知识（如向新闻部、维和团提供防止种族灭绝指南）；其三，与联合国人权委员会建立紧密联系（提交关联材料与报告，参与其某些会议，2005 年该委员会委派专人与特别顾问联络）；其四，成为和平与安全执行委员会和早期预警预防行动部门间协调框架小组成员；其五，参与某些维和行动，与维和任务秘书长特别代表保持联系；其六，与政治事务部、人道主义事务部、联合国人权事务高级专员办事处密切合作；其七，与非盟、欧盟等地区组织建立联系；其八，与有关非政府组织保持联络；其九，建立特别顾问咨询小组，旨在在涉及种族灭绝问题研究的学者和学术机构、预防冲突各组织、人权非政府组织和区域性组织之间加强沟通合作，① 获得智力支持。②

（三） 结合保护的责任与冲突预防理念，更加强调种族灭绝预防

进入 21 世纪后，特别是近十年来，防止种族灭绝工作逐渐与联合国体系内流行的保护责任、冲突预防理念和机制融合起来，其战略意义也日渐彰显。保护的责任理念是冷战结束后才在联合国体系中传播开来的，种族灭绝是其关联的议题之一。在 2005 年联合国首脑会议上，与会各国首脑一致申明，每一个国家都有责任保护其人民免遭种族灭绝、种族清洗和战争及危害人类罪行之害。会议提出国际社会应加强保护能力建设，履行"保护的责任"，若一国无法确保其国民免除上述四种犯罪之危害，联合国系统将采取集体行动，为此联合国特别设立保护责任特别顾问加以应对。2009 年，联合国秘书长对"保护的责任"加以战略化（全面订立联合国保护责任战略、标准、程序、工具、做法），它由三大支柱构成：国家的保护责任、国际援助和能力建设、及时果断的反应。③ 在上述战略架构中，冲突预防具有重要价值，能嵌入三个支柱中，从而使得冲突预防、保护责

---

① 2006 年 5 月，联合国秘书长成立了防止种族灭绝问题咨询委员会，由具备预防冲突、人权、维和、外交和传媒等不同背景的著名人士组成。

② 特别顾问办公室会展开针对不同对象的防止种族灭绝的培训活动或相关研讨会，其网页显示 2010～2013 年的培训达 24 次。该办公室也强调从专家那里吸取专业知识与咨询意见，参见 Payam Akhavan, "Report on the Work of the Office of the Special Adviser of the United Nations Secretary - General on the Prevention of Genocide", *Human Rights Quarterly*, Vol. 28, No. 4（Nov., 2006）, pp. 1043 - 1070。

③ 潘基文：《履行保护责任》，2009 年 1 月 12 日，载 http：//www.un.org/zh/documents/view_doc.asp? symbol = A/63/677。

任与防止种族灭绝三个议题融合起来，种族灭绝预防理念的战略意义得以彰显。

在推进预防种族灭绝工作上，联合国最初没有设计具体的指标体系，而是发展出了一套相对细致的框架，该框架主要由防止种族灭绝罪行特别顾问等机构所拟定，并在联合国系统发布。联合国在反思卢旺达及其后国际社会出现的种族清洗、种族灭绝、危害人类罪时指出，需要摒弃政治利益优先的考虑，应优先关注冲突预防。防止种族灭绝罪行特别顾问强调，应清醒认识并充分重视大规模暴力出现的风险。在该理念引导下，2009 年2 月，联合国提交了题为《确定发生种族灭绝的危险性：分析框架》的报告，此后关于种族灭绝预警问题在联合国范围内得到进一步讨论。① 2014年 10 月 3 日，联合国官方发布了《暴行罪分析框架：预防工具》报告，②系统阐述了包括种族灭绝在内的暴行之预防。该报告是联合国在更具整体意识与战略意识（国际安全与人权）基础上统筹民族平等权保护的体现。报告提供了一套指标体系与分析框架，对种族灭绝预防的指导性更强，也是联合国少数民族平等权益保障日渐科学化、精细化的体现。

冲突预防、保护责任与防止种族灭绝三个议题与理念之融合，还体现在具体的合作机制构设与联合行动上，即保护责任特别顾问与防止种族灭绝罪行特别顾问协作，在联合国系统内外互补，以便最大限度地发挥各自功能。2011 年 12 月 9 日，两顾问联合讨论防止种族灭绝行为和有关犯罪的现实意义，2012 年两者就叙利亚暴力冲突发表联合声明，其后双方联合声明的次数开始增加。2013 年两顾问联合发表声明 4 次，涉及苏丹南部、中非共和国、叙利亚、埃及各 1 次；2014 年双方联合发表声明 4 次，涉及叙利亚 1 次、伊拉克 2 次、巴以冲突 1 次；2015 年双方联合发表声明 7 次，分别涉及约旦 1 次、叙利亚 2 次、也门 2 次、斯里兰卡 1 次、缅甸 1 次。③

---

① 对于防止种族灭绝问题秘书长特别顾问的活动，以及可能导致种族灭绝征兆的活动的意见，各国在联合国系统进行了讨论，提出了书面意见，参见《防止种族灭绝、联合国人权事务高级专员的年度报告》，2009 年 3 月 9 日，载 http：// www. un. org/zh/documents/view _ doc. asp? symbol = A/HRC/10/25 。

② 报告具体内容参见，United Nations，"Framework of Analysis for Atrocity：A Tool for Prevention"，2014，载 http：//www. un. org/en/ preventgenocide/adviser/pdf/framework% 20of% 20analysis% 20for% 20atrocity% 20crimes_ en. Pdf。

③ 上述数据是笔者根据联合国网站统计所得，参见 http：// www. un. org/zh/preventgenocide/adviser/。

上述数据的年度变化也说明，最近几年全球民族（种族）冲突有扩张和升级的趋势，联合国体系少数民族平等权保障压力增大。

二 种族隔离、种族歧视的禁止与治理

禁止与惩治种族隔离工作，其地位弱于防止与惩治种族灭绝罪，但仍然是联合国保障少数民族平等权的重要内容。联合国为此也推出了相关国际公约，开展了后续行动。[①]

（一）《禁止并惩治种族隔离罪行国际公约》的出台及其实施

联合国自建立始便注重与种族隔离现象做斗争，其问题意识主要源起于南非种族隔离现象。由于南非种族隔离现象特别严重，从 1952 年到 1990 年，联合国大会每年都谴责种族隔离违反《联合国宪章》第五十五条和第五十六条，联合国安全理事会自 1960 年后也经常谴责种族隔离。[②] 1962 年 11 月 6 日联合国大会通过第 1761 号决议，决定设立了"南非共和国政府种族隔离政策特设委员会"，其职权是在大会不举行时检讨南非种族政策，酌情向大会或安理会提交报告。1966 年 12 月 16 日，联合国大会把"种族隔离"定义为危害人类罪。[③] 1970 年上述委员会更名为"种族隔离问题特别委员会"，其职权范围有所扩大，即可以经常审查南非种族隔离政策各个方面及其国际影响。[④]

与此同时，联合国还从一般国际法建设层面针对种族隔离进行制度设计，并于 1973 年 11 月 30 日通过了《禁止并惩治种族隔离罪行国际公约》，具体投票结果是 91 票赞成、4 票反对（葡萄牙、南非、联合王国和美国）和 26 票弃权。该公约对种族隔离的危害及其违法属性进行了阐述，也对其与种族灭绝罪的区别与联系进行了解释。公约认为，种族隔离罪在主观要件上必须具有建立和维持一个种族团体对其他任何种族的统治或主宰地位

---

① 从理论上讲，种族隔离是种族主义与种族歧视的表现，因此本部分将种族隔离、种族歧视的禁止与治理放在一起加以讨论。

② 〔南非〕约翰·杜加尔德：《禁止并惩治种族隔离罪行国际公约》，2009 年，载 http：// legal. un. org/avl/pdf/ha/cspca/cspca_ c. pdf 。

③ 联合国安全理事会于 1984 年支持这一决定，参见 1984 年 10 月 23 日第 556〔1984〕号决议。

④ 1974 年 12 月 16 日，联合国将该委员会名称改为"反对种族隔离特别委员会"。

的目的，在客观方面表现为强行实施种族隔离行为（种族隔离罪与种族灭绝罪的某些行为表现方式可能是相同的，区分的关键在于主观要件不同）。除4国反对该公约外，公约起草委员会也对公约的适用范围存在争议。资料显示，在大会第三届委员会起草《禁止并惩治种族隔离罪行国际公约》时，多数代表认为公约只是一项针对南非的文书，而部分代表警告说公约所涉很广，足以覆盖其他实行种族歧视的国家。①

该公约通过后，联合国相关机构于1980年曾讨论建立一个特别国际刑事法庭，用来审判被控实施种族隔离罪的人，但该法庭最终未能建立，替代方案是各国各自颁布国内法，以国内法来起诉种族隔离罪犯，但各国未有响应。这也使得在南非实行种族隔离时期无人因种族隔离而被起诉，而且，种族隔离政策结束后南非仍未成为该公约缔约国，此后全球亦无人因为该罪行而受到起诉。因此有学者认为，该公约之创制最初源于南非的种族隔离，但因为南非1994年实施种族和解且未有种族隔离罪审判，说明该公约已寿终正寝，但由于相关理念与称谓还出现在《国际刑事法院罗马规约》内，种族隔离罪以危害人类罪的一种方式得以继续存在。②

在联合国系统内，与《禁止并惩治种族隔离罪行国际公约》关系最为密切的行动，是召开反对种族主义世界大会，迄今它一共召开了四次，前两次主题是反对南非种族隔离与种族主义。1978年8月14日至25日，首届联合国反对种族主义世界大会在瑞士日内瓦举行，会议主要讨论如何结束南非种族隔离制度。大会宣言指出，种族隔离制度是一种反人类的罪和对人类尊严的侮辱，也对世界和平和安全构成威胁。1983年8月1日至12日，第二届联合国反对种族主义世界大会在瑞士日内瓦举行，会议延续了上次会议的主要议题。会议通过了一项宣言和一个行动纲领，要求所有国家严格和忠实地执行联合国对南非种族主义政权采取的制裁措施，以便进一步孤立该政权。

（二）反对种族歧视公约出台及其实践

反对种族歧视贯穿于联合国70年的工作实践中。1946年11月19日，

① 大会第三委员会，1973年10月23日第2004次会议简要记录（A/C. 3/SR. 2004），第4段，转引自〔南非〕约翰·杜加尔德《禁止并惩治种族隔离罪行国际公约》，2009年，载 http://legal. un. org/avl/pdf/ha/cspca/cspca_ c. pdf。
② 〔南非〕约翰·杜加尔德：《禁止并惩治种族隔离罪行国际公约》，2009年，载 http://legal. un. org/avl/pdf/ha/cspca/cspca_ c. pdf。

联合国第 48 次全体会议督促各国采取切实行动，终止宗教与种族上的迫害与歧视。[①] 同年，根据经济与社会理事会 9（11）号决议，联合国在人权委员会之下设立"防止歧视和保护少数群体小组委员会"。科学认识并传播正确的种族内涵是当时联合国的重要任务。1950 年 7 月联合国教科文组织发布了《关于种族问题》一文，对种族主义的种族观进行驳斥，并从人类学、社会学、历史学等角度讨论了"种族"一词的科学意涵，还指出族群（ethnic groups）之间的生物差异不应被视为社会接纳与社会行动的出发点。[②] 其后，联合国从具体的种族歧视、民族歧视问题的治理与反种族（民族）歧视的条约体系建设层面发力。譬如 1952 年 12 月 10 日，联合国第 402 次全体会议讨论了非自治领土种族歧视问题，建议废除歧视性法律、举措，以教育的方式推进种族关系的改善；[③] 1960 年 12 月 14 日联合国教科文组织发布了《取缔教育歧视公约》，涉及教育领域的反种族歧视与民族歧视，含有少数民族教育权与语言权利条款；而《消除一切形式种族歧视》公约于 20 世纪 60 年代出台，则是联合国规范层面禁止种族歧视的重大突破。

1. 《消除一切形式种族歧视》国际公约出台

1963 年 11 月 20 日，联合国大会通过了联合国《消除一切形式种族歧视宣言》。为了实施该宣言所规定的原则，1965 年 12 月 21 日联合国大会通过《消除一切形式种族歧视》国际公约。它将种族歧视界定为"基于种族、肤色、世系或民族或人种的任何区别、排斥、限制或优惠（的企图或行为），其目的或效果为取消或损害政治、经济、社会或公共生活任何其他方面人权及基本自由在平等地位上的承认、享有或行使"（第 1 条）。该公约对种族优越论进行了批

---

① 联合国：《迫害与歧视》，1946 年 11 月，载 http：//daccess - dds - ny. un. org/doc/RESO-LUTION/GEN/NR0/034/57/IMG/ NR003457. pdf? OpenElement。

② UNESCO，"The Race Question"，July 1950，http：//www. honestthinking. org/en/unesco/UNESCO. 1950. Statement_on_Race. htm。联合国教科文组织于 20 世纪 50 ~ 60 年代多次就种族内涵与种族偏见的内涵进行说明与阐释：1951 年发布了《关于种族与种族差异的本质的声明》（*Statement on the Nature of Race and Race Differences*），1952 年发布了《种族概念》（*The Race Concept——Results of An inquiry*），1964 年发布了《种族生物学面貌提示》（*Proposals on the Biological Aspects of Race*），1967 年发布了《种族与种族偏见声明》（*Statement on Race and Racial Prejudice*），1969 年发布了《种族问题的四点声明》（*Four statements on the Race Question*）。具体内容参见 http：//www. honestthinking. org/en/unesco/index. html。

③ 联合国：《非自治领土种族歧视问题》，1952 年，载 http：//daccess - dds - ny. un. org/doc/RESOLUTION/GEN/NR0/078/96/IMG/ NR007896. pdf? OpenElement。

评，指出种族优越学说在科学上错误，在道德上应予谴责，在社会上属于有失公平从而导致危险；公约还对所谓"逆向歧视"进行了批驳。①

2. 履约机构、相关机制和举措

（1）建立消除种族歧视委员会与特别报告员制度。与《消除一切形式种族歧视》公约直接关联的机构是消除种族歧视委员会。该委员会由德高望重、公认公正的 18 位专家组成，从缔约国国民中选出，以个人而非国家资格任职；选举时须顾及代表性（综合考虑地域、文明与法系要素），委员会每年举行两次会议。该委员会的职能是，据公约规定审查各国为履行其反对种族歧视的义务而采取的立法、司法、行政和其他措施；就联合国托管领土和非自治领土上个人和群体向联合国机构提出的种族歧视控诉，发表意见及提出建议；就联合国其他机构在上述领土上为反种族歧视所采取的诸种措施而提出的报告发表意见并提出建议。② 为与时俱进地推进消除种族歧视工作，1993 年 7 月 28 日，联合国经济及社会理事会决定，建立关涉当代形式的种族主义、种族歧视、仇外及排斥心理问题的特别报告制度，设置一个特别报告员席位。

（2）建立各类纪念制度。在多方努力下，联合国系统设立了与反种族歧视、反种族主义相关的各类纪念制度，开展各种纪念活动，包括国际日、团结周、国际年等。1966 年联合国大会宣布 3 月 21 日为消除种族歧视国际日。选择这一天是因为 1960 年 3 月 21 日南非发生了沙佩维尔惨案（the Sharpeville massacre），南非警察杀害了参加和平示威反对种族隔离"通行证法"的 69 名群众。1969 年联合国大会指定 1971 年为反对种族主义和种族歧视行动国际年，要求在该国际年应与一切形式种族歧视做斗争并呼吁反抗种族主义斗士加强国际团结。1979 年联合国大会决定设立抗击种族主义与种族歧视的团结周，所有国家每年 3 月 21 日起举行一周的相关活动。冷战结束后，联合国先规定 2001 年为动员反对种族主义、种族歧视、仇外心理和有关的不容忍问题国际年，其后把 2004 年定为纪念反奴隶

---

① 联合国：《消除一切形式种族歧视》，1965 年 12 月 21 日，载 http：//daccess - dds - ny. un. org/doc/RESOLUTION/GEN/NR0/217/ 44/IMG/NR021744. pdf？ OpenElement。

② 以该委员会 2014 年 8 月 11 日至 29 日举行的第 85 届会议为例，委员会审议了日本代表团提交的消除种族歧视的定期报告，对日本国内的"仇恨言论"及种族歧视现象表示出极大关切。此外，会议还审议萨尔瓦多、美国、秘鲁、喀麦隆、伊拉克、日本和爱沙尼亚等地反种族歧视的情况。

制斗争和废除奴隶制国际年。

（3）推出相关行动计划。与上述纪念制度相匹配的还有具体行动计划，最为有名的是向种族主义和种族歧视进行战斗的十年行动计划。在向种族主义和种族歧视进行战斗的国际年之后，联合国大会请人权委员会提出反种族歧视新建议，大会于 1972 年 11 月 2 日指定，从 1973 年 12 月 10 日起的十年为向种族主义和种族歧视进行战斗的十年，[1] 此做法逐渐演化为定制。1983～1993 年、1993～2003 年成为第二个、第三个十年计划。[2]

受各种因素限制，这些行动计划未能完成任务。财政原因是影响计划实施的重要因素，譬如若干缔约国未履行其财政义务，导致委员会 1985～1989 年一些活动被取消，委员会正常职能继续恶化。[3] 与此同时，冷战结束后种族歧视与种族主义的新表现对行动计划构成了新的挑战，如种族主义思潮与行动已有新的变化，演变为基于文化、民族、宗教或语言的歧视行为的新趋势。此外，在第三个十年计划实施过程中，信息技术发展给反种族歧视带来挑战，互联网上种族仇恨、种族主义思想、新纳粹主义日渐扩大。[4]

（4）冷战结束后以世界反种族主义大会的形式反对种族歧视。如前文所述第一次、第二次世界反对种族主义大会的目标主要是种族隔离与反对种族主义，聚焦的是南非种族隔离现象，[5] 而冷战结束后所召开的第三次、第四次世界反对种族主义大会则聚焦于新时期的各种危及民族平等的种族

---

①　该十年方案主要内容为通过世界范围内的教育运动来推动消除种族歧视。旨在通过消除种族偏见、种族主义和种族歧视以推动人人享有人权和基本自由，不因种族、肤色、血统、民族或人种本源而有任何区别；制止种族主义政策的延续或扩张；遏制种族主义政权的强化；孤立和打消助长种族主义和种族歧视的错误和神秘的信仰、政策和行为；以及消灭种族主义政权。

②　联合国：《向种族主义和种族歧视进行战斗的第三个十年行动纲领》，1994 年 2 月 16 日，载 http：//www. un. org/zh/documents/ view_ doc. asp？symbol = A/RES/48/91 。

③　联合国：《向种族主义和种族歧视进行战斗的第二个十年》，1990 年 12 月 24 日，载 http：//daccess－dds－ny. un. org/doc/ RESOLUTION/GEN/NR0/562/36/IMG/NR056236. pdf？OpenElement。

④　1999 年联合国报告指出，德国研究机构1997年11月查到600个种族主义网址，1999年9月则查到1400多个，互联网上还存在着种族主义与种族活动的隐秘形式（以法国为案例）。

⑤　在第一次、第二次联合国反种族主义大会上，出现过较大的政治对抗与争议。争议焦点是犹太复国主义是不是种族主义。早在 1975 年墨西哥城举行的联合国会议上，联合国采纳阿拉伯国家提议，做出犹太复国主义是种族主义的一种形式的决议。为此，以色列抵制了 1978 年和 1983 年的联合国反种族主义大会。在美国的推动下，联合国大会于 1991 年废除了将犹太复国主义与种族主义相提并论的决议。参见高原《联合国反种族主义大会的议题之争》，《新华每日电讯》2001 年 8 月 6 日。

歧视、民族偏见与仇外。

1994年4月27日，南非结束三百余年的白人殖民统治并迎来首次民主选举，种族歧视的制度基础被消解，但受各种因素影响，20世纪末世界各地偏见、仇外、种族歧视等现象重新抬头，一些极端分子利用互联网等手段在青少年中散布仇恨和种族主义偏见。在这一新形势新背景下，2001年8月31日至9月7日，第三届联合国反对种族主义世界大会在南非德班举行，会议集中讨论了当前种族歧视的相关特点与问题，制定了打击种族主义的措施。会议进程中，美国、以色列代表团先后宣布退出大会，理由是会议严厉批评了以色列镇压巴勒斯坦人民的行为。① 大会最终通过了《德班宣言和行动纲领》，联合国认为它是一个里程碑式的事件，因为它为引导政府、非政府组织和其他机构全力打击种族主义、种族歧视、仇外心理和相关的不容忍行为提供了一个重要且崭新的框架。

为落实《德班宣言和行动纲领》，联合国于2006年决定召开德班审查会议。2009年4月20日至24日在日内瓦举行的德班审查会议（即第四届世界反对种族主义大会），审议《德班宣言和行动纲领》的落实情况，并于21日提前通过会议最后文件。文件呼吁各国以更大决心和政治意愿来对付各种形式的种族歧视问题，但美国、德国、加拿大、澳大利亚、荷兰、意大利、以色列、新西兰和波兰缺席此次审议大会。② 此后，联大还通过了类似反种族歧视的决议。大体上，这一时段联合国突出强调种族歧视受害者所面临的问题，非常关注非洲和亚洲裔人、移民、难民和特定的弱势群体（如土著人民、罗姆人和其他少数民族），并能够娴熟地使用各种制度架构和工作机制对其加以处置。③

---

① 在此次德班会议上，阿拉伯国家鉴于巴勒斯坦的冲突形势，再次提出一项将犹太复国主义与种族主义相提并论的决议。此次大会上，非洲一些国家还抛出另一个惹起争议的话题，即非洲国家要求会议议程列入有关敦促过去殖民地宗主国向遭受殖民主义危害的广大非洲国家进行"殖民赔偿"的问题。

② 诸国抵制这次会议，是因为《德班宣言和行动纲领》中包含一些敏感内容，即批评以色列在被占领土地上实行种族隔离并犯下"反人类罪行"，指出犹太人大屠杀不应当被忘记，提及历史上的贩卖奴隶，这引发以色列、美国等国不满。另外，2009年大会宣言草案主张禁止"煽动种族和宗教仇恨"言论，部分西方国家借口该主张妨碍言论表达自由，并称大会被伊斯兰国家所控制，因而抵制与会。

③ 譬如2011年9月22日联合国大会通过《团结起来，反对种族主义、种族歧视、仇外心理和相关不容忍行为》的决议，倡导各国建立专门的反种族歧视国家机制，并注重从立法上采取行动；呼吁联合国与其他国际组织、各国议会、民间社会和私营部门等利益攸关方对反种族歧视做出全面承诺。这是联合国处置这类议题时业已成熟的思路与工作架构，但其效果仍然有待检验。

三　联合国保障少数民族平等权的基本特点与面临的挑战

概而言之,联合国在确认与保障少数民族平等权时,展现出了新时期特征,如将时代性与现实导向相结合、刺激-反应性主导与前瞻性考量逐渐凸显、保障具有系统性等,以及保障过程中存在内在张力与缺陷等挑战。

(一)　时代性与现实导向的结合

联合国对无差别的少数民族平等权利的确认与保护,具有鲜明的时代特征。冷战时期,联合国侧重保障无差别的民族平等权,即围绕反种族歧视、反种族灭绝、反种族隔离等议题展开,上述现象侵犯了少数民族平等权。在联合国体系的实践与理念中,反种族灭绝、反种族歧视、反种族隔离的重要性依次排列。这些议题受关注,一方面是受"二战"的影响(反思法西斯主义与种族主义),另一方面也受诸如南非种族隔离这样的热点问题影响。冷战结束后,无差别的民族平等权保障仍然是重要的议程,但有差别的少数民族权利保障开始得到加强,即族裔少数人的权利与土著民族的权利保障逐渐被聚焦。无差别的少数民族权利继续被聚焦和加大保障力度,与可持续发展理念、全球化进程加速推进等时代发展脉动息息相关,也与联合国系统的工作随着时代进步日趋科学化、精细化有关。

从国际政治的角度说,无差别民族平等权往往与高强度的民族冲突、国家间战争、内战等高政治现象存在密切关联,而有差别的少数民族权利更多集中于文化权利、经济权利,属于低位政治的范畴。从这一意义上说,联合国这种国际组织首先关注无差别的民族平等权,然后聚焦于有差别的少数民族权利,这是合乎国际政治中主流的现实主义逻辑以及国际社会螺旋进步逻辑的。

(二)　刺激-反应性主导与前瞻性的凸显

历史地看,联合国少数民族平等权利的确认与保护整体上具有刺激-反应特性,但在冷战结束后强化了具有前瞻性的预防性理念与行动。在联合国系统内,少数民族平等权利确认与保障,往往具有事件刺激-反应的被动特征,其预防性、前瞻性的努力相对滞后,这也成为一种共识性批评。联合国反对种族灭绝、种族主义、种族隔离与第二次世界大战反思有关，也与南非种族隔离冲突密切相关。如前文所论，联合国出台防止与惩治种族灭绝、反对种族主义的公约、制度以及一些具体举措，与对卢旺达屠杀、南斯拉夫内战反思有关，而联合国在阻止这些地区的侵权犯罪方面投入不够、预见性不强常为人所诟病，联合国在相关评估报告中也进行了自我批评。当然，联合国系统知耻而后勇，冷战结束后，加强了确保民族平等权的预防性行动，并将保护责任、冲突预防等理念与机制与之结合，进而完善了民族平等权保护的体制机制。

（三）保障具有系统性

在确认与保障少数民族无差别的平等权利时，联合国构建了系统性体制与机制。这一系统性包括三方面的内涵：其一是联合国少数民族平等权的确认与保障涉及少数民族积极权利与消极权利，涉及多层次的权利侵犯的防御阻击与救济（民族-种族歧视、种族隔离、种族灭绝罪），涵盖了一般性的社会行为（低政治属性）以及涉及民族群体及其成员安全的高暴力行动（高政治属性）。其二是联合国确认与保障少数民族平等权的机构具有系统性、多层次性与交叉性。联合国各系统不同程度地具有确认和保障少数民族平等权利的职能，譬如安全理事会、经济社会理事会十分重要，联合国秘书长也扮演了重要角色，但各职能机构在保障与确认少数民族平等权利时各有侧重，有专门的机构，也有综合性关联机构，但不足之处是专属性机构位阶较低。① 其三是联合国在确认与保障少数民族平等权利时，开展了系统性行动，涉及各类公约、条约、决议、宣言、申明的出台与传播，建立各项制度与机制，开展了计划性行动与非计划行动，向牵涉民族平等保障的各个主体与维度（国际层面、国家层面、社会层面、市场层面与个人层面）提出各类呼吁、倡议与申明。

（四）保障实践中的内在矛盾与能力不足

联合国在确认与保障民族平等权过程中还面临诸多有待化解的矛盾。它首先体现在国家主权与人权原则之间的张力上。联合国是一个多国组

---

① 联合国秘书长十分看重防止种族灭绝罪行问题特别顾问的职位，起初提出给予其以副秘书长的地位，但一些国家表示反对，这使得该机构的地位较为一般。

织，其行为主体主要是主权国家，其主导性的原则是主权原则，而联合国保障少数民族（平等）权利时，大部分场景依赖的是人权原则与一般的平等原则。在联合国几十年的发展历程中，围绕主权与人权的冲突比比皆是，因此联合国系统在处理少数民族（平等）权利时，通常在主权与人权原则之间走钢丝、搞平衡，前文所述南斯拉夫问题的国际法庭审判是经典案例，而冲突干预、保护责任与防止种族灭绝也常常引发主权与人权原则的争论。①

其次，矛盾还体现在围绕民族平等权利的议题会引发联盟政治对抗。譬如涉及南非种族隔离、巴以冲突问题（联合国有时从民族平等、种族主义角度审视巴以冲突）、非洲"殖民赔偿"等议题的某些国际大会，美国等国家有意集体退会或拒绝参会。这里的结盟是一种议题性结盟，既表现当事各方形成不同的联盟，还表现为联合国内发展中国家与发达国家阵营就民族权利具体议题常出现群体对抗。矛盾还体现在联合国成员在保障少数民族平等权时常"口"惠而"实"不至。一些当事国和关联方常搞双重标准，通常原则层面表态积极，一旦出现影响自己利益的状况则表现消极，或不参与、不批准相关公约条约，或对公约条约的某些条款持保留意见，或不参与相关会议与规划行动，或原则讨论甚欢而行动甚少，这一特性是联合国系统的通病，也引起联合国秘书长潘基文的批评。②

除上述矛盾外，联合国系统能力建设不足一直是遭人诟病的地方。在少数民族平等权利保障议题上，这种能力建设不足首先表现为预判能力以及冲突干预能力不够；联合国在涉及少数民族平等权利保障的冲突议题上，相关信息收集与冲突预判能力、冲突干预决策与执行能力一直存在诸多不足，卢旺达屠杀是最为鲜明的案例。虽然联合国对此有深刻的反思，

---

① 譬如，俄罗斯认为，联合国秘书长关于实施《五点行动计划》的报告以及关于防止种族灭绝问题秘书长特别顾问工作的报告，明显偏向于"人道主义干预"和"保护的责任"之类的理念，从而损害了不干预原则和国家主权原则。参见《防止种族灭绝、联合国人权事务高级专员的年度报告》，2009 年 3 月 9 日，载 http：// www. un. org/zh/documents/view_ doc. asp? symbol = A/HRC/10/25。

② 联合国秘书长潘基文 2011 年向科特迪瓦和利比亚派出平民保护特派团之后指出，我宁愿忍受一个正得其时的设想所带来的日益深刻的苦痛，而不喜欢就从未实践过的原则展开空洞的辩论。世界对后者见得太多，而对前者则经历得太少。Ban Ki - moon，"Effective Prevention Requires Early，Active，Sustained Engagement，Stresses Secretary - General at Ministerial Round Table on 'Responsibility to Protect'"，23 Sep. 2011，http：//www. un. org/press/en/2011/sgsm13838. doc. htm。

最近几年在相关系统的能力建设上有所推进，但从近年联合国防止种族灭绝罪行特别顾问的相关行动以及联合国巨大的维和任务与压力来看，① 它仍然无法填补全球少数民族平等权需求巨大与相关供给稀缺之间的鸿沟。

四 基本结论

经过 70 年之努力，联合国围绕防止与惩治种族灭绝、禁止与惩治种族隔离、反对种族歧视与种族主义等议题来保障少数民族平等权，它出台了一系列规范效应不一的公约、决议与规划，初步尝试对某些违反公约的恶劣罪行进行司法审判，通过制度机制建设和实际行动保障少数民族尽量不受隔离之痛、歧视之苦与灭种灭族之危。显然，少数民族平等权的国际保障仍然道路漫长，完全寄希望于联合国是不合理也不切实际的，毕竟与民族平等权保障相关的民族冲突、民族纠纷具有敏感性、复杂性与长期性，各关联主体都有其影响与责任。同时，联合国还存在一些先天与后天的不足，会限制其保障少民族平等权利的效能。

---

① 2016 年，联合国在全球约有 17 项维和行动，这些维和行动大部分涉及不同类型的民族冲突，也涉及少数民族平等权的确认与保障，说明了少数民族平等权的保障依然任重道远。

6 当代少数人群体特殊政策：
理论依据与法律来源*

程春华　青　觉**

【摘要】 当代少数人群体特殊政策的理论来源主要包括马克思主义民族平等理论、公平正义理论、少数人群体权利的特殊保护理论、多元文化主义等。保护少数人群体权利的国际法按照区域可分为全球性国际法与区域性国际法，涉及政治、经济、社会、教科文卫等领域。相关国家国内法对少数人群体权利的保护涵盖政治、经济、社会、文化等方面。其中，对政治权利的保护方式包括禁止歧视、保护平等权、倾斜性保护等三种。对经济、社会和文化权利的保护方式有两种：一是对少数人群体经济、社会与文化权利的承认与尊重；二是将保护少数人群体经济、社会和文化的平等权作为义务，乃至采取特殊保护措施。

【关键词】 少数人群体权利　优惠政策　多元文化主义

在当今世界，少数人群体（Minorities）享受特殊政策，合情、合理、合法。其来源或多或少出于少数人群体奋起抗争，其产生与推行多建立在相对正义的目标、丰富的内涵与多样的类型基础之上，受内政外交等一系列因素的影响。那么，当代世界少数人群体特殊政策基于哪些理论依据，国际法、国内法的规定有哪些特征？

＊ 本文曾发表于《黑龙江民族丛刊》2015 年第 5 期。

＊＊ 程春华（1982~），江西景德镇人，中央民族大学世界民族学人类学研究中心讲师，硕士研究生导师，法学博士，主要从事民族政治学、世界民族学、国际关系研究；青觉（1957~），男（土族），甘肃天祝人，中央民族大学副校长、教授、博士生导师，法学博士，主要从事民族政治学、民族理论与民族政策、民族社会学研究。

一 世界少数人群体特殊政策的理论依据

少数人群体特殊政策是指为了改变少数民族在共同领域的不利地位，而对其群体及成员实施的差别性反歧视待遇的公共政策或法律措施，其资格是民族身份。在国际法上又被称为"基于族裔的优惠政策"（race - based preferential poli - cies）、"积极差别待遇"（positive discrimination，更多用于欧洲）、"反歧视行动"（affirmative action，更多用于美国）、"优惠性差别待遇"（preferential treatment），等等。其主体一般是政府，其对象主要包括在民族或族裔、宗教和语言上的少数人群体，原住民（土著）、移民及其他弱势群体，其领域涵盖政治、经济、社会、文化等方面。少数人群体权利保护的范围包括：生存和存在、增进和保护少数人群体的特性、平等和非歧视以及有效和有意义的参与。

各个国家国情不同，对少数人群体实施特殊保护的理论依据也各异。其理论来源主要包括马克思主义民族平等理论、公平正义理论、少数人群体权利的特殊保护理论、多元文化主义等。

（一）从形式平等迈向实质平等的阶梯

一般而言，少数人群体社会经济发展水平相对落后，地位相对弱势，其语言文化与生活方式易受强势主流文化的冲击，易导致政治、经济、社会与文化生态不平衡，使民族平等流于形式而难以落实。不平等（尤其是机会不平等）是人类发展的一个严重威胁，不同群体之间的高度不平等不仅有违公平正义，还会影响到人们的福祉，威胁到政治稳定。联合国《2014 年人类发展报告》指出，当特定群体受到歧视时，资源和权力将不会按照能力进行分配，人才也将受到束缚，助长不满和怨恨情绪[1]。若某个社会凝聚力不强，或存在种族或分裂等其他问题，则其在负面事件处理时的集体行动能力便会削弱[2]。少数人群体的弱点反映在公共政策和制度、社会准则及公共服务供应方面的严重不足上，包括过去与如今的宗教、种

---

[1] 联合国：《2014 年人类发展报告》，http：//www. un. org/zh/development/hdr/2014/pdf/hdr 2014. pdf。

[2] 联合国：《2014 年人类发展报告》，http：//www. un. org/zh/development/hdr/2014/pdf/hdr 2014. pdf。

族、性别与其他身份歧视现象[1]。

马克思主义民族平等理论认为，国家必须选择体现民族平等与共同发展的政策体系，通过对少数民族的特别保护来实现民族实质平等[2]。正义理论认为，正义是社会制度的首要价值，为实现实质平等，有必要保障机会平等与适量的差别对待，在利益分配上尽可能向弱势群体倾斜，从而保障其基本权益[3]。少数人群体权利保护离不开个人人权与集体人权的保障，而人权的保障离不开与国家主权的关系协调[4]。

特殊政策的功能在于落实平等精神。首先它是解决平等问题的纠偏工具。对特定少数人群的尊重和承认，不歧视、不同化之外，承认文化多样性并存，也应是平等对待原则的内容。其次它是一种利益再分配机制，其按身份分配原则是对按劳分配、按能力分配原则的一种补充。最后它是一种社会调控机制，是对少数人群体歧视的一种干预，即通过对少数人群体的特殊政策，弥补其权益损失。

（二）弥补历史欠账，维护社会稳定的需要

少数人群体特殊政策在西方国家往往是对历史上殖民主义时期虐待原住民的一种补偿。尽管原住民仅占世界人口的5%左右，却占全球贫困人口的约15%和农村极端贫困人口的1/3。历史上的民族压迫和对少数人群体的经济掠夺是许多国家必须面对的问题，被剥夺公民权利的少数人群体和宗教少数人群体易受歧视性做法的影响，难以得到正规司法系统的救助，并深受历来被压迫和被歧视的传统之害[5]。

在人类历史上，受社会排斥使弱势群体深受其苦。例如，南非和美国的黑人、印度安人都因种族歧视问题而遭受了太多不公平的对待。若能为

① 联合国：《2014年人类发展报告》，http://www.un.org/zh/development/hdr/2014/pdf/hdr2014.pdf。

② 林艳、秉浩：《民族政策价值取向：优惠照顾还是一般对待?》，《黑龙江民族丛刊》2012年第6期。

③ 约翰·罗尔斯：《正义论》，何怀宏等译，中国社会科学出版社，1988，第1～2页。转引自陈蒙《民族优惠政策的法理依据探析》，《长安大学学报》（社会科学版）2014年第2期。

④ 青觉、马东亮：《差异与共振：人权观念与民族权利关系解读》，《黑龙江民族丛刊》2014年第2期。

⑤ 联合国：《2014年人类发展报告》，http://www.un.org/zh/development/hdr/2014/pdf/hdr2014.pdf。

上述弱势群体制定保护性质的法律法规，让其享受更公平待遇，那么整个社会也会变得更加公平和谐、更具包容性。为此，不少国家与地区积极推出少数人群体保护政策或特别措施①。

国家为历史上的民族伤害做出补偿是一种道义责任。特殊政策是政府对历史的反省与道歉，也是民族和解的开端与序幕，更是挥手告别过去、携手开辟未来的承诺。特殊政策是使少数人群体平等参与国家进程的需要。反歧视行动的逻辑支撑在于，其支持起点平等、机会平等。它符合社会整体利益、扩大可获得技能的储备量、减少长期被压迫群体的集体成本，使弱势群体能够融入主流社会，促进社会融合。对种族或族群的正义与进步要求与人权保护密切结合②。

特殊政策也有利于缓和与改善民族关系、维护社会和谐稳定。少数人群体权利特殊保护理论认为，对少数人群体差异性权利给予一定的差别对待与特殊保护，有利于逐步消除结构性歧视及其引发的不公平现象。多个国家将特殊政策作为社会安全的"减压阀"、"防护网"，提高社会肌体应对不健康因素能力的"保健药"。

（三）保持文化多样性的需要

多元文化主义的出现与少数人群体要求保护自身权利密切相关。20世纪初，面对席卷美国的"大熔炉"思潮，美国的犹太裔学者霍勒斯·卡伦（Horace Meyer Kallen）有针对性地提出了主张反同化、反熔炉的多元文化主义。

多元文化主义主要包括平等、正义、尊重差异和包容等内容。多元文化主义主张帮助少数人群体消除各种不平等障碍，甚至采取特殊照顾的办法，使弱势少数人群体摆脱受压迫与排挤的状态，成为社会中的平等成员，从而保持整体文化的多样性。多元文化主义对美国白人少数人群体的权利意识形成直接影响和启蒙，有利于推动美国的"有色"少数人群体及其他国家的少数人群体争取平等权利的运动。

20世纪70年代以来，伴随着国际移民的增加与各国少数人群体权利

---

① 联合国：《2014年人类发展报告》，http://www.un.org/zh/development/hdr/2014/pdf/hdr 2014.pdf。

② 青觉、马东亮：《差异与共振：人权观念与民族权利关系解读》，《黑龙江民族丛刊》2014年第2期。

运动的发展，卡伦的多元文化主义引起了广泛的国际关注。多元文化主义的许多代表人物皆从不同角度阐述了多元文化主义主张的正义、平等、尊重差异和包容等价值理念，如沃泽尔"复合平等论"、塔米尔"多元民族主义思想"、泰勒"承认的政治"、玛丽·杨"差异的政治"以及金里卡"多元文化的公民身份"，甚至格莱泽"如今吾辈皆为多元文化主义者"等，这些理论在平等、正义、尊重差异和包容、保护少数人群体权利等方面不约而同。

总之，特殊政策的合理性基础主要包括促进民族事实平等、消除历史上种族主义行为所带来的民族怨恨心理、扶持不发达民族或族群的经济与社会发展、缩小社会结构性差异、维护特定族群的利益等。特殊政策对国家而言，是保证少数人群体参与国家进程的需要；对少数人群体而言，则是捍卫和实现其平等权利的途径。

二　国际法律来源

随着国际社会对平等理念的反思，少数人群体特殊保护从道德与伦理义务，逐步被纳入国际法中，体现在各国国内宪法及其他法律之上。

（一）相关文件

国际法对少数人群体权利的承认和保护始于国联时代，通过了一系列"少数人群体条约"。1945 年，联合国成立后也逐步制定了诸多有关少数人群体的规范、程序和机制。保护少数人群体权利的国际法可分为不同区域与领域的体系。按照区域可分为全球性国际法与区域性国际法，按照领域可分为政治、经济、社会、教科文卫等方面的国际法。

具体而言，全球性少数人群体权利保护主要呈现于宣言、宪章、公约等载体中。其中宣言主要有《世界人权宣言》（1948 年）、《消除基于宗教或信仰原因的一切形式的不容忍和歧视宣言》（1981 年）、联合国《在民族或族裔、宗教和语言上属于少数人群体的人的权利宣言》（1992 年）、《维也纳宣言和行动纲领》（1993 年）、《劳工组织关于工作中基本原则和权利宣言》（1998 年）、《世界文化多样性宣言》（2001 年）等。宪章与公约主要有《联合国宪章》（1945 年）、《防止及惩治灭绝种族罪公约》（1948 年）、《消除就业和职业歧视公约》（1958 年）、《取缔教育歧视公约》（1960 年）、《消除一切形式种族歧视国际公约》（1965 年）、《经济、社会、文化权利国际公约》（1966 年）、《公民权利和政治权利国际公约》（1976 年）、《消除对妇女一切形式歧视公约》（1981 年、1998 年）、《教科文组织保护非物质文化遗产公约》（2003 年）、《教科文组织保护和促进文化表现形式多样性公约》（2005 年）等。

区域性保护少数人群体权利文件主要涉及欧洲、美洲、非洲、亚洲等地。欧洲以《欧洲联盟条约》、《欧洲人权和基本自由公约》（又称《欧洲人权公约》，1953 年）、《欧洲社会宪章》、欧安会议《哥本哈根文件》（1990 年）为保护少数人群体权利的基本公约，以欧洲委员会《保护少数民族框架公约》（1994 年）和《欧洲区域和少数民族语言宪章》（1992 年）为保护少数人群体权利的特殊公约。美洲保护少数人群体权利的文件主要有《美洲国家组织宪章》、《美洲关于人的权利和义务宣言》、《美洲人权公约》等。另外，非洲地区有《非洲统一组织宪章》、《非洲联盟基本条例》和《非洲人权和民族权宪章》（1981 年）等文件，亚洲有《东盟宪章》（2007 年）、《东盟文化遗产宣言》、《阿拉伯人权宪章》（2004 年）等文件。

（二）主要内容

1992 年 12 月 18 日，联合国大会通过的《在民族或族裔、宗教和语言上属于少数人群体的人的权利宣言》（简称《少数人群体权利宣言》）指出，少数人群体通常指民族或族裔、宗教和语言上的少数人群体，有权私下和公开、自由而不受干扰或任何形式歧视地享受其文化、信奉其宗教并举行其仪式以及使用其语言[①]。少数人群体数量占世界人口的 15% 至 20%，其划分遵循自我身份认同原则[②]。国际法上对少数人群体权利的保护包括普遍权利和差别权利。少数人群体的差别权利又被称为"少数人群体权利"、"少数人权利"、"特定权利"或"特别权利"，有别于人人根据《公民权利和政治权利国际公约》所享有的普遍性权利，是对个人普遍人

---

① 联合国：《在民族或族裔、宗教和语言上属于少数人群体的人的权利宣言》，1992 年 12 月 18 日，http：//www. ohchr. org/CH/Issues/Documents/other_ instruments/12. PDF。

② 联合国经济及社会理事会：《特定群体和个人：少数人群体在民族或族裔、宗教和语言上属于少数人群体的人的权利高级专员的报告》，2004 - 02 - 24. http：//daccess - dds - ny. un. org/doc/UNDOC/GEN/G04/111/53/PDF/G0411153. pdf？ OpenElement。

权的补充，主要涉及政治、经济、社会、文化（语言、宗教、教育）等方面。

1. 优惠还是特殊措施

在国际法上，少数人群体优惠政策（preferential policies）被称为"积极差别待遇"（positive discrimination，更多用于欧洲）、"反歧视行动"（affirmative action，更多用于美国）、"优惠待遇"（preferential treat-ment）等①。

不过，无论是在法理上还是在实践上，所谓"优惠"是很有争议的概念。"优惠"往往被当作一种"歧视"。1958 年，国际劳工组织的《消除就业与职业歧视公约》指出，"优惠（preference）"有时是构成歧视的四种基本行为之一。联合国 1966 年《消除一切形式种族歧视国际公约》规定："称'种族歧视'者，谓基于种族、肤色、世系或民族或人种的任何区别、排斥、限制或优惠。"但公约接着又写道："专为使若干须予必要保护的种族或民族团体或个人获得充分进展而采取的特别措施，以期确保此等团体或个人同等享受或行使人权及基本自由者，不得视为种族歧视，但此等措施的后果须不致在不同种族团体间保持个别行使的权利，且此等措施不得于所定目的达成后继续实行。"这就是说，为保证特定"种族或民族团体""同等享受或行使人权及基本自由"而采取的"特别措施"，并不属于此类"歧视"。

这种特别措施已经在国际社会达成广泛共识。1992 年，联合国《少数人群体权利宣言》规定了国家应尽的义务："各国均须采取措施，创造良好条件，以使少数者能够表现其特征，发展其文化、语言、宗教、传统和习俗。""各国应当考虑实行适当的措施"，以使少数人个体全面参与其国内的经济进步和发展。就此而言，"优惠"政策从道义责任与伦理恩惠，转变为维护合法权利的特殊政策。一个国家是否实行针对少数人群体的优惠政策，已经成为衡量该国是否文明、人权是否合格的重要标志。

2. 少数人群体政治等基本权利

国际法上普遍将少数人群体的基本平等权与反歧视结合起来。《联合国宣言》提出"不分种族、性别、语言或宗教，增进并激励对于全体人类人权及基本自由之尊重"。《公民权利和政治权利国际公约》第 27 条规定，

---

① 周勇：《少数人权利的法理》，社会科学文献出版社，2002，第 20 页。

国家不得否认少数人同其群体中其他成员共同享有文化、信仰和宗教或使用自己语言的权利；规定所有人都有自决权，但并非支持少数人群体谋求分裂；第 20 条规定政府禁止鼓吹民族、种族或宗教仇恨的主张。

《防止及惩治灭绝种族罪公约》禁止消灭"某一民族、人种、种族或宗教团体"。《消除一切形式种族歧视国际公约》规定了保护少数人群体的基本权利，包括司法平等，参政权，享受公共服务权，行动、居住、表达自由。《国际刑事法院罗马规约》对种族灭绝罪、危害人类罪案件的起诉做出了规定。《欧洲联盟条约》规定"打击社会歧视，尊重少数人群体的文化与语言多样性"。《美洲关于人的权利和义务宣言》规定，保护少数人群体宗教信仰自由、表达与结社权、不被歧视权、名誉权、居住权、受教育权、知识产权、公平审判权、参政权等。《非洲人权和民族权宪章》强调"人民的人权"，最早提出集体人权的概念，后被联合国通过的《发展权利宣言》加以确认①。

3. 关于少数人群体的经济、社会和文化等权利

《经济、社会、文化权利国际公约》规定了少数人群体经济社会文化等方面的平等权，指出："本公约所宣布的权利应予以普遍行使，而不得有例如种族、肤色、性别、语言、宗教、政治或其他见解、国籍或社会出身、财产、出生或其他身份等任何区分。"

土著往往受教育程度低，无法享受平等机会，也无法获取平等的土地资源和其他生产性资产。在拉丁美洲，土著工人的平均收入相当于非土著工人平均收入的一半②。围绕土著人的经济社会文化权利保护，《联合国土著人民权利宣言》规定防止土著人因文化而受到歧视性和不良待遇、支持土著人民文化的条款及措施。《土著和部落人民公约》（1989 年）承认土著人民的诸项权利：自己的土地和领地；社会和宗教价值观；适用土著法；获取保健服务；平等获得就业和培训机会和条件；不受歧视；文化和生活方式得到尊重；承认土著人民有权采用自己的发展模式。

围绕少数人群体的就业等社会权利，《消除就业和职业歧视公约》要求各国促进和确保就业和职业领域的机会和待遇平等，以期消除基于种

---

① 青觉、马东亮：《差异与共振：人权观念与民族权利关系解读》，《黑龙江民族丛刊》2014 年第 2 期。

② 联合国：《2014 年人类发展报告》，http://www.un.org/zh/development/hdr/2014/pdf/hdr 2014.pdf。

族、肤色、性别、宗教、政治见解、民族血统或社会出身等原因的直接和间接歧视。根据 1998 年《劳工组织关于工作中基本原则和权利宣言》，少数人群体享有机会和待遇平等的情况应受监督。

围绕少数人群体的文化权利，《儿童权利公约》规定，不应剥夺土著儿童享有自己的文化、信奉和实行自己的宗教或使用自己的语言的权利。联合国教科文组织《保护非物质文化遗产公约》承认"各社区，尤其是原住民、各群体或个人，在非物质文化遗产的生产、保护、延续和再创造方面发挥着重要作用"。教科文组织《保护和促进文化表现形式多样性公约》要求缔约国鼓励群体"创作、生产、传播、销售和获取土著自己的文化表现形式，同时对妇女及不同社会群体，包括少数民族和原住民的特殊情况和需求给予应有的重视"。

在区域层面，欧洲《保护少数民族框架公约》规定签字国尊重少数民族权利，打击歧视、促进平等，保护和发展少数民族的文化、媒体、语言及教育等权利。《欧洲区域和少数民族语言宪章》保护区域与少数民族语言的使用与发展。欧安组织《哥本哈根文件》要求各国"按照平等和不歧视的原则保护本国境内少数民族的族裔、文化、语言和宗教特征"。《东盟宪章》（2007 年）规定"尊重东盟人民的不同文化、语言和宗教信仰"。《阿拉伯人权宪章》（2004 年）规定所有不同种族、语言、宗族的人享有平等权利。

总之，非歧视原则和平等原则是所有少数人群体法律保护的基础与支柱。这些原则适用于所有人的全部人权和自由，禁止基于下列各种差别的歧视：种族、肤色、宗教、语言、国籍及种族。对上述两大原则的尊重能保证少数人群体享受多种权利。

三　区域及国别法律规定

除了国际法体系外，相关国家对条约法的承诺与遵守、少数人群体自身及其代表的共同努力，是确保少数人群体权利得以实现的重要条件。

各国对少数人群体权利的保护体现在国内法律中，涵盖政治、经济、社会、文化等诸多方面。

（一）少数人群体的政治等基本权利

各国国内法对少数人群体政治权利的保护方式有三种：一是禁止歧

视，主要从消极防御的角度保障。如《意大利宪法》规定，所有公民都有同等的社会尊严且在法律面前一律平等，不分性别、种族、语言、宗教、政治观点和个人社会地位的差别。《厄瓜多尔宪法》第 19 条规定，禁止一切对种族、肤色、性别、语言、宗教、党派或其他类型的歧视，以及对社会出身、经济地位和血统的歧视。此外，有关少数人群体享有民族、族裔身份保留权的规定也属防御性保护措施。《俄罗斯联邦宪法》第 26 条规定，每个人都有权确定并表明自己的民族属性，不得强迫自证民族属性。

二是保护公民或民族的"平等权"，涉及行政、司法与立法等方面。《新加坡宪法》第 89 条规定：保护新加坡少数民族和少数宗教集团的利益是政府的职责。《匈牙利宪法》第 48 条规定：匈牙利共和国居住的少数民族是人民主权的组成部分、立国因素。《俄罗斯宪法》承认"各民族平等和自决的原则"，第 3 条规定"俄罗斯联邦主权的体现者和权力的唯一源泉是其多民族的人民"。《伊朗宪法》注重保护宗教少数人的政治平等权，第 64 条规定，各少数民族可每 10 年增选一次议员，按人口增长 15 万增加议员一名的比例；拜火教徒和犹太教徒各选一名议员，亚述人和恰尔达人中的基督教徒各选一名，南北亚美尼亚人中的基督徒各选一名。《越南社会主义共和国国会代表选举法》第 9 条规定，每届国会的少数民族国会代表数额由国会常务委员会规定，保证各少数民族有适当数额的国会代表。《菲律宾宪法》第 16 章第 12 条规定，国会设立专门咨询机构就有关少数民族的政策向总统提供建议，该机构多数成员应来自少数民族。阿尔及利亚 1996 年宪法承认阿马兹格人（Amazigh）的权利。新西兰根据《威坦哲条约》协调与毛利人的关系，为毛利人预留议员席位，保证其代表参加议会、影响决策。《萨尔瓦多宪法》（1983 年）第 90 条规定，组成中美洲联邦共和国的其他国家的土著人，在萨尔瓦多有一居处，向主管部门宣布做萨尔瓦多人意愿者可成为萨尔瓦多人，不要求其放弃原国籍；第 194 条规定，扶贫检察长的职责之一是为土著人提供法律帮助，在法庭上代表他们，维护其个人自由及作为工人的权利。

三是对少数人群体实行倾斜性保护，以维护实质"平等"，体现在菲律宾、塔吉克斯坦、俄罗斯、西班牙、巴基斯坦、印度、马来西亚、希腊等国的宪法中。少数人群体倾斜性保护的基本方式包括对少数民族的群体、企业、居住地区、成员等对象实施优惠，对优惠政策落实的监督与控制机制主要包括宪法监督、行政监督、司法诉讼等三个方面①。其中，自治制度是保护少数人群体政治权利的重要方式，如美国承认561个部落政府的自治权和自决权，建立由主权"印第安部落"、州政府和联邦政府组成的三方联盟。《墨西哥宪法》第2条规定，应在普遍自治框架内给予土著人民自决权，保障土著成员获得司法救助权。与喀麦隆和乌干达类似，埃塞俄比亚法律注重保护各民族、族裔和人民无条件的自决权。根据1987年宪法、《尼加拉瓜大西洋沿海地区自治法》及其相应附则，尼加拉瓜为加勒比海岸的土著人民建立了自治制度。《菲律宾宪法》第10章第1条规定，在穆斯林聚居的棉兰老和科迪耶拉山区设立若干自治区。

（二）少数人群体的经济、社会和文化等权利

少数人群体的语言、宗教、教育、艺术、习俗、生活方式是少数人群体文化"自我"身份的标签，是少数人群体差别权利的核心。俄罗斯、马其顿、罗马尼亚、立陶宛、阿塞拜疆、爱沙尼亚、乌克兰、白俄罗斯、斯洛伐克、加拿大、斯洛伐克等国的宪法，都对此做出了明确的规定。

各国国内法对少数人群体经济、社会和文化权利有两种保护方式：一是对少数人群体经济、社会与文化权利的承认与尊重。《印度宪法》第29条规定，保护少数民族利益的各项措施，强调"居住在印度境内的任何阶层的公民，凡具有独特的语言、文字或文化者，皆有权保持其语言、文字或文化。由国家维持或接受国库津贴的教育机构，不得根据宗教、种族、种姓、语言等理由拒绝任何公民入学"。

大多数国家的宪法都反对对少数人群体的语言、宗教文化方面的歧视。《瑞典宪法》第4条规定，印刷品禁止散播可能蔑视特定种族、肤色、民族或少数民族或特定宗教信仰的言论。《土耳其宪法》第10条规定，全体公民不问其语言、种族、肤色、性别、政治观点、哲学信仰、宗教、教派等如何，在法律面前一律平等；第14条规定禁止制造语言、种族、宗教和教派上的歧视。《意大利宪法》第111条规定，如果不能理解或不使用那种在诉讼中使用的语言时，有权得到翻译的协助。

---

① 杜社会：《平权视域下的少数民族优惠政策：原理、措施与合理性控制》，《湖北社会科学》2014年第11期。

二是将保护少数人群体经济、社会和文化的"平等权"作为政府义务,乃至采取特殊保护措施。在经济社会权利方面,《瑞典宪法》第2条规定,应保护萨米族(Sami、Samit或Samek)及种族、语言和宗教少数人群体保持和发展自身文化和社会生活的权利;第17条规定萨米人有权从事驯鹿养殖业。在大洋洲,1967年澳大利亚修改宪法给土著人以公民权,1970年废除"白澳"等同化政策。20世纪70年代澳大利亚立法将土地归还土著社区,并允许对其他土地提出主张。1992年,高等法院做出马博判决(根据土著人土地权利谈判家爱迪·马博得名),摒弃了歧视性的无主地(空置土地)理论,认为最初的殖民者将澳大利亚确定为无人居住的土地是错误的,土著人对澳大利亚的多数土地具有拥有权的说法是有效的。1993年澳大利亚颁布了《土著人产权法》。在亚洲,柬埔寨立法承认土著人民对其土地和森林管理方面的权利。《越南宪法》第39条规定,国家优先实施保护山区和少数民族同胞健康的章程。《菲律宾宪法》第12章第5条规定,国家保护少数民族对其祖传土地的权利,以保障其经济、社会和文化福利。

宗教、语言、教育等领域是文化权利保护的重点。《新加坡宪法》规定,当选议员的第五个条件为"会说读写至少下列语言之一:英语、马来语、中国官话和泰米尔语",议会中的一切辩论和讨论均得以马来语、英语、中国官话或泰米尔语等语言进行。《泰王国宪法》第27条规定,国家应保护公民宗教信仰的自由权利,不得因公民信仰某种宗教或派别、某种宗教主张或参加宗教活动而加以歧视,损害其应得利益或剥夺其权利。《瑞士宪法》第116条规定,德语、法语、意大利语和拉丁罗曼语是瑞士的国语;第49条规定,思想和宗教信仰自由不受侵犯。2012年8月,巴西通过法案强制规定,在全国59个联邦大学和38个联邦技术学校的非洲裔学生与混血学生优惠入学名额,按照其占当地人口的比例计算得出(例如巴西东北部巴伊亚州的入学比例为80%,而南部的圣卡塔琳娜州入学比例仅为16%)①。《菲律宾宪法》第14章第17条规定,国家承认尊重和保护少数民族保存和发展各自文化、传统、风俗的权利,国家在制定全国性计划和政策时应考虑他们的这些权利。

---

① 联合国:《2014年人类发展报告》,http://www.un.org/zh/development/hdr/2014/pdf/hdr 2014.pdf。

土著人是经济社会语言文化权利保护的重点对象之一。一些国家立法承认土著人民的个人和集体权利，如阿根廷、巴西、哥伦比亚、危地马拉、墨西哥、巴拿马、巴拉圭、秘鲁、委内瑞拉。《芬兰宪法》承认土著萨米人、罗姆人（Roma）和其他群体保持和发展自身语言和文化的权利，第121条规定萨米人在土著区内享有语言和文化自治权。《挪威宪法》规定，国家有责任创造有利于土著萨米族保持和发展本族语言、文化和生活方式的条件。《墨西哥宪法》第2条规定，法律应保护和促进发展土著语言、文化、习俗、资源以及特定的社会组织形式。《巴西宪法》第210条规定，土著社区小学教育应确保使用本族"母语"；第231条承认土著人民的社会组织、风俗、语言、信仰和传统，及其对传统占有地的原有权利。《玻利维亚宪法》第5条规定，土著语言与西班牙语同为官方语言；第30条，土著人民有权按照自身文化特征、宗教信仰、习俗和宇宙观生活。《南非共和国宪法》（1996年版，2012年修订）有佩迪语、南非荷兰语、斯瓦蒂语、祖鲁语、科萨语、聪加语、英语、茨瓦纳语等8种语言版本；第6条规定，国家必须采取务实和积极的措施，提高土著语言的使用率。《纳米比亚宪法》承认土著纳马语言。在美洲，过去几年的宪法改革承认了土著人民的政治、经济、社会和文化权利。《萨尔瓦多宪法》（1983年）第62条规定，土著语言是文化遗产的一部分，国家的目标是保存与传播这些土著语言并使其受到尊重。2014年6月，萨尔瓦多议会修改宪法，承认土著人民并承诺通过确保其民族和文化身份的政策。

总之，特殊政策的总体发展脉络是从追求民族平等（反歧视）的初级阶段，向维护差别权利（优惠）的中高级阶段转变。这也与国家经济社会发展水平从生存、发展向发达进阶对应，与少数人群体的人权诉求从平等、自主向自我实现等阶段迈进相关。

7 边缘与救赎：边缘民族的权力之争*

青 觉 谭 刚**

【摘要】 边缘是研究民族相关问题的重要视角。边疆处于边缘位置，是一个国家的战略要塞，通常也是矛盾与危机复杂集中的地区。相对于国家权力中心，边疆属于族群边缘地带、国际交锋地带，事关国家的生死存亡、发展延续。客观的边缘情势加上主观的边缘情绪，使得边疆边缘问题变得尤为棘手。这一问题的实质即在现代化进程中，处于弱势境况的边缘族群在异化民族主义、宗教极端主义等非正常方式的裹挟之下所发起的为权力的救赎与抗争，集中表现为隔阂、冲突与种种极端行为。其最终的解决必须依靠国家的柔软与强力并举，建构起多元共生、一体共存的良性互动模式。

【关键词】 边缘 救赎 弱势 权力 民族主义

早在 20 世纪 40 年代，美国学者汉斯·摩根索（Hans J. Morgenthau）就提出以权力界定利益的现实主义理论，认为国家间的关系是为权力与和平而进行的斗争，这使得（国际）政治学成为一门独立的学科。其实，权力作为政治学的核心参数，至少在古希腊时已经开始显现。人天生是政治的动物，师承柏拉图的亚里士多德把政治学当成人类最高的学问，并以研究人群之善为目的。政治学的基本问题便转入探讨权力与权利之间的关系。民族或族群是当今人类社会基本的社群分类，民族与权力之间的关系也从未消除。在民族国家依然主导国际进程的今天，对民族问题的研究离不开对权力关系的界定和厘清。国有国界而为国，国家边界的划定以权力

---

* 本文曾发表于《兰州学刊》2015 年第 8 期。

** 青觉，法学博士，教授，博士生导师，中央民族大学副校长，兼任中国民族理论学会副会长、秘书长；谭刚，中央民族大学管理学院硕士生。

为基础。在民族国家内部，民族或族群的边界在全球化、现代化的大背景之下，表面上变得日益模糊，实质上却强化了边缘界限而使得民族关系不断陷入僵局。必须予以重视的是，在国家权力中心的边缘，通常为陆地边界地带和少数族群聚居地带，仍然存在着为权力而斗争的呼声与行动。这成为研究民族国家相关问题的一个新思路。

陆地与海洋将整个世界分成不同的部分，民族与国家将整个世界分成不同的共同体形式。这种区分既由于边界而存在，又缔造甚至强化了边界的存在。在现实世界中，国与国、洲与洲之间都有明确的边界，这些交界地带通常被称为边疆。"边缘"是比边疆更为宽泛的概念，体现出相对中心而言的弱势境况。文章将重点阐述民族边缘境况的相关内涵，"边疆"概念自然也就包含在论述之中。边疆的存在为一个国家的生存设立了缓冲区，这个缓冲区客观上成为保卫国家的战略屏障。古往今来，边疆成为兵家必争之地。在国际政治中，边疆也是国家博弈的前线阵地。边疆处于国内发展的边缘位置，处于国家安全战略的屏障地位，是国际政治格局的交界区域，三重境遇的汇合使得这一区域不可被等闲视之。在民族国家内部考察，边疆无疑是相对于权力中心的边缘地带，在国际、国内、历史、宗教、阶级等因素综合作用下，边疆边缘问题凸显出来，并成为困扰国家发展稳定的主要矛盾之一。但究其实质，边疆边缘问题并非单纯的民族问题，或者说不主要是民族问题。这一问题的实质在于，双重弱势境遇的叠加，使得边疆弱势群体被日益边缘化，现实的挫折与遭遇减弱了其对国家的信任与忠诚，转而依靠自身族群、宗教等想象主体，寻求救赎与改变，直至实现自己的权力与权利诉求。而对于救赎的关注，从马克斯·韦伯已经开始，后学者如美国政治科学家米格代尔也曾提到启示和救赎在人类历史上所扮演的中心角色。文章将借助现代化理论、挫折－进攻理论、边缘化理论等思考范式，探析边疆边缘问题的实质与走向。

一 认同、边缘与民族主义

"认同"是一个比较虚幻的概念，但它与"民族"概念紧密联系在一起。从边缘理论来看，没有外部挤压不会产生认同，没有边界也就无所谓认同，也就不会形成民族与民族主义，因此，身份的认同必然与外部挤压和边界有关，边缘地带正是这种挤压的受力区，边缘地带的民族在认同上会显示出复杂多元的一面。从内在想象来看，民族认同源于群体内部成员的想象，从而建构起一致的拥有主权的想象共同体。人类社会的发展历史表明，从游牧社会到农业社会的转变，是人们从分散状态到结群状态的转变，但是在农业社会，民族主义与民族是不大可能产生的，因为只有当现代国家整合了政治力量与文化单元，实现了工业化与资本主义化之后，民族与民族主义才在国家建构之下应运而生，也就是说，"在没有国家的情况下，不会出现民族主义问题"。工业化是现代化的主要推动力，而现代化体现为市场经济的无孔不入。市场经济是竞争的经济，竞争导致生存资源的日益紧张，加剧了各人类群体之间的频繁交往与争夺态势，处于边缘地带的民族在竞争中受各种因素的影响天然居于弱势境况，不满、受挫与绝望就会造就反抗、冲突与暴力行为。

认同源于共同的遭遇。在亨廷顿的眼里，"现代性孕育着稳定，而现代化过程却滋生着动乱……产生政治秩序混乱的原因，并不在于缺乏现代性，而在于为实现现代性所作出的努力"。现代化进程加速了人群分化，拉大了民族之间、人与人之间的差距，尤其在强与弱之间形成了重大区隔。由于垄断的产生，强与弱之间的纵向流动变得更为艰难，弱者由于"弱势"这一共同遭遇逐渐成为一个独特的群体。在远离中心的边缘地带，民族认同强化了弱势者们的自身遭遇与群体特征，使他们在争取自身利益的同时将忠诚无条件献给亲缘意义上的族群（民族）与精神领域的宗教。一系列相似的或共同的想象加速了群体的形成与凝聚，加之族群精英的权力动员，将权力置于权利（每个人的利益）得以实现的前提地位，进而形成强大的边缘力量，以此向权力中心的国家讨价还价。市场经济在带来富裕的同时将人群撕扯，一个个独立的个体在强大的组织面前显得势单力薄，在无法改变命运的境遇中，只能将对国家（或政府）的依靠与信任转交给所在群体（族群或宗教），并极有可能演变成强烈的族群认同与极端主义。在这些观念的号召之下，为寻求改变而发起抗争。

认同源于现实的审视。当身处边疆的族群发现自己的生活过得并不如想象的那样好，或者并不如居于中心地带的人们那样好时，基于周遭现实的审视与比较，他们有两种倾向：一种是归结为命运，认为一切都是天命安排，现实生活的艰难无法改变，是因为自己的能力、智慧有限，在市场上没有竞争优势，这个时候他们倾向于"认命"，安于弱势处境，深感自卑，从而形成主观上的弱势。另一种是认为现实世界不公平，有强烈的被剥夺感，感受到客观环境所带来的挫折与限制。此种状态下，他们倾向于"拼命"，拼了老命去抗争，以期改变自己的生存与生活境况，这时他们变成具有强烈愿望的能动者（agent）。主观弱势与客观弱势的叠加造成并加剧了隔阂与冲突，也造就了分离与仇恨。其实，早在18世纪，卢梭在其《论人类不平等的起源和基础》中就论述了人类的两种不平等现象：一种是自然的或生理上的不平等，另一种是精神或政治上的不平等。在边缘视角下，两种弱势境况正好是卢梭所论述之不平等的现实表现：一种是自然的或客观的弱势，另一种则是政治的或主观的弱势。

考察中国现实，在国家体系中，民族地区是我国的资源富集区、水系源头区、生态屏障区、文化特色区、边疆地区、贫困地区。这些"区位因素"的叠加使得边疆地区的边缘境遇在现代化进程中成为某种必然，要解决好发展中出现的这类问题，边缘因素不得不加以考虑。而对于中华民族这一国家民族的建构而言，边缘族群有着更为重要的地位。台湾学者王明珂在民族边缘研究中提出了一个著名的主题：历史心性。所谓的历史心性，指的是基于祖先历史的共同感受，即心灵上的认同，与社会环境相对应。在历史心性的人类生态中，人们应该尽量选择增进一体的民族认同，而不是诉诸"英雄"的历史叙事，从而造成弟兄民族的边缘化与民族隔阂（即兄弟阋于墙），这种边缘化也体现在资源的集中与差序分配格局中。边缘成就中心。中国人"并不完全依赖内部的共性来凝聚，凝聚他们的主要力量来自华夏边缘的维持"。按照边缘理论，脱离了民族的主观认同，民族客观存在这样的说法就不能成立。同样，站在边缘研究的视角，"民族"概念的形成必须建立在接受优势群体或国家的族群分类概念基础之上，"并长期在此概念所造成的社会现实中"切身经历，民族的主观认同才能得以建构。

总的来讲，人类社会的发展需要人们赋予事业、时空等客观实在以认同，其中最为根本的，是一种植根于生存的共同体认同，表现为对家庭、民族、国家的皈依与忠诚。最起码自亚里士多德以后，愉快地归属于一个认同的群体的欲望已经被看作人类的一种自然的需求：家庭、氏族、部落、社会等级、社会秩序、阶级、宗教组织、政党，最后是民族和国家，所有这些都是人类这种基本需求实现的历史形态。也许这其中没有任何一种具体的形态对于人类的生存来说，具有跟食物、住所、安全、生殖等需求一争高下的重要性，但是其中有些形态是须臾不可或缺的，而从柏拉图、波利比奥斯（Polybius）到马基雅维利、波舒埃（Bossuet）、维科、杜尔哥、赫尔德、圣西门、黑格尔、孔德、马克思及所有这些人的现代传人，都提出了各种各样的理论来解释这些形态的历史演变。拥有共同的祖先、共同的语言、习俗、传统、记忆，长期持续地生活在同一块土地，这些就被认为构成了一个社会。这种同质性凸显的是一个群体与其周边群体的差异，强调的是部落、文化和民族团结的存在，通过这一点，突出自己与遵守不同习俗、具有不同历史或神话起源的群体的差异感，且经常夹杂着对自己以外群体的厌恶或蔑视；民族国家身份就可以据此做出解释并被赋予正当性。

因此，当人类社会面临日益增多的现代化问题时，当民族（族群）问题成为困扰民族国家生存与稳定的主要问题时，如何调和民族的认同、如何化解极端民族主义与宗教极端思想等力量对国家团结稳定的撕扯，就成为重大而严肃的问题。

二　救赎：以宗教为主要皈依

人类对自身救赎的寻求从未间断。无论是文学叙事，还是日常生活，人类在面对自然与神时都表现出某种原初的罪孽以及忏悔的冲动。"灾难和衰落——痛苦、疾病、贫穷、腐朽、衰落、腐败、自私等是人类环境的固有部分，而救赎却满怀从这些苦难中解脱的希望。救赎许下了一个集体解脱和复兴的诺言。它不断唤起人们对世界反应，激起人们对失败的人类环境和启示所许下的不成功诺言的振奋的反应"。正是救赎所给予的广泛希望在"上帝之城"与"地上之城"之间搭建了一座桥梁。事实上，考察现实，那种"振奋的反应"与冲动比比皆是。

宗教是救赎的灵药与依归。宗教的产生，正是源于人类本能的恐惧、无知和敬畏。而宗教之所以风行数千年，一直伴随人类社会的发展进程，最为重要的原因就在于其能为权力和政治所用。在这个意义上讲，我们甚至可以将不同宗教群体也称为"民族"。基本上，各个宗教都必须刻画出一个（或多个）全体教众所忠诚皈依和敬奉的"神"，对"神"的认同是最大最重要的认同。基于宗教的虚幻、神秘特征，在权力斗争中，各人类共同体就会操纵现实社会的不公与黑暗，以神灵的化身教化民众，号召以

"神"的名义实现自身命运的改变、实现心灵的救赎。

　　当人们为改变现实处境所做的努力收效甚微甚至白费功夫时，一种莫名的挫折感与不公平感油然而生，强烈的救赎愿望撕扯心灵，也撕裂现实。人们在现实与世俗处境中的艰难遭遇之后，往往倾向于寻求精神世界的救助与安抚。作为精神世界的世袭统治力量的宗教，包括邪教与极端宗教，通过极端教义掌控人们的救赎意愿，并进而发展成有组织、有预谋、不顾一切的言论与行为，向现实世界发起"拼命"的攻击，意图再造或者寻求属于一个他们自己的"美好天国"。也因此，教派冲突成为可怕而无情的杀戮机器，造成了人类历史上无数次残杀。民族冲突同样可怕而无情，当边缘族群运用极端民族主义进行动员，虚拟出族群之间的不公与仇恨时，边缘地带便成为血腥仇杀的战场，最终以"革命者"的姿态向权力中心推进。当宗教与民族因素结合在一起时，它们对现实的反叛、对现存秩序的挑战将得以空前发展，成为威胁人类社会的令人恐怖的力量。在此意义上，当边缘族群的生存遭受危机时，"如果在民族之外再加上其他渴望的对象——种族、宗教、阶级——那种力量将是无与伦比的"。所以，盖尔纳也才鲜明地指出，"民族和阶级单独似乎都不是政治催化剂：只有民族—阶级或者阶级—民族，才是政治催化剂"。而宗教的作用也大致如此，由于其自身的独特性在所有因素中"脱颖而出"，成为强化冲突甚至暴力的助推剂，使得边缘民族的权力斗争问题更加棘手。

　　宗教一方面教人行善施仁，一方面又深深卷入权力的斗争之中。正如一位学者指出，"当一个宗教与政治紧密地结合在一起，或成为政治的一部分时，这样的宗教就要为其所在的国家效力"。因此，尽管几乎所有宗教都崇尚爱——基督教的博爱思想、伊斯兰教崇尚兄弟友善、佛教的慈悲怜悯之心——但宗教本身绝不会置身暴力之外，当然也不会置身于权力之外。通常意义上讲，宗教所关怀的是人类社会的前途命运，或者说来世理想世界，其目标就是要消除暴力、化解冲突、实现和平，将人类文明建构成一个永恒的和乐世界、天堂王国或者极乐净土。但是，考察历史和现实，不难发现，宗教并非与暴力、战争、冲突等人类社会的伤痛绝缘，反而时常与其站在一起，基督教十字军东征、伊斯兰圣战、佛教护法护教斗争等都曾在人类社会相继登场。因此，人类社会的困境就是，一方面通过宗教寻求对现实的解脱与救赎，另一方面又以宗教极端的狂热投身于暴力冲突直至战争，造成一次又一次令人唏嘘的杀戮，造成人群之间更加强烈的对立与仇恨。"9·11"事件以来，西方社会与伊斯兰世界的激烈对立是一个鲜明的例子，而如今"伊斯兰国"（IS）在民族国家眼皮底下的猖狂更令世人警醒。这些例子告诉我们，当宗教裹挟民族、发展、边缘或阶级问题时，其极端思想的暴力性将无可避免，"宗教暴力来自宗教本身，根深蒂固地存在于宗教经典、教义、传统和信仰之中"。于是，宗教成为既拥有丰富的和平理念，又孕育着极端暴力思想的复杂土壤。"政治的索求往往可以用宗教行为来达到，当宗教被政治斗争所利用，或宗教运动本身成为政治运动时，暴力就会以十倍百倍的力量爆发出来"。虽然这种说法多少有些夸张，但宗教因素在边缘民族群体为权力而进行的斗争中所起的催化作用是绝不能忽视的。

宗教因素在边缘民族的生存活动中，还有比较温和隐秘的一面。在中国云南，这一西南边缘地带，宗教已经深入少数民族村落，成为人们现实生活与精神生活、公共生活与私人生活的一部分。有学者基于对云南福贡傈僳族村寨中基督教的考察指出，"基督教不仅为傈僳村民提供了神学意义上的个人救赎，还全面渗入了他们的个体和家庭生活中，在重要的人生仪式和日常生活中有着直接的参与。更为重要的是，作为一个社群的基督教会本身就构成了一个乡村社会中日益稀缺的公共生活空间，并在乡村社会的具体运作中构成了社区互动和治理的组织基础和资源"。不难想象，当傈僳族村寨居民们为了生计而奔波之时，其私人生活与公共空间已悄然由宗教来进行支配。在当地，婚丧嫁娶等传统上由世俗力量调节的人生仪式逐渐演变成宗教仪式，而且只有基督教教众才能享受到诸如在教堂结婚、由牧师安葬等宗教权利，对于世俗社会而言，这多少显得有些另类，而且无形中强化着隔阂与对立。如果加上族群成员对自身权利与利益的争夺，很有可能会影响当地社会的团结与稳定，凸显边缘民族的弱势与差异，淡化对国家的忠诚与捍卫。宗教在边缘地带的渗透应该引起人们的警觉，教人行善值得鼓励，但裹挟宗教利益、政治权力争夺的极端行为也必须得到遏止。本文不对此议题深入阐述，有待进一步观察与实证。

在一系列宗教现象的背后，是边缘族群对自身弱势境遇、悲苦命运的救赎与呼声。当民族主义与宗教教义都趋于温和时，政治体的稳定得以延续和维持；当民族主义与极端宗教思想裹挟一道时，会形成威胁政治稳定和国家安全的恐怖力量。我们要思考的正是如何化解在边缘地带所存在的这种危险。

三　结论：为权力而进行的斗争

"群体对于边缘成员的宽容度，也就划定了该群体的边界"。民族国家对于边缘民族的宽容程度，也就划定了该共同体的安全边界。边缘及民族问题关系到国家的发展稳定，也关系到世界的和平安宁。在民族国家之间、边缘与中心之间所产生的问题，本质上是为权力而进行的斗争，归结为以权力所界定的利益的争夺，具体体现为资源与机会的竞争。20世纪90年代，就有学者指出，"在结构性因素有利于建立统一的民族国家的情况下，民族冲突的根本目标不是要求民族分离，而是要求公平地分享权力、权利"。对于现代化进程中的国家而言，民族冲突的根本目标或许也如此，他们所伸张的是公平地分享同属一个国家共同体的权力与权利。边缘境遇中的民族主义所赖以存在的基础便是运筹边缘成员的挫折感、被剥夺感以及不公平感，从而增加其在权力和权利斗争中胜算的筹码。制造不公、制造阶层固化、制造差距、制造恐惧，对于一个政治体而言，是极为危险的举动，而对于一个国家，则无疑会是分裂、灭亡的序曲。

"疆场之事，慎守其一，而备其不虞。"维护边缘民族的利益、捍卫边疆地带的稳定，事关国家存亡、人民福祉。作为国家权力的象征，边疆必须坚固而稳定。边缘既指空间上的边远边疆地区，又指文化、经济、政治、社会等方面边缘处境。地理的边缘可以通过交通等基础设施的完善、鼓励人口往来（交流交往交融）等方式进行调和，拉近距离，增进认同。文化、经济、社会与政治等方面的边缘就需要继续在尊重国家一统和文化多样性的基础上，鼓励边缘民族的健康自由发展，赋予其在发展经济、弘扬文化、社会建设以及政治自由等方面更多自主权，从政治权力的角度来弥补边缘者客观与主观落差，从而真正实现一体共存的民族国家认同。同样，在多元文化政策与政治自主权力的实践中，要防止一劳永逸、光说不练的思想，防止"多元"最终演变成"边缘"，防止落入"多元单一文化主义"的陷阱。实现民族与国家的一体是完全可能的、可行的，而使一体建构得以持续的关键还需要在权力体系中，妥善处理正义、公平、合法性、合目的性等核心问题，使其国成为温暖的国度，使其族成为特色的族群。

实际上，"既有政治经济的统一又有文化的多样是可能的事，奥匈帝国时代就是这样。而我们最终的设想也是如此，充分满足的国家民族具有相当程度的一致性，其他国家民族保持适意程度的多样而和平共存。坦白说，目前的走势却是反方向的：一些弱势的少数族群以尖锐的甚而专横的姿态迫使别人承认他们的权益"。一致性基础上"适意程度的多样"当然是民族国家的美好愿望，而其反面则是民族国家的噩梦。作为现代化进程的重要参数，政治经济的统一和稳定必须得到维护，关键是，如何确保边缘地带不被民族与宗教二者极端的结合所绑架，实现统一与多样的可能？通过比较，笔者认为，应该有以下三方面的观照，以实现国家、权力、法治的现代化，进而维护国家政治的稳定与国民的和谐生存。

第一，以国民命运共同体为依归，进行民族国家的民族整合与国家建构。充分发挥国家建构的引领作用，通过教育与公民文化的培育，使爱国主义的民族主义成为增强国家凝聚力、促进多民族团结、建设大一统命运共同体的重要思想力量。从这个意义上讲，民族主义在中国语境中实质是国族主义，即以中华民族为落脚点的国家民族建构，而非 56 个民族单位的族群政治建构。因此，民族主义的使命达成依然任重道远，尤其是当前未能有效整合边缘边疆地区民族的国家认同，这使得民族认同、宗教认同等极易乘虚而入，人们不愿意看到的情形是极端势力的插足，使得边疆民族的生存在国家忠诚缺失之时失去方向，走向反面。这将导致面向国家中心的向心力受到削减。"民族主义者一般都会抨击政治权力的分配和政治疆界的实质，但是他们绝少为既不存在权力又没有疆界的现象而哀叹"。因此，一方面，要从主观建构上下功夫，建构国家认同与基本价值观，将命运共同体、大家庭意识播种在每一个国民心中，命运与共，风雨同舟，共享安全繁荣，共担风险挑战。另一方面，从客观处境入手，着力改善民生，发展经济、文化、社会事业，稳步推进基本公共服务均等化，缩小地区差距，强化国家认同，让发展成果实实在在落到每一个国民身上，稳步兑现日子越来越好的承诺。

第二，将权力放置于国民至上的主体地位，让民本思想指导权力实践。权力是人民赋予的，必须履行"权为民所用"的政治宣言，代表人民行使权力、管理国家、创造福利。作为社会主义国家的中国，要充分运用社会主义制度的优越性，落实好人民当家做主的基本政治原则，切实赋予人民做主的自由与权利，提高人民改善生活、改变命运的能力，同时为此创造一个安全、安定、安宁的生存环境。要规范国民的有序政治参与，不能搞"一窝蜂"，也不能搞暗箱操作，科学设计人民代表制度，让人民的力量在权力体系中发挥基础支撑作用，确保合法性地位的可持续。国家要始终把人民放在权力体系的最高地位，人民也要始终把国家放在心中最高位置，而不是诉诸宗教与民族，或其极端形式。更为重要的是，中国传统政治理念——民本思想要不断发扬与完善，尤其涉及边缘民族的发展问题时，要给予更大的宽容、更多的支持，让利于民，藏富于民，取信于民，充分发挥社会主义中国的制度优势，以国家忠诚凝聚民心民力。

第三，法的精神的彰显与深化，以法治捍卫自由、平等与正义。奉法者强，则国强。在现代化进程中，法的保障不可或缺。尤其在重拳反腐、强力整风的当下，"法立奸胥畏"，必须以法打击权力运作中的腐败、坚决捍卫人民及权力的尊严。法为人民意志的国家表现，通过科学的立法程序使其上升为国家意志，成为捍卫自由、平等与正义的有力工具。法的精神需要科学的宣传体系使其回归到国民中间，尤其是边缘地带的民众（少数民族群众）中，要通过实践让国民信赖法治、维护法治、敬仰法治。权力的合法性源于正义，在边缘与中心的互动中，法治信仰不可缺少。无论是国家在执行权力的时候，还是国家在谋划发展建设的时候，都要维护好法的尊严与效力，依法决策、施政和监督。现代化进程中的困境、边缘发展的困局的解决最终都依赖于法治的保驾护航。在开放的社会体系中，要科学设计法的分类模式，明确根本法的权威，扬弃自然法的经验，细化具体法的准则，优化国家法治体系。在法治实践过程中，要防止"'潜在可诉诸司法'并不等同于'实际诉诸裁决'"情况的发生，即法不可虚设。高扬法治精神，将是凝聚边缘与中心的重要一环。

参考文献

［1］ Hans J. Morgenthau. *Politics among Nations：The Struggle for Power and Peace*（原版影印），北京大学出版社，2005。

［2］〔古希腊〕亚里士多德：《政治学》，吴寿彭译，商务印书馆，1965。

[3]〔英〕安东尼·史密斯：《民族主义：理论、意识形态、历史》，叶江译，上海世纪出版集团，2006。

[4] 王明珂：《华夏边缘：历史记忆与族群认同》，浙江人民出版社，2013。

[5] 曹亚斌：《边疆与边境：时代背景下的概念分析》，http：//www.21ccom.net/articles/world/zlwj/20150311122080.html。

[6]〔美〕乔尔·米格代尔：《社会中的国家：国家与社会如何相互改变与相互构成》，李杨等译，江苏人民出版社，2013。

[7] 冯建勇：《民国边疆政治实践中的"民族自决"之讨论》，《领导者》2014年第12期。

[8] 殷之光：《去边疆：意识形态危机下的全球秩序及新疆问题》，《文化纵横》2015年第2期。

[9] Fredrik Barth. 1969. *Ethnic Groups and Boundaries, the Social Organization of Culture Difference*. Little, Brown and Company.

[10]〔美〕本尼迪克特·安德森：《想象的共同体：民族主义的起源与散布》，吴叡人译，上海世纪出版集团，2011。

[11] 江宜桦：《自由主义、民族主义与国家认同》，扬智文化事业股份有限公司，1998。

[12]〔英〕厄内斯特·盖尔纳：《民族与民族主义》，韩红译，中央编译出版社，2002。

[13]〔法〕让-雅克·卢梭：《论人类不平等的起源和基础》，吕卓译，中国社会科学出版社，2009。

[14]〔美〕塞缪尔·亨廷顿：《变化社会中的政治秩序》，王冠华等译，三联书店，1989。

[15]〔英〕以赛亚·伯林：《民族主义：出人意料的力量》，秋风译，http：//www.vankeweekly.com/bbs/？p=355012。

[16]〔法〕库朗热：《古代城邦——古希腊罗马祭祀、权利和政制研究》，谭立铸等译，华东师范大学出版社，2006。

[17] 学愚：《佛教、暴力与民族主义：抗日战争时期的中国佛教》，香港中文大学出版社，2011。

[18] 黄剑波、刘琪：《私人生活、公共空间与信仰实践——以云南福贡基督教会为中心的考察》，《开放时代》2009年第2期。

[19]〔美〕拉塞尔·哈丁：《群体冲突的逻辑》，刘春荣等译，上海世纪出版集团，2013。

[20] 宁骚：《民族与国家：民族关系与民族政策的国际比较》，北京大学出版社，1995。

[21] 杨伯峻编著《春秋左传注》，中华书局，2009。

［22］〔印度〕阿玛蒂亚·森：《身份与暴力：命运的幻象》，李风华等译，中国人民大学出版社，2009。

［23］刘军宁等编《直接民主和间接民主》，三联书店，1998。

［24］〔美〕弗里德曼：《选择的共和国：法律、权威与文化》，高鸿钧等译，清华大学出版社，2005。

［25］Brachette F. Williams. A Class Act：Anthropology and the Race to Nation Across Ethnic Terrain，*Annual Review of Anthropology*，Vol. 18（1989），pp. 401 – 444.

8　全球化进程中西方民族主义意识形态透视[*]

——以 2015 年世界民族热点事件为例

王云芳[**]

【摘要】在全球化进程中，西方民族主义意识形态在某种程度上建构了民族国家，捍卫着民族国家利益，是世界政治中的一支强大力量。然而，从 2015 年世界民族热点事件如恐怖主义危机、难民危机、美国黑白危机中，也能够透视出西方民族主义意识形态的诸多社会问题，如极端民族主义的单向度误区、国家民族主义治理的限度、公民民族主义的现实困境及族裔民族主义的多维系统性难题等。

【关键词】极端民族主义　国家民族主义　公民民族主义　族裔民族主义

2015 年是不平常的一年，反恐、难民、右翼势力、美国黑人与警察以及随之而来的种族排外情绪、种族歧视成为世界关注的焦点。在此过程中，全球化所带来的领土政治危机尤其是民族国家的领土政治危机，生成了一种根本的结构性危机，这种危机围绕着领土、主权、政治权力等概念塑造了西方民族主义意识形态的国际环境。在全球化环境中，西方民族主义意识形态虽然在安东尼·史密斯看来"一直是世界政治中的一支强大力量"，但也暴露出相应的问题。本文以 2015 年关涉民族问题的热点事件为线索，解读全球化进程中西方民族主义意识形态的若干现实问题。

---

　　*　本文曾发表于《黑龙江民族丛刊》2016 年第 3 期。

　**　王云芳（1979~），女，湖北人，中央民族大学中国民族理论与民族政策研究院副教授、硕士生导师、博士，主要从事民族理论与民族政策研究。

一　极端民族主义的单向度误区

事件 1：法国《查理周刊》遇袭事件。2015 年 1 月 7 日，法国《查理周刊》杂志位于巴黎的总部遭武装分子袭击，造成 12 人死亡、11 人受伤，震惊世界。肇事者之一是赛义德·库阿希（34 岁）和谢里夫·库阿希（32 岁）兄弟二人。他们是出生于法国巴黎的阿尔及利亚裔的法国人。

在全球化时代，超民族的全球文化共同体仅是模糊的乌托邦想象。相伴而生的是对民族、宗教极端狂热的极端民族主义思想。作为民族主义的畸形类别，极端民族主义思想自身的保守性和排外性阻碍了族裔间的正常交往①。特别是当极端民族主义思潮、情绪从社会意识转化为社会行动时，就会出现极端民族主义诉求的政党乃至恐怖组织等。当极端民族主义沉浸在宗教单向度的幻想中时，宗教就成为极端民族主义乃至恐怖主义最重要的纽带。此时，极端民族主义在很大程度上就成为宗教极端主义的一种形态，即政治、法律意义上的恐怖主义。

问题的关键在于，当前西方极端民族主义意识形态正陷入宗教单向度的误区中。对于《查理周刊》而言，宗教和政治是该杂志最热衷的主题。其所刊载的漫画讽刺了基督教、天主教、伊斯兰教等多种宗教，并非仅针对伊斯兰宗教信仰。然而，在库阿希兄弟等极端民族主义者眼中，只有宗教意义上的自我与他者的区别，宗教狂热代替了理性行为选择。库阿希兄弟在发动袭击之前的几个月，并没有任何特殊迹象，法国警方也没有对兄弟两人采取"重点监控"措施，然而单一性的宗教对立思想，乃至恐怖主义思想已经深入其骨髓。

这种单向度误区不仅席卷了库阿希兄弟等宗教极端主义者，也涉及法国部分极端民族主义民众。《查理周刊》事件发生后，法国部分极端民族主义民众也将矛盾焦点对准伊斯兰教，甚至出现"伊斯兰恐惧症"。然而，并非所有的法国伊斯兰宗教信仰者都是宗教极端主义者，他们也许具有多重身份，如教师、公务员、企业职员等。但在法国部分极端民族主义民众眼中，只有宗教身份意义上的自我与他者的区别，宗教身份高于其他任何身份。

---

① 严庆、闫力：《极端民族主义的厘定与解读》，《黑龙江民族丛刊》2014 年第 3 期。

阿马蒂亚·森（Amartya Sen）提出了关于此问题的反思，狂热的民族、宗教冲突的根源在哪里？就在于单一宗教身份的幻想。一方面，法国一直是将"自由"作为国家首要价值的国家，特别关注言论自由和新闻自由，这种自由式的文化传统存续多年。《查理周刊》多年来也一直存在着"黑色幽默"式的戏谑传统，在《查理周刊》的日常报道中，其讽刺对象是全方位的，从宗教层面的穆罕默德、耶稣、圣母、教皇、犹太教教徒等，到政治层面的总统、议员，再到经济层面的富商、金融巨头等，都是《查理周刊》讽刺、丑化的对象。甚至法国前总统萨科齐认为，如果《查理周刊》不嘲笑穆斯林，反而是对穆斯林最大的不尊重，是把法国的穆斯林看作一些与众不同的公民①。然而，法国的穆斯林移民并没有接受这种法国民族主义文化传统，双方之间的意识形态对立十分明显。在法国部分穆斯林民众的眼中，《查理周刊》的戏谑传统并不是一种文化表征，而是针对特定宗教的极端民族主义，是对单一宗教身份的讽刺。另一方面，《查理周刊》作为对当代政治、社会问题做出及时反应的时政杂志，对民众的日常生活矛盾和冲突十分敏感。普通民众间单一宗教身份的对立情绪一旦出现，就迅速被捕捉并融入其相关漫画报道中。这种传递单一宗教身份对立情绪的漫画受到具有排外思想的部分极端民族主义者的欢迎，形成了小众报纸《查理周刊》的固定受众人群，无形中构成了部分具有极端思想的法国民众与穆斯林移民间单一宗教身份认同的对立冲突。

当法国民众间的单一宗教冲突的幻想在文化舆论层面不断放大，沉浸在宗教单向度幻想中的宗教极端主义者的敏感神经被触动，最终就会导致报复性袭击。因此，在《查理周刊》事件中，库阿希兄弟表面上是报复《查理周刊》，其实是库阿希兄弟沉浸在宗教单向度幻想中，对同样具有宗教单向度幻想的极端民族主义者进行报复。

总之，自由并非没有边界，用幽默的方式刻意冒犯他人，并不被伊斯兰世界所理解。强迫对方认同和接受自身的文化理念，对穆斯林而言就是极端民族主义。当极端民族主义思想与单一宗教幻想挂钩，忽略现代社会中的多维身份认同；当极端民族主义者根据宗教身份的单一性来划分世界，那么最终会陷入"文明冲突"、"宗教冲突"的怪圈。基于此，《查理周刊》恐怖袭击事件的发生是一个从量变到质变的过程。在恐怖主义的量

---

① 程平：《"我是查理"：〈查理周刊〉的谑虐传统》，《法国研究》2015年第1期。

变过程中，必须要遏制极端民族主义势头的蔓延，特别是遏制极端民族主义宗教单向度的蔓延势头。

二　国家民族主义治理的限度

事件2：默克尔吓哭13岁非法移民丽姆事件。2015年7月16日，13岁的丽姆在政府组织的谈话节目中用德语向德国总理默克尔表达了想留在德国生活的心愿。丽姆一家作为非法难民在德国避难4年，即将被遣送至黎巴嫩的难民营。而默克尔却对移民问题态度强硬，丽姆失声痛哭。这段视频成为社交网络的热门话题。

事件3：被冲上岸的3岁难民库尔迪事件。2015年10月2日，年仅3岁的叙利亚小难民艾兰·库尔迪在土耳其海滩遇难，其遇难照片使世界感到震惊。部分欧洲国家为此遭受国际国内社会的巨大舆论压力。

难民危机无疑是2015年欧洲国家政治的关键词。"二战"以来最严重难民潮引发了欧洲国家政治、经济、文化、社会方面，包括人道主义危机在内的一系列问题。在当前全球化进程中，由于相互依存、科技发展和人口快速流动，无论是单一民族国家还是多民族国家都无一例外地被卷入了全球化进程中，国家主权受到侵蚀，国家边界变得模糊。然而，更需要看到的是，在全球化进程中，国家也与民族融为一体，民族国家利益至上的观点开始深入人心。当前，这种具有深刻民族背景的国家主义思想即国家民族主义意识形态正在欧洲难民危机中付诸实施。

一般而言，国家民族主义是一种以民族国家利益为核心，通过国家形式表现出来的民族主义。埃里·凯杜里认为，当国家中的统治阶级转而信仰民族主义时，就很容易用这种学术设想来管理和影响国家①。在欧洲难民危机中，国家民族主义显然展现了其强劲的势头，许多欧洲国家为了维护其自身国家的利益，在国际社会中表现出强烈的保护性行为。在库尔迪事件发生的同时，英国首相卡梅隆宣布英国将不再接收叙利亚难民，而在13岁非法移民丽姆事件中，德国总理默克尔也声称要执行严格的移民政策。这种国家民族主义的政策选择事实上也是欧洲国家民众的呼声。

按照华尔兹结构现实主义的国家功能主义的基本观点，国家的内部功

---

① 埃里·凯杜里：《民族主义》，张明明译，中央编译出版社，2002，第104～105页。

能，包括了维护国家内部民众的生存、发展和安全三种无差异的基本功能。欧洲国家的国家民族主义政策显然践行了这一宗旨。欧洲有着人口庞杂的移民群体，有着复杂的社会矛盾。国家失业率高居不下，再加之外来移民、难民的涌入，不可避免地会对本地原住民造成一定的冲击和混乱，民众对外来移民的排外心理显而易见。此前在法国大选中，法国极右翼政党迎合民众的排外心理，一度领先大区选举就证明了这一点。

然而，国家在满足国家内部需求的基本功能之外，还具有差异性的国际功能。英国、法国等国家在实现"自助"的同时，也需要实现其自身的"他助"功能，如收留难民、抵制种族主义思想的蔓延、抵制排外思想的蔓延。从全球政治视角看，无论是处于中心或支配地位的大国或发达国家，还是处于边缘地位的小国或发展中国家，一旦被嵌入全球化进程中，就会被这种进程所支配，不仅很难维持和强化以本国为中心的价值、财富、权力，反而会进一步加速这种进程①。欧洲国家也不例外，它并不是一个孤岛。在全球化的世界浪潮中，按照国家民族主义的逻辑，对难民问题一再推诿，并不是国家治理难民问题的合理路径。相反，发掘欧盟团结意识，为难民危机找到解决之道，促进欧洲一体化进程，这才是欧洲国家需要正视的问题。

三 公民民族主义的现实困境

事件4：法国巴黎恐怖袭击事件。2015年11月13日晚间，法国首都巴黎市中心发生多起攻击案，其中包括当时正在举行足球比赛的法兰西球场和正有演出的巴塔克兰剧院。恐怖袭击已造成至少128人死亡、200多人受伤。事后，极端组织"伊斯兰国"在社交网络上发表正式声明，宣称对13日晚间在巴黎发生的系列恐怖袭击事件负责。

年近岁末，法国首都巴黎市中心再次发生恐怖袭击案，举世震惊。为什么是法国？为什么又是法国？巴黎恐袭事件发生后，各大新闻门户纷纷对此事进行报道，更多报道还是延续上次报道《查理周刊》事件的叙述风格，围绕文明冲突进行评论。但在文明冲突论之外，也开始有报道关注法

---

① 〔日〕星野昭吉、刘小林：《全球政治与东亚区域化：全球化、区域化与中日关系》，北京师范大学出版社，2012，前言第6~7页。

国内部的问题，认为法国频发恐怖袭击是法国内部结构性种族对立、政治对立及公民国家化的结果。如刘力达在《中国民族报》发表的评论中，认为法国首先需要解决现有的国内问题即长期被掩盖的关于穆斯林移民群体的治理问题，才能真正预防恐怖袭击的发生①。

事实上，法国巴黎恐怖袭击案所暴露出的法国内部问题，正体现了公民民族主义的现实困境。公民民族主义意味着统一的公民身份认同和对国家共同体的共同信仰，强调的是公民的普遍政治权益，抵制族裔的特殊性。然而近年来，法国的民族成分已非一元化，穆斯林占法国总人口的10%左右。可是，人口结构的变化却并没有带来法国一元文化传统的转变。从法国政府到法国民众，都坚守"法兰西传统"，要求所有移民都同化融入法兰西民族，否则就受到排挤。伊斯兰教与法国的世俗价值观之间不断发生碰撞。相互碰撞的结果导致穆斯林认为自身宗教被边缘化，传统法国民众认为自身被伊斯兰化，法国内部结构性价值冲突十分严重。

在法国巴黎恐怖袭击案中，文明差异冲突并不是最为关键的因素，最为关键的问题在于大众歧视与公民民族主义现实交织在一起时，现代政府采取何种有效的社会治理政策。种族差异、文明冲突等社会对立不仅需要民众感知，更需要政府的切实感知及积极应对，需要法国国家内部的民族政策传统调整和转变。

法国宣称自己是"共和国"，践行的是共和普遍主义原则，蓝、白、红三色旗代表的是"自由、平等、博爱"的原则，意味着法国公民个体没有任何身份上的差别。国家强调法兰西民族的同质性、一致性，无关种族、宗教、出身，等等。所以，法国并没有制定专门的、基于公民民族或宗教身份而区别对待的民族政策，而是把与少数族裔有关的政策分散在国家公共政策体系中的移民、公民权利、社会福利等政策中②。虽然2004年法国基于欧盟的要求，成立了反歧视与促平等高级公署，然而其实际效果有限，难以修复法国内部的族群认同裂痕。

理想中的公民民族主义模式不能掩盖现实中国家内部种族、宗教、出身的差异。虽然不承认少数民族，但少数民族仍然存在，虽然不承认出身阶层的差异，但社会等级差距仍然存在。一体化的理想国家主义最终必须

①　刘力达：《从巴黎暴恐案看西欧穆斯林移民治理问题》，《中国民族报》2015年11月23日。
②　刘力达：《法国民族问题：来自多元化的挑战》，《中国民族报》2010年6月4日。

面对多元化的真实社会的挑战。特别是在难民不断涌入的法国，高认同与高冲突并存，制度性失语与结构性歧视并存，传统的共和模式已无法应对现实困境，表面的平等形式已无法解决实质的不平等问题。

巴黎恐袭事件说到底是政府政策的败笔，是政府无序治理所带来的连锁反应。因此，要从民族宗教问题中脱敏，必须关注国家层面的民族政策问题，承认少数族裔合理的民族认同，使其真正融入社会发展之中，而不是单单停留在公民权利的表面认可层面。在巴黎恐袭事件后，是继续强硬的一元化政策，走右翼道路，极力排外，还是正视民族差异，改变大众歧视现象，也许是法国政府选举中需要解决的价值性难题。

四　族裔民族主义的多维系统性难题

事件 5：2015 年 4 月 27 日，美国东部马里兰州巴尔的摩市发生突如其来的大规模种族骚乱，事件起因于一名黑人青年（非裔）在遭警察逮捕后非正常死亡。骚乱引发 159 处火灾；至少 20 名警员受伤，其中，6 人伤势严重。

族裔民族主义具有双重性，既体现出对少数族群权利的承认和保护，也体现出族群差异的政治文化藩篱。汉斯·科恩曾在 1940 年对民族主义的类型划分中，认为族裔民族主义在东方社会更为常见。然而，在全球化时代，西方社会已不仅出现公民民族主义趋势，排他性族裔民族主义势头也逐渐高涨。

近年来，美国已经多次出现黑人与白人警察之间的族裔民族主义对峙，如 2001 年的辛辛那提骚乱、2013 年的桑福德骚乱、2014 年的弗格森骚乱等。而且，此次事件发生地马里兰州距离美国"政治心脏"华盛顿仅六十多公里，而巴尔的摩市是马里兰州最大的城市，经济发展迅速。2011 年，马里兰州 GDP 为 3011 亿美元，列美国 50 州中第 15 位，人均 GDP 为 51661 美元。在人口组成方面，马里兰州 62.1% 是白人（无西班牙血统），27.9% 是非裔美国人，黑人人数虽没有白人多，却频频出现黑人精英。巴尔的摩市的市长、警察局专员都是黑人，市议会议员大部分也是黑人，警察群体也并不全是白人，48% 的警员是非洲裔。因此，如果仅仅将 2015 年马里兰州巴尔的摩骚乱事件归咎于单纯的种族冲突或经济落后，显然难以自圆其说。巴尔的摩骚乱事件并非一个偶然事件、一个特殊事件、一场单纯的族裔冲突，而是在美国现代化进程中，族裔问题与司法体制、社会贫富差距、社区文化问题交织的多维系统性问题。

首先，抗议司法不公与种族复仇心理交织在一起。如果2014年曾经被称为是美国黑人与警察的战争年，那么显然，2015年是美国黑人与警察之间的冲突升级年。在2014年，由于非裔青年埃里克·加纳（Eric Garner）在纽约被警方锁喉致死事件以及密苏里州迈克尔·布朗遭警方枪杀事件，遭到大陪审团驳回，违背案件公平正义，黑人对警察的抗争开始从平和理性的抗争演变成暴乱和复仇式的枪杀。而此次巴尔的摩骚乱正是长期司法不公所导致的冲突升级。最初参加格雷葬礼的和平示威，稍经煽动就转化为骚乱，冲突主体包括为寻求公正而采取和平抗议的民众以及鼓动暴力的极端主义暴徒（据称"黑人游击队"）两方面主体。在有关骚乱的报道中，媒体不断隐晦提及当地黑帮的推波助澜，认为他们"已经达成了合作协议，要团结一致赶走警察"，是为加纳事件和迈克尔事件的复仇行动。然而，最初的参加格雷葬礼的普通民众之所以能走上街头，所追求的无非是"公正"。因此，冲突升级的本质问题仍在于司法不公。普通民众特别是非裔群体缺乏表达意见的政治渠道、缺乏获取公正的社会途径，再加上外界煽动，种族冲突升级必不可免。

其次，执法偏见与种族贫富对立交织在一起。暴力执法的背后是执法偏见与过度执法。在美国黑人与警察之间的族裔抗争中，无论黑人是否存在威胁，警察执法时大多会采取暴力执法，这在一定程度上被称为警方的正当防卫。然而，需要指出的是，在近两年所发生的黑人与白人警察之间的族裔对峙中，被杀者一般是手无寸铁或无犯罪前科、对警察并未构成致命威胁的普通民众，再加上现代化手机基于拍摄功能的情景再现，这些事件不断挑战着警察的"正当防卫说"。基于此，警察执法偏见和过度执法的制度性文化的合理性和合法性就成为必须思考的问题。当单纯的种族偏见过渡至执法偏见时，社会问题、文化问题就转化为政治问题、制度问题。执法偏见所带来的不仅仅是无意中的执法不当，还是有意过度执法和暴力执法，其本身就缺乏合理性和合法性。更进一步而言，在美国社会中，多元文化主义的基本要义在于尊重和包容。而当执法偏见与种族对立交织在一起时，对立性制度与包容性文化之间的张力就凸显出来。长期的对立性制度必然会衍生出相应的制度文化，使暴力执法、执法偏见与过度执法成为常态。警察滥用权力已重伤美国的人权和法治。因此，改革执法系统，重塑执法文化显然是遏制警察与黑人之间互相枪杀、缓解紧张局面的必要步骤。

再次，族群内部差距与社会不公交织在一起。2015 年 4 月 27 日是美国历史上首位非洲裔女司法部部长洛蕾塔·林奇宣誓就任的日子。同为非洲裔黑人，精英与平民之间的距离成为执法者与暴乱者之间的距离。表面看似简单的黑白冲突、警民冲突的背后是贫富差距、资源不公、司法不公。当非裔精英代表"国家逻辑"时，非裔平民只能站在"国家逻辑"的对立面"草根逻辑"。而事实上当美国非裔平民在公共教育、公共住房、公共医疗等领域都处于贫困的边缘时，贫富两极分化的社会体制和观念的鸿沟在某种程度上已经超越黑白种族间的鸿沟。一般而言，社会歧视呈现为普遍歧视和特殊歧视两种类型。普遍歧视意味着只凭借种族、血统、相貌、姓名等外在表征形成社会偏见和社会歧视，它会引发民族的精英阶层与民众阶层对他者的同仇敌忾；而特殊歧视意味着非裔平民相对于非裔精英而言，在日常生活中遭遇更多的隐形歧视。当同一种族的个体间因为社会身份、社会地位、社会等级差距的不同而遭受粗暴对待时，往往更会引发少数族裔平民对社会不公的强烈抵触。特别是当族群内部差距呈现代际贫困时，问题尤为严重。如《旧金山纪事报》说，巴尔的摩与弗格森的共同之处是代际贫困率之高、严重缺乏经济机会和低收入群体与执法部门之间关系长期紧张的问题。实际上，几乎所有美国城市都有这样的问题①。

最后，现代化差距与种族隔离交织在一起。巴尔的摩市是美国重要的港口城市，进出口贸易在城市经济中占有重要地位，年收入 40 亿美元，有 17 万从业人员，经济发展迅速，就业便利。然而现代化的经济发展却无法掩饰社区之间经济发展的不平衡性。英国媒体称：巴尔的摩市其实是分裂的两座城，一座陷入贫穷和边缘化的困境；另一座则拥有美丽的海滨，并吸引着大量年轻富有的定居者②。巴尔的摩西部的贫民区，特别是非裔美国人社区存在诸多不稳定因素，如失业率。据美国人口调查局的数据，2013 年，巴尔的摩 20～24 岁的黑人青年失业率为 37%，而该地白人男性的失业率为 10%③。此次骚乱发生在周一，也从某种侧面说明高失业率的

①　《巴尔的摩骚乱暴露美社会深层司法不公》，《法制日报》2015 年 5 月 5 日。
②　《巴尔的摩之乱并不偶然》，《人民日报》2015 年 4 月 30 日。
③　《巴尔的摩冲突为何这么大?》，《国际金融报》2015 年 5 月 11 日。

问题。显然，现代化国家需要重视社区之间的差距，需要弱化种族之间的环境隔离，否则情感、自尊受损的非裔美国人的社区隐性文化维度必然会在某种临界条件下转化为显性社会问题。对此，奥巴马也表示，他将尽其所能在教育改革、职业培训、基础设施投入等方面给非裔美国人社区带来改变。并坦言，这会很难，并且需要花很长时间，但必须做出改变。

总之，种族歧视问题往往并不单纯，当它与政治、经济、文化、社会、外交若干因素交织在一起时，最终必然会形成深层次的系统性种族歧视，难以改变。而在现代化、高度民主法治的美国，特别是美国现代化经济发展较好的东部城市发生这种系统性种族歧视，其内在的政策机理、种族关系值得反思。

结　论

在全球化进程中，西方民族主义意识形态所折射的问题深刻地体现了西方社会公民自由与国家权力、普适性与特殊性之间的矛盾。这种融合了现代性问题、公民认同问题、宗教单向度问题、国家主义问题的民族问题，对中国的民族工作具有十分重要的启示意义。一方面，世界上不存在普适价值和普适原则，寻求同一性是一个多元整合的过程，这个过程也不是一蹴而就的，只有不断筑牢政治认同的经济基础，才能增强政治认同的合法性，进而实现族际政治文明，实现中华民族的伟大复兴；另一方面，和谐的本质在于协调事物内部各种因素的相互关系，促进最有利于事物发展的状态。在人口流动频繁的全球化时代，民族与国家、民族认同与国家认同是相互依存的。我们应遵循特殊与普遍的原则，将普遍性寓于特殊性之中，将少数民族权益保障与国家认同结合起来，从巴黎恐袭、美国黑白冲突事件中吸取社会和谐治理的教训和经验，直面社会发展中出现的问题，反思反省，才能构建中国特色的解决民族问题的最佳方案。

民族自治与治理

9 民族区域自治：中央民族工作会议讲了什么？[*]

9 民族区域自治：中央民族工作 会议讲了什么？[*]

郝时远[**]

【摘要】 自苏联解体、东欧剧变以来，有关中国民族区域自治制度是"苏联模式"还是"中国特色"的问题，成为观察、评判和解决中国民族问题的焦点。"坚持与完善"、"放弃与取消"的争论，涉及中国解决民族问题的道路抉择、制度设计、理论依据和基本法律层面。在2014年中央民族工作会议上，习近平总书记的重要讲话对中国特色解决民族问题的正确道路进行了阐释，专门对坚持和完善民族区域自治制度进行了论述，对一些模糊认识和错误观点进行了回应。本文就中央民族工作会议关涉民族区域自治制度的内容做一析述。

【关键词】 中国特色　制度保障　政策源头　两个结合　依法完善

中国解决民族问题的制度安排是民族区域自治。在2014年召开的中央民族工作会议上，习近平总书记在讲话中对中国特色解决民族问题的正确道路进行了全面阐释，其中对民族区域自治制度的由来、特点、作用以及如何坚持与完善，进行了专门的论述。本文就中央民族工作会议关于民族区域自治制度讲了些什么，谈谈自己的体会。

一　关于民族区域自治制度争论的一些背景

民族区域自治是中华人民共和国的基本政治制度之一，为宪法所确

＊　本文曾发表于《中央民族大学学报》（哲社版）2015年第2期。

＊＊　郝时远（1952～），内蒙古武川人，中国社会科学院学部委员、研究员，主要研究领域为民族理论与民族政策。

立，受《中华人民共和国民族区域自治法》所保护。这一制度的实践，已经完成了民族区域自治地方的行政建制任务，即在中国大陆范围的行政区划中设立的 5 个自治区、30 个自治州和 120 个自治县，统称自治地方，面积占国土面积的 64% 左右。这些自治地方大多处于中国经济地理的西部地区，是中国少数民族聚居地区，集资源富集、水系源头、生态屏障、文化多样、边疆和贫困地区的特征于一身，经济社会发展任务艰巨。

自 20 世纪 90 年代苏联解体、东欧剧变之后，质疑中国民族区域自治制度的说法随之出现。一是一些西方政客和智囊学者做出了"所有的社会主义多民族国家都将步苏联的后尘"的判断，其基本立足点就是中国实行了"苏联模式"的民族政策；二是国内一些人认为民族区域自治制度源自苏联，地域辽阔的自治区"是天然分裂的土壤"。前者出于冷战思维的意识形态对立，并不奇怪。而后者的看法却令人费解。不过，面对当时苏东社会主义阵营"多米诺骨牌"式的崩解，对"和平演变"产生的忧虑和恐慌似可理解。对此，笔者在 1993 年底完成的《冷战后世界民族主义浪潮及其对我国的影响》研究报告中，做出了回应。

苏联解体和东欧剧变，对世界政治、国家格局产生的冲击，丝毫不亚于俄国"十月革命"及其推动的社会主义运动产生的影响，其中民族问题在这种影响中可谓举足轻重。国内学界对苏联戈尔巴乔夫执政时期民族问题的关注，源于 1986 年 12 月苏联哈萨克斯坦共和国的"阿拉木图事件"，这一事件揭开了苏联政治演变过程中的民族问题危机。1987 年，作为高瞻远瞩的政治家邓小平在会见匈牙利领导人卡达尔时，介绍了中国改革开放是全新的事业，其中谈到了中国社会主义制度的优势问题，他明确指出："我们既不能照搬西方资本主义国家的做法，也不能照搬其他社会主义国家的做法，更不能丢掉我们制度的优越性。"关于制度优越性，邓小平首先列举了坚持党的领导，其次是民主集中制，最后就是"又如解决民族问题，中国采取的不是民族共和国联邦制，而是民族区域自治制度。我们认为这个制度比较好，适合中国的情况。我们有很多优越的东西，这是我们社会制度的优势，不能放弃"。[1] 显而易见，面对置身于苏联改革动荡中彷徨的东欧领导人，邓小平这番话表明了中国坚定走自身发展道路的自信。

---

[1] 邓小平：《我们干的事业是全新的事业》，《邓小平文选》（第三卷），人民出版社，1993，第 257 页。

其中，从中国国情出发论及民族区域自治制度的优越性，无疑是针对中、苏两国解决民族问题道路不同而言的。

在 1989 年"政治风波"之后，中国受到美国等西方国家的制裁，苏联和东欧的政治演变加快。中国的改革开放形势遭逢国内和国际双重因素的影响，其中包括 1989 年西藏拉萨骚乱事件和实施戒严、1990 年新疆巴仁乡事件初现的"三股势力"问题。但对中国而言，当时最重要的是改革开放事业如何走下去的问题。"和平演变"、"姓资姓社"、"计划与市场"、"是左是右"的问题成为最大的困扰。邓小平南方讲话，解决了这个问题。"我坚信，世界上赞成马克思主义的人会多起来的，因为马克思主义是科学。……一些国家出现严重曲折，社会主义好像被削弱了，但人民经受锻炼，从中汲取教训，将促使社会主义向着更加健康的方向发展。因此，不要惊慌失措，不要认为马克思主义就消失了，没用了，失败了。哪有这回事！"① 这就是老一辈无产阶级革命家的政治定力和理想信念的坚定性。中国的改革开放事业也由此进入了新阶段。

在 2008 年西藏拉萨"3·14 事件"、2009 年新疆乌鲁木齐"7·5 事件"之后，有关民族政策特别是民族区域自治制度问题方面的争论，不仅在学术界形成了高潮，而且社会舆论中的非议之说也比比皆是，所谓"苏联模式"论、"新疆省改为自治区是倒退"论、"通过行政区划改革分解自治区"论、"不要再提自治地方占国土面积 64%"论、"改为地方自治"论、"取消民族区域自治"论等，不一而足，形成气候。笔者认为这是重大政治原则问题，所以反对"去政治化"的观点，立场不同、原则相异，必然要对质疑、批评、污名化、妄自菲薄的所谓"不折不扣的苏联模式"、"高度政治化"、"区隔制度"、"第二代民族政策"之说给予回应，对罔顾事实、脱离国情的所谓"美国经验"、"印度经验"、"巴西经验"的"药方"予以驳议。

时至今日，这场持续了二十年、集中了十年、高峰了五年的论战可谓告一段落，但并未偃旗息鼓。所以，笔者在一次座谈会上也明确指出，中央民族工作会议之后，过去存在模糊认识的一些人会茅塞顿开地心服口服，同时也会有人口服心不服，或者口不服心也不服。这种现象并不奇

---

① 邓小平：《在武昌、深圳、珠海、上海等地的谈话要点》，《邓小平文选》（第三卷），人民出版社，1993。

怪。民族问题是中国"绕不开"、"躲不过"的重大事务，也是世界性难题，怎么看、怎么办？会存在不同的见解。中央要求全党统一到这次民族工作会议的精神上来，不等于所有的人都会自觉地认同这一要求。因此，包括在民族工作领域、民族研究学界乃至社会舆论之中，正确释读和准确理解中央民族工作会议的精神，坚定贯彻和全面落实中央民族工作会议的精神，最大限度地统一思想、达成共识仍是一个艰巨的任务。

二 中国特色解决民族问题的正确道路的重要内容和制度保障

习近平在中央民族工作会议上的讲话，立足于尊重历史、符合国情、顺应人心这一基本立场，阐释了中国特色解决民族问题的正确道路。这是对中国共产党解决民族问题的理论、道路、制度、政策和法律及其实践的高度概括。而"民族区域自治制度是我国的一项基本政治制度，是中国特色解决民族问题正确道路的重要内容和制度保障"。道路、制度的关系就是如此。

这里说的"重要内容"是什么？可以从三个方面去理解，也就是要从"尊重历史、符合国情、顺应人心"去认识。尊重历史，就是尊重中国统一的多民族国家形成和发展的历史。对此，习近平在报告中专门进行了论述，从源自先秦时期的"五方之民"的格局，"修其教不易其俗、齐其政不易其宜"的观念，到秦汉以后历代中央王朝的"因俗而治"政策，即"大都是在实现政治统一的前提下，实行有别于内地的治理体制"，来阐释"中国特色"的历史底蕴。也就是说，讲"中国特色"，首先"要讲清楚每个国家和民族的历史传统、文化积淀、基本国情不同，其发展道路必然有着自己的特色"[1]。对中国的国家和民族的历史过程而言，"这种维护统一又重视差别的理念，对中华民族的形成和发展至关重要"。

符合国情，首先是符合中国的历史国情，但是历史上"因俗而治"这类"制度是老办法"，不过是"臣服朝贡"、"怀柔羁縻"之类。对此，毛

---

[1] 习近平：《把宣传思想工作做得更好》，《习近平谈治国理政》，外文出版社，2014，第155页。

泽东早就指出，解决民族问题靠历史上那些"怀柔羁縻的老办法是行不通了"。① 所以，习近平总结说"我们党采取了民族区域自治这个新办法，既保证了国家团结统一，又实现了各民族共同当家做主"。民族区域自治制度符合中国共产党领导下的新中国的现实国情。

顺应人心，就是承认中国历史和现实的国民成分多样性，也就是多元一体。民族识别不仅解决 56 个民族的平等地位和族别身份问题，而且实现了少数民族聚居地区保障各民族平等权益的民族区域自治。统一的多民族国家、多元一体的中华民族大家庭这一国情定位，就是最大的顺应人心。

作为"制度保障"，民族区域自治制度保障了什么？习近平在讲话中指出："实践证明，民族区域自治制度符合我国国情，在维护国家统一、领土完整，在加强民族平等团结、促进民族地区发展、增强中华民族凝聚力等方面都起了重要作用。"

同时，民族区域自治制度之所以是中国特色解决民族问题的正确道路的重要内容和制度保障，还在于"民族区域自治是党的民族政策的源头，我们的民族政策都是由此而来、依此而存。这个源头变了，根基就动摇了，在民族理论、民族政策、民族关系等问题上就会产生多米诺效应"。中国之所以没有在苏联解体、东欧剧变后像西方人做出的判断或预言那样走向分裂，就在于我们没有放弃中国特色的社会主义道路，没有因为苏联、东欧国家的社会主义建设失败而乱了阵脚、出现颠覆性错误，没有在解决民族问题的制度、政策和理论上自我绑架于"苏联模式"而"搞一百八十度的大转弯"。

为什么会这样？"一个重要原因就在于我们找到并坚持了适合我国实际的解决民族问题的正确道路"。这条道路的重要内容和制度保障就是民族区域自治。

三　取消民族区域自治制度这种说法可以休矣

如前所述，自 20 世纪 80 年代末开始，将中国的民族区域自治制度比附"苏联模式"的说法已经出现。及至 2008 年以来，将民族区域自治制度捆绑于"苏联模式"的论说可谓"公行天下"。就中国的根本政治制度、

———————

① 毛泽东：《论新阶段》，《民族问题文献汇编》，中央党校出版社，1991，第 595 页。

基本政治制度而言，在国内报刊和社会舆论中被公开质疑、批评甚至要求取消的制度，唯有民族区域自治制度。而这些主张无视党和国家始终强调的"坚持和完善民族区域自治制度"的政治原则，罔顾党中央关于"民族区域自治，作为党解决我国民族问题的一条基本经验不容置疑，作为我国的一项基本政治制度不容动摇，作为我国社会主义的一大政治优势不容削弱"的政治告诫①，颇有"墙倒众人推"的势头。这是令人奇怪的现象。

其实，在一些人的心目中，由于对民族问题长期性和复杂性缺乏认识，面对涉藏、涉疆问题的严重性难以找到根源，尤其是产生了把西藏、新疆地区各族人民与达赖集团、"东突"势力之间的"特殊矛盾"放大和捆绑于某个族别、某个地区的指向，从而将这些问题归结为实行民族政策的结果。而民族政策集大成的政治载体就是民族区域自治制度。所以，通过"苏联模式"来污名化这一制度、通过"去政治化"来废弃这一制度，也就成为解决中国民族问题的"灵丹妙药"，取而代之的就是"美国没有民族识别"、"美国没有身份证"、"美国没有民族大学"、"美国没有民族区域自治"，所以"美国没有民族分裂"的荒谬逻辑推理。

关于中国的民族区域自治制度是不是"苏联模式"的问题，首先要分清楚马克思列宁主义的基本原理不等于"斯大林主义"，科学社会主义的实践不等于"苏联模式"，"民族共和国联邦"不等于国家统一体制下的民族区域自治。这是问题的关键。从新中国建立之初开始，毛泽东、周恩来等老一辈无产阶级革命家都就此做过针对性的论述。对此，不能不以为然。中国共产党强调中国的民族区域自治在形式上和实质上不同于苏联的联邦制，是立足于中国的国情特点，突出了马克思列宁主义基本原理与中国解决民族问题实际相结合的"中国特色"。但是，"苏联模式"的确对中国产生过引导和影响，这也是事实。在中国共产党早期解决民族问题的政治纲领中、建国模式中，遵照共产国际的指示形成的文本中凸显了苏联建国模式的"身影"。但是，任何纠结于完成这一历史过程中党的阶段性政治主张（如承认各民族的自决）、尝试性探索（实行联邦制）等方面的历史研究，都要从历史过程和现实结果去分析，对这样的历史过程都要从中国共产党认识和把握国情的过程去理解。这是

---

① 胡锦涛：《在中央民族工作会议暨国务院第四次全国民族团结进步表彰大会上的讲话》，《民族工作文献选编（2003～2009年）》，中央文献出版社，2010，第70页。

历史唯物主义的基本态度。

中国共产党最终选择了人民国家的统一和少数民族聚居地区实行民族区域自治，这是尊重历史、符合国情、顺应人心的政治抉择。但是，旧中国遗留下来的民族问题遗产不会因新中国的建立而自然消除。即如大英帝国制造"西藏独立"的历史影响，沙俄觊觎新疆和苏联支持下的"东突厥斯坦共和国"的历史影响，也不会因这些地方和平解放和建立自治区而烟消云散，而且随着西藏叛乱和达赖喇嘛流亡、中苏关系的破裂，这些历史因素在冷战对抗的国际形势中继续发酵，继续产生着影响。对此，改革开放后邓小平视察新疆时曾一针见血地指出："新疆的根本问题是搞共和国还是搞自治区的问题。要把我国实行的民族区域自治制度用法律的形式规定下来，要从法律上解决这个问题。"① 也就是说，实行民族共和国联邦制就是"苏联模式"，实行国家统一体制下的民族区域自治就是"中国特色"。这是明白无误的结论。

美国也好，印度和巴西也罢，没有中国的历史，也没有中国的民族格局。但它们都有多党竞争的联邦制度，实行种族、种姓的"平权政策"，以及识别族群身份的人口统计和"种族脸谱化"的实践。但并没有提供什么成功经验。习近平指出：在国家制度的选择问题上，"不能想象突然就搬来一座政治制度上的'飞来峰'。也不能看到别的国家有而我们没有就简单认为有欠缺，要搬过来；或者，看到我们有而别的国家没有就简单认为是多余的，要去除掉。这两种观点都是简单化的、片面的，因而都是不正确的"。"我们需要借鉴国外政治文明有益成果，但绝不能放弃中国政治制度的根本。中国有 960 多万平方公里土地、56 个民族，我们能照谁的模式办？谁又能指手画脚地告诉我们该怎么办"？② 正是基于这样的认识，习近平在中央民族工作会议报告中针对民族区域自治是"苏联模式"的问题指出："有人认为这个制度是苏联模式，现在国内有人这样说，当年苏东剧变后西方也有人这样说。这种说法不符合事实，是张冠李戴。"他认为在这一制度安排方面，"老一辈领导人想得是很深很远的"。并进一步强调指出："有人说，民族区域自治制度不要搞了，民族自治区可以同其他省

---

① 邓小平：《新疆稳定是大局，选拔干部是关键》，《新疆工作文献选编（1949～2010）》。

② 习近平：《在庆祝全国人民代表大会成立 60 周年大会上的讲话》，《人民日报》2014 年 9 月 5 日。

市实行一样的体制。这种看法是不对的，在政治上是有害的。我再次明确说一遍，取消民族区域自治制度这种说法可以休矣。"

四 没有国家团结统一就谈不上民族区域自治

《中华人民共和国民族区域自治法》明确规定："民族区域自治是在国家统一领导下，各少数民族聚居的地方实行区域自治，设立自治机关，行使自治权。"其中，"在国家统一领导下"是基本原则和前提条件。民族自治地方"行使自治权"必须维护国家统一。在中国实行民族区域自治制度近七十年的实践中，民族区域自治地方在维护国家统一方面发挥了重要作用，没有任何一个民族区域自治地方自治机关违背"国家统一领导"的基本原则。自治区、自治州、自治县的人民代表大会，不是"民族议会"，而是实行民族区域自治制度的少数民族聚居地区各民族人民代表共同行使自治权的权力机构。各级自治政府，是人民政府而非"民族政府"，这从来是一个基本的政治事实。这就是中国共产党领导下的民族区域自治实践展示的"中国特色"。中国共产党的领导是国家团结统一的标志，是进行国情比较时必须站稳的基本立场。

然而，在实践的认知中，笼而统之地将中国的民族区域自治在学理上归结为"联邦制"范畴、比附于西方国家"民族自治"的现象却很普遍。这种不求甚解、缺乏科学严谨的"自治"理解，是误读中国民族区域自治制度的重要原因，也必然产生对中国民族区域自治制度进行"张冠李戴"的评判。在西方国家，北欧萨米人的"民族自治"不存在行政区划的因素，只有传统驯鹿牧放地和迁徙路线的地域特征，以历史上的"萨米庭"为基础建立了萨米人组成的"萨米议会"。西班牙巴斯克、加泰罗尼亚等自治区，具有民族区域自治的行政区划特征，但是其自治政府的产生由全国性、地方性、民族性等党派竞争获取地方议会优势席位来决定，英国的苏格兰等"地方议会"也是如此，都是在包括民族党在内的多党民主制体制中运作。这与中国的政治国情格格不入，完全不是一回事儿。

2009年达赖集团提出的所谓"藏人治藏"的"名副其实自治"方案，就是效仿西方模式的产物，其声称该"方案"是在"中国宪法"和"民族区域自治法"的框架内，却完全违背了国家统一的政治因素，即中国共产党的领导这一宪法原则。而这一原则是中国特色解决民族问题正确道路的根本，也是正确理解这条道路的"重要内容"、"制度保障"的基石。因为"我国所有民族自治地方都是党领导下的地方，都是中华人民共和国的地方，都是全国各族人民共同拥有的地方。我们的自治区戴了民族的'帽子'，戴这个'帽子'是要这个民族担负起维护国家统一、民族团结的更大责任。在自治地方，各民族享有平等的法律地位，共同建设各项事业"。因此，"民族区域自治不是某个民族独享的自治，民族自治地方更不是某个民族独有的地方。这一点必须搞清楚，否则就会走到错误的方向上去"。混淆"民族区域自治"与"民族自治"、分不清"中国共产党领导"与"多党民主制"、搞不清"中国特色"与"西方模式"，进而产生无视国情的"张冠李戴"、历史虚无主义的妄自菲薄，这是造成这些年来对中国民族区域自治制度及其理论内涵和法律规定不读、不解和误读、误解的根本原因。事实上，"去此政治化"就是"学彼政治化"，没有什么"中间道路"可走。

对中国而言，坚持中国共产党的领导是治国理政、内政外交的根本。这是一个严肃的政治问题，也是当代中国最根本的政治国情。民族工作也不例外，习近平指出："民族工作是政治性、政策性都很强的工作。要坚持从政治上把握民族关系、看待民族问题。"这是坚持中国特色解决民族问题的正确道路的不二法门。"中国共产党的领导是民族工作成功的根本保证，也是各民族大团结的根本保证。没有坚强有力的政治领导，一个多民族国家要实现团结统一是不可想象的"。因此，坚定不移地走中国特色解决民族问题的正确道路，必须遵循会议提出的一系列基本原则：在政治方向上，坚持在中国共产党领导下，走中国特色社会主义道路；在制度设计上，坚持和完善民族区域自治制度；在工作主题上，坚持各民族共同团结奋斗、共同繁荣发展；在精神纽带上，坚持打牢中华民族共同体的思想基础；在民族关系上，坚持各民族一律平等，巩固和发展平等团结互助和谐的社会主义民族关系。这是坚持道路、完善制度、把解决民族问题置于各民族最高利益层面必须遵循的政治原则。

五　坚持和完善民族区域自治制度要做到"两个结合"

坚持和完善民族区域自治制度，是党和国家历来强调的重大政治原则。如何坚持和完善，也是党的民族工作、民族理论研究始终关注的重大课题之一。习近平在讲话中指出："坚持和完善民族区域自治制度，要做到'两个结合'。一是坚持统一和自治相结合。团结统一是国家最高利益，是各民族人民共同利益，是实行民族区域自治的前提和基础。没有国家团结统一，就谈不上民族区域自治。""二是坚持民族因素和区域因素相结合。民族区域自治，既包含了民族因素，又包含了区域因素。"

在有关民族区域自治多种因素相结合的既往论述中，提出了"历史与现实"、"政治与经济"、"民族与地方"因素相结合。这与本次民族工作会议提出的"两个结合"有什么区别？简单地说，前"三对因素"是中国民族区域自治制度设计的立足点和特征，这次提出的"两个结合"是坚持和完善民族区域自治制度的着眼点和机制。这不是相互替代的关系。国家统一才有民族区域自治，民族区域自治是维护国家统一的特殊形式，这是辩证统一的关系。另外，民族区域自治地方事务，既有民族事务的特殊性，又有区域事务的普遍性。对民族事务，"要在确保国家法律和政令实施的基础上，依法保障自治地方行使自治权，给予自治地方特殊支持，解决好自治地方特殊问题"。同时，对民族地区普遍存在的共性问题，如生态保护、扶贫开发、边疆建设、教育事业、道路交通等基础设施建设问题，则要通过制定区域性政策加以解决。

因此，认识"两个结合"必须立足于"统一"（普遍性）和"自治"（特殊性）这一对关系。这是辩证唯物主义的基本思想方法。对自治地方而言，国家统一的要求建立在"要在确保国家法律和政令实施的基础上"，民族区域"自治"的权益体现在"依法保障自治地方行使自治权"的实践中。民族区域自治地方要贯彻落实国家的所有法律和政令，而依法行使自治权所依之法同样是国家的基本法律，也就是《中华人民共和国民族区域自治法》，不仅自治地方要贯彻，国家机构也要贯彻，内含自治地方的省同样要贯彻，而且全社会都要学习和遵守。

六　要把宪法和民族区域自治法的规定落实好

《中华人民共和国宪法》规定了在少数民族地区实施民族区域自治，由此确立了民族区域自治制度在国家基本政治制度层面的地位。这是除了"修宪"或"改旗易帜"外无法变更的政治实践。依据宪法原则制定的

《中华人民共和国民族区域自治法》，规定了自治地方的权利与义务，规范了中央与地方的关系、民族关系等原则内容，指出了贯彻落实民族区域自治法的根本途径，即"民族自治地方的人民代表大会有权依照当地民族的政治、经济和文化的特点，制定自治条例和单行条例"，"国务院及其有关部门应当在职权范围内，为实施本法分别制定行政法规、规章、具体措施和办法"。这就是中央民族工作会议关于"要把宪法和民族区域自治法的规定落实好"的根本要求。

因此，贯彻落实宪法和民族区域自治法的规定，自治地方就要依法制定自治条例、单行条例，国务院及其相关部门就要依法制定贯彻落实民族区域自治法的行政法规、规章、具体措施和办法。这是一个尚未完成的法律实践。在全面依法治国的实践中，贯彻落实民族区域自治法是坚持和完善民族区域自治制度的根本任务。其中，自治区一级的自治条例，就是自治区在依法保障、依法规范、依法行使自治权方面处理好中央与地方关系的具体准则。然而，有人认为"这样的思路和做法必然与中央各部委的权限和国家整体发展规划发生冲突，而且必然加强少数民族和汉族双方的'民族'意识，从而形成各'民族'之间的权力和利益博弈。我觉得这是一条分裂中华民族的危险的思路"。

这种危言耸听的评判，就是把制定自治条例作为少数民族谋求"民族权利"的行为，把落实民族区域自治法作为"分裂中华民族"的法律威胁，把依法保障、依法规范、依法行使自治权作为中央与民族自治地方、少数民族与汉族冲突的根源。说轻了就是把民族区域自治混淆为了"民族自治"，说重了就是没有把民族自治地方当成中国共产党领导的地方，没有把自治地方的人民代表大会当成中国共产党领导下的地方权力机构，没有把少数民族视为多元一体大家庭的成员，说到底就是要取消民族区域自治，遑论法制观念和法律常识了。

马克思列宁主义认为，无产阶级政党领导的多民族国家不仅要制定全国性的法律来保障各民族平等，而且"关于民族平等的全国性的法律，完全可以在各地区议会、各城市、各地方自治机关、各村社等的专门法令和决定中，详细地加以规定并加以发展"。① 这是践行法律的基本常识和基本

---

① 列宁：《关于民族问题的批评意见（1913 年 10～12 月）》，《列宁全集》（第 24 卷），人民出版社，1990，第 147 页。

规矩。中国解决民族问题的实践，制定了全国性的法律，并且已经完成139个自治地方的自治条例，这种法律实践目的就是解决"自治地方的自治权利没有得到完全的尊重和保障"这一老问题。① 只有制定符合自治地方实际的自治条例，才能完善制度，才能发挥法律的功效，才能使民族工作事务的顶层设计贯通到底层。只有国务院有关部门制定贯彻落实这部法律的行政法规、规章、具体措施和办法，才能使这项法律及其所保障的制度发挥有效处理中央与地方的关系、民族关系的功能，才能使民族工作事务的顶层设计在国家层面融于一体。自治区一级的自治条例涉及中央与地方权益这一重大关系，需要在全面深化改革中加强研究和适时推进，这是贯彻落实民族区域自治法必然要解决的问题，也是坚持和完善民族区域自治制度的根本措施。在关涉少数民族聚居地区实行自治这一政治议题时，即便参考国际经验，也要关注到西方学界"对全世界族裔冲突的调查一再地说明"的现实，即"承认少数民族的自治有助于而不是威胁政治的稳定。"②

在实践中，学习和理解中央民族工作会议的精神，不是各取所需地去"体味"提到了什么、没提到什么，进而认为没有提就是不再做，或者把坚持和完善民族区域自治制度的道路宣示当作"只说不做"来加以理解。这类认识，正是近些年来学术界一些人认为中国解决民族问题道路、制度、政策、法律陷入"承认的困境"的一种反映。这次中央民族工作会议开宗明义地指出："近些年来，我国民族关系出现一些新情况，民族地区改革发展稳定面临一些新问题，特别是拉萨'3·14'、乌鲁木齐'7·5'等事件发生后，社会上、党内外对民族问题、民族工作出现了不同认识，既有肯定性和建设性意见，也有批评和质疑的看法。党中央感到，专门召开一次民族工作会议很有必要。"这种针对性当然包括学术界的讨论，不能说没有提到"学术界"这个字眼，就可以开脱学者的责任，认为这种针对性与己无关。

事实上，恰恰是学术界一些人对中国民族政策的质疑和"张冠李戴"，产生了对"社会上、党内外"的负面影响。进而也导致那种"把多民族当

---

① 习仲勋：《少说空话，多办实事，把少数民族地区的经济文化建设搞上去》，《习仲勋论统一战线》，中央文献出版社，2013。

② 〔加拿大〕威尔·金里卡：《少数群体的权利：民族主义、多元文化主义与公民权》，邓红风译，台北：左岸文化出版社，2004，第96页。

作‘包袱’，把民族问题当作‘麻烦’，把少数民族当作‘外人’"的心理，以致现实中"把某个民族区域自治地方局部出事同这个民族区域自治地方整体捆绑在一起"、"把某一少数民族中极少数人闹事同这个民族全体捆绑在一起"、"把发生在少数民族人员身上的事同实践已经证明并长期行之有效的民族政策捆绑在一起"的问题。而这种基于"承认的困境"的心理和一些胡乱作为的措施造成的后果，正是境外"三股势力"求之不得的分裂中华民族的口实。不依法坚持和完善民族区域自治制度，就会使达赖集团"名副其实自治"的主张继续混淆视听和误导舆论。否定依法贯彻落实民族区域自治法的实质，就是取消民族区域自治，道理就这么简单明了。

在这次中央民族工作会议上，习近平在讲话中专题论述了"坚持和完善民族区域自治制度"。指出："落实民族区域自治制度，关键是帮助自治地方发展经济、改善民生。"有人对此解读说，这意味着不再制定自治条例。这的确是令人匪夷所思的理解。当然，其中可能也包括了对"去政治化"、"苏联模式"论和取消民族区域自治制度等这类"政治上有害"观点自我解嘲、自圆其说的成分。为什么说"关键是帮助自治地方发展经济、改善民生"？这是由中国所处的社会发展阶段及其社会主要矛盾所决定的，也是实行民族区域自治制度首先要解决好的问题，对此不妨再次回顾老一代领导人的论述。

早在 20 世纪 50 年代，邓小平就对民族区域自治与经济发展问题进行过十分通俗但非常深刻的阐释，"少数民族是想在区域自治里得到些好处，一系列的经济问题不解决，就会出乱子"。"政治要以经济做基础，基础不坚固还行吗？""实行民族区域自治，不把经济搞好，那个自治就是空的"。[①] 民族区域自治是保障少数民族共享平等的制度，实现各民族一律平等"最根本的问题是帮助少数民族发展生产，改善生活。如果少数民族在经济上不发展，那就不是真正的平等。所以，要使各民族真正平等，就必须帮助少数民族发展经济"。[②] 改革开放以后，国家制定了民族区域自治法。"实施《民族区域自治法》的一个重要方面，是解决

[①] 邓小平：《关于西南少数民族问题》，《邓小平文选》（第一卷），人民出版社，1994，第167页。

[②] 周恩来：《要尊重少数民族的宗教信仰和风俗习惯》，《新疆工作文献选编（1949～2010）》。

好经济权益问题"。① 这是老一辈无产阶级革命家始终强调的重要原则，也是今天依然面对的关键问题。原因就在于，经济社会发展差距问题是长期以来、今天仍旧面对的最突出的问题。加快少数民族和民族地区的经济社会发展，是坚持中国特色解决民族问题正确道路的内在要求。如果不能认识和把握中国所处的社会主义初级阶段这一国情，如果对中国社会的主要矛盾一无所知，就不可能理解发展经济是解决中国所有问题的关键这一判断，当然也就不可能理解"发展是民族工作的立足点，是解决民族地区所有问题的关键"这一判断。

这些论述集中体现着马克思主义关于经济基础和上层建筑关系的思想理论，也是面对一个社会、一个事态、一个问题把握主要矛盾的基本思想方法。但是，"关键"要素不是全部和所有要素，"落实民族区域自治制度，关键是帮助自治地方发展经济、改善民生"的意思，不是说"发展经济、改善民生"就是"落实民族区域自治制度"的所有内容。当然，更不是说不需要依法制定民族自治地方的自治条例。习近平指出："今年是民族区域自治法颁布实施30周年，要把宪法和民族区域自治法的规定落实好，加强对规范和完善民族区域自治相关法规和制度的研究。各级党委特别是民族区域自治地方党委要担负起领导民族区域自治制度实施的责任。"自治地方依法制定自治条例、单行条例，国务院及相关部委依法制定行政法规、规章、具体措施和办法，都属于"规范和完善民族区域自治相关法规和制度"之列。因此，"落实民族区域自治制度"，"关键"是什么、"落实好"什么、"加强研究"什么，可谓一清二楚。这里没什么揣摩、猜度的缝隙，也没有什么误读、误导的空间。

总之，坚定不移地走中国特色解决民族问题的正确道路，关键是坚持和完善民族区域自治制度，因为它是这条道路的重要内容和制度保障，是党的民族政策源头。中国的民族政策原则集中体现在《中华人民共和国民族区域自治法》的诸项条款之中，贯彻落实民族区域自治法是民族工作事务法治化、依法保障民族团结的必由之路。民族区域自治地方是国家统一不可分割的组成部分，依法规范和行使自治权是全面推进依法治国的题中应有之义，也是在国家治理体系和治理能力现代化建设中提升民族工作水

---

① 习仲勋：《在庆祝内蒙古自治区成立四十周年干部大会上的讲话》，《习仲勋论统一战线》，中央文献出版社，2013，第497页。

平的法律保证。随着我国经济社会的发展，城镇化的推进，中国各民族人民之间的流动已经呈现日益广泛的局面，促进各民族人民和睦相处的交往、和衷共济的交流、和谐相处的交融，不仅对做好民族工作提出了更高的要求，而且也展现了"民族工作涉及方方面面，方方面面都有民族工作"的社会格局，因此也包括了"有关部门要加强对民族区域自治法的普及宣传，特别是要搞好对贯彻落实情况的监督检查"任务。这就是中央民族工作会议对坚持和完善民族区域自治制度做出的新论述。

10　共建共治共享：民族自治地方社会治理的新模式[*]

——社会主义协商民主的视角

青　觉　闫　力[**]

【摘要】民族自治地方的治理现代化是国家治理现代化的题中应有之义，不仅关系到民族自治地方的稳定、发展和繁荣，也关系到国家长治久安、安定繁荣。但民族自治地方出于其民族成分多元、文化多样、传统各异、社会发展程度不一以及周边环境复杂等原因，治理难度加大。这就需要一种能动员一切社会力量的机制，而社会主义协商民主理论以其"协商"和"民主"的先天优势，在民主价值、政权合法性、公共政策、公共治理以及公民素质培养等方面发挥着重要作用。因此，文章把社会主义协商民主理论，引入民族自治地方的公共政策形成和执行的分析中，探讨了其在民族地区的权力机关、社会组织、公司、公民和公民基层组织之中的应用，认为协商民主机制有利于形成共识性的公共政策。在此基础上，文章提出了民族地方社会治理的模式，即在民族地区特殊的社会环境下，实现政府、社会组织、公司和公民 4 个主体在水平、垂直和互相交错 3 个维度上，及宏观和微观 2 个层面上的合作，从而实现各民族共同参与的、各社会主体协同合作的民族地区社会的"共建、共治和共享"的治理格局。

【关键词】共建　共治　共享　社会主义　协商民主

---

*　本文曾发表于《黑龙江民族丛刊》2016 年第 3 期。

**　青觉（1957～），男（土族），甘肃天祝人，法学博士，中央民族大学副校长、教授、博士生导师，主要从事族际政治与多民族国家治理、民族理论与民族政策、民族社会学研究；闫力（1981～），男，山东聊城人，中央民族大学研究生院教师，2013 级民族政治学博士研究生，主要从事民族政治学、民族社会学研究。

　　党的十八届三中全会提出了"推进国家治理体系和治理能力现代化"的具体要求①，随后习近平总书记在《切实把思想统一到党的十八届三中全会精神上来》的讲话中，明确了国家治理体系与治理能力现代化的内涵，并提出实现"政府、企业和社会共建、共治和共享的治理格局"的具体要求②。围绕着这一格局的实现，学界提出诸多模式，如上层组织和下层组织合作的 UB（Upper Organization 和 Basic Organization）模式③，政府、市场、社会等组织协同治理的复合治理模式④，追求制度供给的制度人模式⑤，注重伦理性契约作用的合约治理模式⑥，强调中央政府、地方政府、企业和各种市场主体、公民和公民各种形式自组织相互合作的多元共治模式⑦，重视社会治理系统性的社会工程模式⑧，提倡政府、企业和社会力量在宏观和微观两个层面合作协同的协同治理模式⑨和侧重以民主方式实现有效治理的治理民主模式⑩，等等。但纵观这些模式，无不是关于政策实施上的协同合作，对政策如何形成关注不足，其中，对于民族自治地方的社会治理更是鲜有涉及。而民族自治地方的治理现代化，不仅关系到民族自治地方的稳定、繁荣和发展，也关系到国家长治久安、安定繁荣。但民族自治地方出于其民族成分多元、文化多样、传统各异、社会发展程度不一和周边环境复杂等原因⑪，治理难度加大。这就需要一种能动员一切社会力量的机制，而社会主义协商民主以其"协商"和"民主"的先天优势，在民主价值、政权合法性、公共政策、公共治理以及公民素质培养等

---

① 张小劲、李岩：《从语义图解到模式理解〈关于全面深化改革若干重大问题的决定〉中关于治理问题的论述》，《当代世界与社会主义》2014 年第 1 期。

② 习近平：《切实把思想统一到党的十八届三中全会精神上来》，人民网，2014 年 1 月 1 日。

③ 马玉洁：《社会治理的模式研究与路径选择——基于重庆 W 县的经验研究》，北京师范大学，2014。

④ 顾金喜：《城市社会复合治理体系建设研究——以杭州市上城区为例》，《浙江社会科学》2015 年第 3 期。

⑤ 李怀、赵万里：《从经济人到制度人——基于人类行为与社会治理模式多样性思考》，《学术界》2015 年第 1 期。

⑥ 石兴安：《合约管理：乡村治理新模式——以"华寨模式"为例》，《中共郑州市委党校学报》2015 年第 1 期。

⑦ 王名、李健：《社会共治制度初探》，《行政论坛》2014 年第 5 期。

⑧ 王宏波、张振：《社会治理是系统的社会工程》，《西安交通大学学报》2015 年第 3 期。

⑨ 王有强、叶岚、吴国庆：《协同治理：杭州"上城"经验》，清华大学出版社，2015。

⑩ 何显明：《治理民主：中国民主成长的可能方式》，中国社会科学出版社，2014。

⑪ 艾昆鹏：《边疆民族自治地方基层治理中的特殊因素及其应对》，《云南行政学院学报》2011 年第 6 期。

方面发挥着重要作用，易形成一种多主体、多层次、多维度的协商互动格局。因此，文章引入社会主义协商民主作为分析基础，以期为目前的研究注入新元素，为实现民族自治地方"共建、共治和共享"的治理格局提供新思路。

一　社会主义协商民主理论

社会主义协商民主是在学习①、内化②和交融③西方协商民主理论的基础上，在近 10 年来，由学界将其逐渐地描述、阐释、概括和理论化起来。如刘振强在《当代中国的政治协商》一书中，概括了马克思经典作家和中国传统文化的协商思想，并指出中国政治协商的发展历程④。宋连胜和董树斌对社会主义协商民主的文化底蕴和历史底蕴进行了探析⑤。黄国华书写了中国社会主义协商民主的思想史稿⑥。唐玉总结了协商民主在党内、党际、政府和层级组织中的实践模式⑦。由俞可平等主编的《协商民主研究丛书》——《协商与协商民主》、《国家机关与协商民主》、《人民政协与协商民主》、《社会协商对话》、《协商民主的方法》、《基层协商民主》和《国外的协商民主》，系统总结了协商民主理论及其实践方式⑧。综合学界的研究和中国社会主义协商民主的实践，可将其内涵、思想来源、特点和价值做如下分析。

（一）社会主义协商民主的内涵

社会主义协商民主是指公民在理性的指导下，在中国特色社会主义制

---

① 陈朋：《国家与社会互动下的乡村协商民主实践》，江苏大学出版社，2013。
② 俞可平：《中国的民主治理：理论与实践》，中央编译出版社，2013；杨光斌：《从国际政治比较看"治理民主"的优势——基于一些国家的民主政治演变为政治冲突之思考》，《北京日报》2015 年 6 月 15 日。
③ 王心岳：《中国特色协商民主研究》，中央党校出版社，2008；李仁斌等：《中国协商民主理论实践》，四川大学出版社，2011；陶富源：《中国特色协商民主论》，安徽师范大学出版社，2011；林尚立：《协商民主：中国的创建与实践》，重庆出版社，2014。
④ 刘振强：《当代中国的政治协商》，湘潭大学出版社，2013。
⑤ 宋连胜、董树斌：《协商中国》，吉林大学出版社，2014。
⑥ 黄国华：《中国社会主义协商民主思想史稿》，西南交通大学出版社，2013。
⑦ 唐玉：《社会主义协商民主：主题维度的思考》，社会科学文献出版社，2014。
⑧ 俞可平等：《协商民主研究丛书》，中央文献出版社，2015。

度框架下，通过反思、沟通、对话、讨论和共识性判断等方式广泛参与公共政策制定和执行的过程，实现人民主人翁地位的一种民主形式，是中国特色人民民主的一部分，具有公共性、广泛性、对话性和共识性的特征。党和政府是参与的根本主体，各级人民代表、政协委员、各党派团体、基层组织、公民以及其他各种社会组织等是一般主体。人民代表大会制度、多党合作和政治协商制度、党内民主制度和基层民主制度是其制度保障，宪法是其根本保障。

　　而西方式协商民主则是由毕赛特等人于 20 世纪 80 年代提出，主要目的是批判熊彼特的竞争式民主，以期弥补当代自由选举式民主的不足[①]。具体指自由、平等的公民，基于交往理性，在一种由民主宪法规范的权力相互制约的政治共同体中，通过对话、讨论、辩论等过程，形成合法决策的一种民主形式[②]。在长期的研究和实践中，形成了"共识会议"、"协商式民意调查"、"公民陪审团"、"愿景工作坊"和"协商日"等多种制度设计[③]，经历了由规范性研究[④]、制度化研究[⑤]和经验研究向新一代的系统研究的转化过程。

　　西方式协商民主与社会主义协商民主同作为一种民主理论具有很多相同之处，如同为选举民主的补充，同为提高公民的有序参与水平，同为实现公共决策和管理的民主化和科学化等。然而，处于不同政治体制、文化下的协商民主，又有着本质区别。第一，社会主义协商民主的思想基础是和合文化和社会主义文化的统一，而西方式的协商民主则以自由主义文化为基础；第二，社会主义协商民主涵盖包括政府、市场主体、社会主体以及公民在内的所有主体，而西方式协商民主只局限于公民、政党和政府；第三，社会主义协商民主的制度不仅包括人民代表大会的根本政治制度，也包括多党合作的政治协商制度、党内民主制度和基层民主制度，而后者

---

①　马奔：《协商民主理论的变迁与实践》，山东大学出版社，2014。

②　陈家刚：《协商民主与国家治理：中国深化改革的新路向新解读》，中央编译出版社，2014。

③　马奔：《协商民主的方法》，中央文献出版社，2015。

④　John Bordley Rawls, *A Theory of Justice.* Cambridge, Massachusetts：Belknap Press of Harvard University Press, 1971。

⑤　James Bohman, William Rehg, *Deliberative Democracy：Essays on Reason and Politics*, Cambridge：The MIT Press, 1997；Amy Gutmann, Dennis Thompson, *Why Deliberative Democracy?* Princeton：Princeton University Press, 2004。

仅限于会议、对口协商、组织考察、专题调查和提价议案等的非正式制度；第四，社会主义协商民主的政党是合作式的，而后者是竞争式的政党。

（二）社会主义协商民主的思想来源

社会主义协商民主的思想来源是中国传统的"和合"文化和中国共产党在革命和实践中形成的群众路线、统一战线理论。

中国传统的"和合"文化作为中华民族追求的一种崇高的文化理念，提倡人与自然和谐共存，提倡保持身心内外、群体的和谐，提倡国泰民安、万邦和睦，努力推进人类和平与发展。"'和合'的'和'，是指和谐、和平、祥和；'合'是结合、合作、融合。和合是指自然、社会、人际、心灵、文明中诸多元素、要素相互冲突、融合，在冲突、融合的动态过程中各元素、要素和合为新结构方式、新事物、新生命的总和，'和生''和处''和立''和达''和爱'是其五大原理。"社会主义协商民主贵在民主基础上的协商，在互动协商中实现各种要素的和合，达到一种和谐的状态。这集中体现在我国多党合作的政治协商的党际关系中，诚如刘菊香所述："'多元统一、和谐共生'是多党合作制度产生的文化根源；'尊重差别、和而不同'是其哲学基础；'和为贵、普遍和谐'是其价值理念。"

中国共产党在革命实践中形成的群众路线、统一战线理论和多党合作的政治协商理论为协商民主提供了资源。群众路线作为党处理党群关系和干群关系的基本工作方法，是社会主义协商民主的灵魂。协商民主是党的群众路线在政治领域的重要体现。民主的实质就是人民当家做主，没有人民群众的民主只是镜中花、水中月。"一切为了群众，一切依靠群众"的价值取向与社会主义协商民主的价值取向是一致的；其"从群众中来到群众中去的"的工作方法与协商民主有异曲同工之妙。统一战线作为中国共产党夺取革命胜利和建设社会主义事业的一大法宝，为协商民主奠定了理论基础和制度依据。以对话、交流、理解和共识为基本宗旨的统战工作本身就带有协商的性质，同时，以统一战线为基础的政治协商制度和党际协商制度也为社会主义协商民主提供了制度基础。

（三）社会主义协商民主的价值

社会主义协商民主具有先天的优势和价值。首先，在民主的价值上，协商民主和选举民主一并构成了我国人民民主体系。这样既保证了投票的效率，又能以协商维护公平、正义；既以选票为决策基础，又以协商达成共识，提升政策合法性；既能强调社会的整体利益，又能关注个体诉求。其次，在政权合法性上，社会主义协商民主是党的群众路线、统一战线在政治领域的体现，从而体现和保障人民当家做主的政治本质。再次，在公共政策上，社会主义协商民主能够充分发挥哈贝马斯所倡导的交往理性的对话价值，实现公共决策的科学化和民主化。复次，在公共治理上，社会主义协商民主有利于实现各主体之间的协同合作，实现多元共治的目标。最后，在公民素质上，社会主义协商民主有利于培养和提高公民的参政、议政水平。

总之，社会主义协商民主有着悠久的文化传统和丰富的实践经验，较以弥补竞选民主不足为目的的西方式协商民主更为综合和完善，被应用于国家治理的多个层次和领域。

二　社会主义协商民主的现实应用

1949 年前中国共产党就以多种形式在践行着协商民主，如国民革命时期的第一次国共合作，抗日战争时期的"共产党员、中间分子及其他分子各占三分之一"的三三制民主政权、第二次国共合作等。1949 年后，我国"人大有协商，政协有协商，国务院的国务会议有协商"。此外，中国共产党也与民主党派进行政治协商。现在，在社会组织、市场组织和公民团体之间也有协商，协商的主体范围不断扩大，内容更加丰富，渠道日益增多，维度逐步拓宽，已经从过去单纯的政治协商，扩展到社会协商、公民基层组织的协商，从而进一步丰富了社会主义协商的体系。

（一）　国家政权机关协商

我国国家机关的协商民主传统一以贯之，随着"四个全面"的进一步深化，对国家治理现代化的要求进一步提高，社会主义协商民主更加成为我国开放、理性的国家政权机关增强治理能力的有效手段和重要实践途径。通过社会协商可产生一种协商权力，这种协商权力有利于优化政策过程、缓和化解社会矛盾、强化国家权力机关社会化趋势、提升国家权力机关均衡治理能力，主要体现为立法机关、行政机关和司法机关的民主协商。

立法机关是社会主义协商民主的天然实践载体。在选举层面，实现候选人提名方式自上而下和自下而上的联合协商推荐；在立法层面，实现在立法过程中照顾到不同的利益群体，吸取和采纳各方意见；在重大决策层面，利用人大平台，吸收社会各种利益群体参与重大决策的制定。行政机关是社会主义协商民主的必然依托载体。政府在制定行政政策的过程中要注重各方利益，实现与各利益集团的协商和对话，制定具有共识性的政策；在政策的执行过程中，要注重对理性执行和互动性执行的采用，集各方力量实现协商共治。司法机关是社会主义协商民主的保障和重要实践载体，它的协商民主议题主要集中于案件审判和诉讼过程中，主旨是要通过整合社会各方的共识性见解以制衡和防止司法滥权现象。现阶段国家政权机关协商民主的主要实践形态包括听证会、论坛、民主恳谈和人民陪审员制度等。

（二）党内、党际协商

社会主义协商民主运行的支点是政党制度，中国共产党领导下的多党合作制度不仅为社会主义协商民主提供了制度保障，而且是它的重要实践载体。这主要体现为各党内部的协商民主和党际协商民主。

党内民主是中国共产党的优良传统，也是社会主义协商民主的主要形式，主要体现在党的集体领导体制上。集体领导体制是指国家的权力由集体掌握，对党和国家事务进行集体领导，是民主制和集中制的统一，将集体领导与个人分工相结合，实现了两者的统一，成为世界上十分独特的党和国家领导制度，是中国特色的核心机制和社会主义协商民主的重要载体。人民政协的政治协商是党际协商，包括人民政协的专题协商、对口协商、界别协商和提案办理协商四个议题，它有助于提升公共决策质量，促进决策实施，促进政治民主化，强化国家政治监督，规约政治权力，增强政治合法性，巩固中国共产党的执政地位。

（三）社会协商

随着改革的不断深入，中国的社会结构正发生着深刻的变化（社会阶层日趋多元、社会力量不断增长和传统社会不断解体），政治—社会结构也随之变迁，这为构建新型政府与社会的良性互动提出了时代的新要求。社会协商便是中国政治—社会结构变迁的内生产物，是社会主义协商民主的重要组成内容和构建渠道，是促进公民社会自治和政治—社会沟通合作的多元民主活动，通过它可以实现个人、集体和国家的协商对话，实行国家主导下与社会力量展开协商、社会主导下与国家力量展开协商和社会内部发起自主性的社会协商。通过社会协商可实现中国政治双轨（精英政治和社会民主）的有效衔接和良性互动，有助于维护社会的安定团结和社会秩序，有利于促进社会各阶层、集团之间的联系，加强个人、团体、社会三者之间的认同感，有利于社会心理的平衡、协调个人的社会行为。

（四）公民基层协商民主

基层协商民主，是指乡镇、村、社区等基层单位的公民在基层选举制度和村民自治制度的框架下，有序、有组织地参与基层公共政策的制定和基层治理的互动民主形式。经过多年的实践，目前，主要形成了民主恳谈会（浙江温岭）、社会协商会（四川彭州）、三级理事会（广东云浮）等。通过这种协商互动，有利于实现基层公共政策和治理的科学化和民主化，最大限度地实现人民当家做主、基层稳定与和谐发展。

总之，社会主义协商民主通过协商机制，既能够实现国家政权机关、政党、社会组织和公民基层组织等组织内部的协商，也能够实现各组织之间的对话协商，从而能够集合最广泛的民意和力量，实现以政府为主导的，各社会组织、市场组织和公民基层组织、公民有序、广泛参与的社会治理模式。

三　社会主义协商民主下的民族自治地方社会治理

民族自治地方出于其民族成分多元、文化多样、传统各异、社会发展程度不一以及地理环境特殊等原因，增加了其实现治理现代化的困难，而作为社会治理中参与和沟通有效机制的社会主义协商民主，可通过协商方式发起集体行动，实现民族自治地方的社会共治。

公共政策的制定不仅需要政府充分发挥结构功能主义所强调的三种功能（组织功能、转换功能以及维持和适应体系的功能），而且深受历史、文化、制度、社会经济等因素的影响。因此，结合我国民族自治地方特殊的社会环境，借用结构—功能主义模式，通过引入协商民主的机制，笔者提出了民族自治地方公共政策制定过程的共识模式。所谓的共识模式就是公民、公民基层组织、社会组织、市场组织和政治权力组织在民族区域自治制度、民族政策、民族文化、民族社会环境下，通过社会主义协商民主机制，达成共识，共同制定社会政策的模式，其简约框架如图 1 所示。

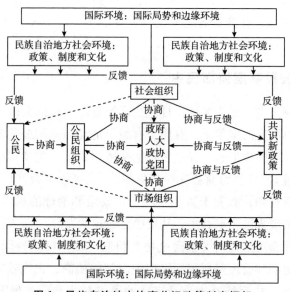

图 1　民族自治地方协商共识政策制定框架

共识性的社会政策只是社会共同治理的前提，实现高质、高效的执行才是社会治理的关键，而建立在协商民主基础上的协同多主体治理则不失为一种好的方法。因此，结合协同治理理论和社会主义协商民主，笔者提出了在共识基础上的共治模式，即"4 × 3"模式。"4"是指 4 种治理主体（政府、社会组织、市场组织和公民基层组织）；"3"是指各主体在社会共治中协同的 3 个维度：第 1 个维度是在各主体内部的垂直方向上和水平方向上的协同，垂直方向上的上下级协同，水平方向上的官僚组织各部门之间的协同（立法部门、行政部门和司法部门）；第 2 个维度是指各主体之间的协同，即政府、社会组织、市场组织和公民基层组织之间的协同；第 3 个维度是第 1 个维度和第 2 个维度的交叉。在这一模式中，协商民主不仅贯穿于各主体之间的协商对话中，还利用其民主的优势始终把公民纳入各个治理主体当中，如在政府权力机关中，它可以通过人大、政协、党团参与各级政治权力机关的治理，在社会组织、市场组织和公民基层组织中，公民本身便是其中的一部分，故将此模式称为协商共治模式，其框架如图 2 所示。

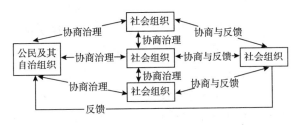

图 2　民族自治地方协商共治模式示意

简而言之，协商共识模式和协商共治模式一并构成了民族自治地方的民主共治模式，这一模式通过社会主义协商民主机制，能够动员各民族的一切社会力量参与民族事务治理，实现各民族人民共建、共治和共享的多元主体治理格局。

四　民族自治地方"共建、共治、共享"社会治理模式的内涵

民族自治地方社会治理的"共建、共治、共享"简约模式在上文已得到建构，即民族自治地方各社会主体在社会主义协商民主的基础上，对社会治理中的基本问题达成共识，形成各方协商一致的公共政策，然后以政府为主导实现各方协调、共同治理的治理格局，有着多重内涵。

（一）民族政策、法律、法规和自治制度一起构成"共建、共治"框架

多民族国家的治理须在宪法的语境下进行，而民族自治地方的社会治理离不开它们的特殊社会环境，必须在其框架内依法进行。1949 年以来，中国共产党制定了一系列民族政策、法律、法规和制度。这些制度和政策经实践证明，在维护民族平等、团结和发展民族事业中发挥着重要作用，不仅为民族自治地方社会治理提供了政治保障，而且提供了实现框架。民族自治地方的社会治理须在民族平等的原则下充分调动每个民族的积极

性，照顾到每个民族的利益诉求，依照国家的民族自治法和自治制度，实现各民族主体和社会主体的协商共治。具体应做到以下四点：首先，民族自治地方的各级立法机关做好相关法律、法规和规章的解释和实施细则工作，重点解决好自治条例和单行条例的修改与完善问题，注重法律的可操作性，真正地实现民族自治地方的治理有法可依和有法必依。其次，民族自治地方各司法、执法部门严格守法、公正执法、执法必严、违法必究，切实维护法律的权威性。再次，民族自治地方的行政机关要改变一旦牵涉民族关系，就不敢管、不愿管的工作作风，真正做到依法治理，不纵容、不迁就、不失职。最后，要树立群众是依法治理、实施自治法的主体的思想，积极构建有效的批评和监督机制，充分发挥人民群众的监督职能。

（二）社会主义协商民主是"共建、共治"的沟通对话机制

社会主义协商民主作为民主和协商的结合体，能够充分地拓展公民有序参政的渠道，是民族自治地方社会治理中的重要一环。通过它可以实现公民与政府、人大、政协的直接对话，让政府更好地了解和掌握民意，也让公民认识和理解政府的决策；可以实现公民和社会组织的对话，让社会组织充分了解民情、提供对口帮扶，也让公民与更多的社会组织对接；可以实现公民和市场组织的对话，让市场组织更好地了解消费主体和生产主体的需求，也让公民更多的需求获得满足；可以实现公民和基层组织的对话，让基层组织最大限度地实现选举民主、参与民主和治理民主，让公民最大限度地发挥主人公作用；可以实现公民、公民基层组织、社会组织、市场组织和政府权力机关的宏观对话协商，实现共识性公共政策的制定和多元主体执行。

（三）民族文化和传统制度是"共建、共治"的润滑剂

文化和制度是社会治理中的重要因素，因为文化作为一种社会规范，构造了治理发生的背景、联结了个体和集体的身份、界定了群体的边界和组织着它们的行动、提供了一种动员资源；制度作为一种社会结构提供了治理发生的结构格局和路径，制度本身及其形成的社会资本有利于化解集体行动的困境，形成合作，从而提升治理能力。因此，民族自治地方的社会治理，既要重视共同的社会主义文化和制度的形构和规范作用，也要重视各民族传统文化和制度的作用。

传统的少数民族社会治理制度，如侗族水族的"侗款制"、布依族苗族的"议郎制度"、瑶族的"瑶老制度"、拉祜族的"头人制度"、赫哲族的"哈达莫昆达制度"以及形形色色的传统制度等，不仅在传统社会中有力地维系着民族秩序，而且至今仍是民族心理的制度呈现。这些千百年来积淀下来的制度，在民族自治地方治理中具有协调民族内部成员关系、形成伦理秩序作用。如谭同学在《粤北杉村排瑶社会治理转型研究》一文中认为瑶老制是杉村实现社会善治的重要一环，马岑晔指出哈尼族传统的"嘎收"管理者在梯田灌溉管理系统具有重要作用等。

（四）多元社会主体是"共建、共治"的主体

民族自治地方治理的主体是多元的，政治权力机关、社会组织、市场组织和公民及其自组织都是其治理主体。"共建、共治、共享"就是要承认这些主体的合理性和共同治理的可能性。

民族自治地方政府权力机关是社会治理的中心主体，要充分发挥发掘、统筹和分配各种社会资源，制定社会共治的宏观框架和行为规则，吸纳和协同各治理主体，运用经济、法律和政策手段，为民族自治地方社会治理提供依据和便利的作用。同时，要转变传统的政府单一治理的理念，实现由大政府向小政府和强政府的转变；作为社会治理的主体之一和公民社会主要组成部分的社会组织，要充分发挥其第三空间的作用，在政府和公民社会之间构建起一座坚固桥梁，实现政府与社会的良好互动；市场组织在创造利润的同时，也要兼顾社会责任，主动承担就业、环境保护、公共设施建设等方面的工作，协同政府和社会组织实现善治；公民及其自治组织作为最基本的共治主体，要充分发挥其主人翁的作用，要积极有序地参与公共事业的治理，把基层的实际情况准确无误地直接传达给政治权力机关，同时，严格履行公民的职责。

（五）社会共享、民族和谐是"共建、共治"的目的

民族自治地方社会共治的归宿便是社会共享，即社会各种角色和力量在平等、协商的基础上，沿着法治化和民主化的思路，积极、广泛、有序地参与社会治理，使国家与社会、国家与民族、民族与民族、国家与公民之间的关系走上和谐之路，形成建设中国特色社会主义和实现"两个一百年"伟大目标的合力，建立起一种与全面建成小康社会、全面深化改革、

全面依法治国和全面从严治党进程相适应的社会秩序。在公民的层面上就是要最大限度地满足个人发展的需求，实现公民的全面发展；在民族的层面上就是要充分地发展各民族事业，构建各民族和谐共生的共有家园；在社会层面上要构建开放、富有活力和创新的新型社会秩序；在国家层面上就要团结一切可以团结的力量，实现国家的长治久安和中华民族的伟大复兴。

五　结语

"共建、共治、共享"的民族自治地方社会治理模式，是在引入社会主义协商机制和充分兼顾民族自治地方的复杂治理环境下提出的，其核心是多主体和多渠道共治，多主体共治具体表现在民族自治地方"党的执政能力和执政水平的提升、政府机关履职能力的提升、市场机制的合理发挥、市场主体积极参与以及社会力量的有效激活"；多渠道治理是指"转变单纯的自上而下命令、自下而上回报格局，形成自上而下、自下而上、中间铺展、水平交错的全新治理格局，为信息的有效传输和资源的高效匹配创造条件"。共治的主体是政府权力机关、社会组织、市场组织和公民及其自组织四个主体；共治的维度有各主体内部的垂直方向上和水平方向上的协同、主体之间的协同和前两者的交错三个维度；共治的机制是社会主义协商民主；共治的环境是我国的民族政策、法律和制度；共治的目的是社会共享。

社会的治理体系是内嵌于一个国家的历史沿袭、文化传统、民族特质、经济水平和社会基础的。因此，要实现民族自治地方的社会共治，必须做到以下几点：首先，深刻了解和准确判断民族自治地方的社会实际；其次，要建立健全各种民族政策、法律和制度；再次，要发挥社会主义协商民主机制的作用；复次，政府要转变单一治理的理念，具备协同治理的思想和实践能力；最后，公民及其自组织、社会组织和市场组织要有主体意识，发挥主体作用。有此，民族自治地方的社会治理方可实现各民族广泛、有序参与的多主体和多渠道的社会共治。

11 俄罗斯民族事务管理机制转型：背景、特点与反思*

程春华　　陈晓璐**

【摘要】俄罗斯民族事务管理机制转型是俄罗斯应对民族问题、完善与落实民族管理构想、提高民族事务管理绩效的要求。俄罗斯民族事务局的成立以及民族事务管理理念与机制的转型，体现出俄罗斯更加追求多元化的民族公共管理，平衡化的中央与地方协同管理，专业化、集约化的高效管理，民族权利与责任统一的民族善治等特点与趋势。同时该机制转型也存在若干问题与争议，需要进一步反思与完善。

【关键词】民族事务管理机制　民族政策　民族事务局　民族文化自治

本尼迪克特·安德森认为，民族属性是当今政治生活中最具普遍合法性的价值。近年来，俄罗斯民族问题此起彼伏，为应对民族问题、改善民族关系，俄罗斯出台了《俄罗斯联邦 2025 年前国家民族政策战略》、《巩固统一的俄罗斯民族和各族文化发展纲要（2014 – 2020）》等一系列民族战略与政策文件。但是民族事务管理机制虽经不断调整，仍存在条块分割、效率不高等弊端，影响到民族战略政策的落实与民族关系的改善，民族事务管理领域急需统一、有力、高效的新机构。2015 年 3 月 31 日，俄罗斯总统普京签署总统令，宣布成立俄罗斯民族事务局（或称民族事务署），以加强俄罗斯民族团结，促进种族间与宗教间的和谐。之后 4 月 18日出台的《俄罗斯民族事务局条例》对其职能与作用做了进一步的规定。2016 年 3 月 17 日召开了由俄罗斯联邦民族事务局牵头的首届民族事务联

---

　*　本文曾发表于《世界民族》2016 年第 3 期。

　**　程春华，中央民族大学讲师；陈晓璐，中央民族大学硕士研究生。

席会议。

近些年来，关于俄罗斯民族事务管理机制的研究成果数量不多，较引人注目的著作有左凤荣、刘显忠的《从苏联到俄罗斯：民族区域自治问题研究》。该书考察了从苏联到俄罗斯民族区域自治政策演变的历史过程，论述了当今俄罗斯民族理论与政策、民族区域自治制度的变化。据此，本文拟对俄罗斯民族事务管理机制转型做进一步研究，以探讨制度、法律、政策等受关注较多领域之外的议题，更多着墨于受关注较少的民族机构转型等问题。

如俄罗斯民族事务管理机制转型缘于哪些因素？其具体运行规则与规律如何？有哪些反思与启示？对于这些问题的研究，一方面有助于我们了解俄罗斯民族事务管理机制的新变化，有利于理解俄罗斯民族事务管理的思路；另一方面可为完善我国民族事务管理机制、开展民族国际交流提供一些借鉴。

一 俄罗斯民族管理机制转型的背景

俄罗斯民族事务管理机制转型出于应对民族问题、落实民族管理构想、提高民族管理绩效等背景因素。

（一）更有力应对民族问题的需要

俄罗斯是一个有着 193 个民族、277 种语言、30 个民族区域实体的国家，民族问题盘根错节。普京指出，民族问题是俄罗斯的一个根本性问题，社会和谐、民族和谐是俄罗斯赖以存继的主要条件之一。苏联解体后，俄罗斯民族问题并未消失，民族关系并不和谐。民族主义、宗教对立正成为极端团体与派别的思想意识基础，国家因此被破坏，社会因此被瓦解。2012 年 10 月全俄社会舆论中心的调查结果显示，半数以上的俄罗斯人（56%）未感受到民族团结。

《俄罗斯联邦 2025 年前国家民族政策战略》、《巩固统一的俄罗斯民族和各族文化发展纲要（2014－2020）》都指出，俄罗斯存在排外、民族不宽容、民族与宗教极端主义、恐怖主义、道德观念倒退、法律虚无主义与高犯罪率、腐败、借用民族与宗教因素作为竞选工具等问题。虽然民族矛盾与国家分裂之忧暂缓，但在俄罗斯仍然存在民族地区落后、地区发展差异巨大、民族关系不够和谐（如北高加索地区与其他地区疏离）、一些民族地区俄罗斯族人口下降、民族自治区受中央与地方政府多头管辖，地位与同属联邦主体的边疆区和州不平等等问题。

俄罗斯专家指出，民族事务管理机制转型是为更好应对民族问题的任务所需。俄罗斯科学院民族学与人类学研究所副所长扎里内穆认为，成立民族事务局之前，民族宗教事务管理职能被分散在近十个部委，包括文化部、司法部与移民部、地区发展部等，结果导致政出多门、效率不高等问题。由于俄罗斯民族宗教问题错综复杂，所以建立统一的民族事务管理机构是非常迫切和必要的。俄罗斯科学院社会学研究所高级研究员、全俄社会舆论研究中心科学委员会成员列昂季·贝佐夫指出，俄罗斯民族问题不断增多，处于一触即发的状态。为此俄罗斯需要探索更适合国情的民族政策与管理机制，以促进民族关系和谐与国家发展。

（二）更有效完善与落实民族管理构想的要求

为了应对俄罗斯复杂的民族问题，普京在其竞选纲领《俄罗斯的民族问题》及相关文件中阐述了应对民族问题的构想。普京签署命令成立俄罗斯民族事务局，正是民族事务管理构想逐步完善与落实的体现。

一是将民族认同与国家认同相结合。民族认同有助于民族关系从和平共处、关系和谐向相互融合的状态推进。俄罗斯领导人相信，民族认同与国家认同是可以建构和管理的。普京指出，俄罗斯需要以爱国主义为基础的国家战略政策；任何居民都不该忘记自己的信仰和民族归属，但首先应是俄罗斯公民并以此为荣；国家的主权与统一、领土完整、民族团结高于单一民族的信仰、文化、习俗和宗教；不允许存在拥有司法权的、不认同俄罗斯国家法律和价值的单一民族居住区。反对民族同化论、民族自决权等不利于国家认同与统一的思想，克服多元文化论过度强调"少数人特权"的弊端，强调各民族"权责一致"的原则；苏联时期，正是由于推行了"单一民族国家"模式而加速苏联解体，所以应抵制在多民族国家（共同体）继续推行该模式的诱惑。

二是注重用历史、文化、语言等纽带构建共同民族精神空间。普京指出，俄罗斯是历史形成的统一的多民族国家，必须巩固其"历史性的国家"。要用国家和文化来促进各民族和宗教间的融合，应该在教育中加强对俄语、俄罗斯文学、本国历史及一切民族传统和文化财富的学习，巩固俄罗斯国家在人民观念中的地位。普京表示，文化是民族的主要联系纽带，营造统一的文化空间很重要；俄罗斯民族的自觉是以俄罗斯文化为核心的多民族文明；政治文化共同体的和谐发展有赖于文化、历史和身份认同。

三是打击破坏民族团结的极端主义等负面思潮。俄罗斯领导人强调继续打击分离主义和隔离主义等极端主义，管理与规范民族主义对政治的影响。普京认为民族分裂主义是苏联解体的重要原因，应吸取教训。苏联解体并未解决反而激化了原苏联地区的民族问题。2012 年 1 月梅德韦杰夫指出"教育部和相关的地区政府要采取应对措施，在某些情况下或许可以剥夺宣传极端主义价值观的教育机构的办学资格"。

（三）提高民族事务管理绩效的要求

俄罗斯一系列民族战略与政策的出台，需要统一、有力、高效的民族事务管理机构来落实，而之前的地区发展部、文化部、司法部等机构明显不能很好地承担这一任务，其工作绩效屡次被领导人诟病。地区发展部的主要精力放在地区经济发展事务上，无暇充分顾及民族政策的落实。文化部、司法部管辖的民族事务领域有限，也无法承担落实民族政策的任务。

普京认为，民族事务被分割为地区发展部与司法部等不同部门管理，效率不高；而地区发展部的民族事务管理非常低效，其工作量非常大，民族问题被挤压到第二级，有时甚至是第三级，应该改变这一局面；应在联邦权力机关成立主管民族发展、民族关系和民族互助的专门机构；新的民族管理机构不应当是一个常规的政府部门，而应当是可以与总统及政府首脑直接沟通、有一定实权的机构；民族政策不能靠闭门造车，各民族与社团包括宗教界要直接参与民族政策的讨论与制定。

成立新的统一的民族事务管理机构的呼声由来已久，不少民族地区多次呼吁成立管理民族事务的专门机构。2013 年有人建议设立统一管理民族关系与宗教事务的单独部门，但受到了东正教神职人员的批评，理由是有损俄罗斯的宗教信仰自由，之后此事就不了了之。

以俄罗斯民族事务局的成立为标志的新一轮民族管理机制的调整，可谓雪中送炭，有利于改变民族政策落实不力、民族事务多头管理的局面。政府层面民族管理机构的调整也体现出俄罗斯领导人对民族管理的反思、总结与修正，有利于为提高民族事务管理绩效提供机制保障。

二　民族事务管理机制转型的内涵、特点与趋势

俄罗斯民族事务管理机制转型包括民族制度、法律与政策等软件，以及民族管理机构等硬件的综合升级，呈现不同以往的特点与趋势。

（一）民族事务管理机制转型的内涵

1. 民族管理制度、法律与政策转型

俄罗斯不断完善联邦制与民族区域自治制度。现代联邦制发源于中世纪的欧洲，20 世纪以来被当作统一多民族国家的组织手段。联邦制国家的优点包括尊重民族自治与保留文化的愿望，又不至于独立或分裂出去。但苏联实行"假联邦制"，实际上实行高度中央集权的单一制。

苏联解体后，叶利钦时期的联邦制下中央软弱、地方独大，普京上台后逐步改革完善联邦制，反对民族分裂、加强中央集权、开疆拓土。普京于 2004 年启动鼓励联邦主体自愿合并的进程（从 89 个主体合并为 85 个，避免以民族命名合并后的联邦主体），强力遏制车臣等地方分裂力量，加强对地方的管控。与叶利钦时代不同，俄罗斯在联邦主体上增加了直接听命于总统的联邦区（9 个，其中克里米亚联邦区存有争议），并派出总统全权代表，之下的联邦主体（85 个）更加听命于中央，按照民族原则组成的主体民族共和国（22 个）、自治区（4 个）、自治州（1 个）亦如此。重新划分中央与地方的财权，加大联邦财政的份额，加强地方对中央的经济财税依赖。改革联邦委员会，加强总统对地方官的制约。从 2016 年起，民族共和国的首脑不再称"总统"。通过上述举措，俄罗斯巩固了国家统一与联邦体制，遏制了民族地方各自为政的势头。

此外，俄罗斯把民族文化自治作为联邦制的一种补充，以满足各个民族特别是小民族对民族语言、民族传统、文化教育、艺术和精神的要求，具体是通过基层民间组织的自我组织和普通居民的广泛参与来实现，而非由官方主导。威尔·金里卡指出，民族性少数族群希望作为与多数族群文化并立的独特社会保存下来，并且要求各种形式的自治，以便其作为独特社会的存续。俄罗斯希腊人民族文化自治委员会主席伊格纳季耶维奇指出，民族文化自治可以且应成为执行国家民族政策基本原则的有效工具。

157

民族文化自治对于保存少数族裔的语言和文化发挥着重要作用，是对民族区域自治的有效补充，满足了各民族共同体与民众对本民族语言文化及精神的需求，有利于保持国家的民族多样性。

俄罗斯注重通过法治、政策与机制建设等方式管理民族问题。俄罗斯推出了保障民族权利的政策和法律，主要包括：《俄罗斯联邦宪法》（1993）、《俄罗斯联邦国家民族政策构想》（1996）、《俄罗斯联邦民族文化自治法》（1996）、《关于组织俄联邦北部、西伯利亚和远东地区土著少数民族社区的基本原则》（2000）、《关于保障民族和谐》的总统令（2012）等。2012 年 12 月 19 日签署的《俄罗斯联邦 2025 年前国家民族政策战略》规定，"保障土著与少数人群体的权利，包括支持其经济、社会和文化发展，保护其自古以来居住和按传统方式生活的环境"。俄罗斯《2025 年前远东和贝加尔地区经济社会发展战略》提出，为北方少数民族原住民儿童建立流动学校；通过完善社会基础设施、提供退休保障、发展职业教育以及支持少数民族原住民传统的生活方式等措施留住该地区劳动力，并吸引高技能人才。2013 年 8 月 15 日俄罗斯出台了《落实俄罗斯联邦 2025 年前国家民族政策战略行动计划（2013－2015）》，通过具体措施实现协调民族关系、维护语言和文化多样性、预警与预防民族文化冲突的初步目标。

俄罗斯还通过战略与规划来推进民族事务管理。2013 年 8 月 20 日俄罗斯联邦政府颁布的《巩固统一的俄罗斯民族和各族文化发展纲要（2014－2020）》将促进俄罗斯民族与文化发展分为两个阶段，2014～2016 年为第一阶段，2017～2020 年为第二阶段，白俄罗斯地区发展部、文化部、教育与科技部、青年事务部负责实施。根据总统命令，俄罗斯成立了加强"文化领域国家政策基础"的工作组。

在新形势下，俄罗斯逐步进行民族政策调整。普京指出，民族政策涉及经济、社会、教育、政治体制与外交政策等方方面面。俄罗斯国家杜马民族事务委员会主席萨法拉里耶夫指出，当代俄罗斯民族政策的根本任务在于保障俄罗斯多民族共同体的精神统一。俄罗斯民族政策调整总体趋势与导向包括：培养公民社会，塑造俄罗斯民族（国族），维护民族与文化多样性，主体民族文化和少数民族文化均衡发展，增强俄罗斯民族文化对巩固国家体系的作用，在民族认同、文化自治等方面奉行自愿原则。其具体措施包括：法律中淡化民族观念和民族自我意识、民族自决权，取消共和国主权字样和自由退盟权利，主张公民权利高于民族权利，将保护少数人群体权利与促进国家认同相结合，反对民族分离主义。削减民族共和国的权利，使其与其他行政主体享受平等的权利与义务，监督其在共和国内实现各民族平等。

2. 民族事务管理机构转型

在此次民族事务局成立前，除地区发展部等行政机构外，在立法与司法领域，还有俄罗斯联邦民族关系委员会、联邦法院、国家杜马民族事务委员会、俄罗斯联邦委员会民族问题咨询委员会、地区政策委员会、俄罗斯民族和宗教关系协调委员会等民族事务管理机构。

在总统层面，2012 年 6 月 7 日，俄罗斯总统普京签署法令，成立隶属于俄罗斯总统的民族关系委员会。该委员会是隶属于总统的协商和咨询机构，成立该机构的目的是完善国家在民族关系领域的政策，保障国家政府机关、各主体国家机关、地方自治机关、社会团体、科学和其他机构之间在审议涉及落实国家政策问题时的协调。该委员会由国家元首领导，副主任是俄总统办公厅第一副主任维亚切斯拉夫·沃洛金。普京表示应让总统民族关系委员会成为一个可以公开辩论热点民族问题的平台。

在立法与司法层面，与苏联时期在议会中设立民族院不同，俄罗斯在议会（杜马）中设立民族关系委员会。俄罗斯不断完善国家杜马民族事务委员会的职能，该委员会是管理制定俄罗斯联邦政策、法律框架的机构，其任务包括制定预防和解决民族冲突的法规，立法保护俄罗斯土著人民权利，促进民族社会向公民社会的发展。2006 年 9 月俄罗斯总检察院成立了民族关系监督局，负责查处民族刑事犯罪案件。2015 年 4 月 23 日，国家杜马民族委员会举行了主题为"立法支持俄罗斯联邦北部、西伯利亚和远东地区土著人民生活"的议会听证会，讨论了《关于俄罗斯联邦土著人民权利保障法》的修订意见。

在政府层面，俄罗斯对行政系统的民族机构的几度调整体现了不同时期的需求，体现了积累经验、自我纠错的历程。苏联时期，俄罗斯最早的民族事务管理机构为 1917 年成立的"俄罗斯民族事务人民委员会"，斯大林为首任领导。2000 年 5 月普京将俄罗斯联邦民族事务部改为联邦事务、民族与移民政策事务部。该部昙花一现，由于政府机构改革，2001 年 10 月 16 日被普京下令撤销，其职能由内务部、外交部和经济发展与贸易部共同承接。2004 年 9 月 13 日，普京下令成立地区发展部，负责管辖国家民族政策、民族关系、保护少数人群体权利等问题，直到 2014 年 9 月相关职能转交给文化部。鉴于前几次民族机构改革都能理顺机构职能、改善管理效果，为此，2015 年 3 月 31 日，俄罗斯总统普京签署第 168 号总统令，宣布 4 月 1 日成立俄罗斯联邦民族事务局，以加强俄罗斯民族团结，确保种族间与宗教间的和谐。

（二）俄罗斯民族事务管理机制转型的特点与趋势

俄罗斯的民族机构格局总体呈现"一超多强"的特点。"一超"指总统系统的民族关系委员会统揽民族工作，法律系统的民族管理部门负责民族立法与执法，行政系统的民族部门负责执行民族政策。前两个系统民族管理机构相对稳定，而民族行政管理体制结构存在政出多门、条块分割、不够协调、官僚作风等一系列不足，不利于俄罗斯民族政策的落实、民族关系的改善与民族冲突的应对，需要根据形势调整。

俄罗斯民族事务管理机构的调整与演化并不均衡。在俄罗斯三权分立的结构中，总统与议会、司法等机构的民族事务管理机构总体保持稳定，但政府范围的民族事务管理机构则屡次调整、尚未定型。因此，此轮俄罗斯民族事务管理机构调整则主要表现为政府领域的民族机构改革与重组，即成立民族事务局来结束以往条块分割的局面，体现出俄罗斯的民族事务管理机制风格由分权向集权、由间接向直接、由区域向整体、由隔离向交叉转型的趋势。

相较总统、议会、法院等系统的民族事务管理机构，政府系统的民族事务局职权更加具体化、操作性更强。如果说总统系统民族事务管理机构是大脑，议会与法院系统民族机构则是神经，政府系统的民族机构则是身体与四肢，负责将大脑指令、经络信号付诸行动，俄罗斯民族事务管理机制转型就是要"强脑疏经健体"，改变"头脑缓慢、经络堵塞、四肢不力"的局面，改善民族事务管理的效果，促进民族关系的和谐。

与以往相比，俄罗斯民族事务管理风格与文化正从重人治向重法治转变。民族事务管理理念与态度从居高临下、领导指挥向平等协商、服务引导转变，民族事务治理模式从依赖领导人（官僚主义）与行政系统逐步向依靠制度、法律、政策与专业机构多元系统的方向转变，民族事务管理工具手段从领导人命令、行政法规等政治手段向政治引导、法律规范、经济社会文化资源引导与分配等多种方式转变。例如，俄罗斯联邦已将反对极端民族主义与建立和谐的民族关系作为保持国内政局稳定、巩固国家独立、维护多民族国家统一和主权的一项重要任务。宪法及相关法律对煽动民族和种族仇视情绪、挑起民族冲突的行为制定了严厉的打击条款，以立法的形式保障民族和谐与共同繁荣。

更加人性化、科学化与专业化是俄罗斯民族事务管理机制发展的主要趋势。2016 年 3 月 17 日在俄罗斯民族事务联席会议上，有专家指出，自2013 年起，俄罗斯就加强对民族事务的多层次、立体式、网络化治理，横向上加强民族事务管理部门之间以及与国外同行的合作，包括召开各种联席会议、进行职能合作；纵向上，加强民族事务管理部门与民族团体、民间社会机构及民族事务多元主体的合作。

三 俄罗斯民族事务局与民族事务管理机制转型

了解俄罗斯民族事务局的功能与发展趋势是探讨其民族事务管理机构与机制转型的一个突破口，探讨民族事务局运营与实践的风格有利于加深了解俄罗斯民族事务管理的理念、文化与趋势。

（一） 俄罗斯民族事务管理的目标与指导思想

2015 年 4 月 18 日出台的《俄罗斯民族事务局条例》总则规定：俄罗斯民族事务局是制定和实施国家民族政策法律法规的联邦机构；加强俄罗斯主体民族的团结，发展俄罗斯民族文化，促进民族间的共识，保护少数民族和土著人权利；加强哥萨克社会与其他公民社会机构在民族文化自治方面的互动；在族际关系方面制定和实现国际与联邦层面计划的目标；监督国家民族政策的执行情况；对族群和信仰关系领域进行国家监督；预防基于种族、民族、宗教或语言身份的一切歧视；弥合种族、民族和宗教分歧，打击煽动仇恨或敌意的企图。其民族事务管理活动受俄罗斯宪法、法律、总统、政府、相关国际法及该条例指导；其业务开展除了直接进行外，还可借助俄罗斯联邦其他部门、地方政府、社会团体和其他组织之力。

（二） 民族事务局功能中的民族事务管理内涵

民族事务局的职权涉及民族政策、法律法规的执行、少数民族权益保护、民族文化发展、民族宗教与移民关系、民族发展中的资源协调、民族问题咨询与国际交流等领域。

一是政策与规划制定、执行与监管类职权。保障俄罗斯联邦公共机构、地方政府及官员执行国家民族政策的有效性；制定与实施针对俄罗斯哥萨克领域的国家政策规划与措施；分析评估用于落实国家民族政策的国家补贴及其他政府间转移支付的效率，及其对联邦预算、相关规划、地区社会经济和民族文化发展的影响；为国家民族政策的执行提供信息保障；监控《2025年前俄罗斯联邦国家民族政策的战略》的实施情况；为俄联邦主体和地方自治机构活动提供方法支持，包括制定国家民族政策执行方面的区域战略文件、地区规划与行动计划。

二是经济利益分配、落实民族文化自治政策、保护少数民族权利等职能。在为民族发展提供资源与财政协调支持方面，管理该局开展相关活动所需的联邦财产，包括转移到该局下属机构的财产；负责活动范围内数据库信息系统的开发和维护，包括提供跨部门交换的数据；在联邦法律规定、联邦总统和政府法案程序的基础上，按照相关法律法案在活动范围内进行货物、产品和服务采购，以满足国家和民族地区的需要。同时，注重利用经济资源维护少数民族权利。为俄罗斯联邦主体和地方自治机构防止种族（民族）冲突和促进种族间和谐提供方法支持；参与俄罗斯联邦和地方自治机构预防种族和宗教极端主义的有效性评估；依法成为与哥萨克社区进行协调的联邦执行机构；与民族文化自治和其他公民社会研究机构进行协调。

三是民族问题研究咨询与国际民族事务合作等职能。为联邦民族地区公众教育提供信息支持；在国家民族政策方面进行研究；为对该机构活动领域的专家进行专业技能培训提供方法性支持；吸收科研及其他机构、科学家、专家参与该局相关事务与问题的研究；创建一个协调性、咨询性、跨部门的专家机构（理事会、委员会、专家组等）；等等。支持非营利性组织在如下领域开展活动：国际发展合作，保护俄罗斯联邦民族传统、语言和文化，移民的社会融入和文化适应，支持非营利性组织的登记注册、在相关领域接受捐助；分析俄罗斯联邦在有关消除种族歧视、少数民族和土著人保护问题的多边文书中国际承诺的落实情况，并就此起草国家报告。

从俄罗斯民族事务局管理的职能可看出民族事务管理的主体、客体与主客体互动等多方面的转变。民族事务管理的主体包括总统、议会、法院、政府等领域的民族管理机构，以及民族团体等自我管理或民族关系协调等非政府组织，民族事务管理的客体包括俄罗斯各民族及相关事务，其中涉及宗教等交叉性事务。俄罗斯民族事务管理的主体与客体相较苏联与早期俄罗斯主体更加丰富与多元化。民族事务管理主客体互动的方式由以往苏联时代的领导、管理等较单向生硬的方式，向指导、服务、咨询等双向互动的方式转变。民族事务管理工具箱内除了政治法律等存量外，多了经济利益分配、社会文化资源协调、国际交流引导等新增量。

（三）民族事务管理工作成效

民族事务局由俄罗斯联邦政府任命的负责人领导，包括一位局长与三位副局长。他们直接服从于政府总理与副总理，通过分支机构管理相关民族事务。该局局长职权包括：分配副局长和部门负责人的责任；向联邦政府提交该机构的规章草案、成员与工资基金规模的建议，提供该局副局长职位的建议人选、年度计划和机构活动指标预测，以及活动报告；批准该局分支机构规章。

俄罗斯民族事务局首任局长为伊戈尔·巴里诺夫。2015 年该局获得总额为 3.384 亿卢布的联邦预算，用于实施 43 个区域性的民族项目，包括民族公园旅游、民族文化节日、全俄文化与教育行动"民族周末"、儿童民族教育项目、民族团结日、民族和平对话、"多民族的俄罗斯"多媒体展览、冬季克里米亚"青年爱国者接力"活动等。巴里诺夫 2015 年 6 月 1 日签署《2015 年下半年俄罗斯民族事务局工作计划》，将下半年的工作任务分解为 97 项，规定了完成期限与负责人。2015 年 9 月主办"彼尔姆民族问题论坛"，出席论坛的 600 多名专家、300 多名地区代表共同讨论了民族政策的实施、加强爱国主义与公民认同等议题，此举密切了政府与社会代表在民族问题上的联系。2015 年 10 月，俄罗斯民族事务局与北奥塞梯政府签署了《共同努力落实国家民族政策，保障民族文化、语言与传统、巩固精神共性的协议》，以改善民族关系，缓解乃至解决印古什－奥塞梯地区冲突。继 2015 年 8 月在塔吉斯坦共和国举办第二届国际青年信仰论坛后，第三届论坛将于 2016 年在车臣共和国格罗兹尼举办。俄罗斯民族事务局还发挥国际交往职能，与伊朗相关部门达成共同反恐的共识，同时抨击伊斯兰国等恐怖主义现象。

俄罗斯注重将民族冲突应对方式从事后处置向事先分析、预警与管控转型。为应对民族冲突，俄罗斯民族事务局着手构建民族关系监控和种族冲突预警体系。2015 年 9 月俄罗斯民族事务局成立民族关系监控中心，该体系构建的准备工作取得初步成效。专家们开发出由 28 个指标构成的种族冲突指标评估体系，分为 8 大类：环境和资源，人口和迁移，权力和政治，经济和社会领域，文化、教育和信息，联系网络，类型，外部条件。将由国家机关、民族主体根据指标体系预测评估种族间冲突、评级冲突形式，并通过相关部门及时预警。该预警体系最初在克里米亚共和国、汉特－曼西自治区和斯维尔德洛夫斯克地区设立试点，后续试点地区还将扩大。

俄罗斯民族事务局在优化民族冲突应对机制方面取得了一定成效。2015 年 9 月 16 日伊戈尔·巴里诺夫在民族间关系联席会议上汇报《俄罗斯联邦 2025 年前国家民族政策战略（2016－2018 年实施细则）》时提出，2025 年前拟建立"民族关系监控和种族冲突预警体系"。俄罗斯民族事务局即将推出《俄罗斯联邦 2025 年前国家民族政策战略（2017－2025 年实施细则）》，建立针对年轻人极端主义蔓延的防范机制，落实民族关系监控和种族冲突预警体系。伊戈尔·巴里诺夫认为，预计俄罗斯不会出现移民危机和类似所谓"科隆之夜"（即移民性侵德国女性）的事件。

（四）俄罗斯民族事务局及民族事务管理机制转型的影响

俄罗斯民族管理机制转型对俄罗斯民族管理机制、民族文化自治制度、俄罗斯民族关系都有一定影响，当然也存在进一步完善的空间。

1. 有利于俄罗斯民族管理机制的完善

民族事务局及民族事务管理机制转型有利于实现对原先分散于文化部的民族文化发展职能、司法部的哥萨克团体发展管理职能等其他部门民族管理职能的整合。民族政策是民族机构落实的对象，也促进民族机构的调整与完善，民族事务局的成立便是该民族机构调整进程的重要里程碑。

俄罗斯民族事务局的成立有利于民族文化自治制度的落实与完善，有利于民族自治机构的协调与管理，有利于增强国家认同。与之前只能碎片状管理民族事务的地区发展部、司法部、文化部等机构不同，俄罗斯民族事务局的成立为民族文化自治组织加强与国家的联系提供了更多便利，这些体制机制的理顺也有利于国家加强对民族地区事务的掌控。

如果说民族文化自治组织主要是维护少数民族权利，那么俄罗斯民族事务局的成立有利于少数民族权利维护与促进少数民族增强国家认同责任的平衡，民族事务管理中央与地方权力的平衡。这与普京对多元文化论过于重视少数民族权利、忽视少数民族责任的批评一脉相承，体现了普京民族事务管理"权责兼顾"的思想。

2. 有利于改善民族关系

《俄罗斯联邦 2025 年前国家民族政策战略》指出，影响民族关系发展的因素包括：贫富分化严重，传统道德价值观被侵蚀，法律虚无主义、高犯罪率与腐败，民族歧视，民族政策教育与科研滞后，管理机构不协调，移民工作不力等；管理民族关系，营造民族和平、和谐，需要综合措施与跨部门的协作，要在平时构建稳定和谐的社会，以对话、合作来缓解民族关系，不造成使用暴力的机会。俄罗斯民族事务局的成立正为加强跨部门的协作、缓解民族关系提供了契机。俄罗斯民族事务局的成立有利于加强民族事务领域的统一领导与协调，提高民族事务管理效率，为民族关系改善提高组织保障。

一是民族文化促进功能有利于为改善民族关系提供精神动力。民族事务局以爱国主义、俄罗斯国族构建作为强化国家认同的抓手，通过落实民族文化自治政策、加强民族文化教育、举办民族文化论坛等方式促进民族文化发展，有利于落实普京构建共同文化与精神共性空间的构想，有利于为俄罗斯整个民族关系和谐提供文化心理支持。民族事务局的民族问题研究与咨询协调功能可为民族事务管理提供更多智力支持，促进民族领域人才培养与民族管理方式创新。

二是民族冲突预警与预防功能有利于为稳定民族关系提供防护网。民族关系监控和种族冲突预警体系有利于把握民族关系的动向、遏制种族和宗教极端主义，全力将种族民族冲突防患于未然。相对于之前条块分割的民族管理机制，新的民族事务局更可能对突发的民族事件做出更快更有效的预防与应对。民族事务局还注意防范跨界民族宗教极端主义思潮与力量的联动，如重视通过各种场合引导社会舆论，抵制"伊斯兰国"力量对俄罗斯国内青少年的思想渗透，对北高加索等民族宗教关系敏感地区进行重点监控。

三是保护少数民族权利与国家认同建设功能将有利于为民族关系提供平衡阀。民族事务局通过协调少数民族发展的资源与财政转移支付（如2015 年用 3.384 亿卢布联邦预算实施 43 个区域性民族项目），保护少数民族与土著人的权利，同时强调少数民族的国家认同与社会贡献责任，有利于减少乃至消除对国家过于照顾少数民族而逆向歧视俄罗斯人的担忧，减少民族主义与极端主义的滋生土壤，维护社会稳定与和谐。民族事务局的国际民族交流职能也有利于遏制国内外民族消极因素的联动，促进民族关系的总体稳定。

四 俄国内对俄罗斯民族事务管理机制转型的反思及建议

俄罗斯国内就如何平衡中央与地方权力、专业与外行、直接管理与间接指导、部门权力与关系协调、民族治理绩效等方面的关系进行了反思与讨论，就如何克服弱点、进一步完善事务管理机制提出了一些建议。

一是对加强中央集权、弱化地区分权的做法存在担忧。针对俄罗斯领导人通过民族管理局加强中央集权、弱化地区分权的做法，俄罗斯相关学者颇有微词，担心通过强化中央权威扭转以往地方民族权力过大的局面，可能引起相关地方民族力量的反弹与抵抗，恐事倍功半、欲速不达。俄罗斯民族学家瓦列里·季什科夫指出，民族事务局最重要的是不要让斯大林主义者或沙文主义者来领导；俄罗斯民族间问题应在地区层面解决。普京加强中央集权带来地方官员责任感下降（对总统负责重于对选民负责、看上不看下）、政治竞争性不强等弊端，其自身也在反思，在中央集权与地方分权方面进行了微调。2012 年 4 月 25 日，俄罗斯国家杜马通过了直选地方官的法律，使所有联邦主体最高行政长官在计票中产生，使其同时对总统与选民负责。

二是关于干部政治素质与业务素质、专业与外行关系的争议。由于俄罗斯民族事务局局长巴里诺夫是官僚出身，刚开始接触民族问题，其对民族问题的熟悉程度与领导能力受到一些专家的质疑，外行管理内行能否获得普遍认同存疑。俄罗斯总统民族委员会成员弗拉基米尔·佐林认为，对巴里诺夫的任命是正确的，因为对该职位而言，政治经验比专业技能更重要。而俄罗斯著名民族学家季什科夫院士认为，民族事务局局长的人选应该了解莫斯科之外整个俄罗斯的国情民情，文化部副部长亚历山大·茹拉夫斯基更适合担任民族事务局局长一职，因其是专家型官员，对民族事务非常精通。上述关于民族事务局的领导"红重于专"、"专重于红"等主张都有道理，但培养"又红又专"的领导，及整合民族自治组织与地方公民社会力量共同参与民族管理更为重要，因为由民族统治、民族管理向民族治理、民族善治、民族公共治理的民族管理方式转型升级，是改善民族关系、促进社会和谐的抓手之一。

三是关于直接管理与间接指导关系的争议。一些人士质疑俄罗斯民族事务局的成立存在纵容大俄罗斯主义、助长民族歧视等不良风气的嫌疑。极端民族主义者、俄罗斯自由民主党主席、国家杜马副主席、生于哈萨克斯坦的弗拉基米尔·沃尔福维奇·日里诺夫斯基认为，俄罗斯民族事务局局长位置非常关键，只能由俄罗斯族人担任，不应由其他民族代表担任，更不能由在中亚、高加索、摩尔多瓦和乌克兰待过的莫斯科官员担任。事实上，俄罗斯任命的民族事务局局长巴里诺夫作为统一俄罗斯党成员，是普京的心腹（有联邦安全局工作与车臣反恐经历），体现了俄罗斯当局对民族宗教事务加强直接掌控的意图。

四是该局职能存在交叉，与中央及其他部门协调存在隐忧。俄罗斯政治技术中心主任政治学家鲍里斯·马卡连柯指出，在如何建立少数民族与宗教学校方面，俄罗斯民族事务局就与教育部、司法部、宗教管理部门等机构存在职能交叉。这为民族事务局与其他职能部门的推诿扯皮留下了隐患。也有专家担心民族事务局不能处理好原则性与灵活性的问题，对中央缺乏独立立场、对其他部门缺乏灵活协作能力。俄罗斯杜马民族事务委员会主席特罗费莫夫指出，该机构的成立有利于抵制外部世界分裂俄罗斯的企图、尽快摆脱危机、促进民族关系和谐，但是该机构应该避免相关缺陷，更加独立与灵活。

五是该局存在内部机制不完善、发展前景不确定等问题。专家们担心，该机构缺乏实权，在民族宗教领域权威性不够。俄罗斯政治技术中心主任政治学家鲍里斯·马卡连柯认为，新成立的机构只是局级而非部级；在现代国家体系中，部级机构有权制定政策框架，而局级机构更多发挥的是执行政策的作用，该机构能否在民族政策制定中发挥足够影响力存疑；在民族宗教关系上，形成与维护自身的政治立场非常必要，对此，以往的民族机构未能做到，这也是其机构生命力不强的原因所在，而新的机构恐怕会面临同样的命运。鞑靼斯坦共和国民族文化自治代表提出最好重建民族部。如何提升民族事务局的权威硬实力以及认同等软实力，不重蹈旧机构的覆辙，有待相关人士进一步探索。

Iatrt

总之，以俄罗斯民族事务局的成立与运转为标志的民族管理理念与机制的转型，体现出俄罗斯更加追求多元化的民族公共管理、平衡化的中央与地方协同管理、专业化集约化的高效管理、民族权利与责任统一的民族善治等特点与趋势。这对我国民族管理机制的完善具有一定的启发，可对我国对俄罗斯开展民族国际交流、取长补短提供参考。

12　长治久安视阈下的边疆民族地区治理[*]

青　觉[**]

中国是统一的多民族国家，地域辽阔，陆地边界与 14 个国家接壤，有 2.2 万公里的陆地边界线，造就了广阔的边疆地区。我国近 60% 的少数民族人口居住在边疆省区，为此，这些边疆地区也被称为边疆民族地区。边疆民族地区既是国家地理上的边缘之处，又是少数民族的聚居之地，更是多元宗教文化的交汇之所，战略地位不言而喻。《诗·大雅》："惠此中国，以绥四方。"中国历代统治者均高度重视边疆民族地区的治理，广阔的边疆民族地区是统一多民族国家的有机组成部分。当前，中国共产党带领全国各族人民实现中华民族伟大复兴的中国梦，在实现这一伟大理想和共同追求中，加强边疆民族地区治理非常重要。

一　加强边疆民族地区治理意义重大

国家有边疆，就有边疆问题。边疆问题产生并存在于边疆，影响却不限于边疆，会波及整个国家。边疆是一个国家的领土边缘，更是一个国家民族生存的基本空间，是其赖以生存、繁衍和发展的物质基础和条件。在当前地缘政治局势错综复杂的时代背景下，边疆承载着维护国家安全、社会稳定的重要政治使命。我国边疆民族地区集边疆、民族、宗教等多种敏感要素于一身，加强边疆民族地区的治理具有重要意义。

一是关系祖国统一和边疆巩固。边疆民族地区对于多民族国家而言，具有极为重要的战略地位，攸关国家安全的维护。我国边疆民族地区与众

[*] 本文曾发表于《中国边疆史地研究》2016 年第 3 期。

[**] 青觉，1957 年生，法学博士，中央民族大学副校长兼中国民族理论与民族政策研究院院长，教授、博士生导师。

多国家毗邻，这些国家的动荡与安宁，会第一时间影响边疆民族地区。我国边疆治理的实践表明，新疆受中亚国家及阿富汗、巴基斯坦局势的影响较大，同时也较多地受到来自中东、西亚的影响；西藏受南亚地区局势的影响较大；云南、广西两省区受东南亚各国局势的影响较大。边疆地区是一个国家对外战争的缓冲地带，从1840年鸦片战争开始，中国不断遭受西方列强的侵略与欺凌，从独立自主逐步走向丧失国家主权与领土完整的悲惨境地，"俄北瞰，英西映，法南瞬，日东眈，处四强邻之中而为中国，岌岌哉"。从19世纪70年代末80年代初开始，中国接连不断遭遇边疆危机，其中尤以边疆民族地区为甚，大片领土被迫割让。新中国成立后几次边境反击战均与相关国家对我国边疆地区的侵犯密切相关。与此同时，一直以来，国内外敌对势力沆瀣一气，在边疆民族地区制造一系列事端，妄图分裂中国，对国家统一造成了严重威胁。

二是关系民族团结与社会稳定。边疆民族地区是我国少数民族的主要聚居地区，第六次全国人口普查的数据显示，我国的少数民族人口11379万，其中9个边疆省区人口共计6800多万，约占全国少数民族人口60%。除了少数民族人口众多外，边疆民族地区还具有民族成分多、世居民族多、跨界民族多等突出特点。边疆民族地区绝大多数少数民族都有宗教信仰，有的全民族都信仰宗教。历史已反复证明民族团结是我国各族人民的生命线，民族团结了，各民族人民的生活就稳定，社会就安宁，正可谓"家和万事兴"。在漫长的历史进程中，边疆各民族共同开拓开发了祖国的边疆，特别是在国家危难时期，边疆各民族始终把自己的命运与中华民族的命运联系在一起，抗击外来侵略，捍卫国家领土完整。中华民族既是多元一体，又是一个命运共同体。各民族不断地交往、交流、交融，形成了今天平等、团结、互助、和谐的民族关系。这种良好的民族关系是我国社会稳定的前提，也是全面建成小康社会的人心基础。人心是当前最大的政治，人心在我，我国各族人民就能众志成城。

三是关系国家富强与民族复兴。我国发展的目标是：到2020年全面建成小康社会，到21世纪中叶，建成富强民主、文明和谐的社会主义现代化国家，实现中华民族伟大复兴的中国梦。在中华民族追梦圆梦的复兴之路上，一个民族都不能少，一个地区也不能少。中华民族伟大复兴，更加需要一个和平稳定的发展环境，更加需要凝聚13亿中国人的智慧与力量。边疆民族地区不能如期实现经济社会发展的各项目标，中华民族的伟大复兴之梦也就不能如期圆满实现。当前，同全国其他地区，特别是东部沿海等经济发达地区相比，大多数边疆民族地区自然条件差、发展起点低、历史欠账多，在基础设施建设、经济发展、人民群众收入等方面均属于相对落后状况，因而在追求发展繁荣的美好梦想道路上的任务更为艰巨。因此，加强边疆民族地区治理，充分认识边疆民族地区的"家底"，才能使边疆民族地区在与全国同步实现中国梦的道路上，发挥优势，扬长避短，加速发展。

二　边疆民族地区治理面临诸多挑战

党和国家高度重视边疆民族地区的发展工作，新中国成立以来特别是改革开放三十多年以来，通过扎实有效的治理，我国边疆民族地区日新月异，改革发展、民族团结、社会进步、民生改善、边防巩固取得了历史性成就。与此同时，基于历史与现实、国内与国际等多种因素制约，边疆民族地区治理仍面临着一系列突出问题。

一是周边局势错综复杂。长期以来，中国一直奉行"与邻为善"、"与邻为伴"的睦邻友好外交政策，中国越是发展，同地区和世界的联系越是紧密，就越需要一个稳定的地区环境与和平的国际环境。但现实的状况是我国周边局势可谓扑朔迷离，广阔的边疆与众多国家接壤，与相关国家存在领土纷争、历史积怨、文化冲突、利益博弈等突出问题，多重交织，共同影响，使我国与周边国家的关系异常微妙。与此同时，周边国家在建设与发展中也面临着诸多问题与考验，在这些因素的综合作用下，我国边疆民族地区治理受到的影响主要有：第一，境外势力渗透日益加剧。边疆民族地区已经成为境外敌对势力开展渗透活动的重点地区，他们在宗教、意识形态、文化等多个领域开展渗透活动，散布宗教极端、暴力恐怖、民族分裂等思想，妄图动摇边疆各族群众对祖国的认同、对中华民族的认同、对中华文化的认同、对社会主义道路的认同。经济与和平研究所公布的全球恐怖主义指数（2015）显示，与新疆接壤的阿富汗、巴基斯坦、印度分别排在第2、3、6位，恐怖主义问题异常严重。同时，西方国家长期对我国推行"分化战略"，妄图利用我国的民族宗教因素，达到分裂国家统一、破坏安定团结等险恶目的。"东突"、"藏独"等势力得到邻国的恐怖组织及西方国家的活动经费、物资装备、人员培训等多方位的支持。"文蚌同盟"（亦称"泛克钦组织"）深入云南地区暗中鼓动景颇族、傈僳族、拉祜族等少数民族边民外流。第二，跨境犯罪问题突出。伴随着我国改革开放的深入推进，边疆民族地区的开放性与日俱增，边民往来日益密切。同时，边疆民族地区跨境违法犯罪活动也逐渐增多。从地理环境来看，边境地区两国，或以山为界，或以水为界，山水相连，村寨相邻，鸡犬相闻。这在为边民往来提供便利的同时，也使境外边民犯罪后可以逃逸至境外躲避我国法律惩罚。新疆、西藏、云南、广西等边疆多民族省区边境线漫长，越境通道多，非法越境、走私、毒品贩运等是这些地区违法犯罪活动的主要类型。跨境违法犯罪活动已经成为干扰人民生活幸福安康、社会和谐稳定的重要因素。

二是团结稳定挑战重重。由于地理位置特殊，民族宗教状况具有复杂性，边疆民族地区历来是各种势力开展非法活动的重灾区，影响着边境民族地区的民族团结、宗教和谐与社会稳定。这些非法活动可以划分为如下类型：第一，暴力恐怖活动。民族分裂、宗教极端、暴力恐怖"三股势力"为达到破坏民族团结、分裂中国的目的，长期在边境民族地区从事反华分裂活动，策划实施暴力恐怖活动。近二三十年来，新疆、西藏接连发生暴恐事件，造成了大量无辜平民伤亡和巨额财产损失，严重威胁国家安全和地区和平稳定。第二，非法宗教活动屡禁不止。非法宗教活动一般指超越法律允许范围的宗教活动，表现为活动方式非法、传播方式非法、活动场所非法、活动主持者非法及行为非法等。当前，我国处理宗教问题的基本原则，就是保护合法、制止非法、遏制极端、抵御渗透、打击犯罪。长期以来，境外宗教势力利用边疆民族地区地域广阔、社会控制难等特点，大肆开展活动。在新疆，90%以上的非法宗教活动表现为非法教经活动和宗教类非法宣传品的传播蔓延。在云南，"东方闪电"和"门徒会"等邪教组织活动较为频繁。非法宗教活动严重影响了边疆民族地区多元和谐的宗教生态。同时，非法宗教活动为"三股势力"存在与蔓延提供了思想基础，成为催生民族分裂、暴力恐怖活动的温床，是严重影响边疆民族地区社会稳定的毒瘤。第三，群体性事件时有发生。我国进入了经济和社会转轨历史时期，这一时期，利益分化加剧，社会矛盾重重，边疆民族地区也同样如此，利益纷争、权益保护等群体性事件时有发生，其中不乏严重的暴力事件，对民族团结、社会稳定构成了威胁。以云南为例，近5年云南边疆民族地区各级政府排解敏感涉众矛盾纠纷5万余起，民间纠纷矛盾 14 万多起，收集各类预警情报和线索 2 万余条，消除群体性事件隐患 8000 多起，妥善处置了 4000 多起各类规模的群体性事件。

三是经济民生发展失衡。改革开放以来，边疆民族地区的经济社会发展成就巨大，经济总量大幅增加、人民收入不断增长、生活水平持续提高。但同时，受历史基础、地理区位、自然资源等多种因素制约，边疆民族地区整体发展水平仍然较低，经济发展基础薄弱，自我发展能力不足，脱贫攻坚任务艰巨，等等，具体表现在：第一，经济发展不平衡状况持续存在。目前，边疆民族地区的经济发展与内地存在差距，同一省（区）内部之间地区发展也不均衡。2015 年，内蒙古、广西、云南、新疆、西藏等五个边疆民族省（区）分别排在第 16、17、23、26、31 位，总体处于中等以下序位，五个省（区）的 GDP 之和不及位于前三的广东、江苏、山东各自的单独总量。新疆南疆四地州人均 GDP 不足全疆水平的一半，农村贫困人口占全疆的 80% 以上。广西根据区域经济发展水平依次可以划分为桂南、桂北、桂东、桂西地区，区域间存在明显的经济发展差异。为此，习近平同志在中央民族工作会议上指出，发展是解决民族地区各种问题的总钥匙。如果民族地区发展差距持续拉大趋势长期得不到根本扭转，就会造成心理失衡乃至民族关系、地区关系失衡。第二，边疆民族地区民生问题突出。百姓安居乐业能奠定长治久安的人心基础。民生问题不仅是经济问题和社会问题，也是政治问题。"民生是人民幸福之基、社会和谐之本"。当前，边疆民族地区的民生问题主要体现为人民群众增收乏力，医疗、卫生、教育等基本公共服务欠缺，突出表现为就业与贫困问题。截至 2016 年 2 月，新疆全区农村富余劳动力约 250 万人，其中南疆四地州占 63%，30 岁以下"两后生"占 68.9%。就业是民生之本，是社会稳定之源。边境民族地区是我国扶贫攻坚的重点地区，全国 14 个集中连片特困地区中的 8 个地区属边疆民族地区。反贫困是古今中外治国理政的一件大事。全面消除边疆民族地区的贫困问题，各族人口衣食无忧，可以为国家认同奠定坚实的物质基础。

三　加强边疆民族地区治理的对策

党的十八届三中全会通过的《中共中央关于全面深化改革若干重大问题的决定》明确将完善和发展中国特色社会主义制度、推进国家治理体系和治理能力现代化作为全面深化改革的总目标。伴随着我国全面建成小康社会、"一带一路"等战略的持续推进，边疆民族地区已经从"边缘"向"前沿"转变，其维护国家安全、推动经济发展的战略地位越来越重要。在机遇与挑战并存的国际国内大背景下，边疆民族地区的治理必须要立足根本、深化改革。

一是立足最高利益，坚持中国特色治理边疆民族地区的政策体系。加强民族团结、维护祖国统一是中华民族的最高利益，也是实现中华民族伟大复兴的根本保证。边疆民族地区进一步发展繁荣，也是我国全面均衡快速发展的重要体现。"只有高举中国特色社会主义伟大旗帜，我们才能团结带领全党全国各族人民，在中国共产党成立100年时全面建成小康社会，在新中国成立100年时建成富强民主文明和谐的社会主义现代化国家，赢得中国人民和中华民族更加幸福美好的未来"。党的十八大以来，以习近平同志为总书记的党中央高度重视民族工作，先后召开了中央新疆工作座谈会、中央民族工作会议、中央第六次西藏工作座谈会等，在这些会上结合我国当前民族工作实际提出的新观点、新政策，不断充实完善我国的民族政策体系，为我国边疆民族地区的治理提供了制度保障。当前，我们必须坚定道路自信、理论自信、制度自信，坚定不移地坚持党的民族政策，坚持民族区域自治制度，开创边疆民族地区治理新局面。

二是立足重点问题，促进社会稳定与长治久安。我们的事业越发展，新情况新问题就会越多，面临的风险和挑战就会越多，面对的不可预料的事情就会越多。我国各边疆民族地区面临的问题既有共性又存在差异，为此，要立足边疆民族地区发展的实际需要，不同的地区，发展策略要有所区别，有所侧重。对于新疆地区，在当前暴力恐怖活动频繁的情况下，必须将严厉打击暴恐活动作为重点工作，"必须采取坚决果断措施，保持严打高压态势，坚决把暴力恐怖分子嚣张气焰打下去"。对于西藏地区，"治国必治边、治边先稳藏"，一定要把西藏地区维护祖国统一、社会稳定、民族团结作为工作的着眼点和着力点，坚持对达赖集团斗争的方针政策毫不动摇，牢牢掌握反分裂斗争主动权。信教群众较多，宗教氛围浓厚的边疆民族地区，要在坚持宗教信仰自由政策的基础上，坚持保护合法、制止非法、遏制极端、抵御渗透、打击犯罪，积极引导宗教与社会主义社会相适应。对于广西、云南、内蒙古等民族、宗教因素影响相对较弱的地区，要将发展经济、改善民生、脱贫攻坚作为治理工作的第一要务。

三是立足民族团结，构建各族人民的生命线。对于民族团结的重要性，习近平在不同场合多次提及，在中央民族工作会议上强调"做好民族工作，最关键的是搞好民族团结，最管用的是争取人心"；在第二次中央新疆工作座谈会上强调"新疆的问题最长远的还是民族团结问题"；在中央第六次西藏工作座谈会上强调"切实把维护祖国统一、加强民族团结作为工作的着眼点和着力点"。当前，加强边疆民族地区团结工作，第一，要科学认识边疆民族关系的现状。平等、团结、互助、和谐的民族关系是我国民族关系的主流，民族分裂势力实施的乌鲁木齐"7·5"事件、拉萨"3·14"事件等并不能动摇我国良好民族关系的常青树。第二，要不断加强边疆民族地区各族群众的交往、交流、交融。尊重差异性，增进共同性，最大限度团结各族群众，使他们不断增进对伟大祖国、中华民族、中华文化、中国共产党、中国特色社会主义的认同，这也是巩固边疆、建设边疆的坚强而长久的基础。第三，要深入开展民族团结进步创建活动。要在边疆民族地区机关、学校、社会团体、企业单位等各类社会主体中全面深入地开展民族团结进步创建活动，利用网络等新载体，创新宣传教育方式，使边疆各族群众牢固树立正确的祖国观、民族观，弘扬社会主义核心价值体系和社会主义核心价值观。第四，要深入推进民族团结法治化建设。法治是民族团结的重要保障，要在边疆民族地区"弘扬社会主义法治精神，引导全体人民遵守法律、有问题依靠法律来解决，形成守法光荣的良好氛围"。严格依法妥善处理边疆民族地区危害民族团结的各种问题。

四是立足以人为本，确立科学合理发展道路。发展是硬道理，发展是解决边疆民族地区各种问题的关键所在。对于如何发展，习近平在新疆考察时指出："发展要落实到改善民生上，落实到惠及当地上，落实到增进团结上"，这一科学论断为边疆民族地区未来经济社会发展指明了方向。第一，发展要"惠民生"。"让老百姓过上好日子是我们一切工作的出发点和落脚点"，边疆民族地区在今后的发展中，要紧紧抓住各族群众最关心最直接最现实的利益问题，以增加群众收入、改善生产生活条件为根本，使他们能够享受到发展所带来的各项成果。第二，发展要"惠当地"。边疆民族地区经济基础薄弱，积累不足，自我发展的"造血"功能相对欠缺，外在帮扶是快速发展、缩小差距的必要条件之一。要着力克服在以往的项目开发、工程建设中，边疆民族地区存在"得势不得利"的怪现象，

175

为此，今后无论谁投资边疆民族地区，政府都要将拉动当地经济增长、增加当地群众就业、促进当地群众发展作为重要考核目标。发展实现了"惠民生"、"惠当地"，就一定能够增进民族团结。此外，边疆民族地区的生态较为脆弱，在发展中一定要坚持生态优先、绿色发展。正如2013年9月7日，习近平在哈萨克斯坦发表演讲时所指出的："我们既要绿水青山，也要金山银山。宁要绿水青山，不要金山银山，而且绿水青山就是金山银山。"

13　让少数民族群众更好融入内地城市[*]

城镇化是现代化的必由之路。在全面建成小康社会的攻坚阶段，努力推进中国特色新型城镇化的进程，不仅是确保全面实现"十三五"规划目标的重要任务，而且是实现中华民族伟大复兴目标的基本条件。中国特色新型城镇化，以人的城镇化为核心，坚持创新、协调、绿色、开放、共享的发展理念，着眼于各民族共同团结奋斗、共同繁荣发展的大局，展开了各民族交往、交流、交融的新场景。在这方面，习近平总书记在 2014 年中央民族工作会议上强调指出的"让城市更好接纳少数民族群众、让少数民族群众更好融入城市"，成为我国城镇化进程的重要任务之一。

今年伊始召开的全国城市民族工作会议，对全面贯彻中央民族工作会议和中央城市工作会议精神做出了重要部署。会议聚焦于坚持中国特色解决民族问题的正确道路，依法管理城市民族事务，以保障各民族合法权益为核心的城市民族工作主题。提出了推进城市民族工作制度化、规范化、精细化，让城市更好接纳少数民族群众、让少数民族群众更好融入城市，切实加强各民族交往交流交融的工作任务。而《国务院关于修改〈城市民族工作条例〉的决定（征求意见稿）》向社会公布、征求意见，正是依此而来的重要举措，目的就是为城市民族工作制度化、规范化、精细化提供遵循和保障。

改革开放以来，少数民族人口与汉族人口一样，呈现了离乡离土、从农村向城市、从西部向东部流动的态势。国家每 10 年一次的人口统计，不仅展现了各省区市人口中各民族成分持续增多的现象，而且城镇常住人口中少数民族人口的比例显著提高。据统计，全国范围少数民族流动人口超

---

[*]　本文曾发表于《中国民族》2016 年第 8 期。
[**]　郝时远，中国社会科学院学部委员、研究员。

过了 2000 万，很多东部、内地省市的城市少数民族人口大幅度增长，也主要源自流动人口。如广东省 320 万少数民族中，250 万来自外省区。这种流动，展现了各民族人口，尤其是少数民族人口在全国范围大融散的发展态势，而城市正是多民族融散共居的环境。这是经济社会发展推动的各民族交往、交流和交融过程，源自民间社会自然、自觉的相互接近。

少数民族农村、牧区流动人口进入城市，与汉族农民进城的动因没有区别，都是希冀通过打工、经商谋求更好的经济收入和生活条件。但是，他们在适应城市生活过程中的择业取向和能力，则不尽相同。一些少数民族能够适应劳动密集型的产业、建筑业和较广泛的服务行业，而一些少数民族则侧重个体、家庭式的小商业。如遍布全国的数万家"兰拉"、"青拉"，基本上都是由西北回族、撒拉族经营的。类似的择业偏好在许多少数民族群体中都有体现。即便是一些地方以劳务输出方式组织的打工群体，如新疆地区的少数民族在东部、内地劳动密集型企业就业，他们在生活适应、社会交往中也有相当的局限，甚至一定程度的封闭。语言、宗教信仰、饮食习惯等因素使他们在融入城市过程中面对着一些特殊的困难。能够稳定地留下来、融入当地社会生活并非易事。这就需要城市管理工作提供帮助、创造"接纳"和"融入"的条件。

从这个意义上说，城市民族工作并非民族事务部门单独承担的责任。在城镇化进程中，我国民族关系展开了日益社会化、民间化的视野。修订和完善《城市民族工作条例》即为了适应民族工作普遍化、社会化、民间化的发展；广泛征求意见就是为了从社会观念、民间心理层面，牢固确立保障各民族合法权益、坚持"平等对待、一视同仁"的民族政策意识，在"接纳"和"融入"的城镇化进程中，坚决纠正和杜绝歧视或变相歧视少数民族群众、伤害民族感情的言行。

在进入东部、内地城市的许多少数民族流动人口中，的确存在因语言不通、习俗各异、对城市生活及其秩序不适应的问题，并直接影响到他们的择业取向和就业能力。也确实存在一些不服管理、坑骗偷讹、违法乱纪的问题。这种现象，在一些汉族农民工融入城市的进程中也同样存在。包括同乡聚居、环境脏乱、行为失序等，甚至有抢劫偷盗等违法犯罪行为。以致一些城市的民间社会中也出现过以地域冠名来防范、排斥、污名"某某人"的舆论。但是，对一些进入城市的少数民族流动人口，因"接纳"方、"融入"方的不适应而被以地域、族别冠名的"某某人"，防范则不仅停留在民间舆论，而且延伸到了有的管理部门和一些服务行业，出现了"特别检查"、拒载拒住等歧视、排拒的现象，违背了对各民族群众"平等对待、一视同仁"的原则。"一刀切"容易，精细化、差别化则不易，这正是修订和完善《城市民族工作条例》所要解决的难点。

理解各民族一律平等的原则，要立足于统一多民族国家这一基本国情。各民族一律平等属于"统一"的范畴，在一定历史阶段实行差别化的民族政策是针对"多民族"的差异，这是一个辩证统一关系。在多样中求统一，在差异中求和谐，这是高明的政治智慧。中国形成统一的多民族国家，是几千年多民族互动的结果。中国并非在"一体"中人为分出"多元"，而是因为"多元"才强调和建设"一体"，这是个思想方法问题。承认"多元"、熔铸"一体"是尊重历史、符合国情、顺应人心的正确抉择。"多元"意味着存在差异，尊重差异才能包容多样，包容多样才能铸就"一体"。中国特色解决民族问题的正确道路及其所涵盖的民族政策，就是为此而确立，其特点不是"照顾"、"放大"或"强化"差异，而是尊重差异。

近些年来，一些舆论倾向于借鉴美国等西方国家处理种族（民族）问题的经验。的确，美国是世界上最发达的国家，其立国理念的核心是"人人生而平等"。同时，美国也是种族、民族移民最多的高度城镇化的国度。但是，美国并没有成功解决根深蒂固的种族问题。我们需要关注他国的道路、制度、政策，但必须立足于中国的国情实际，坚定走中国特色解决民族问题的正确道路。正如习近平总书记指出的："我们需要借鉴国外政治文明有益成果，但绝不能放弃中国政治制度的根本。中国有960多万平方公里土地、56个民族，我们能照谁的模式办？谁又能指手画脚告诉我们该怎么办？"这是我们坚定道路、理论、制度、文化自信必须拥有的政治底气。

民族区域自治是我国的基本政治制度，属于"中国政治制度的根本"之列，这一制度设计的理念体现了尊重差异、缩小差距的政策指向。《城市民族工作条例》是这一政策指向在城镇化进程中的延伸和发展，体现了民族工作精神力量和物质力量这"两把钥匙"对"接纳"和"融入"的原则要求。"接纳"和"融入"，要立足于尊重差异、缩小差距，使各民族群众在城市生活中相互嵌入地共居，相互欣赏地共学，相互帮助地共事，团结友爱地共乐；尊重文化、习俗、宗教信仰等差异，缩小适应城市生活规则的认知、行为、能力等差距，这是一个"接纳"方、"融入"方双向努力的过程。关键是"接纳"方所提供的管理、所创造的环境和所昭示的观念。对"融入"方而言，自觉学习和适应城市生活环境、尊重原住市民的生活习俗、服从城市管理规则、发挥自身优势创业就业，以特色产业、产品丰富城市生活，就能够更好地融入。对"接纳"方来说，全国性的人口流动、进入城镇就业生活，是一个方兴未艾的进程，少数民族人口的城镇化水平也不可能齐头并进地达到全国的平均水平，但是"共享"的发展理念要求我们通过努力加快缩小这方面的差距。因此，少数民族流动人口个体在城市"接纳"和"融入"过程中的感受，及其所具有的一传十、十传百的群体放大效应，就成为城市民族工作精细化所要关注的重要因素。无论是城市管理者，还是城市民间社会"接纳"者，以及城市"融入"者，都要意识到"美人之美"才能"美美与共"，相互认同才能实现平等、团结、互助、和谐的中华民族认同。而这正是中国各民族在城镇化进程中和睦相处交往、和衷共济交流、和谐发展交融的前景。所以，我们期待《城市民族工作条例》通过集思广益的完善，为我国城镇化进程中民族事务制度化、规范化、精细化提供切实的保障。

14　对民族团结进步中"进步"的认知与现实价值审视[*]

严　庆[**]

【摘要】民族团结与民族进步是两个高度相关但又各具意涵的概念，民族团结的侧重点在于民族关系方面，民族进步的侧重点在于民族发展和追求先进性方面。进步也体现了团结的品质和方向。在社会转型关键期，面对理论纷争和认知分歧，为了实现、保持民族团结需要强调进步性。

【关键词】民族团结　民族进步　发展与和谐　民族关系　民族团结进步事业

从多民族国家建构或建设的角度讲，民族团结相对于隔阂、分裂而言，旨在实现民族关系和社会关系的整合；从多民族国家发展的角度讲，民族进步相对于落后、差距而言，旨在实现国家与各民族的共同发展。民族团结与民族进步统一于我国的民族团结进步事业之中。

2008年"拉萨3·14打砸抢烧严重暴力犯罪事件"和2009年"乌鲁木齐7·5打砸抢烧严重暴力犯罪事件"发生之后，一些群体不信任的情绪在社会上弥漫，并在社会行为中表现为选择性排斥（具体体现在安全检查、社会服务等方面）。近年来，这些情绪又通过涉及民族、宗教因素政策的网络言论纷争表现出来，转化为一定程度的政策质疑和不满情绪，成为影响当下民族团结进步的重要因素。

团结会受到非进步性因素的扰动，进步也会受到非团结性因素的阻滞，克服非进步性因素和非团结性因素是各民族在不断实现民族团结进步

　＊　本文曾发表于《中南民族大学学报》（人文社会科学版）2016年第5期。

　＊＊　严庆，中央民族大学中国民族理论与民族政策研究院教授。

进程中要共同面对的议题。

一　如何认知民族团结进步中的"进步"

民族团结进步是民族团结和民族进步的合意。民族团结是指民族关系的密切，是社会主义民族关系的基本特征和核心内容之一。其内涵具有齐心聚力，维护和促进民族关系密切、融洽发展的正向引领意涵，也具有反歧视、反分裂的反向遏制意涵。从党的民族纲领提出伊始，民族团结的概念便得以确立和传播。

相比于民族团结，民族进步的概念出现较晚，而且是以"民族团结进步"的形式出现。查询《人民日报》数据库（1946～2016 年），《人民日报》最早刊登的篇名含"民族团结进步"的文章是 1984 年 5 月 25 日的《民族区域自治法必将促进民族团结进步和繁荣新兵役法符合国情利于国家武装力量现代化建设》一文，这篇报道是针对人大代表分组讨论《民族区域自治法》和《兵役法》两个法律草案时撰写的。查询中国知网，最早的篇名中含有"民族团结进步"的文章是《在民族团结进步的指导思想下前进——庆祝建校三十五周年》① 一文。但在民族学家杨堃《回忆周总理关于民族学的一次谈话》一文中，杨堃写道：1955 年春，周总理在赴印尼参加万隆会议的途中，路过昆明，召见了杨堃和他爱人，在交谈中周总理提出，我们要建立以马列主义、毛泽东思想为指导，为我国各民族团结进步，为世界被压迫民族的解放斗争服务的民族学②。这说明"民族团结进步"的用法在新中国成立之初就有使用，只不过尚未普及。

1988 年全国首届民族团结进步表彰大会召开之后，"民族团结进步"的使用才逐步增多起来。1988 年，时任国家民委副主任的赵延年，在国务院召开的全国首届民族团结进步先进集体先进人物表彰大会的讲话中，第一次阐述了民族团结与民族进步的关系。赵延年指出：这次表彰大会，在表彰的内容上，把民族团结与民族进步联系了起来。这不是简单地比过去加上了"进步"两个字，而是在新的历史条件下，客观形势和民族工作的

---

① 贾清波：《在民族团结进步的指导思想下前进——庆祝建校三十五周年》，《中南民族学院学报》1987 年第 1 期。
② 杨堃：《回忆周总理关于民族学的一次谈话》，《社会科学战线》1978 年第 4 期。

要求所决定的。因为只有实现了各民族的大团结，我们国家才能在一个和谐的环境中一心一意地从事建设，这是国家长治久安的基本保证。同时，只有各民族共同努力、共同发展、共同进步，才能把我们的祖国建设成为富强、民主、文明的社会主义现代化强国。也就是说，民族团结是民族进步的保证，民族进步是民族团结的基础。二者是相辅相成、密切相关的。所以把民族团结和民族进步作为同等重要的内容提出来，更有利于促进团结进步活动全面深入地展开，更有力地推进新时期的民族工作①。

虽然，赵延年在讲话中没有明确指出民族进步的概念是什么，但从上下文的联系中，可以研判出民族进步具有以下几层含义。

其一，思想观念上的先进性。赵延年指出，在新中国成立之前长期的民族压迫剥削下形成的旧思想观念，经过几十年的工作，虽已起了根本变化，但并没有也不可能完全消除，还将产生影响。所以，要推进民族团结进步事业的发展，就必须像许多先进集体、先进人物所做的那样，用正确的民族观、民族政策和爱国主义思想武装人们的头脑。只有这样，才能站得高、看得远，充满信心，主动地去做有利于民族团结进步、维护祖国统一的事②。从讲话中可以看出，旧思想观念是落后的，新的民族观、民族政策和爱国主义思想是先进的，符合社会发展和时代需要的。

其二，各民族在经济社会方面的改观与发展。赵延年指出，随着时代的发展，民族之间的交流和互助，尤其是比较先进的民族对比较后进的民族在科学技术方面的支援和帮助，已经日益成为民族团结互助的重要内容和形式，成为民族进步的动力③。在这里，民族进步是指包括相对后进的民族在内的各民族在经济社会诸领域的优化和改善，是指初步的、一定程度的发展。显而易见，民族进步在这样的语境中是指各民族发展。

其三，民族关系局面向好，处理民族问题和矛盾的方式方法积极、主动、有效。20世纪80年代，我国在民族关系方面出现了一些不容忽视的问题和一些新的矛盾。有的表现在经济利益上（例如云南东风农场与西双

① 赵延年：《总结推广先进经验促进民族团结进步事业的更大发展》，《中国民族》1988年第6期。
② 赵延年：《总结推广先进经验促进民族团结进步事业的更大发展》，《中国民族》1988年第6期。
③ 赵延年：《总结推广先进经验促进民族团结进步事业的更大发展》，《中国民族》1988年第6期。

版纳景洪动龙、小街两个地区的傣族、哈尼族、拉祜族、布朗族群众之间
的场群矛盾），有的表现在对少数民族风俗习惯、宗教信仰、语言文字尊
重不够上，有的表现在对历史事件、历史人物、文学作品的评价上。在处
理这些问题和矛盾的过程中，各地形成了一些经验，即正视这些问题和矛
盾，坚持民族平等原则，坚持宗教信仰自由和各民族有保持或改革自己风
俗习惯权利的政策，按照正确处理人民内部矛盾的原则和方法，通过耐心
细致的思想教育和反复的协商对话，找出妥善解决的办法，正确加以处
理，以缓解或消除矛盾。针对当时在文学、教育、新闻、出版等方面出现
的一些影响民族团结的事情和事端，有关部门和地方采取疏导的方法，都
妥善地解决了。个别情节严重的，做了严肃处理。赵延年强调：事实证
明，这样做是完全正确的。如果采取错误的方式方法，处置失当，只能激
化矛盾，损害民族团结①。可见，在当时的语境中，民族进步指的是处理
影响民族关系的问题和矛盾的方式方法正确，维护和促进民族团结的效果
良好。

在从以上三个方面理解民族进步内涵的同时，还有必要结合民族团结
议题解读进步的意涵。民族团结进步中的"进步"还可以理解为团结关系
的向上、向前，而不是一团和气、不讲原则。"进步"既强调团结的方向
和品质，又强调方法的有效、得体。

民族团结进步中的"进步"是相对于庸俗、低层次和形式主义的团结
而言的，实现民族团结是为了各民族共同进步，如果某一民族内部出现了
一些问题，其他民族的成员怕得罪人，怕影响民族团结而不进行劝导和帮
助，一方面会影响到该民族的进步；另一方面也会影响到其他民族对该民
族的看法，从而影响到族际交往态度与团结。

因而，实现民族团结与进步，各民族之间、各民族成员之间就要诚心
诚意、掏心见胆、互相帮助，要坚持原则、服从大局、坚持进步，要克服
不足、善于反思、相互启示。如果遇到影响族际关系方面的困难和敏感话
题，采取回避的态度，不沟通、不交流，就会凝结为群体不满情绪和疏离
感，甚至在一定的条件下（如在网络虚拟空间）形成言论中的互相排斥和
攻击，从而影响到民族团结。

---

① 赵延年：《总结推广先进经验促进民族团结进步事业的更大发展》，《中国民族》1988 年
第 6 期。

二 当前影响民族团结进步的主要因素分析

当前，一些因素影响到我国的民族团结进步，其中最为突出的因素就是宗教影响泛化主张和民族民粹情绪。这两种因素借助现代网络平台和技术，在一定程度、一定范围撕裂人们的民族宗教认知，影响民族团结进步局面。

（一）宗教影响泛化影响人们对相关信教民族群体的看法

宗教影响泛化是指某一或某些宗教的影响外溢出法定范围，从而窄化各民族共处的公共空间和文化空间，阻隔民族交往。

有研究者指出，近年来，我国某些地区，有教权复活的趋势，导致宗教影响不断泛化。一些人把宗教当成生意，大量聚敛财富，为了扩大影响，吸引教徒不择手段，制造谣言，伪造神迹。一些地区，神职人员以宗教信仰自由为理由，迅速发展教徒，扩张权力，插手世俗生活，树立个人权威，牟取经济利益和政治权力。一些地区，以幼儿早教或外语教育为借口，以宗教书籍为教材，在儿童中大肆传教，向没有辨别能力的儿童灌输宗教思想，培养年轻教徒。一些地区，推行宗教标识泛化的商品，甚至水、纸、牙膏、化妆品，都要打上宗教标识。一些地区，宗教势力走出寺庙，不遗余力地扩张宗教影响，组织"宗教警察"，粗暴干涉他人生活习惯，尤其是服装、饮食、婚姻习惯，推行极端服饰，剥夺其正常文化、娱乐权利，试图以宗教为依据，在民众中重新树立教权。一些人甚至提出以宗教经典为依据设立相应的法律①。

"清真"概念扩大化、泛化是前一段时间一个重要的舆情话题。在我国，有清真饮食习惯的民族主要涉及 10 个，"清真泛化"不仅仅是单纯的经济现象和社会生活现象，这种主张可能会影响到穆斯林的正常消费观，导致族际划界意识强化和族际偏见的产生。

此外，一些人还利用宗教影响提出相关宗教信众应当拒绝过春节和端午节等偏激主张，并引发一定的附和，从而引发社会反感和警觉。可见，

① 安生：《警惕宗教信仰自由幌子下的教权扩张》[EB／OL]，http：//www．wyzxwk．com/Article/shidai/2016/05/363087．html。

宗教影响的泛化会引发相关族际关系的疏离和排斥，导致民族团结的退步。有学者指出，宗教泛化隐藏着一个巨大的威胁，那就是破坏民族团结，挑起民族对立，损害今天安定团结、社会和谐、民族和睦的好局面①。

值得警惕的是，一些地方在宗教信仰主张上出现了"逆中国化"、"逆社会化"、"逆科学化"的苗头，这样的主张与各民族交往、交流、交融的趋势与主流相悖而行，成为各民族共同进步的阻滞因素。

（二）民族民粹情绪影响民族团结

民族民粹情绪是指以某一民族或某些民族普通大众的名义，就一些政策、事件或现象发表不满或偏激的言论。

在社会转型期，以关切社会现实、代表普通人的群体利益、追求公平甚至平均的民粹思想最容易滋生。当前，言论自由结合网络技术能够迅速形成群体动员，如果官方的政策解释信度不高或难以符合特定受众群体需要，特定群体的民粹思想就会发酵。而英国公投脱欧等事件的外部刺激则助长了这种言行。

一段时间以来，围绕"清真食品立法"、"城市民族工作条例修订"等议题，网络上很快便形成一定规模的民族民粹情绪，这些情绪的激发者或被感染者，都以维护民族平等和宪法精神为理由，提出反对意见，甚至是大肆指责。例如在清真食品立法议题引发网络舆情之后，李维仁撰文指出：当前就非穆斯林的反映，有阴谋论、违宪论、反特权论等甚嚣尘上。这些论调本质上不但超出了立法的讨论范畴，而且带有一股极大的宣泄情绪②。这样的情绪反向引发了一些穆斯林的情绪，导致情绪对立。

《城市民族工作条例》（修订征求意见稿）在发布之后，迅速引发网络舆情，有网友在微信文章中指出：请立法者明白，中国需要的是多谈公民意识，少强调少数民族意识；多谈民族融合，少制造民族不公；多谈现代化需要，少强调宗教需要。在其看来，该条例不鼓励宗教和少数民族向现代化社会靠拢，反而鼓吹现代社会有义务向宗教靠拢、有义务为宗教配套，严重背离时代精神、背离国家和社会发展需要、背离我国宪法精神；

---

① 叶小文：《警惕宗教"泛化"后面的"极端化"》，《环球时报》2016年5月7日。
② 《清真食品立法的背后：一场诚信危机》，http：//www. aiweibang. com/yuedu/98201364. html。

该条例也不利于民族团结和融合，弱化了公民意识，人为彰显民族差异、片面强调少数民族权利、片面强调宗教权利，实际上鼓吹和推动了宗教元素对世俗社会的渗透，干扰世俗社会，加大了社会成本，并造成社会不公（少数民族和宗教信徒独享各种优惠，实际上就是对汉民和非信徒的不公）。①

通过阅读和梳理相关文章可以看出，民族民粹情绪持有者不是以理性的态度和沟通的语气讨论议题，而是借着议题指责立法和条例修订的主导者——政府，及立法和条例修订的服务客体穆斯林群体和少数民族群体。这勾勒出民粹情绪的持有者——代表正义与公平的"我们"和寻求"特权"与强调差异的"他们"。

无论是宗教影响的泛化还是民族民粹情绪，都会在原有柔性、平滑的群体边界之上树立起冷硬、拒人的藩篱，甚至形成结构性紧张，导致相关群体中的个体产生挫折感和被剥夺感，从而影响到族际交往的态度，甚至形成隔阂与对立，如果再有群体动员的介入，就会扩大和升级对立情绪，进一步影响到民族团结的氛围和行动，甚至破坏民族团结局面。

事实证明，每一次对抗性情绪的发泄或相互指责都会引发不同范围的舆情，加深族际关系的嫌隙，这样的做法与效果既不利于团结，也不利于进步。如果为了保持团结局面，听任宗教影响泛化情况加剧；如果为了保持团结局面，听任民粹情绪发泄，那么这样的团结就不是真正的团结，而是依靠妥协换取局势表面上的风平浪静，更是为将来埋下了更大的隐患。这就将一个棘手的问题摆在我们面前：面对影响民族团结的因素，尤其是面对某一方负面而敏感的因素，应该如何去做？如果不去矫正，对面一方难以接受，会影响到团结；如果去矫正，另一方又会难以接受，也会影响到团结。也就是说做与不做，都会影响到团结。这是一种选择两难，但又必须做出选择的情势。如何超越这种两难，改变情势，维持团结？出路在于讲求"进步"。

以上两种影响民族团结进步的因素，在本质上属于不当的群体情绪。一方面，这种群体情绪不属于政策和制度层面的内容，不会从实质上破坏我国民族团结进步的局面；另一方面，这种情绪会伤及民族团结进步的生态环境，甚至有可能转化为一些事件，应引起足够的重视。

---

①　《〈城市民族工作条例〉不应是修改，而是必须尽快废止》，http：//mp. weixin. qq. com/s？src = 3&timestamp = 1467980672&ver = 1&signature = 7SuOTDtdX086xJ8nBHcN4VWyPh9Uf-apqHCG6B9MD ＊ 4Sz0RGNDLJVN － 8GIN5xqPjdre7jOhgWmNR － baI54BFPsdQ6l8E3WAFy61strRttYPbwqu86VNZEexcvYU3Z3e5BEkKMT3HhgWUZxXW7ulYpbzpMHMzzR6ivZjiLzEhlDr9c。

三 凸显"进步"的时代价值

需要指出的是，当下的"进步"不是单纯与落后相对应的发展水平或思想水平的"先进"，还包含公平、正义、尊严等时代价值，是与国家力量增长和中华文明发展高度相关的概念。抑制和消除阻滞民族团结进步事业发展的因素，才能顺应当前的经济社会发展趋势，而要克服上述的宗教影响泛化、民族民粹情绪，就要进一步强调和彰显"进步"的价值。在此，进步具有两个方面的所指，即进步的目标和进步的方法。

其一，进步的目标。民族团结进步事业是我国一项长期而重要的事业，进步是这项事业恒长且持续发力的主题之一，这一主题服务于多民族社会的综合发展。民族关系和谐、宗教关系和顺是考量多民族社会综合发展的重要维度。

民族民粹情绪影响到民族交往的情感与态度，是民族关系和谐的羁绊因素。宗教影响泛化问题意味着宗教影响的越界和越位，表明一定的宗教势力既一定程度上违反了我国政教分离（宗教不得干预行政、司法、教育等国家职能，也不能损害社会公共利益）的原则，又体现出与社会发展趋势背离的落后性，因而解决宗教影响的泛化问题是具有进步性的议题。

认知和致力于消解民族民粹情绪、宗教影响泛化问题，目标在于促进各民族的团结，在于实现相关宗教力量与社会主义发展新形势的相适应。

其二，进步的方法。宗教工作本质上是群众工作[1]。实行宗教信仰自由政策，出发点和落脚点是要最大限度把广大信教与不信教群众团结起来。民族民粹情绪的持有者也主要是不同民族的群众。因而解决宗教影响泛化和民族民粹情绪问题要遵循群众路线的方法，通过有效沟通、舆情回应、有影响人士介入等方法做好"导"的工作。习近平总书记强调，做好党的宗教工作，把党的宗教工作基本方针坚持好，关键是要在"导"上想得深、看得透、把得准，做到"导"之有方、"导"之有力、"导"之有效，牢牢掌握宗教工作主动权[2]。"导"的方法同样也适用于民族民粹情绪

① 王作安：《宗教工作本质上是群众工作》，《人民日报》2013年11月26日。
② 新华社：《习近平在全国宗教工作会议上强调发展中国特色社会主义宗教理论全面提高新形势下宗教工作水平》，《人民日报》2016年4月24日。

的化解。此外，将民族事务、宗教事务管理纳入法制化的轨道，是解决问题的根本方法。

　　社会转型期是矛盾和问题的多发期，一些矛盾和问题可能会通过民族、宗教因素反映出来。正视问题，有效解决问题，社会才会发展进步。面对涉及民族、宗教因素的矛盾与问题，当以维护民族团结进步为原则，及时应对，避免事态恶化、扩大。尤其要防范通过炒作、鼓噪撕裂民族关系和宗教关系的图谋。同时，我们还必须看到，在社会公众民主意识增强、表达意愿便捷、公开的时代背景下，依靠组织的传统的意识形态矫正理路受到了挑战。涉及民族、宗教因素的公共舆论、网络舆情的应对需要新的思路和方法，而公开、理性则是应该坚持的"进步"原则。

四　结语

　　与新中国成立之前充满隔阂的民族关系相比，团结就是进步。就新中国成立之后的多民族国家建设发展而言，没有民族团结，就不会有发展所需要的良好社会秩序与社会凝聚力，也就谈不上各民族的进步与社会的整体进步。阻滞和影响一个民族或多个民族进步的因素不消除，就会影响民族之间的看法与态度，从而影响民族团结。团结与进步彼此借力、共同发力于我国的民族团结进步事业。

　　伴随着社会转型，我国改革开放之前民族与社会的组合结构已经发生巨大的变化，民族地区相对稳定、闭合的民族聚居格局已经被流动性打破，现今东、中部地区的城市每年接纳近3000万的少数民族流动人口，在各民族成员毗邻而居的格局下，传统的以区域、民族为主客体的民族政策的公平性自然受到了挑战。然而，在各民族成员逐步实现共同富裕的进程中，群体性的文化差异和经济生活水平差距还是存在的，只是难以进行简单的群体化比较罢了。这种政策难以适应客体内部的差别化是引起政策质疑的起因，"进步"的解决理念在于将少数民族事务与公共事务进行必要的融通，合理地实现差别与共享的有机组合。

　　当前，伴随着民粹思想在国际上的发酵，我国国内也出现了民粹情绪与民族、宗教因素的交织，主要表现为以下几个方面：一是遇到涉及民族、宗教因素的纠纷，容易聚集、串联，形成法不责众的群体压力。二是在互联网上，简单地以民族、宗教为边界，指责对方。三是针对引发群体不满者，不顾法律与公权，实施网络人肉搜索，采取公众创制式惩罚的做法。四是在调处矛盾和纠纷时，以众意代替原则，漫天要价。五是将个别人、个别事，泛化为群体责任，采取集体不信任的做法。六是刻意抹黑特定群体等。尽管当前民粹情绪与民族、宗教因素交织的影响还不太大，甚至大多限于网络，但这些情绪如果得不到有效遏制，就可能引发大的事端。

　　涉及民族、宗教因素的网络舆情通常都具有群体性、平民化、对立性的特征，而以团结为目的、以进步为方向、以理解与包容为基础的应对工作则是今后一个时期治理者和整个社会的共同任务。民族、宗教因素总会伴随社会转型与发展衍生新的议题。

15　民族团结：习近平治国理政思想的核心理念[*]

陈建樾^{**}

加强民族团结、促进民族和睦、推动中华民族伟大复兴，是习近平治国理政思想在民族方面的一个核心理念，也是中国共产党中国特色民族理论和统一多民族国家民族政策的核心思想在新形势下的新发展。

一　"团结各民族为一体"：对统一多民族国情的认知与民族团结思想的初步提出

由中国社会主义青年团主办的机关报《先驱》在 1922 年 1 月创刊号上译述的列宁的《民族殖民地问题提纲初稿》的内容，被认为是马克思主义关于民族思想在中国最早的传播记录。1924 年，中共在关于"国民党之政纲"的决议中提出，"惟关于民族主义内容的解释，我们主张是：对外反抗侵略主义的列强加于我人之压迫，对内解除我人加于殖民地弱小民族（如蒙古西藏之压迫）"，显示出基于民族平等的民族团结理念，这是中共中央在民族纲领方面与国民党主张相异的最早表达。

1934 年 11 月，红一方面军政治部在关于苗、瑶民族工作的指示中首次提到了瑶族内部民族意识的凝聚，并称之为"民族团结"：由于瑶民等经济与文化发展的极端落后，民族与宗教的社会关系的统治，以及它们内部反对汉族压迫的民族团结，所以瑶民内部的阶级斗争，还没有显著开展，瑶民的土司管事等，在瑶民群众心目中还有极大的权威与威信……

---

* 本文曾发表于《中国边疆史地研究》2016 年第 3 期。

** 陈建樾，中国社会科学院民族学与人类学研究所民族理论研究室主任、研究员、博士生导师。

中共川滇黔边区特委在 1936 年 1~2 月发布的《川滇黔革命根据地纲领》和《川滇黔边区革命根据地行动纲领》中，明确提出了建立民族之间的"民族团结"，并较为完整地提出了关于民族团结的主张，这在中国共产党民族团结思想的发展历程中具有里程碑的意义：川滇黔边区的少数民族（苗、彝、瑶、回）团结起来，在中国共产党的领导下实行民族平等，发展民族文化教育，尊重少数民族风俗习惯和信仰自由，反对大汉族主义，反对各民族之间相互歧视，反对剥削和压迫，各民族人民团结友爱和睦相处，互相帮助，共同努力建设和保卫革命根据地。为巩固工农民主政权，争取各民族人民的彻底解放而奋斗。

在 1938 年 10 月召开的中共六届六中全会上，毛泽东在政治报告中明确地将"团结各民族为一体"作为党的任务：我们的抗日民族统一战线，不但是国内各个党派各个阶级的，而且是国内各个民族的。针对敌人已经进行并还将加紧分裂我国内各少数民族的诡计，当前的第十三个任务，就在于团结各民族为一体，共同对付日寇。为此目的，必须特别注意下述各点：第一，允许蒙、回、藏、苗、瑶、夷、番各民族与汉族有平等权利，在共同对日原则之下，有自己管理自己事务之权，同时与汉族联合建立统一的国家。第二，各少数民族与汉族杂居的地方，当地政府须设置由当地少数民族的人员组成的委员会，作为省县政府的一部门，管理和他们有关的事务，调节各民族间的关系，在省县政府委员中应有他们的位置。第三，尊重各少数民族的文化、宗教、习惯，不但不应强迫他们学汉文汉语，而且应赞助他们发展用各族自己言语文字的文化教育。第四，纠正存在着的大汉族主义，提倡汉人用平等态度和各族接触，使之日益亲善密切起来，同时禁止任何对他们带侮辱性与轻慢性的言语、文字与行动。

在抗战期间，中国共产党还对统一多民族国家的多民族架构做出了初步的厘定："我们中国是一个拥有四万万五千万人口的国家，差不多占了全世界人口的四分之一。在这四万万五千万人口中，十分之九为汉人；此外还有回人、蒙人、藏人、满人、苗人、夷人、黎人等许多少数民族，组成近代的中华民族。中国是一个多民族的国家，中华民族是代表中国境内各民族之总称，四万万五千万人民是共同祖国的同胞，是生死存亡利害一致的。"这一厘定的关键在于确定了中国是一个由多民族构成的国家，这个国家的所有民族共同构成了国族意义的中华民族，由此也继 1935 年瓦窑堡会议之后再次厘定了多民族中国的"国族—民族"架构，这与以孙中山、蒋介石为代表的国民党人关于中国的"国族＝民族＝汉族"的认知完全不同。也正是基于这种完全不同的认知，中国共产党由此不仅建构了完全不同的民族理论，而且在未来国家建构和制度安排上也有完全不同的路径选择和制度安排。贾拓夫在1940年以"团结中华各族争取抗战建国的胜利"为题撰文指出："中华民族是由中国境内汉、满、蒙、回、藏、维吾尔、苗、瑶、夷、番各个民族组成的一个总体，因此中国抗战建国的彻底胜利，没有国内各个民族的积极参加，是没有最后保证的。"中国共产党关于中国多民族架构的认知，与蒋介石的《中国之命运》完全不同："平日我们习用的所谓'中华民族'，事实上是指中华诸民族（或各民族）。我们中国是多民族的国家。"由此可见，"团结各民族为一体"，不是在文化上和身份上同化各个少数民族，而是将各个民族在一个共同体架构下有效地凝聚共识，一致地共同抵御外侮，共同建立独立统一的多民族国家。

二　"民族团结第一"：新中国成立以来的民族团结思想与政策核心

"中国需要团结，各方面的团结；民族间的、阶级间的、党派间的、国际的。只有民主与团结，才能使抗战增强力量，才能使中国走上轨道。"抗战胜利后，中国共产党继续坚持民族团结的主张，以解决蒙古问题为突破口探索"团结各民族为一体"的实践路径和制度架构："我对蒙古工作的基本方针是帮助蒙人反对大汉族主义，团结蒙人内部力量实行自治"；"目前伊盟工作的方针则应是：规范开展上层与下层的统一战线，团结蒙人，巩固和平，统一内部，推动民族自治地方自治运动，反对国民党民族压迫政策"；"消除汉人对蒙人的欺压，使蒙人得到实际利益，促进汉蒙团结"；"应联合一切可能的同盟者，结成广泛的民族统一战线……应唤醒蒙汉人民以此为基础的实行蒙汉民族之亲密大团结"。1947年内蒙古自治政府的成立，是中国共产党民族理论从理论走向实践的标志，同时也是民族团结政策的制度体现。中共领导人毛泽东和朱德将内蒙古实行的民族区域自治视为"创造自由光明的新历史"："蒙古民族将与汉族和国内其他民族亲密团结，为着扫除民族压迫与封建压迫，建设新蒙古与新中国而奋斗。"

1950年6月6日，毛泽东在中共七届三中全会上指出："团结少数民族很重要。全国少数民族大约有三千万人……我们一定要帮助少数民族训练他们自己的干部，团结少数民族的广大群众。"1950 年 6 月 26 日，政务院总理周恩来在政务院第 37 次会议上指出，"我们根据《共同纲领》规定的民族政策来办事，基本上是成功的。我们的政策与国民党那种压迫少数民族的政策有本质的不同，按照我们的政策去做，各民族必定能够日益团结，必定会有美好的前景"；"政策虽然对了，但一不小心，还会出现偏差，还要出乱子"。毛泽东和周恩来这两篇讲话，实际上为新中国成立初期的民族团结工作提出了原则、确定了主轴、规定了任务并划下了底线。在西南工作中，邓小平明确地要求"把少数民族工作摆在很高的位置"，"现在我们民族工作的中心任务是搞好团结，消除隔阂"，"我们中华人民共和国是一个多民族的国家，只有在消除民族隔阂的基础上，经过各民族的共同努力，才能真正形成中华民族美好的大家庭"。在西北工作中，习仲勋更明确地要求"过去和今天在我们西北工作的人，谁要是忽视了民族问题，谁就忽视了西北的实际情况；谁要离开民族团结的问题，谁就不是在西北这个地方工作，也就不是从西北工作出发"，"目前一切在民族团结的大原则下来处理，团结第一，处理一切问题都要看是否影响民族团结"。

"民族团结第一"，就是清醒地认识统一多民族国家的"民族国情"，就是明确地了解民族问题发生发展和妥善处理的科学规律，就是正确地处理多民族国家的内部团结与国家统一。搞好民族团结，首先要坚持民族平等，反对一切针对民族群体的歧视；其次要在实际工作中注意发现和培育各民族的共有文化要素，并凝聚成为中华民族的共有精神，使中华文化成为各民族共有的精神文化家园。

三 "人心是最大的政治"：新时期搞好民族团结工作的重点与重心

"全党都要牢记我国是统一的多民族国家这一基本国情"，这是习近平在民族问题上的思考基础。从这样一个基本国情出发，习近平的治国理念思考始终不渝地在马克思主义民族理论和中国共产党民族团结思想的思考链条上展开论述。他首先明确指出，只要有民族存在，就会有民族问题，就要处理民族问题；民族问题的存在是一个长期历史现象，相应地，处理民族问题也是一个长期历史过程。其次，习近平把处理民族问题、做好民族工作视为"关系民族团结和社会稳定的大事"。最后,在民族团结这个基础上,习近平明确要求坚持把维护民族团结和国家统一作为各民族最高利益,把各民族人民智慧和力量最大限度凝聚起来,同心同德为实现两个一百年奋斗目标、实现中华民族伟大复兴的中国梦而奋斗。

"中国梦是民族的梦,也是每个中国人的梦……全国各族人民一定要牢记使命,心往一处想,劲往一处使,用十三亿人的智慧和力量汇集起不可战胜的磅礴力量";而在中央民族工作会议上,习近平更进一步明确指出:"中华民族与各民族的关系,是一个大家庭与家庭成员的关系;各民族之间的关系,是一个大家庭里不同成员之间的关系。"也正因为基于这个符合国情的"国族—民族"观,习近平明确地强调了"中国特色解决民族问题的正确道路"的"八个坚持":坚持在中国共产党领导下,坚持中国特色社会主义道路,坚持维护祖国统一,坚持各民族一律平等,坚持和完善民族区域自治制度,坚持各民族共同团结奋斗、共同繁荣发展,坚持打牢中华民族共同体的思想基础,坚持依法治国,加强各民族交往交流交融,促进各民族和睦相处、和衷共济、和谐发展,巩固和发展平等团结互助和谐的社会主义民族关系,共同实现中华民族的伟大复兴。

通观习近平在民族问题上治国理政的一系列论述,可以发现习近平清晰而明确地站在中国共产党老一辈革命家规划的多民族国家"国族—民族"的思想脉络上,这不仅是一脉相承而且是须臾不离,并更有时代性、更有亲和力、更有新发展、更具新规划:第一,中华民族是我国各民族的总称,这在对外和现代民族国家的制度规划中,就是所谓"国家民族"或"国族"意义上的概念;第二,中华民族这个国族是一个各民族共同结成的命运共同体;第三,因为中华民族是各民族共同团结奋斗、共同繁荣发展的大家庭,所以应该也必须巩固和发展平等团结互助和谐的民族关系,而这个以民族团结为方向和目标的民族关系不是取消各个民族,而是基于民族区域自治这个制度框架和法律规约之上的;第四,坚持民族区域自治制度不是各民族分开"单干",而是在制度和法治的道路上促进各民族在这个大家庭里面交流、交往和交融,以更好地打牢中华民族共同体的思想基础,共同实现中华民族的伟大复兴。由此可见,习近平治国理政思想是关于统一多民族国家繁荣、稳定、发展与伟大复兴的完整思想体系,因此必须完整准确地加以领会,而不是断章取义地将习近平的思想与中国共产党的民族理论区分开来、割裂开来并进而为某些"企图通过取消民族身份、忽略民族存在来一劳永逸解决民族问题的想法"张目。习近平总书记就此明确指出："我再明确说一遍，取消民族区域自治制度这种说法可以休矣。民族区域自治是党的民族政策的源头，我们的民族政策都是由此而来、依此而存。这个源头变了，根基就动摇了，在民族理论、民族政策、民族关系等问题上就会产生多米诺效应。"在恪守与坚持的同时，习近平在中央民族工作会议讲话中提出的新思路、新举措，完全没有离开中国共产党民族理论的系统论述和思想脉络。这个在民族工作中"变"与"不变"的发展观，恰如习总书记援引的《过秦论》所言，无一不在于坚持统一多民族国家的民族团结与长治和久安："观之上古，验之当世，参之人事，察盛衰之理，审权势之宜，去就有序，变化因时，故旷日长久而社稷安矣。"

"民族团结是各族人民的生命线。"在第四次中央民族工作会议上，习近平进一步强调指出，做好民族工作，最关键的是搞好民族团结，最管用的是争取人心。我们要高举各民族大团结的旗帜，坚持绵绵用力、久久为功，把加强民族团结作为战略性、基础性、长远性工作来做。人心政治的核心，就是在统一多民族国家的制度架构之下妥善地安置各个民族，只有让各族人民清楚地认识到中华民族是包括 55 个少数民族在内的国家民族，中华文化是包容各民族文化精髓的共有文化，多民族的中国才是各民族共有的国家，多民族的中华文化才能成为各民族的共有精神家园。通观习近平关于民族工作的治国理政思想，可以发现，习近平始终恪守马克思主义民族理论的基本原则，也始终坚持"统一的多民族国家"这个基本国情，始终坚守民族团结这个治国理念。

从"团结各民族为一体"到"民族团结第一"再到"最大的民心政治"，习近平在民族问题上治国理政的思考，其核心就是坚持在制度和法治的轨道上安抚民心、安置民族、安定边疆、安心发展。中国共产党关于民族团结思想的演进与民族团结思想在治国理政思想中的确立、发展、完善与再出发，都体现了中国共产党人在民族问题上"运用历史智慧"和"依靠学习走向未来"的治理能力，因而也理所当然地成为处理统一多民族国家内部民族问题的正确指针。

16　民族的融合、交融及互嵌[*]

王希恩^{**}

【摘要】民族融合、交融和互嵌有着一种内在的逻辑关系。"交融"不同于"融合"，它强调的只是相互接纳、吸收、包容和认同，是"融合"的进行时态或过程，不是结果。在社会结构的诸多领域中，分层结构、从业结构和人口分布结构与民族结构的重合是民族隔阂的具体表现形式，也是影响民族交往交流交融的具体障碍。所谓"推进建立民族互嵌式社会结构"就是打破民族结构与其他社会结构的重合，使不同民族成员掺杂或嵌入其他社会结构中去，从而为消除民族隔阂、实现交融创造条件。从聚居到杂居再到散居是民族过程在族体分布形态上的演进规律，也是民族实现交融的一种基本趋势。居住结构的互嵌应当在分层结构和从业结构互嵌的基础上得以推进，着重需要打破的是妨碍民族交往、对现代生活进步和发展形成障碍的"社区环境"，而不是全部的民族聚居和杂居，因此应特别注重相互接纳和包容的软环境建设。

【关键词】民族融合　交融　互嵌　社会结构

2009 年前后，随着国内民族问题的升温，加强民族融合，甚至用政策来促进融合的声音骤然抬高，但很快被中央所叫停。为了正确反映民族关系的现状和趋势，中央于 2010 年初提出了"民族交往交流交融"，并在其后得到了重申。^① "交融"与"融合"语义相通相近，如何理解，引人关注。2014 年 5 月中央在第二次新疆工作座谈会上提出推动建立民族互嵌式社会结构和社区环境，并在其后 9 月召开的第四次中央民族工作会议上予

---

　　* 本文曾发表于《学术界》2016 年第 4 期。

　　** 王希恩，中国社会科学院民族学与人类学研究所研究员。

　　① 《中共中央国务院召开第五次西藏工作座谈会》，新华网，2010 年 1 月 22 日。

以强调，成为交融理念向实践层面的延伸。显然，融合、交融和互嵌有着一种内在的逻辑关系，正确认识这种关系，对我们思考民族规律和处理民族问题提出了进一步的要求。

一　从融合到交融

"融合"是一个使用广泛的概念，但基本意思是几种不同的事物融为一体。在民族学界，"民族融合"一词的使用大致有这样两种情况：一种是指不同的民族在长期交往过程中相互吸收对方的文化，逐渐生成新的特征和认同，最终形成另外一种民族的现象和过程。这在民族史研究中最为普遍。另外一种是指作为历史过程的民族的消亡。我国民族理论界大多这样理解，认为民族融合是很久远的事；但同时，也承认历史和现实生活中存在着融合现象。

依据这样的理解，民族融合在当前的中国和世界都是一种普遍的存在，表现为民族之间共性的增多、民族界限的淡化。这种现象是规律性的表现，也被马克思主义经典民族理论所肯定。[①] 但民族理论界一致的看法是不宜用政策来推动民族融合，现阶段也不宜强调民族融合，因为融合的一个基本特征是自然发生，不宜强力推动。何况，在当前融合或共性增多的另一面，表现个性和群体意识的民族差异也在凸显。尊重差异、包容多样正在成为当代世界的一种普适文明，也为我们党和国家所提倡。

一方面要承认差异存在的合理性，维护多样性和各民族的应有权益，另一方面也要承认民族融合的规律性和共性增多的进步性，维护国家统一和民族团结，于是，"交融"的理念应运而生。交融承载的指导思想是：尊重民族关系的发展规律，既不能持消极论、无所作为，也不能犯急躁病、胡乱作为。不能无视民族共性放弃引导，也不能超越历史阶段、忽视民族差异用行政手段强行推进。

中央民族工作会议将"交往交流交融"的意义和重要性提得很高，认为各民族交往交流交融是社会发展的必然趋势，是我国社会主义民族关系

[①] 在马克思主义经典作家的论述中，民族融合始终被肯定，列宁更明确地讲："社会主义的目的不只是要消灭人类分为许多小国家的现象和各民族间的任何隔离状态，不只是要使各民族互相接近，而且要使各民族融为一体。"见列宁《社会主义革命和民族自决权》，中国社会科学院民族研究所编《列宁论民族问题》（下册），民族出版社，1987，第503页。

的发展方向，促进"三交"是实现中华民族伟大复兴中国梦的战略举措。同时认为，促进"三交"关键是要正确认识交融，切实尊重差异，逐步缩小差距。会议没有对什么是"交融"做出学理性解说，但其叙述的意思就是相互学习吸收对方的生产方式、生活习惯和文化精髓，学习吸收对方的优点和长处，使共同因素得到增长。

　　民族问题上的"分"和"合"是贯穿于所有民族理论和政策之中的两种基本取向。它们是对立的统一，笼统地评价是与非都会有失偏颇。就当今世界来说，民族问题"分"的倾向常常是与多元、多样理念的抬升裹挟在一起的。多样性是有益的资源，不是负担，世界不能没有多样性。因此民族的差异性是必要的、有益的，社会和国家应当为这种差别的存在做出有意识的工作，防止和制止同化。但同时，多样性或差异性的存在也会催生相应的"认同政治"或"差异政治"，形成不同群体之间的隔阂，乃至成为一种分化力量，由此使得社会有意无意地希望消除多样性，更多地提倡融合或同一化。这是一种悖论。很多问题的产生其实正是这种悖论的反映。毫无疑问，"交融"的提出是着眼于当前民族问题中"分"的倾向的（即分裂主义问题、认同分化、歧视现象多发等），对应的是增强中华民族统一性的政策目标，主基调是"合"。但中央民族工作会议也一再强调，交融不是要取消民族之间的差异性，更不是要消灭哪个民族，要在政策实践中把握好界限、拿捏好尺寸。显然，这又是力图规避"融合"的理论缺陷，为容纳多样性、引导民族关系正确走向留下了足够空间。

　　"交融"不同于"融合"，它强调的只是相互接纳、吸收、包容和认同，是"融合"的进行时态或过程，不是结果。尽管两个概念因难以分割而一度为人们所不解，但中央民族工作会议坚持了这一提法并在理论上做出了一定的阐释，其理论价值和现实意义就不宜再被质疑了。

二　准确、全面理解"互嵌"

　　习近平在中央第二次新疆工作座谈会讲话中正式提出"互嵌"时如此表述："要加强民族交往交流交融，部署和开展多种形式的共建工作，推进双语教育、推动建立各民族相互嵌入式的社会结构和社区环境。"[①] 显

---

① 《人民日报》2014年5月30日关于第二次中央新疆工作座谈会的报道。

然，这里的"互嵌"是被作为加强交往交流交融的具体途径提出来的。就字面意义讲，"互嵌"讲的是一种物质（或可延伸为精神）的空间距离，相互之间的掺杂交叉；而"交融"是指文化上的相互接纳、心理上的相互认同、血缘上的相互融通。"互嵌"是"交融"的必需途径，"交融"是"互嵌"的自然结果。有了空间上的互嵌，不等于就有文化心理上的交融；但交融的实现必然少不了互嵌这个条件，因为民族之间不打破隔阂就谈不上相互认同、接纳和融通。当今欧美各国的外来移民很多已实现与当地社会的互嵌，但很难说他们实现了交融。这和我们常用"拼盘"和"马赛克"来比喻的情况一样。"拼盘"和"马赛克"都是民族交错杂处、相互嵌入的形象说法。同在一"盘"中的不同民族可以和睦相处，实现团结和融合，也可能因矛盾频发而格格不入，甚至分解分化。"互嵌"只是民族相处的一种形式，不等于和睦、和谐。"交融"则不一样，它的提出和词义学上的意义都和正面的关系连在一起，是一种民族关系的正面描述。

"推动建立各民族相互嵌入式的社会结构和社区环境"明确包括两部分：一部分是"社会结构"的互嵌；另一部分是"社区环境"的互嵌。正因为此，习近平在提到这一问题时也随之谈到，要有序扩大新疆少数民族群众到内地接受教育、就业、居住的规模，促进各族群众在共同生产生活和工作学习中加深了解、增进感情。[①] 然而现在无论是学术讨论还是实际工作，许多人都把互嵌问题集中在"社区环境"或居住上了，或者虽讲"社会结构"，实际仍讲"社区环境"，而最后都把"互嵌"理解成民族之间的居住问题，或直接理解成"民族混居"了。这样认识显然不全面，有碍中央精神的全面贯彻执行。

"社会结构"是一个大概念，包容面很大，各种界定解说的分歧也很大。早先，马克思主义经典作家将生产关系和上层建筑纳入社会结构，将其作为无产阶级革命理论的基本分析框架；当下，作为中国特色社会主义"五大建设"的组成部分，教育、卫生、体育、就业、社会保障等事关公众事务的领域被抽取出来，成为与经济、政治、文化、生态并列的"社会事业"。与此相应，"社会结构"的概念也趋于中观化或微观化，人们倾向于认为"社会结构同经济结构一样，是由若干个分结构组成的，主要包括

---

① 《人民日报》2014年5月30日关于第二次中央新疆工作座谈会的报道。

人口结构、家庭结构、就业结构、城乡结构、区域结构、组织结构和社会阶层结构等"。① 显然，不管是传统的宏观理论，还是现在的中观或微观解说，"社会结构"的基本意思都是指社会构成的各种要素及其组合状态，所不同的只是对社会构成分析的视角不同。以此来看，"社会结构"就绝不是"居住环境"所能涵盖或替代的了。

在多民族社会中，民族的不同组合状态和社会分布构成了该社会的民族结构。民族结构与其他社会因素共同影响了该社会的民族关系及和谐稳定。

在社会结构的诸多领域中，与民族结构或民族关系联系最为直接的是分层结构、从业结构和人口分布结构。这三种结构与民族结构的重合是民族隔阂的具体表现形式，也是影响民族交往交流交融的具体障碍。所谓"推进建立民族互嵌式社会结构"就是打破民族结构与其他社会结构的重合，使不同民族成员掺杂或嵌入其他社会结构中去，从而为消除民族隔阂、实现交融创造条件。

三 打破分层结构是根本

分层结构是社会结构的根本性结构，它与民族结构的重合也便是影响民族关系的根本性因素。社会分层是对人的社会存在的等级划分。马克思、恩格斯讲："在过去的各个历史时代，我们几乎到处都可以看到社会完全划分为各个不同的等级，看到社会地位分成多种多样的层次。"② 平等始终是人类的美好追求，但在这一理想实现之前，社会总会或隐或显将人们区分为高低不等的层次序列。当今时代，科技进步、经济昌盛，但不论是发达的西方还是发展中的中国，平等和公平都远未实现，因此社会分层都还是一种客观存在，毋庸讳言。

不论是依马克思主义的阶级标准，还是按韦伯的财富、权力、声望的多元理论，每个分层都是一种社会的平面，社会就由这样的层面累加而成。民族原本是一种立体的社会存在，自始至终都由不同的社会分层构

---

① 陆学艺：《当代中国社会结构与社会建设》，《北京工业大学学报》2010 年第 6 期。
② 马克思、恩格斯：《共产党宣言》，载《马克思恩格斯选集》，人民出版社，1995，第 272 页。

成。但在多民族社会的历史中，各个民族又总是被嵌入具体的社会结构之中，形成与社会分层程度不同的重叠。由此，有的民族处于上层，成为统治者、压迫者或主导者，有的民族则处于下层，成为被压迫者、被统治者或从属者，而在此之间也会有多少不等的中间等级。一般来讲，时代越早，民族与社会分层的重叠越明显。因为早期的阶级、阶层和国家都是伴随着征服战争形成的，战俘、奴隶、"下等人"群体首先是被征服的异族人。即便已迈进近代门槛的西方人，在其所建立的移民国家中仍然会名正言顺地将土著人、黑人和其他有色人种列入他们的另类，或屠杀，或奴役，或隔离。人类早期的不平等首先表现出来的就是民族之间的不平等。

民族与分层结构的对应在西方社会学中被称为"民族分层"或"族群分层"（ethnic stratification）。围绕这个概念，他们也有一套较为成熟的理论，认为"与其他各种分层形式一样，族群分层也是一种社会不平等的结构化体系。几乎在所有的多族群社会，都出现了对各个族群的等级安排，在这种等级安排中，某个族群确立起其支配群体地位，并拥有形塑族群关系的最大权力。另一方面，处于从属位置的族群只能根据他们在等级中的相应地位行使较小的权力。至于处于最底层的群体，他们也许拥有很小的权力，或者压根什么权力都没有。……一个族群分层体系就是各个族群的次序等级体系，各等级是由被认为享有共同的文化和身体特征的人们组成，并且与支配群体以及其他从属群体互相影响"。① 国内一些学者近年来也在引进这一理论的同时对相关问题做了有深度的研究。② 这对我们理解民族结构上的"互嵌"都是有很大帮助的。

民族分层，形成和固化了民族之间的社会等级和不平等，这是实现民族关系和谐或团结的最大障碍，所以消除这种障碍就要打破这种民族分层，实现分层结构和民族结构的相互嵌入。形象一点说，就是要使各民族成员立体地嵌入自身应处的分层结构中去，使社会分层不再以民族排序。

民族分层是人类不平等在民族关系上的呈现，打破民族分层实现互嵌是与人类整个文明进程同步的。迄今世界上绝大多数国家都已从法律层面不再承认民族之间存在等级之分和权利的差别，民族平等已作为人权的一

---

① 〔美〕马丁·N. 麦格：《族群社会学：美国及全球视角下的种族和族群关系》，祖力亚提·司马义译，华夏出版社，2007，第36页。

② 马戎：《中国各族群之间的结构性差异》，《社会科学战线》2003年第4期；梁茂春：《广西各民族间的结构性差异》，《广西民族研究》2001年第2期。

项基本内容为整个人类所认可。就此而言，我们在各个国家的分层结构排序表上已不会看到明确的民族标记。

但民族平等的实现又是和人类的整体文明进程一样是逐步推进的。我们看到，民族分层在公开的制度和法律层面被打破之后，与经济、政治地位对应着的民族地位上的三六九等依然会存在。这在马克思主义民族理论的话语中近似于"形式上的平等"和"事实上的不平等"。只是这种不平等比较隐性、深嵌在日常生活领域和社会心理之中。隐形民族分层存在的原因大致有如下三种。

第一种是与主流文化对应着的历史传统。历史延续下来的民族偏见往往包裹在主流文化之中，并不会随着旧制度的倒台而消失。印度的种姓制度早已在法律上被废除，但众所周知，至今的印度依然是一个种姓社会。20世纪前半叶种族主义在美国社会的盛行，根源在于美国历史上的神、俗两界共同缔造了种族主义的文化传统及白人至上的政治原则。① 而种族主义正是种（民）族分层的极端化。

第二种是不同民族之间的发展差距。发展不平衡是历史的常态。由发展差距导致各民族在经济利益和政治权利享有上的不均衡，自然会形成一种民族分层或巩固原有的民族分层。当今世界上多民族国家的民族分层从根本上说还是发展上的差距。中国当代民族问题的主要矛盾仍然是发展问题。

第三种是人口流迁造成的族际格局变动。全球化中的人口流动会不断打破固有的民族格局。当外来人口的增长超过现有国家的制度设计和治理容量，他们不能享有公民应有权利时，自然也就成为"等外编民"。当前欧美国家出现的移民潮及由此形成的外来人口与原居民族权利和地位上的差距正是这一问题的反映。

从社会结构角度讲，打破民族分层是解决民族团结也是实现交融问题的第一前提。也就是说，平等问题解决不了，一切问题都无从谈起。只有削平地位上的台阶等级（不管是经济上的还是政治上的，也不管是形式上的还是事实上的），民族间才能实现真正的交往。这也正是马克思主义民族理论始终把平等作为民族团结基础的原因。新中国建立以来，我们从法律到体制已实现了民族平等，消除了民族压迫制度，但由于民族之间的发

① 梅祖蓉：《美国种族主义"正当性"的来源与建立》，《世界民族》2015年第4期。

展差距及历史上遗留的传统观念，民族分层的现象在社会的不同层面和局部仍然存在。① 正由于此，党和政府始终把加快少数民族和民族地区发展作为解决现实民族问题的根本途径，同时不遗余力地开展民族团结教育。第四次中央民族工作会议将加快发展、实现民族地区全面建成小康社会提高到中华民族伟大复兴全局的高度，提出尊重差异、包容多样，让各民族在中华民族大家庭中手足相亲、守望相助，创新载体和方式，加强民族团结等，都是从"事实上"解决民族分层问题的具体举措。

四　着力改善从业结构

从业结构，在不同语境中或可表述为分工结构、职业结构等。从业结构对民族关系的影响可以从两方面讲：一是从业结构与民族结构重叠对民族交往交流形成了阻隔；二是在现代社会条件下，从业结构在很多地方已与分层结构互为表里，民族分层是由从业结构表现出来的。

与分层结构相似，从业结构原本即表现在民族之间。在简单社会，一个民族主要从事一种生产活动，或采摘，或渔猎。社会分工先是发生在民族之间，由此出现了所谓的农业民族、游牧民族，再往后又有了商业民族、工业民族等。当这些民族集合在大的社会之中时，便构成了这个社会的分工（从业）结构。这里，生产分工是与民族单元对应的。每个民族的从业方式和环境一道形塑了自己的民族文化。斯大林民族定义中将"共同的经济生活"作为民族的特征之一，很大程度上是讲不同民族的从业方式的。中国共产党民族理论政策基本观点的"十二条"把共同的"生产方式"作为民族特征之一，讲的其实也是从业方式。

在当代社会，不同的从业者总是有着各自不同的工作场所、行为方式、语言习惯，相互之间有着不同的空间距离、心理距离和文化差异。从业结构仍然制约着不同职业群体的社会交往。当今的大学老师和企业经理、产业工人和商业服务人员、农民和牧民，相互之间虽然不一定有明显的收入差距和地位差距，却会有着明显不同甚至很大的文化差别和心理差

---

① 有的研究者不同意用"民族分层"来分析国内民族之间的差距。其实，分层是对差距存在的另一种描述，仍然是一个相对的概念，只要存在以民族为单元的纵向差距就是一种民族分层的表现。

别。20 世纪六七十年代我国"三线建设"期间，大量企业迁入西部民族地区，但不同的从业方式和计划经济的特殊环境，使得包括少数民族在内的当地群众和这些企业的员工老死不相往来，关系并不和谐。而在改革开放之后，相当一部分外来企业（包括国有、外资、民营等）仍然与当地民众因职业行业的不同而相互隔绝。历史发展到今天，现代社会中的职业行业与特定民族的生产方式早就应该脱节了，但由于发展的不平衡，现实世界中的从业结构与民族结构对应仍是一种普遍的存在。

在此，职（行）业文化便成为一种民族文化，职（行）业特征成为一种民族特征，职（行）业之间的隔阂成为另一种民族隔阂，实现民族互嵌就必须和打破民族结构和从业结构的重叠联系在一起了。

早期社会，由于生产力的普遍低下，从业方式尚不能决定民族的高下尊卑或分层，但随着社会发展，尤其是进入近代以后不同民族的从业方式就逐渐与各自的发展状况结合起来，成为分层结构的一种表现形式了。在多民族国家，除去人口因素和政治因素之外，从业方式先进的民族自然会占据更多的资源和收益，其他群体就在资源和利益分享中处于下风，与从业有关的民族分层结构也便自然形成。当下，人们可以举起文化相对主义的旗帜为任何民族的"蒙昧"、"落后"的从业方式摘帽，但在现代高科技引领的新的生产方式冲击面前，坚守传统从业方式的民族无论怎样得到同情都难免会在民族分层的格序中不断下沉。

由从业结构表现出来的社会分层在各国现代化的过程中都有着清晰的表现，当前我国社会的从业结构也已成为分层结构的直接反映。前些年在社会上影响很大的中国社会十大阶层的划分就是明确以行业职业为界的。[①]谁都知道，由市场规则所决定，技术含量高的工作，也是创造价值大的工作，从事这些工作的人自然收益就高，在社会分层结构中的层次就高。然而是否能够从事这类工作、有多少或多大比例的人从事这类工作在不同社会局部都是有差别的。因历史原因和环境的制约，我国少数民族的传统产业大多集中在游牧、渔猎和粗放农业。新中国建立后，尤其改革开放以来，各民族的经济社会都有了天翻地覆的变化，但相比汉族社会，大多数

---

① 这十大阶层是：国家与社会管理者、经理人员、私营企业主、专业技术人员、办事人员、个体工商户、商业服务业员工、产业工人、农业劳动者、城乡无业失业半失业者。见陆学艺主编《当代中国社会流动》，社会科学文献出版社，2004，第9页。

少数民族的从业方式仍比较落后。有研究表明，第五次和第六次人口普查期间，我国少数民族就业人口中，"农林牧渔水利业人员"和"生产、运输设备操作人员及有关人员"的人口分布有所上升，但在其他职业，尤其是"国家机关、党群组织、企业、事业单位负责人"、"专业技术人员"、"办事人员和有关人员"的人口分布中则有较大下降。[①] 从民族问题较为典型的新疆来看，汉族与少数民族就业人口在产业构成上的差异更为明显：汉族在第一产业人口中的比例为 32.72%，第三产业为 45.61%。而少数民族正好相反，第一产业的就业人口比例都在 57% 以上，维吾尔族和哈萨克族则高达 78%，第二、第三产业的比重偏低，其中维吾尔、哈萨克族在第二产业中的比例仅有 4%，而第三产业也不到 18%。2000 年新疆汉族人口在"国家机关、党群组织、企业、事业单位负责人"中的比例为 3.99%，2010 年为 3.37%；而相应时期维吾尔族人口在此方面的比例分别是 0.83% 和 0.45%，哈萨克族为 1.86% 和 1.23%。2000 年新疆汉族人口在"农林牧渔水利业人员"中的比例是 36.77%，2010 年是 31.94%；而相应时期维吾尔族人口在此方面的比例分别是 80.51% 和 83.01%，哈萨克族为 77.22% 和 78.10%。[②]"国家机关、党群组织、企业、事业单位负责人"和"农林牧渔水利业人员"是中国当前从业结构中的两个类别，却是社会分层的高低两端。上述数字反映的是少数民族和汉族的差距以及差距的继续拉大，它既是从业结构的差距，也是民族分层结构的差距。

从业结构形成的民族格局也是民族区隔的格局，打破这种格局也即实现从业结构上的"互嵌"。为改变从业结构上的民族性分化，党和国家通过各种法律政策推动少数民族进入较高层次的职业领域。民族区域自治法明确规定：民族自治地方的自治机关根据社会主义建设的需要，采取各种措施从当地民族中大量培养各级干部，各种科学技术、经营管理等专业人才和技术工人。民族自治地方的自治机关录用工作人员的时候，对实行区域自治的民族和其他少数民族的人员应当给予适当的照顾。民族自治地方的企业、事业单位依照国家规定招收人员时，优先招收少数民族人员，并且可以从农村和牧区少数民族人口中招收。[③] 为贯彻落实这些政策，相关

---

① 郭未：《中国少数民族人口发展分析：2000 - 2010》，《人口学刊》2014 年第 6 期。
② 李建新、常庆玲：《新疆各主要民族人口现状及变化特征》，《西北民族研究》2015 年第 3 期。
③ 《中华人民共和国民族区域自治法》，中国政府网。

地方政府和企业做了不少工作，但成效并不显著。如民族地方的企业根据政策招进一些少数民族工人，但其中的多数人文化程度较低，汉语文水平较低，不能用汉语与管理者、技术人员沟通交流，对以汉语技术资料为主的新技术、新设备掌握速度慢，专业技能水平较低而且流动性大。这些都不能不使少数民族工人在职业阶梯中处于较低位置，从事技术含量低、劳动强度大的工种，由此也直接导致了他们收入的低下。不论在内地企业的打工者，还是就近就地转移到企业工作的工人，工资收入水平都普遍不高。①

当前中国从业结构中的民族性隔阂有传统生产方式和传统文化制约的因素。比如民族地区一部分产业仍因袭着传统的畜牧业和粗放农业，所谓的民族用品生产和传统手工业、小商品生产都由特定的民族所承担；一些少数民族成员因不适应现代生产方式而难以被纳入新的经济领域。但族际文化教育水平的差异乃至整体性的发展差距恐怕是更主要的因素。统计资料显示，2000 年和 2010 年我国汉族人口的文盲率分别是 7.26% 和 4.71%，而少数民族总体则分别是 13.15% 和 8.27%。2000 年和 2010 年我国汉族人口每万人拥有大学生数分别是 364 人和 910 人，而少数民族总体上则分别是 246 人和 647 人。② 这两组数据可以说明 10 年来我国各民族教育水平普遍提高了，但也说明了汉族和少数民族总体上的差距。而正是这种差距决定了从业结构上民族隔阂的持续存在。

民族间文化教育发展不平衡导致的从业结构上的问题不但表现在经济领域，也会波及其他方面。比如我们经常提到的少数民族干部的培养使用问题，虽然经过努力，少数民族干部数量不足的矛盾有所缓解，但政工型干部多、专业技能型干部少，一般干部多、主管和关键岗位干部少等结构不合理现象却并没有明显改变。少数民族在城市化过程中面临的就业困境和生活适应困境，很大方面也是由此决定的。当前我国整体上的城镇化率已达 55%，而民族地区则还在 40% 以内徘徊。这意味着未来民族地区的城镇化将有很大的发展。中央一再提出要实施更加积极的就业政策，为各族群众走出农牧区到城镇和企业就业、经商创业提供更多帮助。这无

---

① 李晓霞：《新疆少数民族产业工人队伍发展及现状分析》，《北方民族大学学报》2015 年第 4 期。

② 郭未：《中国少数民族人口发展分析：2000－2010》，《人口学刊》2014 年第 6 期。

疑是提升少数民族发展水平的有效举措，也为民族间从业结构上的互嵌提供了很好的机遇。但到底这种互嵌的实现程度有多大，完全取决于民族间文化教育水平差距缩小的程度。

五　社区环境的互嵌需慎重

社区环境或居住的互嵌总体上属于社会结构中的人口分布结构，从民族分布角度讲就是散居或混居。人类的"同类而居"规律形成了原生性的民族聚居，也造就了民族交往后的杂居；而随着民族交往的深入也必然出现你中有我、我中有你的散居。所以，从聚居到杂居再到散居是民族过程在族体分布形态上的演进规律，也是民族实现交融的一种基本趋势。相比分层和从业结构中的互嵌，居住互嵌最为深入、最为直观、最能反映民族关系的性状。中央在讲民族互嵌时将"社区环境"与"社会结构"并列，显示了对居住互嵌问题特别重视。

"聚居"是民族的原生居住形态。没有聚居就没有民族的形成、民族特点的保持，也没有当今的民族国家。就此而言，人们一般都不讲打破聚居。但从聚居到杂居和散居是大趋势，谁也阻挡不了。因为只要民族有交流来往就不可能保持完整的聚居，总会有人走出去和别人一块共事共居，从而形成民族居住格局上的杂居和散居。"杂居"在学界有时和"散居"被模糊为一个概念，其实应该分别出来。因为从实践来讲，打破聚居后的人口与他民族共居局面，存在着完全以个体为单位和以小群体为单位两种形式。前者就是散居而后者只能称为杂居。

杂居是一种小的聚居，它可被视作民族从聚居走向散居的一种过渡形态或中间形态。杂居的形成有其必然性，即走出原居地的人们总是期望与有着共同文化和亲缘关系的本族同胞同居一处，以此获得情感支持和利益维护。然而杂居群体又天然具有排他性，对外来文化具有强大的免疫力，这对民族之间更进一步的交往不利，也容易为不良分子所利用对社会稳定和管理造成麻烦。所以国际社会普遍将因杂居而形成的族际隔离视为一种社会问题，提出和实施各种措施予以治理。在我国，从中央提出建设互嵌式社会结构和社区环境的背景来看，主要针对的是这样两种现象：一是一些地区原来民族分区居住的情况就比较严重，又在新的条件下得到强化，成为民族关系改善的严重障碍。比如在新疆，阿克苏市的维汉聚居区以大十字为分界线，以东主要为汉族居住区，以西基本是维吾尔族居住区；喀什市的汉族主要居住在环江一带的商业区，维吾尔族主要居住在艾提尕尔清真寺周围及老城区；和田市的汉族主要聚居在广场周围，周边则为维吾尔族居住；[①] 而乌鲁木齐市的南维北汉格局更是众所周知。这种分区而居的族际隔离状态在"7·5"事件之后明显强化了。二是随着城镇化的推进，大量的少数民族人口进城后以某个点为中心继续聚族而居，甚至国内外同一宗教的人口也同居一处，形成了城中村。所以，不论是为打破民族隔阂、促进民族关系改善，还是为便于城市的现代化建设和管理，提出建设互嵌式的社区环境都是必要的。

但互嵌式社区环境该怎样建设？目前各地都有所探索。尤其是新疆和田地区的相关部门通过经济补助、环境优化、教育资源倾斜等方法，对城乡规划、小区安置点、村组楼栋的人口结构进行设计；喀什地区在干部集资房分配中引导各族干部混合居住；乌鲁木齐天山区也着力推进嵌入式小区示范工程等。[②] 我们期待着各地成功的实践，然而需要重视的是，推进包括社区环境在内的民族互嵌是一个新的政策倾向，关系着民族团结的大局，应当审慎推进。

（一）居住结构的互嵌不应当孤立进行，而应在分层结构和从业结构互嵌的基础上协同推进

道理很简单，和什么人住在一起人总是有选择的，除非迫不得已。当社会分层还是和民族对应的时候，位于不同层级的民族是不可能住在一起的；同样，在社会分层与从业结构还密切相连的情况下，让不同从业结构中的民族成员住在一起也是强人所难的。所以，民族分层和从业结构的问题解决不了，只是在居住上嵌入，不但解决不了交融问题，而且会得到一种相反的结果。在此问题上，中央关于发展是解决民族问题总钥匙的观点必须得到坚持。因为只有发展，才能从根本上解决民族分层的存在，奠定民族平等交往的基础；也只有发展，才能打破聚居，创造民族深入交往包括共居一处的条件。新疆和田市2014年启动的"团结新村"项目建设，政府投资，让数百户拆迁户、失地户的维、汉居民交叉居住，使他们有稳

① 李洁：《当前新疆南疆地区城市维汉民族关系解析》，《新疆社会科学》2012年第1期。
② 姜禾：《新疆和田市推动民族互嵌式社区的实践与启示》，《管理观察》2015年第16期。

定的住所、稳定的产业、稳定的收入，已经产生了好的效果。① 这种将居住互嵌和发展结合起来的做法无疑是一条走得通的路子，具有示范效应。实际上，现实中真正在居住上实现了民族互嵌的正是已经消除分层和从业结构差距的各民族的"单位人"和社会精英。他们在一个单位工作，从事同一个行业，也总是在同一个家属区生活；他们有各自的民族身份，却从不或极少以此来作为社会交往的条件。相反，与聚族而居相伴而生的总是与发展滞后相关的民族分层和传统产业行业。所以，当我们把民族互嵌的理念放在社会结构大视野的时候，就已经决定了相关社会结构互嵌的关联性，决定了各自的位置和逻辑关系，而其中的居住互嵌是排在这个链条后端的。

（二）居住互嵌需要打破的是妨碍民族交往、对现代生活进步和发展形成障碍的"社区环境"，而不是全部的民族聚居和杂居

我们应当明确，从聚居到杂居再到散居是一种民族分布结构的演化规律，它同民族形成、发展和消亡的规律是对应着的。正因为如此，经过长期历史磨合，尤其是经过社会主义现代化建设，我国的城市包括原本聚居程度很高的民族地区城市散居化程度已经普遍很高。可以相信，打破封闭、走向更大程度散居的趋势在现代化的推动下只会增强，不会终止。我们大可不必为个别地区暂时出现的居住分区隔离回潮现象而忧虑。同时我们也要知道，聚族而居也是人的一种本能。走出家门的人们总是会向与自己同质性最高的群体靠近，包括阶层、宗教、同乡、同业，也包括同族。如果不是这样，就不会有中国人在外的"唐人街"，也不会有中国城市内的"城中村"。这些自然形成的社区在维系民族情感和传统文化方面有着独特的功能。一个民族要寻找自己的历史和传承，离开了聚居都会变得不可能。研究者们已经注意到，倡导民族互嵌不宜简单地否定现有的民族居住模式，采用非此即彼的思维方式会带来事与愿违的结果，应该具体情况具体分析。② 所以我们在看到民族居住散居化趋势的同时，也要看到聚居和杂居仍会长期存在这个事实。居住互嵌需要打破的是妨碍民族交往、对

① 姜禾：《新疆和田市推动民族互嵌式社区的实践与启示》，《管理观察》2015 年第 16 期。
② 来仪：《城市互嵌式社区建设研究》，《学术界》2015 年第 10 期。

现代生活进步和发展形成障碍的"社区环境",而不是全部的民族聚居和杂居。只要有民族存在就会有聚族而居,指望靠互嵌来消除现存的聚居杂居和指望马上消除民族现象一样是不现实的。

从前述中央提出互嵌所针对的问题来看,不论是原有民族分区聚居现象的增多,还是少数民族流动人口进入城市后的聚族而居,由于加剧了民族关系的疏离,为城市管理带来了问题,由此提倡民族互嵌是必要的。基于我国的现实情况,建立互嵌式社区无非这样三种情况:一是调整原有民族分区的居住格局实行混居;二是使外来人口进入本地社区;三是建立混居型的新社区。从政府主导的角度来看,第一种情况几乎是不可能发生的。因为在法治社会,政府并没有权力随意安排或调整人们的居住地,尤其在市场经济的环境下。政府所能做的只是通过政策提升混居型社区的某种优势从而加以引导,而不能动用行政力量强制。第二种情况也很难发生。因为同样是法治和市场经济的大环境,政府同样不能率性而为,而完全靠社区居民的"觉悟"来接收外来人口也是靠不住的,何况还是文化差异和认同差异很大的其他民族。当然,除非这些外来人口具有进入当地社区的能力和意愿。只有第三种情况有较大的实施空间,但条件是政府掌握相应的住房资源。大家都很推崇新加坡按种族比例来分配住房、调节族裔关系的经验,但新加坡能够这样做的关键恰恰在于政府掌握着大量的公租房。按照国家的"十三五"规划,未来几年以进城农民工和新就业毕业生为主的"新市民"将成为我国消解城镇住房库存的重要力量,而其中以保障性住房为主的社区建设也将提上日程。这无疑是解决少数民族流动人口进城后互嵌问题的一个重要契机。此外,在生态移民、扶贫搬迁、灾后重建、新型城镇化等方面政府也可着力在互嵌方面有所作为。其中最重要的是深入调查,搞好规划,充分注意和处理好民族之间的差异。

(三) 注重相互接纳和包容的软环境建设

上述情况说明,居住上的互嵌在现有的工作实践中是有很大局限的,大体上只是有条件地适用于新社区的建设。如果严格按中央的要求,我们所要推动建立的是各民族相互嵌入式的"社区环境"。而"社区环境"就不仅包括社区本身,还包括有利于民族间相互接纳包容的软环境。这样的一种互嵌,不但新建的互嵌式社区需要,传统的民族聚居区和杂居区也需要。

对于已建的互嵌式社区来说，民族间的混居只是实现了空间上的互嵌，而要在文化上、情感上相互认同和接纳还需要做很多的工作。这些也可以被理解成文化和情感上的互嵌，或者如有学者指出的"在民族关系或族际关系领域，互嵌实质上是一种关系，是指不同民族成员在心理、现实生活等层面相互交接、相互理解、相互认可的和谐关系，通俗地讲，就是不同的民族成员和睦地在一起"。① 而所谓促进邻里间"相识、相知、相融"，在社区范围内开展"与邻为德、与邻为善、与邻相助、与邻相乐"活动，"社区干部串百家门、知百家情、解百家愁、暖百家心，使社区居民遇事有人管、权益有人护"等，② 正是建立情感互嵌和文化互嵌的具体工作。

对于仍然保持聚居的社区来说，落实互嵌不等于拉来不同民族的成员住进社区；而对重新走回本民族聚居区的居民也没必要一定再让他们回来。因为"强扭的瓜不甜"。在民族间的矛盾心结没有解开之前，在没有形成良好的民族团结氛围之前，外来民族成员即便住在这个社区，也会是和别人格格不入的。一切有待水到渠成。民族之间真正相互接纳了，关系和谐了，打破聚居、相互嵌入的趋势想拦都拦不住。所以，要紧的是先从观念上嵌入，为从空间上嵌入创造条件。人们已经认识到，互嵌模式的两个关键因素是空间关系和心理认同。较之空间上的互嵌，彼此之间的文化融通和心理接纳是更为根本的环节。③ 这一点，不论是对于新建的互嵌式社区还是旧的民族聚居区都是适用的。

而如果真正从心理上和文化上实现了互嵌，是否一定要实现居住上的互嵌或混居就不那么重要了。因为心理和文化上的互嵌已经等同于我们所讲的"交融"了。

---

① 严庆：《互嵌的机理与路径》，《中国民族报》2015 年 11 月 6 日。
② 郝备：《推进各民族相互嵌入式社会结构和社区环境的思考——以哈密地区为例》，《中共乌鲁木齐市委党校学报》2015 年第 5 期。
③ 来仪：《城市互嵌式社区建设研究》，《学术界》2015 年第 10 期。

17 系统论视域下我国城市民族工作的特质、构架和方法[*]

青 觉 王 伟^{**}

【摘要】城市民族工作是一个系统工程，需用系统论的理论和方法来建构城市民族工作机制。城市民族工作体系是由相互作用的文化系统、法制系统、组织系统和信息系统及其诸要素构成的具有特定功能的有机整体，具有整体性、层次性、关联性和开放性的特征。在与外界环境不断互动过程中，逐步形成以文化系统为基础，法制系统为保障，信息系统为关键，组织系统为核心的四位一体的城市民族工作机制。

【关键词】系统理论 系统方法 城市民族工作

20世纪90年代，城市民族工作开始走进人们的视野，成为民族工作和城市工作的重要部分。经过长期摸索，总的来说城市中的民族关系较为融洽，民族间的交流交往交融不断加强。然而随着越来越多的少数民族人口"进城"、"下海"、"入世"、"上网"，[1] 城市民族工作的环境和重点也大为改变，出现了一些新问题、新特征。对此，学界提出诸多阐释和解决之道，如加强法制建设，重视传统制度的作用，主张嵌入式治理、调整组织结构、建构市民身份等。但其多有盲人摸象之感，缺乏系统思维。故本文以系统论的基本原理为指导，对城市民族工作的特质、构架和方法进行省思，希冀对城市民族工作的创新有所裨益。

---

* 本文曾发表于《中国行政管理》2016年第9期。

** 青觉，中央民族大学副校长、教授、博士生导师，法学博士。王伟，中央民族大学科研处干部，美国佐治亚洲立大学硕士。

[1] 王正伟：《重在平时重在交心——关于民族工作贯彻群众路线的思考》，《人民日报》2014年2月26日。

一　城市民族工作的特质

系统论是研究自然、社会和文化领域内各种系统的一般特征及其发展规律的理论，① 要求把研究对象当作一个系统，从整体出发，在系统与要素、要素与要素之间和系统与环境的相互作用中探究研究对象的特质及其演变规律，② 具有整体性、层次性、关联性和开放性的特点。城市工作作为一项系统工程，需以这一基本原理为指导，来分析其特质。

（一）整体性

整体性是系统论思想的灵魂，因为系统是由相互作用和相互依赖的各要素构成的有特定功能的有机整体，③ 城市民族工作作为城市工作和民族工作的一个子系统，是由若干专门化、系统化和体系化的部分组成的有机整体。它的整体性一方面体现在城市民族工作作为子系统与城市系统和民族系统的一种部分与整体的关系，另一方面还体现在其内部各子系统及其要素与整体的城市民族工作的关系上。城市民族工作由文化系统、法律系统、组织系统和信息系统四个子系统组成。其中文化系统，即"各美其美，美美与共"的多元一体的文化格局和中华民族共有精神家园是城市民族工作有序开展的思想基础；法律系统是保障，没有一个完备的法律体系，城市民族工作就无规矩可循，依法治理也变成了空中楼阁；组织系统是城市民族工作的核心，其中政府是关键，是工作的设计师，是统筹市场和市民两大主体的中流砥柱；信息系统是城市民族工作的关键，信息既是系统论的关键，也是信息时代各种治理的基础，只有建立在巨大、精确和时效信息基础上的治理才是科学有效的治理。

（二）层次性

层次性是世界的一种普遍法则，也是系统论的一个基本特征。构成系统的各要素间的种种差异使得系统组织在结构与功能上具有等级，④ 这种

---

① 乔非：《系统理论、系统方法、系统工程——发展与展望》，《系统工程》1996 年第 5 期。
② 肖正德：《系统论视域下教师教育学科体系之特质与构建》，《教育研究》2014 年第 7 期。
③ 〔法〕莫里斯·迪韦尔热著《政治社会学》，杨组功译，华夏出版社，1987 年第 7 期。
④ 魏宏森、曾国屏：《试论系统的层次性原理》，《系统辩证学学报》1995 年第 1 期。

等级便是层次的概念。然而层次性并不是一个绝对概念，而是一个相对概念。首先在系统和要素之间，系统由要素构成，但功能大于各要素功能之和，不过仍保留要素的功能。其次，高级系统与低级系统的辩证关系，高层次包含着低层次，低层次从属于高层次。高层次作为整体制约着低层次，又具有低层次所不具有的性质。低层次构成高层次，但同时保有一定的独立性。

城市民族工作作为一个系统体系在其四个子系统间存在着层次性，它们的层次顺序依次为组织系统、法律系统、信息系统和文化系统。首先城市民族工作的重中之重便是组织体制的建构，只有培养造就一支具有"铁一般信仰、铁一般信念、铁一般纪律、铁一般担当的干部队伍"，① 才能够应对城市民族工作中的复杂局面和严峻挑战；其次是法律制度系统，完备的法制是城市民族工作依法开展的前提；再次是信息系统，信息交流渠道的畅通和完备，信息的准确、及时是城市民族工作者开展工作的情报依据，有此方能做到有的放矢；最后，文化系统是一个长远的工程。另外这四个系统内的各子系统间也有层次性，如文化系统是由市民文化、乡村文化和游牧文化三个子系统构成的，组织系统由市民系统、市场系统以及政府系统三个部分构成，信息系统和法制系统亦如此。

（三）关联性

系统之所以成为系统很大程度上依赖于系统内部各元素间的相互联系、相互作用。某一部分发生变化，会引起其他部分或整个系统的变化，形成蝴蝶效应，这便是系统的关联性。城市民族工作的关联性主要体现在：城市中的民族工作做不好，小则影响和谐城市的构建，大则影响城市的安定、团结，甚至影响民族团结的大局；城市民族工作体系内部各子系统之间及其内部各要素间的关联性。文化系统作为思想领域的子系统对于组织系统、法制系统和信息系统具有思想指导作用，即其他系统要始终有各民族一律平等、团结和共同繁荣的这根弦；法制系统是其他系统的保障，即无论是建构城市少数民族流动人口的市民身份，还是对他们的管理，抑或是对关于他们各种信息的采集、共享等都要依法进行，要法治而不要人治；组织系统是其他系统得以构建的施动者，一切系统的构建、运

---

① 高志成、郝启荣：《锻造铁一般的干部队伍》，《解放军报》2015 年 12 月 4 日。

转和维持都需要以组织为依托；信息系统是其他系统的依据，如法律法规的建立，需要建立在对各种需求信息的准确把握上，组织要想实施有效治理也要了解对象的信息。

（四）开放性

开放性是一个系统必不可少的特征，系统内的每一个要素或系统不是封闭的，而是处在特定的环境之中，受环境的影响，不断地与外界进行着能量、物质和信息的交流。另外，一个开放的系统可通过"学习"，由一个低度有序状态演进为高度有序状态。城市民族工作作为一个开放的系统，无时无刻不在与社会其他子系统进行物质、能量和信息的交流，同时也受政治、经济和社会环境的影响。这就要求城市民族工作系统不能关起门来开展工作，首先要与我国大的经济、社会和文化环境相一致，在大的环境中进行定位。其次要在城市工作和民族工作的统领下开展工作，要时时与两者沟通、协调，在嵌入式治理中实现平衡。再次要学习世界城市民族治理的经验和智慧，随着国际环境的变化和人们认识的提高而不断地提升治理水平。最后城市民族工作系统内部的各系统之间要相互开放，相互学习，共同提高。

二 城市民族工作体系的结构

（一）文化系统层次及要素

文化系统主要包含乡土文化、市民文化和草原游牧文化三个子系统。三者在城市的生活、工作中不停地碰撞、交融，在文化相对主义下形成了一种以市民文化为主体，乡土文化、草原游牧文化并存的格局。乡村文化是一种建立在血缘、宗亲和邻里基础上的关系型文化，强调道德和礼制。游牧文化是指各游牧民族在漫长的历史过程中创造、累积、发展的，适应草原生态环境、保护草原生态环境的一种文化形态，[1] 是一种团体文化，具有流动性、英雄崇拜和简约性特点。[2] 中国城市在悠久的发展过程中，形成了独特的文化传统，具有物质文化、制度文化和精神文化的三个层

---

[1] 邢莉：《游收中国——一种北方的生活态度》，新世界出版社，2006。
[2] 哈斯塔娜：《草原游牧文化面临的困境》，《内蒙古师范大学学报》2011年第4期。

面，包括市民文化、商业文化、旅游文化和社团文化四种类别，其中市民文化是其核心。①

乡村文化和游牧文化与市民文化在交流方式、生活方式、制度规则、聚居文化和商业活动等方面存在着区别。在交流方式上，在城市中大家共用一种相互理解的语言，而来自全国各地的少数民族流动人口却操着各种不同民族的语言、方言，增加了沟通的难度。城市生活方式在社会化、理性化、开放性以及变迁速度上均强（快）于农村和牧区。城市的制度文化是指市民自觉遵守城市公共规则、规章、条例和办法的内在规范，而初入城市的少数民族流动人口却一时难以适应。城市社区文化是指社区居民在长期的社会生活中共同创造的集中体现着该社区居民阶层价值观的人工环境、习俗传统和行为方式的总和，其核心是社区精神，这与传统的乡村里约以及游牧习俗等存在较大的差异。城市的商业、贸易相对发达，易形成一种自由、竞争、平等和开放的市场文化，与传统村落的集市文化有着很大的不同。

（二）法制系统及其要素

法制系统作为城市民族工作系统的基础，主要包括法律意识，法律、法规和依法治理三个子系统。

城市民族工作中的法制意识是指城市少数民族的流动人口要具备懂法、守法、依法维护合法权益的意识和工作人员要有依法治理的意识。法律、法规系统是有关法律、法规的完善，首先要解决现阶段城市民族法制体系存在的"调整城市民族关系的基本法缺失；立法技术略显粗糙，原则性的软条款多，可操作性的硬条款少"等的问题。② 其次要进一步调整城乡二元结构户籍制度，改革现在的城市户籍制度，保障城市少数民族流动人口的权利。最后要调整和完善有关城市流动人口子女受教育权利的相关制度，让有能力在城市接受教育的流动人口子女走进城市校园。改变户籍制度和教育制度共同钳制的现状，根治教育的二元结构性弊病。③ 依法治理系统主要包括科学立法、严格执法、公正司法等内容。

---

① 杨连登、张公武：《论城市化、市民化与市民文化》，《湖南社会科学》2003年第4期。
② 范军：《我国城市民族立法工作中存在的问题及对策研究》，《探索与争鸣》2011年第3期。
③ 王冬云：《流动人口子女教育问题与对策研究》，《人口学刊》2008年第4期。

（三） 组织系统及其要素

城市民族工作的组织系统是其核心，是由政府、市场组织和市民三个子系统及其要素构成的有机整体，其中政府系统是主体，市场组织系统和市民系统是协同部分，只有实现三者的相互统筹，才能调动各方面的积极性、主动性、创造性，集聚城市发展的正能量。

政府系统由两个子系统构成，一是横向各部门间的合作，二是指垂直方向上的各直属单位之间的隶属关系。城市民族事务的治理实行的是属地管理制度，但在实际运行中仍存在城市民族工作管理内涵不清、属地管理上权限不明、各主体间关系不明确等问题。

市场组织系统由市场自身机制和公司、企业等市场组织构成。市场机制主要通过市场的自由、开放和竞争的机制，来实现城市少数民族流动人口资源的合理配置；公司、企业等市场组织通过规范用工制度，为劳工提供培训以提升他们的技能，同时在力所能及的范围内做好慈善。

市民是城市的主人，应发挥主人公的作用，实现自己的城市自己治理。市民作为城市中的常住人口，要有民族团结、平等和各民族共同繁荣的意识，要广泛地接纳各民族的流动人口，乐于与其共处一市；要发挥中华民族乐于助人的传统美德，积极帮扶他们融入城市大家庭；要积极加入社会组织和社区组织，构建发达的公民社会体系，发挥公民组织在增加社会资本、信息交流和降低交易成本中的作用。

（四） 信息系统及其要素

信息系统是城市民族工作的关键，主要由纸质媒体、"互联网＋"和电子媒体三个系统组成。纸质媒体是指以纸质材料为载体、以印刷为记录手段而产生的一种信息媒体，主要由报纸、图书、期刊等组成，是信息传播的主要工具，是我们获知有关城市民族工作文件精神的主窗口。但随着信息技术的快速发展、网络普及率的提高，纸质媒体不断受到电子媒体的冲击和威胁。电子媒体是以电子技术发展为核心，以互联网、电子数据库、电子期刊、共享数字图书馆等为主要传播渠道的一种信息媒介，[1] 阅读起来比传统媒体更加方便，价格也更为低廉，同时具备信息渠道广泛、

---

① 张婷：《电子媒体时代的科学传播》，《新闻界》2007 年第 3 期。

形式灵活多样等优势。尽管电子媒体和纸质媒体在传媒市场中的博弈不断，但两者在竞争中也有合作，纸质媒体借用电子媒体的技术实现创新，电子媒体利用纸质媒体实现长存。而两者合作的桥梁便是互联网技术广泛应用，最终归为"大数据"。

三　当前城市民族工作的系统审视

（一）　城市民族工作的新特征

随着城镇化进程的加快，大量的少数民族人口涌入城市。在全国两亿多流动人口中少数民族占了1/10，这些进入城市的少数民族群众未能很好地适应城市的生活和管理方式，城市居民对他们的一些生活习惯和行为方式也不能很好地理解，政府的工作方式和管理机制等也有不适应的地方。他们或多或少遇到了生活难以保障、风俗习惯得不到尊重、子女受教育权受到限制、难以就业等问题，这给城市民族工作带来了负面影响，使当前城市民族工作出现了一些新的特征。

一是城市民族问题事件的主体在扩大，从以前的以少数民族经商务工人员为主，扩大到现在的城市拆迁、征地对象的世居少数民族成员；二是城市民族问题事件的发生诱因在变化，从以前不尊重少数民族生活习俗、宗教信仰和清真食品不清真等问题，扩展到经济利益追求过程中的诸多因素；三是城市民族因素事件的发生对象由分散的个体扩大到相对集中的少数民族流动人口群体；四是城市民族因素事件的聚众性突出，突发性、不确定性增强；五是借"民族因素"无理取闹或追求利益最大化的倾向有所抬头。[①]

（二）　城市民族工作中存在的问题

——城市民族工作缺乏战略思维，对新问题、新挑战准备不足，好多工作只是事发应对和事后补救，极少做到事前预防，造成工作效率低下、资源浪费。

——工作理念没有实现从"管理"到"治理"的转变。现阶段城市民

---

① 郑信哲：《略论城市民族问题和城市民族工作》，《广西民族研究》2014年第2期。

族工作仍处在"行政工作"一维上，没有发挥其他主体的作用，尤其是社会组织、公司、企业等主体的作用。较发达的城市治理已经实现由自治型模式到行政主导型模式再到混合治理模式的转变，① 后者的特点便是实现政府与社会团体的共同治理。

——城市民族工作机制不健全。首先对城市民族工作的"做什么"、"如何做"以及"谁来做"的内涵界定不清，② 其次属地管理权限不明，容易造成对于城市民族事务的管理政出多门，表面上多个政府层级和部门都有权力，但实际上哪个层级和部门都没有绝对的资源和手段做好民族工作。最后没有明确政府和参与城市民族工作的党组织、社会团体及公民自组织的关系。

——城市民族工作的法制不健全，难以做到依法治理。1993 年出台实施的《城市民族工作条例》的主要对象是世居少数民族，对流动的少数民族人口鲜有涉及；城乡二元户籍制度改革滞后；行政机关执法力度不够、司法救济程序混乱；城市少数民族流动人员法律意识薄弱，缺乏基本维权能力，对于司法救助知之甚少。

——城市民族工作中没有发挥好传统文化和制度的作用。文化和制度是城市民族事务治理的重要因素，如伊斯兰教协会自 1953 年成立以来在"爱国爱教，发挥桥梁作用"、"尊重民族风俗与宗教信仰"、"协调解决'人口、人司和人土'的问题"以及"协助处理城市民族工作，维护城市稳定"等方面发挥了重要作用。③

四 做好城市民族工作的系统方法

城市民族工作是一个系统工程，需有系统思维，要用系统的方法统筹空间、规模、产业三大结构，统筹规划、建设、管理三大环节，统筹改革、科技、文化三大动力，统筹生产、生活、生态三大布局，统筹政府、社会、市民三大主体，统筹城市民族工作体系四个子系统及其诸要素，具

① 刘娴静：《城市社区治理模式的比较及中国的选择》，《社会主义研究》2008 年第 2 期。
② 商爱玲：《各级政府事权规范化：民族事务治理体系现代化的着力点》，《当代世界与社会主义》2015 年第 4 期。
③ 李安辉、陈晓敏：《伊斯兰教协会在城市民族工作中的作用与问题研究——湖北省伊协组织个案调查》，《回族研究》2015 年第 1 期。

体要做好以下五个层面的工作。

（一）树立城市民族工作的全局观和层次观

当前随着中国"五化"的进一步深化，将会有更多的少数民族群众进城，城市中的嵌入式社区也将不断增多，城市民族工作任务的艰巨，将成为新常态。故此，首先要把城市民族工作放在全国一盘棋中考虑，要调动、协调和综合一切可动用的资源、力量，共同做好城市民族工作；其次要去伪存真，抓住问题的本质，深究问题的根源；最后要有长远布局，要明确城市民族工作的目的始终是促进民族的交流交往交融。因此应该把城市民族工作纳入少数民族事业发展和各城市发展的五年规划中，以规划促布局、带发展。

城市民族工作在主体、对象、层次上有多元特征，故要分地域、分流向和分领域开展。分地域是指要注重区分东部沿海地区高度市场化和边疆民族地区的不同。[①] 一个要重发展，以经济引导为主；一个要重稳定，以政治整合为首要。分流向是指人口的流动既有西部少数民族向东部沿海的流动，也有东部沿海地区的汉族向西部少数民族聚居地区的流动，[②] 对这两种流动人口所带来的城市民族问题，应区别对待。分领域是指城市民族工作既包括世居少数民族的嵌入式社会构建的工作，也包括少数民族流动人口的工作，而后者又有短暂居住和长期居住之分。

（二）构建一体多元的城市民族文化

重视城市中少数民族的身份的建构，尽快实现市民化。社会发展和社会化造成了人的多重身份，身份虽然在垂直维度变化不大，但在横向维度却可以开发、引导。[③] 当少数民族流动人口与当地的居民在就业机会、住房和社会服务以及教育资源上展开竞争时，民族身份便是他们可资利用的最好资源，并在竞争中不断地得到强化。但从长远来看，这不仅不利于他们在城市中的发展，也不利于城市民族市民化工作的推进。因此要实现他们的市民化，首先，要加强市民文化教育，实现民族文化和市民文化的交

① 张银花：《边疆民族地区城市社区公共安全治理的现实挑战与合作模式》，《内蒙古大学学报》2015年第4期。
② 马戎：《中国城镇化进程中的民族关系演变》，《西北民族研究》2015年第4期。
③ 马俊毅：《论现代多民族国家建构中民族身份的形成》，《民族研究》2014年第4期。

融，同时进入城市的少数民族要想解决"三个不适应"，就要变被动接受为主动学习。其次，民族工作部门要协同其他相关部门，就有能力在城市稳定就业和生活的少数民族人口居家进城落户，享有与城市居民同等权利和义务的路径搞试点，探索城市少数民族人口市民化的模式。

（三） 完善城市民族工作的法制体系

城市民族工作的全面依法治理，须做到科学立法、严格执法、公正司法，最终实现各民族全面守法的目标。为此，首先要加强立法调查、研究，在全面掌握城市民族工作实际的基础上，完善城市民族法律法规体系，注重法律的可操作性，切实解决法律中的"睡美人"条款和"稻草人"条款。① 其次要加强宣传教育，注重城市少数民族人口的法制意识培养，并解决好宣传教育中的形式化、表面化、单一化等问题。再次要依法处置涉及民族因素的矛盾冲突，要改变一旦牵涉民族关系，就不敢管、不愿管的工作作风，真正做到依法治理、不纵容、不迁就、不失职。② 最后要为少数民族人口提供法律援助，引导他们依法理性维权。

（四） 建立健全城市民族工作的组织体系

——明确各级政府在城市民族工作中的权责，加强政府各部门之间的合作、协同，并使其制度化。一是中央政府做好顶层设计。二是省级政府制定好相关的地方性法规，出台符合本地实际的城市民族条例，开展民族政策、法规和条例的宣传教育。三是县乡等基层政府执行好上级决策和各种条例，推动建立各民族相互嵌入式的社会结构和社区环境。四是要建立好城市民族工作的联席会议制度，定期研讨本地区民族关系和民族问题中的新情况、新趋势、新特点，互通信息，明确责任，共同应对城市中的民族问题。

——构建"党和政府、企业、社会以及公民自组织"多主体、多渠道共治的治理格局。一要树立城市民族工作的治理理念，实现由消极被动的回应到积极主动服务的思想转变；二要加强政府、企业、社会以及公民自

---

① 张殿军：《城市民族问题治理法制化的路径选择—以东南沿海城市为例》，《学术界》2015年第2期。

② 王允武：《民族事务法治化：民族自治地方改进社会治理方式的可行路径》，《西南民族大学学报》2014年第5期。

组织之间协同合作的机制建设；三是加快推进城市民族工作的社会化步伐。

——做到权力下沉，充分发挥基层组织的作用。一方面要建立由基层党政领导负责，民警、居民代表和辖区内单位的相关同志共同组成的"网格化"治理制度，依托城市社会治理网格化系统，将民族事务纳入其中，通过"网格员"定期走访少数民族群众，及时排查矛盾纠纷。另一方面阵地前移，提供一站式民族事务服务，依托街道、社区设立民族工作服务中心、服务站，为外来务工经商少数民族人员提供服务。最后，加强对基层干部的民族知识、团结的教育，把民族团结作为考核干部的一项重要指标。

（五）实现城市民族工作的数据化治理

重视大数据在城市民族工作中的作用，实现城市民族工作的信息化。一是建立流动人口基本信息和档案制度，针对流动人口流动性和随意性强的特点，各民族工作部门、公安机关和人社部门需要共同调研制定适应本地特征的人口基本信息和档案制度，加强对流动少数民族人口信息资源的整合，积极构建服务管理信息化平台，实现信息共享和动态服务管理。二是建立流出地和流入地的沟通协作机制，做到信息互通、定期互访和干部互派，实现共同加强服务和管理、共同推进两地经贸发展和共同维护社会安定、团结。重视新媒体在城市民族工作中的作用。一方面利用新媒体传播速度快、覆盖面广和信息量大的特点来为民族团结教育服务。另一方面要加快促进城市中网络安全机制建设，加大网络信息的防范力度，净化网络环境，通过宣传教育，提高居民辨别信息真伪的能力，同时增强网络媒体等"导众性媒体"的社会责任意识，传播正能量。最后应加大西部民族城镇地区信息化基础设施建设、资金保证力度和加强信息化人才培养等，以实现信息化全覆盖。

18　中华民族：从中央民族工作会议的论述展开[*]

郝时远

【摘要】中华民族是一个现代民族概念，也是中国统一的多民族国家形成和发展的历史产物。对中华民族的认识和理解，经历了晚清、民国时期的种种纠结，是中国共产党做出了尊重历史、符合国情、顺应人心的科学解读。这种解读，不仅超越了西方国民成分单一性的"一族一国"观念，也超越了苏联缺失"国家－民族"的多"民族－国家"联盟的实践。中华民族是一个多元一体的大家庭。建设中华民族大家庭，需要努力缩小"大家庭"成员之间的发展差距，建立中华民族大家庭平等共享的物质生活田园；需要切实尊重"大家庭"成员之间的文化差异，以中华文化认同为宗旨构筑中华民族大家庭亲情团结的精神生活家园，这是中国特色解决民族问题的"两把钥匙"。本文以 2014 年中央民族工作会议的精神为主线，从多元一体的中华民族、中华民族不等同汉族、中共对中华民族的诠释、中华民族大家庭及其建设等五个方面，立足于中国特色解决民族问题的正确道路论述实现中华民族伟大复兴的必由之路。

【关键词】中华民族　多元一体　大家庭　"两把钥匙"　中华文化认同

在当代中国，中华民族伟大复兴的中国梦，是中国改革开放事业的时代最强音。因为"现在，我们比历史上任何时期都更接近中华民族伟大复兴的目标，比历史上任何时期都更有信心、更有能力实现这个目标"①。在中文话语中，虽然"中华民族"一词出现于 20 世纪初年，但是其形成和

＊　本文曾发表于《黑龙江民族丛刊》2016 年第 1 期。

①　习近平：《实现中华民族伟大复兴是中华民族近代以来最伟大的梦想》，载《习近平谈治国理政》，外文出版社，2014，第 35 页。

发展却经历了数千年的历史过程。正如习近平总书记所说："中华民族具有 5000 多年连绵不断的文明历史，创造了博大精深的中华文化，为人类文明进步作出了不可磨灭的贡献。经过几千年的沧桑岁月，把我们 56 个民族、13 亿多人紧紧凝聚在一起的，是我们共同经历的非凡奋斗，是我们共同创造的美好家园，是我们共同培育的民族精神，而贯穿其中的、更重要的是我们共同坚守的理想信念。"① 在 2014 年的中央民族工作会议上，习近平在报告中论述了统一的多民族国家形成和发展的历史，特别强调了"五方之民共天下"的"大一统"观念，指出了中国传统政治文化中"修其教不易其俗，齐其政不易其宜"的"因俗而治"的智慧，认为"这种维护统一而又重视差别的理念，对中华民族的形成和发展至关重要"②。因此，从中国的历史过程去认识中华民族形成的内源动力，从中国的现实去体会中华民族发展的整合机制，是深化研究中华民族作为中国自立于世界民族之林的命运共同体的根本立足点。

一　"多元一体"的中华民族

在现代中华民族凝聚力的历史研究中，费孝通先生提炼概括的"多元一体"民族观，无疑是深刻把握中国历史"大道"最杰出的思想贡献。先秦时代"天圆地方"的东、西、南、北、中之域，生活着"五方之民"的"夷"、"戎"、"蛮"、"狄"、"华夏"。而"五方之民"的互动关系，也因此成为中国形成"大一统"王朝的内在动能。如果说西周时期确立了以礼乐制度折服天下诸侯的"周礼"，那么东周时期周天子之于诸侯"共主"的权威已被束之高阁，"五方之民"展开了春秋战国争"天下"的竞争。天下"万邦"、"万国"的分立，中原"诸夏"的争霸，"四夷"内化为"夏"的互动，孕育了"天下统一"的新格局。当时，所谓"周之同姓诸侯而克永世者，独有燕在焉"，而"吴、楚、秦、越皆蛮夷之国"③。虽然秦国是吸收了西戎成分的诸侯大国，却是中国"大一统"王朝的奠基者。

---

① 习近平：《在第十二届全国人民代表大会第一次会议上的讲话》，载《习近平谈治国理政》，外文出版社，2014，第 39 页。
② 国家民族事务委员会：《中央民族工作会议精神学习辅导读本》，民族出版社，2015。
③ （清）王植：《皇极经世书解：卷六》，《观物内篇》，《四库全书》。

秦汉以后的中国，经历了几个世纪的群雄争霸。从"三国演义"、到魏晋南北朝，以及"六朝"格局和五胡十六国，这些"五方之民"的后裔交相演绎的纷争，无不以"争天下"为目标。"天下"不是一个封疆裂土的地域空间，而是一个皇权统治的中原王朝。所谓"中原王朝"，代表着中国自秦汉统一以后的权力正统，但是谁来做皇帝则不管是"夏"是"夷"，或打着"汉室宗亲"旗号的匈奴后裔是否血统纯正。隋唐王朝的大统一，即"一个接纳、混合各方传统的新王朝"①。其皇室宗亲中的"戎"、"狄"血统无须赘言。在中国的历史中，虽然有东晋时期道士顾欢毁诽佛教的所谓"今诸华士女，民族弗革，而露首偏踞，滥用夷礼"之说②，但没有发生过伏尔泰描述罗马帝国解体后的那种现象："优美的拉丁语被20种蛮族的土语所取代。……各行省的竞技场、圆形剧场换成了茅屋。"③

在现代中国历史的研究中，解构"大一统"的历史观点颇为流行，或者认为"大一统"掩盖了地方史，或者认为"大一统"遮蔽了民族史，所谓"大一统"的"话语霸权"之说不胫而走。但是，"大一统"确实是中华文明传承不懈、中原王朝存亡绝续的内在机理。翁独健先生在中国民族关系史研究中，着重指出了秦汉、隋唐、元朝、清朝四次大统一，这无疑都是中国历史最重要的节点。而且关键在于这些"大一统"的王朝，都包含了"五方之民"及其后裔对统一的多民族国家形成和发展做出的历史贡献。正如中央民族工作会所论述的："在中国历史上，无论哪个民族建鼎称尊，建立的都是多民族国家，而且越是强盛的王朝吸纳的民族就越多。无论哪个民族入主中原，都把自己建立的王朝视为统一的多民族国家的正统。"④ 这是一个不争的事实。元朝的统一，"领土之大，超过汉唐盛时，奠定了后来中国疆域的规模"⑤。

对此，一位美国人类学家认为：中国古代的知识分子总是坚守一个难以实现的梦想，即"建立一个大一统的国家，所有人民都在一个政府的统

---

① 王明珂：《游牧者的抉择：面对汉帝国的北亚游牧部族》，广西师范大学出版社，2008，第223页。

② （南朝·梁）萧子显：《南齐书》（卷五十四），《列传·顾欢》，中华书局，1972，第934页。

③ 〔法〕伏尔泰：《风俗论》（上册），梁守锵译，商务印书馆，1995。

④ 国家民族事务委员会：《中央民族工作会议精神学习辅导读本》，民族出版社，2015。

⑤ 萧启庆：《内北国而外中国：蒙元史研究》（上册），中华书局，2007，第164页。

治之下"，这种"'中国'的观念经久不衰"，而忽必烈建立的元朝将这个梦想变为了现实。① 虽然时至今日，源自日本帝国主义侵略、肢解、分裂中国时期的"满蒙非中国"之论，依然通过学术话语发出历史回声，甚至质疑元朝属于中国王朝的声音，与美国"新清史"学派中质疑清朝属于中国王朝的声音交响。但是，认为"忽必烈帝国本身绝未成为中华王朝"的人，也不得不承认：元朝之后，明朝的"'中华'以大元汗国为镜，吸收了其他国家模式变身为'巨大中华'，以至明清及民国、当代"②。其实，这是一个中国古人早已解决的问题，二十四史成为"大一统"王朝继承性的编修传统，揭示了中国古代的"王朝认同"。当代人们关注的所谓"全球化症候"中的"认同"（identity）问题，其实"比我们对它的任何可能的表达都更深刻和更具多面性"③。其中，不可忽略的是从来就存在的中国历史上的认同。

　　这种历史认同，基于对"大一统"的目标追求，这是一种"多元"对"一体"的认同。而且在所谓"四夷"具备的"争天下"能力中，不仅包含于他们的强弓劲弩，而且包含他们"称中国位号，方中国官属，任中国贤才，读中国书籍，用中国车服，行中国法令"④。在这方面，生活在18世纪的法国启蒙思想家伏尔泰，对遥远中国的历史规律认知，可谓颇有见地。他认为，兵强将勇的游牧民族以武功争得"天下"，但是实施统治"仍只得屈服于被他们夺取了皇位的国家的法律"。因为中国"大一统"的"思想在人们心中根深蒂固，把这个幅员广大的国家组成一个大家庭"⑤。中国"多元一体"的历史文化积淀，培育了中华民族维护国家统一的精神"基因"。所以，习近平指出："一个民族最深沉的精神追求，一定要在其薪火相传的民族精神中来进行基因测序。"⑥ 对中国"大一统"历史传承进

---

① 〔美〕杰克·威泽弗德：《成吉思汗与今日世界之形成》，温海清、姚建根译，重庆出版社，2006，第207~208页。

② 〔日〕杉山正明：《忽必烈的挑战》，周俊宇译，社会科学文献出版社，2013，第134、259页。

③ 〔加拿大〕查尔斯·泰勒：《自我认同的根源：现代认同的形成》，韩震等译，译林出版社，2001，第39页。

④ （宋）富弼：《上仁宗河北守御十三策》，（宋）赵儒愚编《宋名臣奏议》（卷135），《边防门·辽夏七》，《四库全书》。

⑤ 〔法〕伏尔泰：《风俗论》（上册），梁守锵译，商务印书馆，1995。

⑥ 习近平：《在亚欧大陆架起一座友谊合作之桥》，载《习近平谈治国理政》，外文出版社，2014，第283页。

行"基因测序",才能把握中国从哪里来和到哪里去的问题。

从这个意义上说,中国历史的国家统一,并未因自始存在多民族而改变,元朝、清朝尚且如此,"更早的胡人入侵,非但不是分裂中国,事实上反而是导致中华帝国的重建与再统一"。①"天下统一"之大道,"因俗而治"之方略,"和而不同"之目标,贯穿了中国的历史,这是中华文明传承不懈的内在逻辑。"五方之民"及其后裔共同建立了统一的多民族国家。这就是"五方之民"及其后裔构成的"多元一体",即中华民族形成和发展的历史过程。当然,就"中华民族"这一概念而言,它并非一个具有原初意义的民族共同体,而是中国近代遭逢西方列强侵略,在救亡图存中以西方民族–国家观念凝聚和塑造的"国民"共同体。因此,这一概念,同样是理解中国历史与现实的关键词。

二　中华民族不等同于汉族

"民族"一词,是中文古汉语固有的名词。② 上文所引东晋时期顾欢所称"今诸华士女,民族弗革",是指中原汉人的族属未变却改信佛教、"滥用夷礼"。而唐代皮日休所说"上自太古,粤有民族"则是因"见南蛮不宾天下"③。其"夷夏之辨"的"民族"指称无可争辩,"化内"、"化外"皆可称为"民族",这是超越古汉语"氏族"、"宗族"、"部族"、"种族"局限的一种"民以族分"的泛称。因此,所谓"民族"一词不见于中文古汉语之说,或者"民族"一词系由日本人用"民"和"族"两字构造之论,都不符合历史事实。中国古代文献虽然没有对"民族"一词做出定义性解释,但是对"夷夏"之别的群体差异之论比比皆是。源自先秦时期有关"五方之民"因所处的自然地理环境不同,他们的饮食、衣着、民居、器物、工具相异,"言语不通,嗜欲不同"等差异的论说④,即对构成中国古代原初"民族"基本要素的解读。至于日本明治维新之后,"民族"、"种族"、"革命"、"政治"等大量的中文古汉语单词,在日本人对译西文

---

① 〔美〕王国斌:《转变的中国:历史变迁与欧洲经验的局限》,李伯重、连玲玲译,江苏人民出版社,1998,第89页。

② 郝时远:《中文"民族"一词源流考辨》,《民族研究》2004年第6期。

③ (唐)皮日休:《忧赋》,《皮子文薮》(卷一),《四库全书》。

④ 《礼记·王制:第五》,《十三经注疏》。

时被赋予了新的含义,并不等于泯灭了中文古汉语的原意,更不意味着要以日本人的定义来解释古汉语的"民族"。所以,也不会有人愚蠢到把"粤有民族"理解为"广东有民族(nation)"。

在近现代中国的民族学研究中,解读中文"民族"一词引起的争论一直没有休止。其中纠结最多的问题,是如何对应以英文为代表的西方民族观话语。清末梁启超从日本引进西方民族观时,以"中华"和"民族"的合一,概括了"中华民族"这一概念。其含义的指向是西方民族-国家(nation-state)所构建的国家-民族(state-nation),即中国步入现代国家的民族称谓——中华民族(Chinese nation)。不过,他所求助"东方道德、西方技艺"的日本"东学",对现代民族的认知深受德国政治思想和国民成分单一性的种族观影响。日本人认为:"德意志语所谓民族者,谓相同种族之民众。国民者,谓居住于同一国土内之民众,故有一族之民分居数国者,亦有一国包含数种民族者。"[①] 因此,所谓"相同种族之民众"的民族观,对中国近代民族主义思潮的影响尤为深刻。

在进入 20 世纪之际,中国人对帝国主义列强带来的屈辱,已经从 1840 年鸦片战争失败后国家"技不如人"的自卑,转变为 1900 年八国联军入侵北京后皇家"种不如人"的怨愤。这种指向清朝统治上层的激愤,使中国传统的"种族"意识在西方社会达尔文主义的影响下,被赋予了西方通行的种族(race)优劣意义。而中国"五方之民"及其后裔不具备种族"肤色"差别的典型特征,则使血统意义上的"皇汉人种"成为有别于"蛮夷戎狄"的种族想象。这种意识激发社会精英响应,为"驱逐鞑虏、恢复中华"的种族-民族主义革命提供了思想基础。在孙中山领导的辛亥革命社会动员中,最重要的口号即"排满兴汉"。虽然在辛亥革命进程中,孙中山意识到即便当时是汉族皇帝当政也要被推翻,但是问题在于,辛亥革命解决了"排满"的问题,但没有实现"兴汉"的目标。孙中山的对手虽然不再是满族贵族统治势力,却是在封建王朝政治传统中历练几十年的汉族官僚袁世凯,"兴汉"成为"恢复帝制"的倒行逆施,以及军阀林立的国家分裂。他一度倡导的汉、满、蒙、回、藏"五族共和"也以失败告终。

在孙中山的政治思想中,所谓"五族共和"是政治妥协的产物。他对

---

① 转引自郑匡民《梁启超启蒙思想的东学背景》,上海书店出版社,2003,第 239 页。

国民党这一"根本错误"的反省，虽然包含了"我们国家何止五族呢"的质疑①，但是他仍坚定地认为如果"不能真正独立组一完全汉族底国家……这就是本党底民族主义没有成功"②。所以应"将汉族改为中华民族"，"务使满、蒙、回、藏同化于我汉族，成为一大民族主义的国家"。③遭逢革命失败的孙中山，几经磨砺的《三民主义》也在"参考之西籍数百种"之后④，展开了重新出发的民族主义革命动员。他的目标是打造一个如同美国一样的、将欧洲各种族的人"合一炉而冶之"为"一种新民族，可以叫作美利坚民族"⑤。美国即一个以盎格鲁－撒克逊白人为核心建立的国家，其独立建国的革命并不包括黑人、印第安人和其他非白人移民。"合一炉而冶之"的"熔炉"，是针对那些来自东欧、南欧的白人移民而言，美国革命的先贤没有试图把黑人等非白人"熔冶"为白人的意图。即便废奴之后，黑人也只能生活在渗透于社会各领域的"平等但隔离"之中，印第安人则置身于隔离同化的"保留地"（Reservation System），白人的"熔炉"之门从未对黑人等有色人种开启，直到 20 世纪 60 年代美国的民权运动终结了"熔炉"政策。

孙中山的民族主义秉持了西方"一族一国"的立场，遵循了美国"合众为一"的"熔炉"理念，"其始以一民族成一国家，其继乃与他民族糅合博聚以成一大民族"⑥。其中"糅合博聚"的思想，大多源自梁启超等人的"大民族主义"，即"合汉合满合蒙合回合苗合藏，组成一大民族"共同对外，才能救国图存⑦。"汉、满、蒙、回、藏之土地，不可失其一部，汉、满、蒙、回、藏之人民，不可失其一种"，国家变革"必使土地如故，人民如故，统治权如故"，三者缺一不可⑧。从这个意义上说，孙中山虽然难以对中国"何止五族"做出类似美国多种族的体貌肤色区分，却大可做

① 孙中山：《在上海中国国民党本部会议的演说》，《孙中山全集》（第5卷），中华书局，1985，第394页。
② 孙中山：《三民主义：三民主义之具体办法》，岳麓书社，2000，第260页。
③ 孙中山：《在中国国民党本部特设驻粤办事处的演说》，《孙中山全集》（第5卷），中华书局，1985，第473页。
④ 孙中山：《三民主义：自序》，岳麓书社，2000，第1页。
⑤ 孙中山：《三民主义：民族主义第一讲》，岳麓书社，2000，第10页。
⑥ 孙中山：《中国国民党宣言》，《孙中山全集》（第7卷），中华书局，1985，第1页。
⑦ 梁启超：《政治学大家伯伦知理之学说》，《饮冰室合集·文集之十三》，中华书局，1989，第76页。
⑧ 刘晴波：《杨度集》，湖南人民出版社，1986，第304页。

出美国白人包含了多种欧洲移民同化"熔冶"于一炉的比附，即将中国各少数民族视为"汉族的宗族"。事实上，孙中山的民族主义思想不仅有"参考之西籍数百种"的国际视野，也吸收了当时在中国纷然杂呈的民族观、种族观和国家观，所以其内在的逻辑矛盾也比比皆是。不过，"无论其作品何等的含糊不清"，但是"它在中国政治中发挥了持久影响并被采纳为国民党的官方政策"则是事实①。

孙中山以"兴汉"民族主义为"法宝"，以建构类同"美利坚民族"为目标，目的是打造一枚"中华民族"的"硬币"，一个面向是"排满"，一个面向是"兴汉"。推翻了清朝的"异族"统治，象征解决了"驱逐鞑虏"的历史性问题，而主张"汉族自决"和少数民族"同化于我"，却遮蔽了理应属于他"民权"理念中的国内少数民族权利问题。他认为"除去民族间的不平等"属于"消极的民族主义"，而"同化于我"则是"积极的民族主义"。所以，孙中山倡导的"天下为公"，虽然浸透中国"治天下之道，至公而已尔"的观念，但是他对历史悠久的统一的多民族国家"至公而已尔"的理解，却陷入了西洋或东洋种族同一性的狭隘"一族一国"局限，缺失了"公则胡越一家，私则肝胆楚越，此古圣人所以视天下为一家，中国为一人也"的政治胸怀②。孙中山没有能够正确阐释"中华民族"的"国家－民族"观，这也是国民党最终失败的原因之一，因为解决中国的民族问题不能脱离统一的多民族国家历史。

三　中共阐释的中华民族

在袁世凯迫使清帝退位和孙中山辞去中华民国临时大总统之后，辛亥革命所昭示的中国前途并未随之明朗。虽然袁世凯重返"五族共和"，申明中华民国领土和国民包括"蒙、藏、回疆各地方"和"蒙、藏、回疆各民族"，并针对外蒙古地区的变局发出"外蒙同为中华民族，数百年来，俨如一家"的声明，③但是，袁世凯政府不能立足于反对帝国主义、反对封建主义的"共和"，无论构建或模仿何种制度形式，都不可能建立一个

---

① 〔英〕冯客：《近代中国之种族观念》，杨立华译，江苏人民出版社，1999，112～113页。
② （明）叶子奇：《草木子·卷之三·克谨篇》，中华书局，1959，第55页。
③ 刘学铫：《外蒙古问题》，台北：南天书局，2001，第20页。

主权独立、领土完整、国民整合的现代中国。正如费正清所言："在中华民国的初期，外在世界的许多思想最终都被讨论和试验过，但是能站住脚的为数并不多。"① 孙中山"革命尚未成功"的遗嘱，及其必然包含的构建"中华民族"这个自立于世界民族之林的国家－民族，只能在无产阶级政党领导下的民族解放运动中实现。对此，列宁预见性地指出："在印度和中国，觉悟的无产者也只能走民族道路，因为他们的国家还没有形成为民族国家。"②

民族－国家不仅是"资本主义时期典型的正常的国家形式"③，而且西方资本主义全球殖民扩张构建的世界体系，也"视民族国家为唯一合法的政体"④。因此，无论是遭受侵略和殖民奴役的古老国家，还是资本主义产生的"掘墓人"——无产阶级，都必须顺应"民族生活和民族运动的觉醒，反对一切民族压迫的斗争，民族国家的建立"的历史趋势⑤。对中国这个古老的统一的多民族国家而言，"反对一切民族压迫的斗争"包括了反对外来的帝国主义、内源的封建主义双重民族压迫。这两种压迫的实质是建立在私有制基础上的阶级压迫。因此，马克思主义关于"人对人的剥削一消灭，民族对民族的剥削就会随之消灭。民族内部的阶级对立一消失，民族之间的敌对关系就会随之消失"的基本原理⑥，成为中国共产党领导的新民主主义革命的奋斗目标。被孙中山视为"消极的民族主义"目标——"除去民族间的不平等"⑦，恰恰成为中国共产党超越资产阶级民族主义、消灭阶级压迫和民族压迫的革命实践，其核心是实现国内各民族的一律平等，这是各民族团结的基础，也是熔铸中华民族的必由之路。

历史悠久的统一的多民族国家，如何成为一个现代民族－国家？西方

① 〔美〕费正清：《伟大的中国革命（1800－1985）》，刘尊棋译，世界知识出版社，2000，第197页。
② 列宁：《关于无产阶级和战争的报告》，《列宁专题文集·论资本主义》，人民出版社，2009，第89页。
③ 列宁：《论民族自决权》，《列宁选集》（第2卷），人民出版社，1995，第371页。
④ 〔美〕杜赞奇：《从民族国家拯救历史——民族主义话语与中国现代史研究》，王宪明译，社会科学文献出版社，2003，第59页。
⑤ 列宁：《关于民族问题的批评意见》，《列宁专题文集·论资本主义》，人民出版社，2009，第290页。
⑥ 马克思、恩格斯：《共产党宣言》，《马克思恩格斯文集》（第2卷），人民出版社，2009，第50页。
⑦ 孙中山：《中国国民党宣言》，《孙中山全集》（第7卷），中华书局，1985，第1、3页。

民族－国家的"一族一国"理念,怎样在中国的现代民族－国家建构中体现?这是立足于中国国情还是亦步亦趋于西洋或东洋必须解决的问题。西方的现代民族(nation)观,经历了从城邦、帝国、民族君主国向现代民族－国家演变的历史过程。英文的 nation 一词源于古代具有"异类"含义的拉丁文"natio"(出生、出身),中世纪演化为基督教世界共享的几所大学中的学生团体,13 世纪晚期指称"教会共和国"中"意见共同体"的派别,16 世纪在英国被用来表达英格兰的全体居民,具有了人民(people)的含义。这一概念经历了法国大革命的洗礼,使"第三等级"所代表的"民族取代了国王成为认同的来源、社会团结的焦点",结果"民族成了国王"①,西方的"一族一国"观念由此形成。而且,西方在殖民侵袭全球的过程中,面对种族纷呈、民族多样的古老社会,进一步强化了其民族"认同的来源、社会团结",并在种族优劣的比较效应中遮蔽了其"民族"内部的差异性,诸如英格兰人与苏格兰人都笼罩在了"日不落帝国"的认同光环之下一样。这就是西方典型的"民族－国家",不过列宁认为这种类型的民族－国家在整个资本主义发展过程中具有"历史相对性和暂时性"②,而非必然的规律。

对步入近代的中国来说,在帝国主义列强的"炮舰—协议—割地—赔款"侵略模式下,面对着主权沦丧、领土肢解、国家分裂的危机。在这种形势下,包括汉族在内的任何一个民族,都不可能孤立地实现驱逐帝国主义势力、推翻封建主义压迫的"民族自决"。尤其是在日本帝国主义发动侵华战争后,只有团结、整合中国各民族的共同意志,才能摆脱半封建、半殖民地的国家危难。代表和凝聚这一意志的共同体即中华民族,中共对中华民族的阐释解决了中国走民族－国家道路的国民统一问题,即"中国是一个由多数民族结合而成的拥有广大人口的国家"③,"中华民族是代表中国境内各民族之总称,四万万五千万人民是共同祖国的同胞,是生死存亡利害一致的"命运共同体。④ 中国境内各民族作为"共同祖国的同胞"

---

① 〔美〕里亚·格林菲尔德:《民族主义:走向现代的五条道路》,王春华等译,上海三联出版社,2010。
② 列宁:《统计学与社会学》,《列宁全集》(第 28 卷),人民出版社,1991,第 368 页。
③ 毛泽东:《中国革命和中国共产党》,《毛泽东选集》(第 2 卷),人民出版社,1991,第 622 页。
④ 《抗日战士政治课本》,载中共中央统战部《民族问题文献汇编》,中共中央党校出版社,1991,第 808 页。

构成了中华民族。这就是中共理解的"一族一国",即中华民族为"一族",中国为"一国"。中华民族观的确立,赋予了中共政治纲领以中华民族性,即中共"不但是代表工农的,而且代表民族的"①。这个"民族"就是中华民族。

从这个意义上说,中共对"一族一国"的认识,不仅超越了清末民初以来国内各界的种种论说,而且也超越了孙中山的民族主义。中华民族"成为认同的来源、社会团结的焦点",实现了中华民族与国内各民族人民的对接。中共的国家观,也随之从建立"工农共和国"的政治主张转变为建立"人民共和国"的政治目标,即"必须将分裂的中国变为统一的中国,这是中国人民的历史任务"②。中共领导的新民主主义革命由此走出了与苏联不同的"立族"和建国道路。在苏联建立的过程中,沙俄帝国没有为布尔什维克留下统一的多民族国家的历史资源和凝聚力。在分崩离析的沙俄帝国废墟上,列宁只能按照西方具有"历史相对性和暂时性"特点的狭义"一族一国"模式,在无产阶级政党统一性的基础上,建立一个向集中统一过渡的众多民族 – 国家的联盟,所以,苏联也未能确立一个国家 – 民族的称谓。中共立足于中国统一的多民族形成和发展的历史国情,确立的中华民族观和统一的人民国家观,使中共放弃了早期政纲中显现的"苏维埃联邦"国家影像,转向了在少数民族地区实行民族区域自治、少数民族"与汉族联合建立统一的国家"的道路探索。③ 在这一实践中,中共并没有放弃"民族自决"的政治理念,而是把早期倡导"各民族"的各自"自决"升华为中华民族的自决,"中华人民共和国的成立,就是对帝国主义的民族自决"④。

中华人民共和国的建立,开启了中国步入以民族 – 国家为行为主体的国际社会之门;中华民族作为中华人民共和国的国家 – 民族,成为跻身于民族 – 国家时代世界民族之林的唯一代表。在对"民族 – 国家"的理解方面,纠结于"一族一国"理念中"一族"的成分单一性,是对现代民族

---

① 毛泽东:《论反对日本帝国主义的策略》,《毛泽东选集》(第一卷),人民出版社,1991,第156页。

② 毛泽东:《论联合政府》,《毛泽东选集》(第三卷),人民出版社,1991,第1071页。

③ 毛泽东:《论新阶段》,载中共中央统战部《民族问题文献汇编》,中共中央党校出版社,1991,第595页。

④ 乌兰夫:《民族问题学习笔记》,《乌兰夫文选》(上册),中央文献出版社,1999,第359页。

(nation) 概念的偏狭、僵化理解。民族 – 国家的实质是国家的主权独立,所以它的另一种表述是"主权国家"。历史性的中国"五方之民"及其后裔所构成的现代统一的多民族国家,"统一"意味着国家主权、领土、国民的统一,"多民族"是指构成中华民族 (Chinese nation) 这个国家 – 民族的多样性民族成分,其含义是中文话语中"粤有民族"的"民族",也就是毛泽东所说的除了汉人之外,"还有蒙人、回人、藏人、维吾尔人、苗人、彝人、壮人、仲家人、朝鲜人等,共有数十种少数民族"意义上的"民族",他们"虽然文化发展的程度不同,但是都已有长久的历史。中国是一个由多数民族结合而成的拥有广大人口的国家"[①]。因此,对中国"统一的多民族国家"的理解,首先要立足于中国的历史国情和中国话语的理论阐释,然后再去思考如何与其他国家的国情、概念比较,而非本末倒置的"削足适履"或"张冠李戴"。

四　中华民族是一个大家庭

在当代有关民族、民族主义、民族 – 国家的学理性研究中,新近辞世的本尼迪克特·安德森提出的新范式——国家 – 民族是一种"想象的政治共同体"[②],可谓具有经典意义。这一命题不仅在于它摆脱了对构成民族诸多要素的长期争议,而且也在于它揭示了当今时代民族 – 国家建构进程中的普遍困扰。建设国家 – 民族,是一个世界各国都未完成但程度有差的实践。在中国古代历史上,虽然"中华"概念历久弥坚,但是见诸世界他国古代文献的多是"秦"、"唐人"、"契丹"、"鞑靼"、"大清"等,以及近世的"支那"。但是,中华民族作为一个新的概念,并不意味着只是清末民初以来民族主义"想象"的现代产物,而是中国历史的独特过程和中国各民族人民的特殊经历所成就的命运共同体。所以,中华民族既非原初意义的既成实体,也不是虚无缥缈的凭空想象,它积淀了中华文化传承中根深蒂固的"天下统一"精神。这种精神力量产生的历史认同,也就是前述推动法国大革命的启蒙思想家伏尔泰所意识到的中国运势——"把这个幅

---

①　毛泽东:《中国革命和中国共产党》,《毛泽东选集》(第二卷),人民出版社,1991,第622页。

②　〔美〕本尼迪克特·安德森:《想象的共同体:民族主义的起源与散布》,吴叡人译,上海人民出版社,2003,第5页。

员广大的国家组成一个大家庭"①。

古代"中华"与现代"民族"结合所形成的"中华民族",在中共诠释的内涵中成为中国各民族人民"认同的来源、社会团结的焦点"②。中共倡导的最广泛的抗日民族统一战线,为中国各民族人民战胜日本帝国主义的艰苦卓绝斗争,注入了中华民族自决的动力。中共解决国内民族问题的政治主张,并率先在内蒙古地区实行民族区域自治,则为新的统一的多民族国家建立奠定了第一个基本政治制度,为"中华人民共和国成为各民族友爱合作的大家庭"提供了政治保证。③ 中共历来主张的各民族一律平等,是新中国实现"大家庭"成员之间团结互助、友爱合作的基础。平等,首先意味着承认和尊重,新中国成立初期展开的民族识别,既是赋予中华民族大家庭成员平等地位的实践,也是建设中华民族的奠基工程。正如早期民族史学家江应樑论及"中华民族"时所说:"能对于中国领土中全部民族的各个分子均有一个彻底的明了认识,方能说得到了解我们自己,方能说复兴中华民族之道。"④ 也就是说,中华民族大家庭并非一个抽象的亲情隐喻,而是一个由各个民族构成家庭成员的实体。

中国的民族识别,是实践各民族一律平等原则真实性、彻底性的集中体现,也是在当时科学研究条件下达成的最好成果。虽然时至今日,诟病"民族识别"的论说比比皆是,或者认为追随了斯大林民族定义,或者认为"人为构建"了"民族",或者认为"错误归类",不一而足。但是,这些认识都缺失了对民族识别政治原则的基本认知。第一,对斯大林的民族定义,中共的认识是十分清楚:"在我国,不能死套斯大林提出的民族定义。那个定义指的是资本主义上升时代的民族,不能用它解释前资本主义时代各个社会阶段中发生的有关的复杂问题。"⑤ 第二,中国的民族识别,不以经济社会发展程度的"先进"或"落后"为标准:"科学的分析是可以的,但是政治上不要去区分哪个是民族,哪个是部族

---

① 〔法〕伏尔泰:《风俗论》(上册),梁守锵译,商务印书馆,1995。

② 〔美〕里亚·格林菲尔德:《民族主义:走向现代的五条道路》,王春华等译,上海三联出版社,2010。

③ 周恩来:《新民主主义的民族政策》,载国家民族事务委员会政策研究室《中国共产党主要领导人论民族问题》,民族出版社,1994,第37页。

④ 江应樑:《广东瑶人之今昔观》,《民俗》(第一卷),1937。

⑤ 周恩来:《民族区域自治有利于民族团结和共同进步》,载国家民族事务委员会政策研究室《中国共产党主要领导人论民族问题》,民族出版社,1994,第151页。

或部落"①。第三，中国的民族识别不是为了"分"，而是为了"合"："我国许多民族在解放前虽然没有发展到资本主义阶段，但是它们的民族特征都已不同程度地存在着，这种历史和现实的情况都应正视、研究和照顾，否则就不能合起来。"② 而且，"合"的目的也包括了有利于少数民族享有民族区域自治的地位和权利。第四，对作为中华民族大家庭的成员，即便是近世移住中国的外国群体，也一视同仁。如民国初期移入中国新疆地区被冠之以"归化族"的白俄群体，在民族识别过程中正名为俄罗斯族③，成为中华民族大家庭56个成员中的平等一员，如果按照西方国家对待外来移民的理论和政策实践，移入中国的俄罗斯人只能享有族群（ethnic group）身份，而绝对不会成为一个国家法定的少数民族（national minority 或 nationlity）。

中华民族之"一族"，是对中国"多民族"承认、包容、整合的"一族"。"多民族"作为"共同祖国的同胞"组成了中华民族大家庭，这个"大家庭"依托的国家，"不是哪一个民族所专有，而是我们五十多个民族所共有，是中华人民共和国全体人民所共有"④。中华民族在这个意义上体现了中国各民族共享的"人民主权"。这就是统一的多民族国家最基本的国情，"统一"包含了中华民族的一体，"多民族"意味着"大家庭"中的成员多样。或者说，中国56个民族都姓中华民族，而每个民族都有自己的名字。因此，2014年中央民族工作会议专门就中华民族大家庭做出阐释："中华民族与各民族的关系，是一个大家庭与家庭成员的关系；各民族之间的关系，是一个大家庭里不同成员之间的关系。"⑤ 其实，这并非一个复杂的关系，虽然其中包含了"统一"与"多样"、"多元"与"一体"的辩证哲理。但是，为什么习近平总书记在中央民族工作会议上去阐释这一关系？问题在于党内外、社会上存在着"把

① 转引自黄光学、施联朱《中国的民族识别——56个民族的来历》，民族出版社，2005，第81页。

② 周恩来：《民族区域自治有利于民族团结和共同进步》，载国家民族事务委员会政策研究室《中国共产党主要领导人论民族问题》，民族出版社，1994，第151页。

③ 黄光学、施联朱：《中国的民族识别——56个民族的来历》，民族出版社，2005，第106页。

④ 周恩来：《关于我国民族政策的几个问题》，载中共中央文献研究室、中共新疆维吾尔自治区委员会编《新疆工作文献选编（1949–2010）》，中央文献出版社，2010，第180页。

⑤ 国家民族事务委员会：《中央民族工作会议精神学习辅导读本》，民族出版社，2015。

多民族当作'包袱',把民族问题当作'麻烦',把少数民族当作'外人'"的错误认识①。

产生这类错误认识的原因是多样的,一是在"大家庭"成员之间的关系中,人口占绝对多数的汉族与人口不足 8.5% 的少数民族之间的关系最为普遍,是产生民族问题的主要层面;二是在经济社会快速发展的进程中,各种社会问题与民族关系的交织程度加深,民族问题呈现了多面向且敏感度增强的特点;三是苏联解体后世界范围民族问题、宗教问题凸显,近代帝国主义利用民族问题分裂中国留下的"遗产"开始发酵,并在西方一些势力的支持下形成对中国的渗透和影响,引发了一系列骚乱、暴恐等极端性事态,危及中国的社会稳定和国家安全。探究产生这些问题的原因探究,最直接的路径就指向民族政策。其中,国家认定"多民族"的身份自然成为问题的焦点。也就是说,因为承认了"多",才实行了差别化的政策——标注身份、特殊照顾、区域自治等。所以,在一些人的思维中"大家庭"变成了"大拼盘",民族区域自治成为"苏联模式",进而开出一系列学习美国、印度、巴西所谓"去政治化"的"大熔炉""药方"。② 这类认识,无论是立意于什么愿望,其实质就是重返西方经典的所谓"一族一国"理念。这也正是中央民族工作会议给予严肃批评的观念:"企图通过取消民族身份、忽略民族存在来一劳永逸解决民族问题的想法是行不通的。"③

欧美发达国家,既是创建民族-国家模式的先行者,也是"想象"国家-民族的实践者。不过,这种谋求国民成分单一性的"一族一国"实践,大多"有过令人恐怖的种族清洗的历史,但它们现在颇具讽刺意味地拥护多元文化主义,至少在理论上"是如此。④ 这种转变,以美国的"民权运动"为标志,多元文化主义的观念率先在美国、加拿大和澳大利亚这

---

① 国家民族事务委员会:《中央民族工作会议精神学习辅导读本》,民族出版社,2015。
② 郝时远:《评"第二代民族政策"的理论与实践误区》,《新疆社会科学》2012年第2期;《美国是中国解决民族问题的榜样吗?——评"第二代民族政策"的"国际经验教训"说》,《世界民族》2012年第2期;《巴西能为中国民族事务提供什么"经验"——再评"第二代民族政策"的"国际经验教训"说》,《西北民族大学学报》2012年第4期。
③ 丹珠昂奔:《沿着中国特色解决民族问题的道路前进——中央民族工作会议精神学习体会》,《中国民族报》2014年11月15日。
④ 〔英〕迈克尔·曼:《民主的阴暗面:解释种族清洗》,严春松译,中央编译出版社,2015。

类典型的移民国家付诸实践,并扩散到了整个资本主义世界。特别是"在
20世纪90年代以来,世界各国政府都在致力通过群体的政治、文化或经
济权利的再分配来防止或处理族群冲突"的实践,即承认国民成分的"多
样化和集体权利"。① 这种从"想象"的"一体"转向承认"多元"的实
践,使曾为"日不落帝国"笼罩的大不列颠认同,不仅在2014年承认了
康沃尔人(Cornish)是英国与苏格兰、威尔士、北爱尔兰人享有同等地位
的少数民族(national minority),而且也经历了苏格兰谋求独立建国的全民
公投。类似的现象在欧美发达国家并非个案,谋求国家-民族地位的运
动,在西班牙、比利时等国交相掀起,加拿大的魁北克独立运动率先获得
了民族(nation)的名分。

　　西方国家姗姗来迟的承认"多样"及其所释放的民族主义冲动,不仅
挑战着这些民族-国家的先行者,而且也使以西欧发达国家为核心构建的
"超国家联盟"理想——构建一个更高层级认同的"欧洲民族"(European
nation)——陷入了整合的困境。的确,欧洲文明引领了世界的民族-国
家时代,而欧盟的建立也试图在全球化进程中开创一个超越民族-国家的
新时代。然而,这种努力并没有泯灭回归"姆庇之家"的保守和"再度各
自退缩到自己的洞穴中"的愿望。② 在西欧,一些少数民族(national mi-
nority/nationality)的政治诉求,推动着"高度自治"或"联邦化"的移民
族群(ethnic groups)引发的多种社会问题甚至本土"恐袭"等极端事件
也呈现高潮,以致宣布主要针对外来移民融入的"多元文化主义失败",
成为欧洲一些国家领导人的"口头禅"。同样,以亨廷顿为代表的重返
"民权运动"前美国"核心价值"的政治主张,也伴随着挞伐"多元文化
主义"的思潮、挑战"平权政策"的讼案,以及针对黑人等有色人种的暴
力执法而交响。这些现象表明,老牌的欧美"现代国家尚未找到包容少数
民族的方法"③。

　　因此,虽然有人乐观地认为"欧洲正在接近我所描绘的有数百年之久

---

① 〔荷〕弗兰克·德·兹瓦特:《文化多元社会中的定向政策:协调、拒绝与替代》,《国际
　社会科学杂志》2006年第1期。
② 〔美〕哈罗德·伊萨克:《族群:集体认同的政治变迁》,邓伯宸译,台北:立绪文化事
　业有限公司,2004,第4页。
③ 〔加拿大〕威尔·金里卡:《少数群体的权利:民族主义、多元文化主义与公民权》,邓
　红风译,台北:左岸文化出版社,2004,第177页。

的、朝着经过种族清洗和民主化制度的民族－国家方向迈进的旅程的末尾阶段。"① 但是，这个"末尾阶段"显然还没有走出列宁指出的"历史相对性和暂时性"局限，其前途依然遥远。在国家－民族构建中，欧美发达国家预设的国民成分单一性窠臼，在被迫转向"承认的政治"民主，以及通过差别化政策解决少数民族平等权利问题，包括针对少数族裔（ethnic mi－nority）的"平权"实践中，走了一条从"想象"的"一体"转向承认"多元"的道路，这与中国解决民族问题的理念和政策实践正好相反。因为中国的理念和实践，是承认"多元"、构建"一体"。

五　建设中华民族大家庭

中华民族大家庭的多元一体，是建立在尊重历史基础上的承认多元，构筑符合国情、顺应人心的"一体"。因此，中央民族工作会议对中国特色解决民族问题的正确道路，概括为"尊重历史、符合国情、顺应人心"的选择。这种"多元"与"一体"的认知，体现了历史唯物主义和辩证唯物主义的思想方法。因为客观存在"多元"才要熔铸"一体"，而非因为存在"一体"，人为制造"多元"。因此，对新中国来说，熔铸一体就是建设中华民族，中华民族伟大复兴就是这一建设事业的奋斗目标。这一建设进程，最根本的原则即在多样中巩固统一，在差异中保障和谐。当然，这绝非易事。在这方面，欧美发达国家经历了几百年的国家－民族建构，但是也没有产生具有普遍意义的成功经验。

中国在走一条符合中国特色社会主义理想信念的中华民族伟大复兴之路。改革开放三十多年来的国家建设和发展，一方面使"我们比历史上任何时期都更接近中华民族伟大复兴的目标"②，另一方面，又必须"清醒认识和正确把握我国仍处于并将长期处于社会主义初级阶段这个基本国情"③。这一基本国情在民族问题方面的突出反映，就是少数民族及其聚居

---

① 〔英〕迈克尔·曼：《民主的阴暗面：解释种族清洗》，严春松译，中央编译出版社，2015。

② 习近平：《实现中华民族伟大复兴是中华民族近代以来最伟大的梦想》，载《习近平谈治国理政》，外文出版社，2014，第35页。

③ 习近平：《坚持和运用好毛泽东思想活的灵魂》，载《习近平谈治国理政》，外文出版社，2014，第26页。

地区普遍与内地尤其是东南沿海地区之间存在的经济社会发展差距问题。因此,最大限度地缩小历史形成且受到自然地理等因素影响的区域经济社会发展差距,始终是新中国民族政策的基本立足点之一。中国共产党深刻地意识到:"解决民族问题的基础是经济。要提高其生活水平,与我们一道前进。当经济问题一天未解决,民族问题即未能解决。"① 少数民族及其聚居地区的经济社会发展,是实现中国各民族一律平等的基础。实行民族区域自治是从国家基本政治制度层面保障少数民族的平等权利。但是,政治要以经济为基础,没有坚固的物质基础支撑,上层建筑的制度设计及其优越性就不可能得到发挥。

因此,实现民族区域自治制度的优越性,"最根本的问题是帮助少数民族发展生产,改善生活。如果少数民族在经济上不发展,那就不是真正的平等。所以,要使各民族真正平等,就必须帮助少数民族发展经济"②。同样,"实施民族区域自治法的一个重要方面,是解决好经济权益问题"。③ 这也正是中央民族工作会议所强调的基本原则:"落实民族区域自治制度,关键是帮助自治地方发展经济、改善民生。"④ 在这方面,新中国建立以来,特别是改革开放以后,国家对民族区域自治地方经济社会发展给予的特殊扶持,呈现了前所未有、不断加大的支持力度,尤其是实施西部大开发战略以来的一系列组合政策,扶贫开发、对口支援、兴边富民、扶持人口较少民族、全国支援西藏、19 个省市支援新疆等差别化政策,长足地改变了西部地区、民族区域自治地方的经济社会面貌,显著地改善了少数民族和当地各民族人民的生活。这些政策实践表明,55 个少数民族虽然总人口不足全国人口的 8.5%,但是作为 56 个民族组成的中华民族大家庭成员,则占家庭成员的 98%。而且他们聚居分布的地区,以自治地方计算占国土面积的 64%。因此,建设中华民族的意义,不仅在于中国特色社会主

---

① 邓小平:《解决民族问题的基础是经济（1953 年）》,载中共中央文献研究室、中共新疆维吾尔自治区委员会《新疆工作文献选编（1949－2010）》,中央文献出版社,2010,第 104 页。

② 周恩来:《要尊重少数民族的宗教信仰和风俗习惯》,载中共中央文献研究室、中共新疆维吾尔自治区委员会《新疆工作文献选编（1949－2010）》,中央文献出版社,2010,第 145 页。

③ 习仲勋:《在庆祝内蒙古自治区成立四十周年干部大会上的讲话》,载中共中央统战部、中共中央文献研究室《习仲勋论统一战线》,中央文献出版社,2013,第 497 页。

④ 国家民族事务委员会:《中央民族工作会议精神学习辅导读本》,民族出版社,2015。

义现代化进程中"一个民族也不能少",而且在于中华民族大家庭的生存家园"一个地方也不能少",消除贫困"一个人也不能少"。

区域经济社会发展不平衡、中华民族大家庭成员发展不平衡,是中国长期处于社会主义初级阶段的重要原因之一。这种发展差距是中国社会基本矛盾——"人民日益增长的物质文化需要同落后的社会生产之间的矛盾"——在民族问题领域的集中体现。但是,最大限度地解决好区域、民族之间经济社会发展不平衡的问题,需要一个长期的过程。2015 年全国人大常务委员会针对民族区域自治法的执法检查报告表明:2014 年,民族 8 省区生产总值加起来只比广东省略高,全国 30 个自治州经济总量加起来不及一个苏州市。民族 8 省区农村贫困人口为 2205 万,占全国农村贫困人口的 31.4%;贫困发生率 14.7%,高于全国 7.5 个百分点。在未来 5 年中,消除贫困是全面建成小康社会的基础性工程。而在"创新、协调、开放、绿色、共享"的发展理念引领下,提升西部地区、民族区域自治地方、边疆地区的自我发展能力,则是加快缩小差距、建立开放发展优势的新阶段。

建设中华民族大家庭,是每一个家庭成员责无旁贷的义务,每一个家庭成员都要为统一的多民族国家繁荣昌盛做贡献。国家对少数民族地区持续的大力扶持、内地和东部地区对西部地区的无偿支援,这在世界范围都是罕见的"大家庭"建设,体现了"中国特色解决民族问题正确道路"的力量。同样,西气东输、北煤南运、西电东送、南水北调等重大国家建设工程,体现了西部地区、民族区域自治地方对内地、东部和整个国家发展的贡献。从这个意义上说,虽然今天人们更多关注了国家对西部地区的投入和支持,但是少数民族地区同样持续和增强着对"大家庭"的支持。对此,毛泽东曾深刻指出:"少数民族在政治上、经济上、国防上,都对整个国家、整个中华民族有很大的帮助。那种以为只有汉族帮助了少数民族,少数民族没有帮助汉族,以及那种帮助了一点少数民族,就自以为了不起的观点,是错误的。"[①] "中国没有少数民族是不行的。中国有几十种民族。少数民族居住的地方比汉族居住的地方面积要宽,那里蕴藏着的各种物质财富多得很。我们国民经济没有少数民族

---

① 毛泽东:《反对大汉族主义》,载国家民族事务委员会政策研究室《中国共产党主要领导人论民族问题》,民族出版社,1994,第 113 页。

的经济是不行的。"① 这是立足于统一的多民族国家、中华民族多元一体大家庭的正确结论。

在 2014 的中央民族工作会议上，习近平对中华民族大家庭的"家底"做出了新的"盘点"，即资源富集、水系源头、生态屏障、文化多样、边疆、贫困地区，并强调指出：中国"多民族的大一统，各民族多元一体，是老祖宗留给我们的一笔重要财富，也是我们国家的重要优势"②。在实现"两个百年"发展目标的战略布局中，消除"家底"中的贫困现象已进入最后的攻坚战，虽然任务艰巨，但实现第一个百年目标已指日可待；边疆地区作为传统的发展边缘，则将在"一带一路"倡议建设的内外联通、对外开放发展中成为"拓展支撑国家发展的新空间"，在迈向第二个百年目标进程中，民族地区的发展优势将得到全面和充分的发挥。当然，少数民族地区"地大物博"的优势，并非少数民族所独有或独享，这是中华民族大家庭的共同"家底"。但是，国家开发利用"地大物博"条件时，必须有利于少数民族及其聚居地区的经济发展和社会进步，这是加快和有效建设中华民族大家庭的必要条件，目的就是实现各民族人民真正平等的共享。

习近平在对实现中华民族伟大复兴的论述中指出："实现我们的发展目标，不仅要在物质上强大起来，而且要在精神上强大起来。"③ 物质生活的平等共享，精神生活的认同共识，这是建设中华民族大家庭的"两把钥匙"。如果说民族问题是一把锁，那么彻底打开民族问题之锁必须靠这"两把钥匙"。在加快提高物质生活水平的进程中，加强精神生活的整合与升华已成为迫切的任务。在民族－国家建构中，国旗、国徽、国歌、国庆节等主权国家的象征物，都是整合国民认同的重要标志。统一的教育体制、国家通用语言推广使用、兵役制、社会福利制度等社会政策，都是体现公民权利和义务的重要保障，也是培育国家认同的重要支撑。对中国这个发展中国家来说，建设中华民族大家庭首先面对着缩小家庭成员之间经济社会发展差距问题，经济生活的差距直接影响着社会发展政策的实现程度。这种差距和政策实现程度不足的问题不能得到有

---

① 毛泽东：《再论反对大汉族主义》，载国家民族事务委员会政策研究室《中国共产党主要领导人论民族问题》，民族出版社，1994，第 115 页。

② 国家民族事务委员会：《中央民族工作会议精神学习辅导读本》，民族出版社，2015。

③ 习近平：《实干才能梦想成真》，载《习近平谈治国理政》，外文出版社，2014，第 46 页。

效解决，甚至差距持续拉大，"就会造成心理失衡乃至民族关系、地区关系失衡"①。这种"心理失衡"就关系到精神层面的"认同"问题，成为影响民族团结的心理因素。因此，加快缩小差距的经济社会发展的基础性、关键性作用不容低估、不能放松。

存在决定意识，但是现实的"存在"不仅是数字上的差距，也是不断在改变的"存在"。看不到这种持续不断改变的现实存在，看不到国家主导下内地、东南沿海地区对西部地区不断增强的支援及其成效，或者对大力支持西部地区、民族区域自治地方的政策措施缺乏"大家庭"平等、团结、互助、和谐关系的深刻理解，产生排斥心理或疏离心理，不仅会折损缩小差距的发展成效，而且会造成民族之间的隔阂。因此，在缩小物质生活差距的同时，加大力度培育精神生活的"大家庭"观念，成为与建设中华民族大家庭相辅相成、相得益彰的现实任务。物质生活的平等共享，并不必然实现人心归一的国民整合；精神生活的团结共识，才能实现人心所向的"大家庭"认同。这正是中央民族工作会议提出"构筑各民族共有精神家园"战略任务所要实现的目标。这个"精神家园"就是中华民族大家庭在"精神上强大起来"的标志。它不仅是中华民族大家庭内部整合一体的精神归一，也是中华民族大家庭自立于世界民族之林的精神面貌。

习近平在中央民族工作会议的讲话中指出："加强中华民族大团结，长远和根本的是增强文化认同，建设各民族共有精神家园，积极培育中华民族共同体意识。文化认同是最深层次的认同，是民族团结之根、民族和睦之魂。文化认同问题解决了，对伟大祖国、对中华民族、对中国特色社会主义道路的认同才能巩固。"② 也才能对中国共产党及其所领导的中华民族伟大复兴宏伟事业形成牢固的认同。这里所强调的"文化认同"，即"中华文化认同"。中华文化不等于汉文化，而是中国各民族文化之集大成。这是历史赋予中国的文化禀赋，因此"中华优秀文化已经成为中华民族的基因，植根在中国人内心，潜移默化影响着中国人的思想方法和行为方式"③。从这个意义上说，中华民族大家庭及其成员所拥有的优秀文化资源，都是滋养和培育社会主义核心价值观的丰富源泉。所以，对"大家

---

① 国家民族事务委员会：《中央民族工作会议精神学习辅导读本》，民族出版社，2015。
② 国家民族事务委员会：《中央民族工作会议精神学习辅导读本》，民族出版社，2015。
③ 习近平：《青年要自觉践行社会主义核心价值观》，载《习近平谈治国理政》，外文出版社，2014，第170页。

庭"各成员文化的相互尊重、相互理解、相互欣赏、相互吸收,是实现各民族文化"多元"升华为中华民族文化"一体"的必由之路。

中华文化认同与56个民族自我的文化认同并存不悖,将这两种文化认同视为相互对立、相互折损是对中华文化包容品质的曲解。同样,对构成中华民族大家庭的56个家庭成员而言,只知道本民族的文化归属、不知晓中华文化的归宿,则必然步入认同的误区,甚至陷入狭隘的民族认同"陷阱。费孝通先生关于"多元一体"大家庭文化关系的概括——"各美其美、美人之美、美美与共、天下大同"——即这个道理。因此,尊重差异、包容多样的观念,是中华民族大家庭平等、团结、互助、和谐关系的文化认同之道。统一的多民族国家的"统一"、多元一体的中华民族大家庭的"一体",是"多民族"、"多元"的整合。从民族因素来说,"统一"不是"同一";从文化因素而言,"一体"不是"单一"。"统一"和"一体"都是多样性的整合,即"各个组成部分在共享和互利秩序中的协调",使多民族及其承载的多样性文化"建立彼此间更紧密和更共生的关系"①。从而实现中华民族命运共同体的整合、成就中华文化精神家园的共建和认同,展现中华民族大家庭成员之间和睦相处的交往、和衷共济的交流、和谐发展的交融,是为中华民族大团结。

无论我们如何理解马克思主义经典作家有关人类社会民族现象的长期性,或者怎样认识毛泽东有关首先是阶级消亡,然后是国家消亡,最后才是民族消亡的论断,世界范围的民族-国家建构时代并没有到达所谓"末尾阶段",尤其对发展中国家而言,自立于世界民族之林的国家-民族地位并未稳固地确立,中国也依然面对着来自西方国家强势的压力和干预。因此,中华民族大家庭"团结如一人"的建设,依然任重道远。如前所述,中国是在承认"多元"中构建"一体","多元"必须依托于"一体"而存在,中华民族大家庭的"一体"是"多民族"的唯一家庭归宿。在中国话语与西方话语的对接转换中,中国的"多民族"从来不是苏联意义上的"多民族"(multi - na - tions),当代中国只有一个中华民族(Chinesena - tion)。传统上使用的"多民族"(multi - nationali - ties),意为56个民族都享有中华民族的"族籍",即中国的国籍,虽然这在中西对话中有些勉强。但是移民群体构成的"多族裔"(multi - eth - nic

---

① 〔美〕E. 拉兹洛:《决定命运的选择》,李吟波等译,三联书店,1997,第136、135页。

groups），则完全脱离中国的国情实际。中国的 56 个民族享有中华民族身份，是经过国家识别认定的"大家庭"成员。这个"大家庭"是中国唯一的国家－民族（nation），少数民族作为"大家庭"中的"少数"，也就是西文话语中的"national minority"，这是中西对话中彰显中华民族意识和"大家庭"归属的规范表达。

综上所述，在中国共产党领导的实现中华民族伟大复兴的进程中，已经展示了"比历史上任何时期都更有信心、更有能力实现这个目标"的前景。在解决民族问题方面，缩小差距建设的"大家庭"物质田园、尊重差异建设的"大家庭"精神家园，为实现中华民族伟大复兴开创了"见物"的共享发展、"见人"的凝聚人心新局面。这是一条与西方发达国家、苏联和其他发展中国家在理论和实践上迥然不同的国家－民族建设道路。正如习近平指出的："世界上没有两片完全相同的树叶。一个民族、一个国家，必须知道自己是谁，是从哪里来的，要到哪里去，想明白了、想对了，就要坚定不移朝着目标前进。"① 中央民族工作会议概括的"中国特色解决民族问题正确道路"及其所包含的制度、法律、政策，昭示了"尊重历史、符合国情、顺应人心"的"中国特色"，是"想明白了、想对了"的道路选择和坚定自信的中国底气，也是在建设中华民族大家庭的现实和未来进程中克服困难、应对挑战、坚定不移前进的政治定力。

---

① 习近平：《青年要自觉践行社会主义核心价值观》，载《习近平谈治国理政》，外文出版社，2014，第 170 页。

19　牢固树立正确的民族观[*]

郝时远

习近平总书记关于民族工作的重要论述，站在全局和战略的高度，系统阐述了民族工作的方向和道路等重大问题，明确了我国民族工作的大政方针，是做好新形势下民族工作的纲领性文献。他要求各族人民牢固树立正确的民族观，把建设各民族共有精神家园作为战略任务来抓，各民族都要树立中华民族一员的意识，加强中华民族大团结。

一　什么是正确的民族观？

人类社会是一个民族大千世界。历史形成并依托于语言、文化、经济生活、风俗习惯和心理认知等特征的民族共同体，在世界范围内数以千计，但分别归属于200多个国家和地区，世界上绝大多数国家都属于多民族的国家。因此，我们通常所说的民族，有两个层面：一是现代性的国家民族，如"中华民族"；二是历史性的"民族"，如构成中华民族共同体的"56个民族"。正是这两个层面"民族"的并存现象在世界范围具有普遍性，使国家民族的建设、国内各民族的关系成为处理和解决民族问题的主题。所以，科学认识民族现象、正确处理民族问题也就成为民族观的基本内涵。

马克思主义认为，人们的民族观是世界观在民族和民族问题方面的集中反映，属于上层建筑的思想意识范畴。马克思主义民族观把人类社会民族现象作为一个历史范畴来看待，具有鲜明的阶级立场，基本观点是反对民族压迫、坚持民族平等，反对民族歧视、尊重民族差异，反对民族分裂、倡导民族团结，把民族问题作为无产阶级革命和社会主义建设总问题

---

　*　本文曾发表于《求是》2015年第18期。

的组成部分加以解决，最终实现共产主义社会的民族融合。中国共产党确立的民族观，是马克思主义基本原理与中国实际相结合的产物，是尊重历史、符合国情、顺应人心、具有中国特色的民族观，是立足于统一的多民族国家和中华民族多元一体国情基础上的民族观。只有准确把握中国的基本国情，坚定不移地走中国特色解决民族问题的正确道路，认真学习党的民族理论和政策，才能深刻理解中国特色民族观的内涵，才能自觉地树立正确的民族观。

中华民族是一个多元一体的大家庭，中华民族是中国跻身于世界民族之林的唯一代表，这是我们树立正确的民族观首先要解决的认识问题。从这一立场出发观察中国，统一的多民族国家中的"统一"是指中华民族的统一，中华民族统一才有国家的统一、领土的完整；"多民族"是指中国各族人民在语言、文化、习俗等方面存在着历史形成的多样性差异，承认和尊重这种差异是历史唯物主义的态度，是国内民族关系和谐的前提。这种统一与多样的结合，是中国历史奠定的国家基础，是现代中国彰显的中华民族特征。习近平总书记在中央民族工作会议上的重要讲话，对我国形成统一的多民族国家历史，对中华民族多元一体的基本国情，进行了深刻阐释，中华民族和各民族的关系，是一个大家庭和家庭成员的关系；各民族的关系，是一个大家庭里不同成员的关系。中华民族多元一体的大家庭，是一体包含多元、多元组成一体的辩证统一。

中华民族多元一体大家庭引领的方向和目标，是实现中华民族伟大复兴。中华民族大家庭的各个成员则要凝心聚力、同心同德、团结共事，为实现这个目标共同团结奋斗、共同繁荣发展。要认识到，多元一体大家庭是一个命运共同体，家庭成员之间是手足相亲、守望相助，一损俱损、一荣俱荣的血肉关系。大家庭以尊重差异、包容多样的亲情呵护每一个家庭成员；各个家庭成员要和睦相处、和衷共济地交流、和谐地发展交融，共同维护大家庭的统一、实现大家庭的一体化。这就是中国特色解决民族问题正确道路内涵的尊重多元、认同一体民族观的根本要求。尊重差异、包容多样是中国形成统一的多民族国家的内在逻辑，正如习近平总书记所说，中国历史上维护一统而又重视差别的理念，对中华民族的形成和发展至关重要。虽然时代早已不同，但是中国历史昭示的传统智慧是形成当代"中国特色"思想理论的本土资源。从这个意义上说，这种维护统一而又重视差别的理念，对实现中华民族伟大复兴的中国梦仍具有现实意义。

在西方历史上，处理种族、民族、土著居民和移民等问题，长期采取奴役、歧视、隔离、驱赶、强迫同化甚至灭绝的政策。即便废除了奴隶制，仍实行"隔离但平等"（美国）、"既不平等也不隔离"（巴西）、"种族家园隔离"（南非）等制度和政策，"白人至上"的观念根深蒂固。所以，种族主义、民族主义、殖民主义、沙文主义、法西斯主义等理论和实践产生于西方并不奇怪。直到20世纪60年代，在美国民权运动的影响下，美国等西方国家才在"承认的政治"观念中转向了"多元文化主义"的"平权政策"实践。

然而，西方国家的这些政策实践并没有成功地解决其国内的种族冲突、民族矛盾和移民（族群）问题，反而在理论上和实践中陷入了所谓"承认的困境"。2010年以来德国总理默克尔、英国首相卡梅伦相继宣布多元文化主义政策失败，而2014年美国弗格森小镇大规模的种族冲突揭示了种族歧视根深蒂固的现实。2014年欧洲委员会发表的欧洲人权状况报告指出：今天的欧洲民主、法治与人权状况正经历前所未有的危机，是冷战结束以来最为糟糕的阶段。其中种族主义与种族歧视、放纵仇视言论等现象十分普遍，欧洲39个国家存在歧视少数民族的问题，23国执法粗暴，23国种族、宗教极端主义事件频繁发生，甚至延伸到海外。同时，英国遭逢了苏格兰独立公投的挑战，跃跃欲试的西班牙加泰罗尼亚的独立公投紧随其后，等等。这类问题在实行资本主义制度、移植西方多元文化主义"平权政策"的发展中国家更加普遍。资本主义世界没有成功地解决种族、民族问题，也没有创造出"包治百病的灵丹妙药"，这是一个基本事实。

中国解决民族问题的基本政策指向是尊重差异、缩小差距，这是从精神和物质两个方面确立的基本原则，也是中国特色民族观在民族事务方面的重要体现。中国尊重差异、包容多样的观念立足于在差异中求和谐、在多样中求统一，加强中华民族大团结，构筑多元一体大家庭各成员之间平等、团结、互助、和谐关系的精神纽带，即共有精神家园。中国发展经济、缩小差距的实践是为了各民族人民共享改革开放的成果，使各民族老百姓过上好日子，为大家庭创造各成员共享的均等化的现代物质基础，即共有的物质家园。这是解决民族问题、做好民族工作的"两把钥匙"。尤其是在加快经济社会发展、推进跨越式发展的进程中，用好精神力量极其重要，这是使中国特色民族观深入人心的战略任务。对中华民族大家庭及其各个成员的人民群众来说，见物见人的好日子，标志是和睦相处的安居乐业、和衷共济的互相帮助、和谐发展的共同富裕。人心依此而凝聚，利益依此而共存，团结依此而巩固。

二　积极培养中华民族共同体意识

习近平总书记在讲话中指出：加强中华民族大团结，长远和根本的是增强文化认同，建设各民族共有精神家园，积极培养中华民族共同体意识。这是牢固树立正确的民族观必须遵循的基本原则。在一个统一的多民族国家中，各个民族的自我认同是必然现象，认同的基础是广义的文化，因此也形成了民族观中"自我"和"他者"的差异性认知。但是，尊重差异，不是固化或强化差异，文化的活力在于传承中的发展，在于吸收中的升华。多样性是创新发展的动力，这种动力来源于各民族相互了解、相互尊重、相互包容、相互欣赏、相互学习、相互帮助，说到底就是文化层面的相互认同。因此，中华民族多元一体中的"一体"，就是建立在各民族相互认同基础上铸就的中华文化认同，就是中华民族共同体意识的集中体现。

中华文化不等同于汉文化。中华文化是中国各民族文化之集大成，汉族和少数民族的文化是相互依存、相互吸收、相互渗透的关系。这种关系构成的"一体"就是中华文化，呈现的是星光灿烂、交相辉映，这是中国历史赋予中华文化的禀赋。在今天，中华文化如同一个交响乐团，各种乐器的特质之音、七音八度的差异之声，在指挥的协调下共声交响，演奏出美妙和谐之声。以五声播于八音，调和谐合而与治道通。这是古人从音律和谐中感悟的治世之道。中华文化的现代交响，包容着各民族文化的音质声调，在中国共产党指挥下以中国特色社会主义核心价值为主旋律，演奏着中华民族伟大复兴的华彩乐章。这就是尊重差异、多元一体的中华文化认同，就是中华民族的精神凝聚。中国特色社会主义核心价值，植根于中华文化的深厚土壤之中，吸收各民族文化的价值养分，体现了人类社会现代文明的精神，是凝聚中华民族多元一体大家庭的精神力量。习近平总书记指出：人心相聚，根本的在于价值相通，认同相一。而文化认同则是最深层次的认同，是民族团结之根、民族和睦之魂。文化认同问题解决了，对伟大祖国、对中华民族、对中国特色社会主义道路的认同就会巩固。对中华文化的自觉认同，构成了爱国主义的祖国观、伟大复兴的中华民族观、中国特色社会主义的道路观的底蕴。

中华文化认同，是中国特色民族观的基石。压迫、歧视、排斥、疏离、分裂是不认同的结果，平等、尊重、团结、互助、和谐是认同的标志。这与一个民族内源的自我认同存在着质的不同，是一个统一的多民族国家内部各民族升华的认同。我国是统一的多民族国家，中华文化认同是各民族共同享有的认同，它包容各民族的自我认同，它主导着各民族之间的相互认同。也就是说，多元一体大家庭的各个成员，都姓中华民族，同时各有其名。如果一个民族的成员只知其名、不知其姓，只知本民族归属、不知大家庭归宿，就难免出现认同的误区：只知自我、不识他人，甚至自视优越、鄙薄他人，自我保守、排斥他人，陷入狭隘的认同"陷阱"。这种狭隘的认同是滋生民族主义的温床，而民族主义意识的产生，是制造民族隔阂、疏离民族关系、影响民族团结的大敌，也最容易为国内外敌对势力所利用。因此，马克思主义反对民族压迫、民族歧视和狭隘民族主义，我国的宪法等法律、党的民族政策明确规定了反对大汉族主义、反对狭隘民族主义的基本原则，这是中国特色民族观的基本立场。反对两种民族主义，不是抽象的口号，要通过尊重差异、认同一体的实践才能达成，这种实践就是我国民族工作的重要任务。

我国的民族工作是国家治理体系和治理能力现代化建设的有机组成部分。做好民族工作，最关键的是搞好民族团结，最管用的是争取人心。在尊重差异基础上动之以情、"晓之以理"，是把中国特色民族观渗透到民族工作治理能力之中的关键。全面推进依法治国，把民族工作事务全面纳入法治轨道，更是牢固树立正确民族观的题中应有之义。

20 当前中国民族工作中的"人心政治"建设：意义、经验与路径[*]

青 觉 吴春宝^{**}

【摘要】 人心向背是最大的政治，是国家政治发展的合法性基础。维护民族地区稳定，不能单纯地依靠国家权力手段。单一的国家强制性方式不仅不能从根本上化解矛盾与问题，还会适得其反，加速民族问题的扩散与蔓延，造成"蝴蝶效应"式的连锁反应。因此，加强"人心政治"建设，共筑民族团结、社会稳定、国家统一的人心防线，是我国当前和今后民族工作的重中之重。我们应在我党所积累的民族工作成功经验的基础上，争取人心、赢得人心、稳定人心，积极探索"人心政治"建设的新路径，以应对当下我国民族工作所面临的新情况、新问题、新挑战。

【关键词】 民族工作 民族政策 人心政治

习近平同志在 2014 年中央民族工作会议上强调："人心是最大的政治。人心在我，各族人民就能众志成城。"这是我们党把握当前民族问题、认识民族工作特点与规律的新论述，同时也为我们开展各项民族工作指出了根本的着力点与创新点，为新时期民族工作的全面推进指出了方向。从根本上说，"人心政治"建设的成果，是国家治理民族问题能力与水平的重要体现，对全面贯彻落实党和国家的民族政策、促进社会和谐、维护国

---

* 本文曾发表于《中央民族大学学报》（哲社版）2015 年第 3 期。本文系国家民族事务委员会课题"民族团结进步创建活动的理论、机制与实践研究"（项目编号：2011GM－100）研究成果之一

** 青觉（1957～），男（土族），甘肃天祝人，法学博士，中央民族大学副校长、教授、博士生导师。主要从事民族际政治与多民族国家治理、民族理论与民族政策、民族社会学研究。吴春宝（1984～），男，河北沧州人，中央民族大学管理学院 2013 级博士研究生，西藏大学讲师。主要从事民族政治学、民族地区社会治理研究。

家统一和稳定,具有重大的战略意义。

一　加强 "人心政治" 建设的意义

我国是一个统一的多民族国家。在历史的长河中,各民族相互交融、彼此影响,形成了目前的 56 个民族。在地理空间上,由于各民族的差异性分布,我国形成了具有"六区"特征的民族地区格局,即"资源富集区、水系源头区、生态屏障区、文化特色区、边疆地区、贫困地区"。① 这些区域基本涵盖了我国近 64.3% 的国土面积。这是认识我国民族基本情况的基础,也是"人心政治"建设的现实依据。我们制定民族政策、发展民族理论始终都无法脱离这一现实。民族地区作为国家的生态保护屏障、资源储备基地以及边疆安全防线,是我国取得长治久安的重要保障。如果民族地区发展受到制约,我国的社会发展与经济建设势必受到影响。

从人与环境,以及人与人之间的关系来看,人在区域发展中发挥决定性作用,从该角度来讲,民族地区的发展也是由不同民族的自身发展来主导的。在此过程中,民族与民族之间产生的互动关系尤为重要。在历史的演进中,各个民族彼此交往交融,形成了"分布上交错杂居、文化上兼收并蓄、经济上相互依存、情感上相互亲近"的中华民族多元一体格局。习近平同志在第二次中央新疆工作座谈会上就指出:"各民族要相互了解、相互尊重、相互包容、相互欣赏、相互学习、相互帮助,像石榴籽那样紧紧抱在一起。"正所谓"家和万事兴"。和谐、团结的民族关系是实现各民族自身发展,也是实现中华民族"中国梦"的基本前提和重要保障。

中国的历史发展表明:"国家统一、民族团结,则政通人和、百业兴旺;国家分裂、民族纷争,则丧权辱国、人民遭殃。"② 从中国古代先贤们的思想来看,人心与执政兴国的关系,一直备受关注。孟子就认为:"得天下有道,得其民,斯得天下矣。得其民有道,得其心,斯得民矣。得其心有道,所欲与之聚之,所恶勿施尔也。"(《孟子·离娄上》)管子也认为:"心安是国安也,心治是国治也,治也者心也,安也者心也。"(《管

---

① 《人民日报》评论员:《坚持中国特色解决民族问题的正确道路》,新华网,2014 年 10 月 8 日。

② 国家民族事务委员会、中共中央文选研究室:《民族工作文献选编(1990 - 2002)》,中央文献出版社,2002,第 30 页。

子·心术下》）这反映了孟子、管子对人心向背与国家治理关系的基本理解。马克思主义经典作家在论述群众史观时，也认为"历史上的活动和思想都是'群众'的思想和活动"，"历史活动是群众的事业，随着历史活动的深入，必将是群众队伍的扩大"。① 这说明，人民群众是历史的创造者，其思想与活动代表了先进生产力的发展要求。马克思主义的群众史观为"人心政治"建设奠定了科学的理论基础。

"人心政治"是关乎国家政治发展的正当性与合法性的根本问题，既涉及微观层面各民族的切身利益，又牵动宏观层面的国家建设大局，因此只有处理和把握好人心这个最大的政治问题，我们才能从根本上解决当下民族工作所面临的诸多挑战与考验。

二　新时期"人心政治"建设的基本经验

新中国成立以来特别是改革开放三十多年以来，中国共产党领导、团结全国各族人民强国兴邦，取得了辉煌成就，这与党的领导始终能够赢得人心密切相连。党的民族工作实践，以及改革开放以来党在"人心政治"建设方面积累的丰富经验，可为我们深入认识民族问题、推进民族地区工作，以及探索中国特色民族问题的治理道路提供有益的借鉴。

（一）在教育宣传中争取人心

发展新型的社会主义民族关系，是正确处理我国民族问题的关键，其中实现民族平等、加强民族团结是其核心内容。因此，围绕这一内容而开展的我国民族理论政策宣传教育，一直备受党和国家的高度重视。

从宣传教育的内容来看，其中包括：其一，对我国民族政策与法律法规的宣传。开展民族工作特别是民族问题治理，必须依托法律，这是一个国家现代化治理体系成熟的表现。2008 年中宣部、国家民委专门印发了《党和国家民族政策宣传教育提纲》，对全国范围的民族政策宣传教育做了统一部署与安排。其二，对民族团结的教育宣传。改革开放以来，民族团结教育作为我国公民基本素质教育的重要方面，已经被逐步纳入国民教育体系。2008 年，国家颁布了《学校民族团结教育指导纲要（试行）》；

---

① 《马克思恩格斯全集》（第2卷），人民出版社，1957，第 103～104 页。

2009 年,中办、国办印发了《关于深入开展民族团结教育宣传教育活动的意见》,强调在我国青少年中进行民族团结教育,必须达到"三进"要求,即"进学校、进课堂、进教材"。其三,对马克思主义民族观的宣传教育。马克思主义民族理论内容丰富,是我们党解决民族问题的指导思想,秉持马克思主义民族观,是我们党的领导干部认识和处理民族问题的基本原则。[1]

从宣传教育对象来看,重点涉及以下内容:其一,对普通民众的宣传教育。这其中既包括少数民族,也包括汉族,力求产生广泛的社会效应,不能单方面只针对少数民族群众,而忽视汉族群众,同时消除地域差异,加强对地处边疆等偏远地区群众的宣传。其二,对国家干部的宣传教育。国家干部是民族政策的直接执行者,而领导干部对民族政策的执行力度直接决定"人心政治"建设的现实效应。因而对干部的宣传教育力求实现整体化,即不仅要教育少数民族干部,更要教育汉族干部;不仅要教育一般干部,更要教育领导干部。[2]

从宣传教育的形式来看,形式直接影响效果,缺乏适当的形式,宣传教育就变成了"喊口号"、"空架子"。就总体而言,我们的宣传教育形式要灵活多样、丰富多彩,力求能够做到各民族喜闻乐见。一是依托历史遗址、纪念馆、博物馆等设施,设立教育基地等;二是通过出版物、广播影视作品等,唱响民族团结教育的主旋律;三是举办全民参与的社会活动,如设立"民族团结进步月"、广泛开展民族团结进步创建及表彰活动等,提升宣传教育的社会参与性。

综上所述,贴近实际、贴近生活、贴近群众的宣传教育,营造了各民族相互团结、共同进步的社会氛围,使以爱国主义为核心的民族精神进一步弘扬,"三个离不开"的思想更加深入人心。

(二) 在经济发展中赢得人心

发展经济是改革开放以来党的中心任务,是化解民族矛盾与问题的重要手段。通过发展经济,我国民族地区的经济总量由 1984 年的 680.95 亿

---

[1] 国家民族事务委员会、中共中央文选研究室:《民族工作文献选编 (1990 – 2002)》,中央文献出版社,2002,第 3 页。

[2] 国家民族事务委员会、中共中央文选研究室:《民族工作文献选编 (2003 – 2009)》,中央文献出版社,2002,第 51 页。

元增加到 2013 年的 64772 亿元，按可比价格计算增长了 17 倍，年均增长 10.7%；地方公共财政预算收入由 63.5 亿元增加到 8436 亿元，年均增长 18.4%，民族地区经济的综合实力大幅提升。

"民族产生、发展和消亡是一个漫长的历史过程"，在此过程中，民族问题也将长期存在，而民族问题在不同历史阶段，所表现出来的内容也不尽相同，具有当时的社会历史特征，这是由民族这个社会共同体的发展规律所决定的。我国当前的民族问题，主要表现在少数民族和民族地区与汉族和汉族地区相比经济文化发展的不平衡上，特别是伴随着中国社会的转型，多种因素（宗教、文化、意识形态等）相互交织，使得民族矛盾日益复杂，但经济发展问题则始终是民族矛盾的典型性表现。

采取多项举措形成合力，力促民族地区社会经济发展，是解决我国民族问题的根本途径，也是我们党一贯坚持的基本方针。改革开放以来，党和国家加大了发展民族地区社会经济的力度，出台了诸多政策措施。

第一，加大财政支持力度。从 1980 年到 1988 年，国家对民族 8 省区实施定额补助，其数额每年递增 10%；从 2000 年起，在专项增加财政对民族地区政策性转移支付的同时，还将民族地区每年增值税增量的 80% 由中央专项转移支付民族地区；从 2006 年起，在对 8 个省区、30 个自治州实施民族地区转移支付的基础上，中央财政又将 53 个非民族省市所辖的民族自治县纳入中央财政转移支付的范围，自"十一五"以来，累计安排民族 8 省区财政扶贫资金 342.4 亿元，安排少数民族发展资金 30.4 亿元，累计在 5 个自治区投资 1190 多亿元。①

第二，实施西部大开发战略。从民族分布来看，我国西部地区是少数民族分布较为集中的地区。2000 年，国务院出台了《关于实施西部大开发若干政策措施》，这标志西部大开发战略正式实施。2010 年，党中央、国务院召开西部大开发工作会议，发布了《关于深入实施西部大开发战略的若干意见》，西部大开发进入了新时期。在西部大开发的进程中，青藏铁路、西电东送以及西气东输等一批标志性工程纷纷建成，加强了西部民族地区与内地的联系，有力地推动了民族地区的跨越式发展。

第三，深化兴边富民行动。"治国必治边"，边疆的发展关乎国家稳定

---

① 国家民族事务委员会研究室：《中国共产党民族工作九十年》，民族出版社，2011，第 9、251~252、151 页。

大局。2000 年,有关部门共同编制了《全国兴边富民行动规划纲要(2001~2010)》。自这一战略行动实施以来,试点范围由最初的 9 个边疆省区的 9 个试点,扩展至 136 个边境县和新疆建设兵团的 58 个边境团场;就支持资金而言,2000 年至 2010 年,累计安排补助 22.1 亿元,兴建项目 2 万多个。①

第四,深入开展对口援助。"治边先治藏"。西藏、新疆等民族边疆地区的稳定是国家稳定的前沿区域。国家先后四次召开西藏工作会议,不断加大对西藏的支持力度,同时国家先后召开两次新疆工作会议,促进新疆的经济发展,提高当地人民的生活水平。据统计,新疆连续 6 年保持两位数的经济增长。西藏生产总值 2013 年达 807.67 亿元,连续第 5 年实现百亿级增长。②

此外,国家还在支持人口较少民族发展、民族地区扶贫,以及深化民族地区对外开放方面,开展了大量工作。这些政策的落实,优化了民族地区产业结构,激发了民族地区的发展活力,切实改善了少数民族民众的生活,各族群众真正享受到了经济发展所带来的实惠。党在促进各民族共同发展、共同繁荣的努力中赢得了人心。

(三) 在制度保障中稳定人心

保障少数民族合法权益,实现各民族平等,是民族工作的核心。为此国家建立了一套健全而完整的制度与法律体系,将少数民族基本权益置于法律和制度框架的保护中。

首先,坚持民族区域自治制度。民族区域自治制度是经过长期探索、反复比较,依据国情、尊重历史、顺应民意而做出的正确抉择。③ 1984 年 5 月,在我国宪法规定的基础上,国家颁布了《中华人民共和国民族区域自治法》,进一步把民族区域自治制度以专门法的形式固定下来,开始了民族区域自治制度的法制化进程。1997 年,党的十五大又将这一制度确立为我国必须长期坚持的基本政治制度。跨入 21 世纪后,党和国

---

① 国务院新闻办公室:《中国的民族政策与各民族共同繁荣发展》,2009,第 18、21 页。

② 杨旭:《2013 年西藏 GDP 增速排行全国第三》[EB/OL],中国西藏网,2014 年 2 月 27 日。

③ 国家民族事务委员会研究室:《中国共产党民族工作九十年》,民族出版社,2011,第 9、251~252、151 页。

家又把实行民族区域自治制度确立为解决我国民族问题的一条不容置疑的基本经验。① 民族区域自治制度在中国强国富民的现代化进程中，彰显出强大的生命力，已经成为我国民主建设和社会主义政治文明的重要组成部分。

其次，依法保障少数民族基本权益。民族区域自治法是实施宪法规定的民族区域自治制度的专门法律，内容包含少数民族成员的人身自由与权利、管理国家事务的权利、宗教信仰自由的权利、使用和发展本民族语言文字的权利以及保持或改革本民族风俗习惯的权利等诸多方面。据统计，以民族区域自治法为依据，截至 2011 年 8 月底民族自治地方共制定现行有效的自治条例和单行条例 780 多部，② 使少数民族的基本权益切实得到应有的法律保障。

党和国家在促进民族地区经济发展、为各民族进步提供坚实的物质基础的同时，也不断完善维护少数民族地位与权利的法律体系，为民族工作的顺利开展和少数民族群众的人心所向提供了法律保障。

三　当前加强"人心政治"建设的路径

鉴于近些年来某些民族问题的复杂化和一些极端事件的出现，学界诸多学者都对我国的民族问题给予了大量关注。其中对当前的民族政策既有批评与质疑，如建议取消民族身份、实行"第二代民族政策"、效仿西方民族政策等，也有肯定与建设性的探讨，如必须继续坚持民族区域自治制度、坚持中国特色的民族政策等。本文认为，在借鉴以往我党积累的宝贵经验的基础上，必须坚持立足于具有我国自身国情的国家民族政策，同时积极探索中国特色的"人心政治"建设道路。

（一）"人心政治"建设必须坚持民族区域自治制度，做到"两个结合"

几十年的实践证明，作为我国基本政治制度的民族区域自治制度是正

---

① 评论员：《新中国的基本国策　社会主义的政治优势——一论坚持和完善民族区域自治制度》，《人民日报》2009 年 4 月 21 日。

② 《〈中国特色社会主义法律体系〉白皮书发布》，中央政府网，2011 年 10 月 27 日。

确解决民族问题的重要手段和制度保障。从"人心政治"的角度来看，民族区域自治制度既保障了少数民族自治的权利，安稳了人心，又实现了各族人民共同当家做主的权利，凝聚了人心。历史的经验一再表明，"民族自治"并不简单地等同于"民族自决"，后者不符合中国的基本国情。民族工作中的"人心政治"建设，必须坚持和完善民族区域自治制度，做到"两个结合"，即坚持统一和自治的结合、坚持民族因素与区域因素的结合。"民族区域自治不是某个民族独享的自治，民族自治地方更不是某个民族独有的地方"。① 在民族自治实施过程中，要正视二者的关系。如果一味强调"一个民族，一个区域"，那势必会引起地方民族主义的泛滥，破坏民族团结，导致国家分裂。

（二）"人心政治"建设需要构筑各民族共有的精神家园，增强各民族的"四个认同"

建设各民族共同的精神家园，要积极培养各民族群众的中华民族共同体意识，增强各民族对伟大祖国的认同、对中华民族的认同、对中华民族文化的认同、对中国特色社会主义道路的认同。既强调各民族对中华文化的贡献，提升各民族的自尊感，增进彼此之间的文化借鉴与学习，同时坚持中华民族文化认同的价值取向，实现民族文化的"创造性转化和创新性发展"。要坚定中国特色社会主义道路自信、理论自信以及制度自信，推动中国特色民族理论和民族政策发展之路越走越宽广。

在宣传教育方面，"要改变单一的'大水漫灌式'宣传教育方式，针对不同对象和受众特点，多做'滴灌'，精耕细作，润物细无声"。② 要格外注重对青年学生的教育。教育应该从娃娃抓起，贯穿其整个成长过程，通过通识教育，将民族团结就像 DNA 一样，"融入血液，透入灵魂"。

（三）"人心政治"建设必须不断深化改革，加强民族地区的民生建设

"当前，国内外环境都在发生极为广泛而深刻的变革，我国发展面临

---

① 《坚持和完善民族区域自治制度要做到"两个结合"》，《中国民族报》2014 年 12 月 12 日。
② 《沿着中国特色解决民族问题的道路前进》，《中国民族报》2014 年 11 月 7 日。

一系列突出矛盾和挑战……解决这些问题，关键在于深化改革"。① 当前我国日益凸显的民族问题只能通过深化改革来解决，民族工作中的"人心政治"建设也要依靠改革来推动。在改革进程中，必须以民族区域自治制度为根基。要做好民族地区的民生建设。习近平同志指出："发展是解决民族地区各种问题的总钥匙。"② 改革的目的是实现发展，民生凝聚人心、顺应民意。要让各族群众共享发展带来的丰富成果，从而进一步夯实"人心政治"建设的物质基础。

（四）"人心政治"必须依法建设，推进民族工作法制化进程

"只有树立对法律的信仰，各族群众自觉按法律办事，民族团结才有保障，民族关系才会牢固"。③ "法令行则国治，法令弛则国乱"。④ 首先，要培养领导干部的法制思维，提高其依法行政、依法管理民族事务的能力与水平，不能因民族身份因素而放弃判别是非的基本依据。必须坚持法律面前人人平等，依法打击违法犯罪分子，防止任何人依靠特权，践踏法律权威。同时，不断增强各民族群众的法律意识，规范社会行为和秩序，使少数民族风俗习惯、宗教信仰以及文化传统得到应有的尊重与包容，避免伤害民族感情事件的发生。在民族工作的法制化进程中，要使公平、平等、正义等基本价值理念深入人心，保证"人心政治"建设的科学性与系统性。

---

① 中共中央文献研究室：《习近平关于全面深化改革论述摘编》，中央文献出版社，2014，第6页。

② 新华网评：《以"四个认同"筑牢民族团结的思想根基》[EB/OL]，新华网，2014年10月13日。

③ 《把民族团结的砝码放在法律的天平上》[EB/OL]，中国民族宗教网，http：//www.mzb. com. cn/html/report/1501224296 - 1. htm。

④ 《法令行则国治，法令弛则国乱》[EB/OL]，光明网，2014年10月21日，http：//edu.gmw. cn/newspaper/2014 - 10/21/content_ 101563928_ 2. htm。

21   历史书写中的民族主义与国家建构[*]

关　凯^{**}

【摘要】作为现代性的要素之一，源起于西方的民族主义对历史书写产生强烈的影响。当历史书写者将创造历史的主体锁定为"民族"的时候，关于民族的历史叙事和关于历史的民族主义叙事，就时常纠结在一起。由此，历史书写通常容易带有民族主义取向。民族主义的历史书写所表达的并非历史本身，而是一种通过历史观念呈现出来的民族主义，这就造成不同社会群体对"历史"产生不同的描述和解释，从而使"历史"演化成民族主义观念的竞技场，进而破坏社会团结与国家凝聚力。本文试图从民族主义、历史书写和国家建构的关系入手，分析当前语境之下历史书写对于中国民族问题的影响。

【关键词】民族主义　历史书写　国家建构

民族主义是一种观念，与历史因素有很深刻的联系。共同的历史经历与历史记忆，是现代社会的民族主义与族群意识最重要的来源之一。

"民族"的概念表达了人类对于归属感、整体性、生活理想和政治共同体的追求，而历史，则是民族存在的意识形态基础之一。但历史本身是什么？历史不但是一种简单的"过去发生的事"，也是一种人为的书写。这种书写不只是历史学家对于史实的记录，也包含了生活在不同时代、不同社会、不同文明中的人们对"历史"所持有的某种认知和看法，从而始终是一种关于"历史"的知识构建。在现代人文与社会科学的专业分工体系下，历史研究既有基于考古学、历史文献和集体记忆（口述史）的经验

＊　本文曾发表于《新疆师范大学学报》2016 年第 2 期。本文系中央民族大学学术团队建设
　　项目"民族事务管理体制机制优化研究"（2015M DTD04A）的阶段性成果。
＊＊　关凯，中央民族大学民族学与社会学学院教授。

研究特点，也因其"民族化"的历史书写方式而成为一种民族主义观念的知识生产与传播。当历史学家、社会科学家以及民间的历史书写者在观念上将创造历史的主体锁定为"民族"的时候，关于民族的历史叙事和关于历史的民族主义叙事，就时常纠结在一起。由此，历史书写通常容易带有民族主义取向。然而，当"历史"被书写者有意无意地赋予某种民族主义价值与情感意义的时候，"历史"就可能被简化为一种民族叙事，因而成为一种非历史的知识。

20世纪80年代之后，在认识论上，以盖尔纳和霍布斯鲍姆为主要代表人物的民族主义建构论兴起之后（不完全意义上也包括本尼迪克特·安德森），民族主义的历史书写遭遇到新的挑战。建构论者以解构民族主义的方式重构了现代历史叙述，从而使"前现代的历史"（Pre – modern History）与"现代的历史"（Modern History）彼此区分开来，民族主义因而被视为一种纯粹的现代工业文明的产物。也正是在这个意义上，任何试图在民族主义意义上重建前现代文明与现代性连接的历史书写都可能被视为某种类型的"传统的发明"①，注定带有某种程度的"时代谬误"（Anachronism）的特征。

起源于欧洲的民族国家（Nation – state）体制是现代性在政治上的重要特征。与卢梭式的"主权在民说"一样，民族主义意识形态是民族国家最重要的意识形态基础之一。现代国家的政治伦理是将国家主权落实到"人民"头上，通过保障普遍的公民权利以及开展国家化的爱国主义意识形态教育（包括对国旗、国歌、国徽等象征符号的运用），将"人民"（the People）塑造成"民族"（the Nation，或可言"国族"），从而形成一个以国家为单位的、人们共享一种价值观并在情感上彼此产生认同的政治共同体。在这个过程中，由于世界上绝大多数国家都是多民族国家，全球化时代大规模的国际移民也不断加深各个国家内部的多样性，因此，在世界范围内，当代国家建构所普遍面临的一个挑战，就是如何将非主流群体（少数群体）纳入"国族建构"（Nation – building）的进程之中。

在这一点上，历史书写所表现出来的复杂性，集中于对历史观念的表达。在一个社会内部，当不同群体对"历史"产生不同的甚至是对立性的描述和解释的时候，"历史"就可能演化成一个民族主义观念的竞技场，

---

① 〔英〕E. 霍布斯鲍姆、T. 兰格：《传统的发明》，顾杭、庞冠群译，译林出版社，2004。

甚至是族群冲突的战场，从而破坏社会团结与国家凝聚力。因此，国家面对自身内部的多元化社会，始终需要生产一种对于历史理解的基本观念共识，而这种观念共识的基础，不仅源自对历史事实不断深入的发现与验证本身，也来源于对权利政治（Rights Politics）的哲学理解。

一　民族主义史观：欧洲中心论及其批判

现代的"民族"（Nation）观念和民族主义（Nationalism）思潮奠基于启蒙时代的政治哲学。从一开始，"民族"的概念就具有卢梭式的民主政治和公民运动的意识形态背景。事实上，从 18 世纪的欧洲大陆开始，在近现代社会的历史书写中，特别是国家史、民族史、区域史的知识构建中，历史学逐渐带有越来越强烈的意识形态色彩，与西方社会脱离基督教神学之后的现代政治观念的兴起有着密切的联系。

卢梭在 1762 年发表了《社会契约论》，当中论述了"人民主权说"，即"创建一种能以全部共同的力量来维护和保障每个结合者的人身和财产的结合形式，使每一个在这种结合形式下与全体相联系的人所服从的只不过是他本人，而且同以往一样的自由"①。"这样一个由全体个人联合起来形成的公共人格，以前称为'城邦'，现在称为'共和国'或'政治体'"②。卢梭的学说颠覆了既往人类社会大多基于某种宗教观念而形成的对于政治权威来源的具有神性的理解——典型者如欧式的"君权神授"和中式的"君权天授"——将国家主权的来源解释为人民基于公意制订的社会契约，这是现代民族国家体制和民主政治的哲学起源。而在卢梭学说中"作为主权参与者"的"人民"，其概念内涵几乎等同于"民族"。

而与卢梭同时代的德国哲学家康德的思想，则被凯杜里解释为现代民族主义意识形态的认识论起源③。与中国传统哲学强调"天人合一"不同的是，康德认为人的意志是完全独立于自然秩序和外部命令的，而道德是对普遍法则（绝对命令）的服从。当人服从道德法则时，他就是自由的，这种道德法则来自他自身，而非外部世界。于是，康德使个人成为世界的

---

① 〔法〕卢梭：《社会契约论》，李平沤译，商务印书馆，2013，第 18 - 19、20 页。
② 〔法〕卢梭：《社会契约论》，李平沤译，商务印书馆，2013，第 18 - 19、20 页。
③ 〔英〕埃里·凯杜里：《民族主义》，张明明译，中央编译出版社，2002。

中心，自律的个人把自己确定为一个自由的和道德的存在物。从康德哲学的立场出发，没有任何事物存在于意识之外。但是，个人就其本身而论却是虚幻的，必须从他在整体中所具有的位置获得实在性。因此，个人的自由在于自身与整体一致，完全的自由意味着全部融于整体，为达此目的需持续不断地斗争。

康德将个体自决提高到至善的地位。那么，接下来的问题就是：个体如何自决呢？在费希特看来：单独的个体是无法实现自身价值的，个体要想实现自身价值，只有通过整体①。然而，为什么"整体"必须是国家，而不是全人类呢？在这里，上帝创造的多样性学说登场了：国家并非个人集合体，而是文化整体性的代表，同时国家高于和先于个人。只有和国家成为一体，个人才能实现他的自由。于是，民族主义沿着基督教的文化传统终于变成了最高价值。在这个读起来似乎严丝合缝的哲学链条里，个体的自由最终以一种吊诡的方式得以实现，即只有为国家献身，甚至完全失去自我的个体，才是在最高意义上获得了自由。

启蒙时代德国的民族主义思想不仅基于康德的理性主义，也基于"狂飙突进运动"文学化的情感张扬，代表人物是歌德和席勒。当时这些年轻的德国作家和诗人，一方面受到卢梭哲学思想的影响，追求"自由"和"个性解放"，另一方面则反对启蒙运动对理性的过分强调。被后世视为德国民族主义先驱思想家和"狂飙突进运动"奠基人的赫尔德（Johann Gottfried Herder），在1772年发表的《论语言的起源》中，认为语言源出于人的心智，诗歌是语言的最高形式，语言代表了一个民族独特的"民族精神"②。

事实上，康德之后，无论是赫尔德还是费希特，民族主义学说经由哲学理论而成为一种意识形态。这种意识形态强调，由于世界是多样性的和斗争性的，民族要自我实现，必须保持自身是自由的，这种自由需要一个民族建立自己的国家，从而实现民族自决。"民族自决"就这样从个体自身内在道德和对整体性的不懈追求演变为一种政治权利。

由此，尽管民族国家体制是一个世俗化的理性制度，但以个人的自由

① 费希特提出：自我意识是一种社会现象，任何客体的自我意识都是有限的，它存在的必要条件是所有其他理性客体的存在。参见费希特《自然法权基础》，谢地坤、程志民译，梁志学校，商务印书馆，2004。
② 〔德〕J. G. 赫尔德：《论语言的起源》，姚小平译，商务印书馆，1999。

为基础的民族国家体制，在哲学上就具有了神圣性，也饱含了激烈的情感。而所有民族主义政治诉求的顶点，就是依据民族建立自己的民族国家。随后，这种基于欧洲社会经验而形成的民族主义知识成为现代性文化的一个重要的、有机的组成部分，并和工业文明一起，在全球得以扩散，并遭遇到不同类型的社会对其不同方式的接纳、抗拒与改造。

根据安东尼·史密斯的说法，"对德国民族主义的思考在汉斯·科恩（Hans Kohn）有关'西方的'和'东方的'民族主义两分法中起着特别重要的作用。在民族主义分类法方面，科恩的两分法依然是最值得赞扬且最有影响力的。汉斯·科恩的代表作《民族主义的思想》（the Idea of Nationalism）发表于 1944 年。这本书写于纳粹和战争的阴影之下。科恩寻求发现西方的、较为温和的民族主义形式和产生于莱茵河以东、更为恶性的民族主义之间的区别。科恩认为，西方的民族主义形式是在习惯法和共有领土范围内的公民理性联合，而东方的各民族主义形式则是建立在对共同文化和族群本原的信仰基础之上的；后者导向认为民族是一个有机的、无缝的和超越个体成员的整体，并将个体成员从其出生开始就打上去不掉的民族烙印。从社会学视角看，通过两者不同的阶级组成可以发现这种对比的来源。在西方，强大并有信心的资产阶级能够建立拥有市民精神的大众公民民族；而在东方，缺少这样的资产阶级，有的则是帝国的专制者和半封建地主的统治，这既给民族的有机观念，也给无节制的、权威的和常常是神秘的民族主义形式提供了丰饶的土壤。"[①]

尽管汉斯·科恩注意到了不同民族主义的类型差别，但他仍然没有摆脱西方中心论的视角（这也是某种类型的民族主义）。西方中心论之所以根深蒂固，首先，在于西方是现代性文化的原生地，而现代性原理（如个人主义、世俗化、市场经济和民主政治等）作为一种普遍主义原则的世界扩散，更强化了西方的现代知识霸权。其次，16 世纪之后，任何非西方社会都受到了现代性文化的冲击，并在相当大的程度上接受了启蒙时代的进步论观念，视西方为自身社会发展的榜样。然而，对于非西方社会而言，西方不仅是现代性文化的导师，也是凭借现代性生产出不均衡世界秩序的行动者。在西方中心论的观念支配之下，"东方"始终在言说上处于一种

---

① 〔英〕安东尼·史密斯著《民族主义：理论、意识形态、历史》，叶江译，上海世纪出版集团，2011，第 43 页。

不利的地位，这种知识性的不利地位也在客观上推动了"东方"社会的民族自觉。

随着现代社会科学理论对历史书写的影响逐渐加深，历史书写的学术与政治规范都发生了显著的变化。在这种变化之中，超越民族主义的历史书写成为一种新的思想追求。以美国历史人类学家埃里克·沃尔夫的著作——《欧洲与没有历史的人民》为例，这部著作集中体现了作者对15世纪以来世界历史进程的认识，在对近代社会科学和人文知识进行反思的基础上，沃尔夫以人类整体作为阐释单元，从互相关联的角度尽可能复原各个族群之间的互动，将所有人视为共同塑造历史进程的主体，力求突破欧洲中心论的历史观念和历史实践。

沃尔夫认为，欧洲中心论者将欧洲同质化，然后以其与"他者"进行比较，得出二元对立的形象，以凸显欧洲的优越之处。沃尔夫注意到，这一做法在西方历史中有悠久的渊源："长久以来，西方的习惯做法就是把西方的自由和东方的专制相对照，不管是希罗多德说到希腊城邦国家同波斯人的斗争，还是蒙田和伏尔泰把建立在社会契约基础上的社会和以大众匍匐在专制统治下为特征的社会相对立起来的做法。"①

在沃尔夫看来，欧洲国家的形成道路是多样化的，"若是认为文化统一性为欧洲国家建设和民族形成扫清了道路，那就大错特错了"，"简单地将多元异质性与欧洲同质性对立起来的做法"是极其错误的②。沃尔夫注意到，在资本主义世界体系形成的过程中，不仅有欧洲国家对海外的残酷剥削，亦有欧洲内部的严重不平等。"如同在国外一样，为资本主义生产方式创造基础和依附性供应地区的过程同时也在资本主义本土上进行着"，"资本主义发展在它自己的核心之内创造出边缘地带"，"成为附属或依赖的地区，为工业化的中心地带提供廉价食品、原料和劳动力"③。

描述欧洲史的多样性，以从根基上摧毁欧洲中心论的基础，是沃尔夫反欧洲中心论的批判的一面；同时，沃尔夫着力发掘欧洲以外的族群的历

① 〔美〕埃里克·沃尔夫：《欧洲与没有历史的人民》，赵丙祥、刘玉珠、杨玉静译，上海人民出版社，2006，第98、444、348、27、272~273、415~416页。
② 〔美〕埃里克·沃尔夫：《欧洲与没有历史的人民》，赵丙祥、刘玉珠、杨玉静译，上海人民出版社，2006，第98、444、348、27、272~273、415~416页。
③ 〔美〕埃里克·沃尔夫：《欧洲与没有历史的人民》，赵丙祥、刘玉珠、杨玉静译，上海人民出版社，2006，第98、444、348、27、272~273、415~416页。

史，即"没有历史的人民"的历史，则是他著作中有建设性的一面。

沃尔夫所指的"没有历史的人民"，一是相对于欧洲人的"他者"，特别是边缘族群的"野蛮人"。以肤色而分，最典型的就是与"白人"相对的"黑人"，以及与"文明的"欧洲人相对的"原始人"，如易洛魁人、克劳人或伦达人，他们被认为是"无阶级的""无头人的"或"无国家的"人群；另是相对于强者的弱者。沃尔夫持有一种阶级论看法，特别关注资本主义生产方式下的工人阶级。沃尔夫认为："我们再也不能仅仅满足于只书写一种'胜者为王'的历史，或者只满足于书写被支配族群的历史了。"普通大众虽然确实是历史进程的牺牲品和沉默的证人，但他们同样也是历史过程的积极主体，因此，需要挖掘"没有历史的人民"的历史。①

对于"西方中心论"，沃勒斯坦将其归纳为五种表现："历史编纂学、普遍主义的狭隘性、关于西方文明的建设、东方学、强加于人的进步论。"② 20 世纪中叶以来，一些西方学者对西方中心论展开了相当深入的反思和批判，正如沃尔夫在《欧洲与没有历史的人民》中做出的努力那样。这代表了史学研究的一种新的取向，正面阐述和揭示沉默族群的历史，以维护历史书写的正义性和社会公正性。

二　非西方社会的历史书写：西方中心论与民族主义

如果说，民族国家体制和与之配套的现代民族主义思想在西方社会是内生的，那么这种思想对非西方社会的影响可能比其在原生地更为复杂。如杜赞奇所指出的，在民族主义的意识形态下，历史是传统国家转型为民族国家的主要模式，也就是说，一个民族，必须仰赖于共同的历史，才能够成为一个有机的整体。而这种"共同的历史"，则是人为的意义创造与改造。③

---

① 〔美〕埃里克·沃尔夫：《欧洲与没有历史的人民》，赵丙祥、刘玉珠、杨玉静译，上海人民出版社，2006，第 98、444、348、27、272~273、415~416 页。
② 〔美〕伊曼纽尔·沃勒斯坦：《"欧洲中心论"及其表现：社会科学的困境》，瞿林东主编《史学理论与史学史学刊》（2002 年卷），社会科学文献出版社，2003，第 64 页。
③ 杜赞奇：《从民族国家拯救历史：民族主义话语与中国现代史研究》，王宪明译，社会科学文献出版社，2003。

1500 年之后，地球表面的大部分陆地与岛屿都渐渐成为欧洲的殖民地，仅有包括中国在内的少数国家是例外。然而，尽管近代以来几乎所有非西方社会都受到西方的强烈影响，但在历史书写上，非西方社会却普遍不承认或不愿承认西方在自身社会发展历程中曾经发挥过的某种重要的甚至可能是决定性的作用，即便事实如此，非西方社会也会更多地将西方力量描绘为外来的侵略者和压迫者、本地人奋勇反抗的对象以及本地文明传统的无情毁灭者。

"二战"之后，在全球范围内风起云涌的民族解放运动，高举反对帝国主义和反对殖民主义的正义性旗帜，但第三世界民族主义的思想内涵，正如本尼迪克特·安德森所揭示的那样，民族作为一种"想象的共同体"，并非第三世界启蒙主义的原因，而恰恰是其后果。在西方启蒙主义和理性主义世界观支配之下，第三世界都经历了一个宗教性思考方式走向衰退的过程，这个过程与 18 世纪"民族"在西方的诞生在思想理论上是一致的。

当然，如同我们不能完全接受费正清对中国现代化进程所定义的"冲击–回应"论一样（即中国没有启动现代化进程的内生性力量，这个进程是受西方刺激后做出的一种反应）①，非西方社会的民族主义也绝非殖民主义刺激之下的空穴来风，而是在自身"前现代的"文化传统上结合现代性文化的影响生长起来的。从 19 世纪末开始，在欧洲殖民主义形塑出近代世界体系的历史条件下，无论是殖民帝国统治的殖民地还是半殖民化的受其制约的传统帝国（如清帝国），这些地区发生的向民族国家体制不同方式的政治转型，始终带有强烈的两面性：既学习西方，亦反抗西方；既延续传统，又与传统割裂，这些矛盾重重的二元对立共同贯穿于 20 世纪第三世界的民族国家建设史。

对于殖民地来说，正如印度学者查特吉所指出的，民族主义思想是一种在殖民地世界生长出来的欧洲话语的衍生品，始终受到欧洲话语的支配。查特吉以所谓"衍生的话语"来嘲讽民族主义思想的这种内在冲突：西方的民族主义思想包含了自由与理性，而非西方的民族主义既有对自由与理性的接受，也有对西方本身的抗争与排斥。殖民地社会的民族主义思

---

① 几乎所有费正清的著作都是在这个理论逻辑下展开的，如《美国与中国》，世界知识出版社，2003；《中国：传统与变迁》，世界知识出版社，2002；《伟大的中国革命》，世界知识出版社，2000，等等。

想在接受现代性标准及其"认知体系宣称的普遍性"的同时,"断言民族
文化的独立自主的身份","同时拒绝和接受外来文化在认知和道德上的主
导"。这种内在的矛盾使反对殖民主义的民族主义"必然是一场与整个知
识体系的斗争,这场斗争既是政治的,也是思想的"。①

无论是模仿"西方"还是模仿"反西方的西方(苏联)",民族解放
运动和第三世界的民族主义思潮与民族国家建设工程,都在不同程度上带
有某种"反西方中心论的西方中心论"的理论痕迹。这种思想痕迹,也渗
透到各种形式的历史书写之中。不同的历史书写,所要处理的基本问题都
是相似的,即在某种类型的西方式理论话语支配之下,重新建构一套对于
自身社会发展历程的历史解释体系,并在这个体系中体现出自身独特的民
族主义价值观。然而,从这个意义上说,民族主义饱含大众对于族群、民
族和国家所保有的一种朴素、持久而感性的观念,这种情感既可能是国家
统治的支持力量,也可能相反。正如杜赞奇所说:"当我们考虑到民族认
同的含混性、变换性与可替代性以及与其他认同的互动时,便不难认识到
它能在多大程度上支持民族国家,就能在多大程度上颠覆民族国家。"②

同时,即使从单纯的知识意义上说,我们确实也需要严肃反思"西方
中心论"及其批判的真正含义,特别是,是否一切向西方学习的取向都在
民族主义意义上是一种"道德过错"?反之亦然。实际上,就今日世界格
局而言,以理性主义为基础的现代性并不是西方文化独有的特征,而是人
类文明的共享特点。非西方社会在经济和政治上的崛起(以中国为最典
型),其文化意涵并非意味着单向度的传统的复兴,而恰是现代性的生长
以及现代性与传统之间兼容性提升的结果。

实际上,至少在知识生产机制上,当今世界比以往任何时代都更接近
于"地球村"的描述,不仅后现代主义思潮松动了"西方"与"东方"
的类型学边界,以民族主义为基础的民族国家的历史书写也遭到根本性质
疑。以知识分析工具为例,对于民族和民族主义的认识,建构论的兴起在
理论上解决了一些重要的问题,而这些问题并不仅仅是"西方的"。如盖
尔纳的功能主义指出,工业社会的文化同一性,必然要求民族国家在内部

---

① 〔印度〕帕尔塔·查特吉帕莎·查特吉:《民族主义思想与殖民地世界:一种衍生的话
语?》,范慕尤、杨曦译,译林出版社,2007。

② 杜赞奇:《从民族国家拯救历史:民族主义话语与中国现代史研究》,王宪明译,社会科
学文献出版社,2003,第7~8、220页。

创造这种同一性，民族主义就是配合这种创造的思想工具；而霍布斯鲍姆则揭示出现代的"民族"与古老文化遗产的现实距离，这些"民族"都是现代的再创造，而非古老事物的简单延续，其中包含深刻的断裂；按照安德森的分析，正是18、19世纪的印刷资本主义造就了人们对于历史与现实的共同体想象，但显然，这种"想象"有时并不具有本真性意义。

当然，从批判的视角出发，这些建构论者的发现都具有一个相似的弱点，就是理论过于宏观，特别是放大了民族和民族主义的主观性特征，并将这种特征推演到决定论的高度，从而低估了民族和民族主义之所以存在的客观性的社会基础。历史、血缘和语言，无疑都是这种基础最重要的组成要素。这些理性主义分析的另一个弱点，是忽略了民族主义所带有的强烈的感性色彩——民族主义不仅是通往现代性的一种理性工具，也是人们在日常生活中体验到的真实、有时可能难免狭隘的情感。对这种真实情感的任何忽略，都可能低估了民族主义在非西方社会成为一种反现代性社会运动的可能性。正如查特吉指出的那样，民族主义必须突破知识精英的圈子而俘获大众情感以建立最大的民族主义联盟，而大众情感往往是基于传统的，甚至是狂热反现代的①。今日的 IS 在宗教领域所表现出来的精神特质也是基于同样的逻辑。

总而言之，在全球化的时代，在历史书写上，任何过于简单的理论范式，无论是"西方中心论"或其反面，还是"反西方中心论的西方中心论"，都不足以应对传统、现代性、全球化、民族主义、民族国家建设这些相互影响与制约的深邃命题。历史已不再可能被视为一种线性的、单向度的发展过程，而是越来越被看作一种复杂的、各种主体之间交互发生关系的过程。只有秉持超越民族主义的价值关怀，承认并接受历史主体的多元性，历史书写才能更好地与当下的社会语境配合起来，并服务于创造一种更美好的社会生活。

三　国家建构中的历史书写

在欧洲中世纪和一些伊斯兰国家，历史知识生产的主导者是宗教组

---

① 杜赞奇：《从民族国家拯救历史：民族主义话语与中国现代史研究》，王宪明译，社会科学文献出版社，2003，第 7～8、220 页。

织，而非国家。但在民族国家出现后，历史知识生产过程的国家在场，就成为一个普遍的现象。对任何一个国家来说，在政治上，包含历史解释在内的知识生产都意味着是国家文化主权的一部分，尽管不同国家对这种知识生产过程实施干预的方式是不一样的。

法国大革命之后，历史书写成为民族国家建设工程的重要文化工具。这种以国家为中心的历史书写，通过国家化、标准化的国民教育工程进行系统性的知识生产与传播，从而深刻影响了人们的观念。然而，20世纪60年代之后，对于世界上大多数国家而言，在多元文化主义的"新"规范之下，内部的文化和族群多样性使国家化的历史书写逐渐开始遭遇一个近乎"天然的"障碍。在民间，族群知识精英往往热衷于通过建立以自身族群为中心的历史叙述，构建出另一种"去国家化"的历史知识。这种基于族群的、本地的和传统的生活实践及其感受而形成的历史知识，表达的通常是一种族群民族主义意识和观念。在族群运动中，不同的历史表述经常以文化冲突的面目出现。在不同历史观念映照之下，不同族群对历史人物、事件及其性质往往持有不同的价值立场和是非判断，由此可能引发激烈的，甚至是难以调和的族群冲突。

从以国家为中心的视角出发，民族化的历史书写大致可以分为三个阶段：前民族国家时代、民族国家时代和后民族国家时代。前民族国家时代的历史学家们——尽管他们在世的身份未必是"历史学家"，如古希腊的希罗多德和修昔底德，古代中国的司马迁和司马光——更关注一种以政权和英雄人物为中心的、通常是编年体式的历史叙述，并在这种叙述中添加上或强或弱或显或隐的个人价值看法。而民族国家时代的历史学家们，则通常忙于在历史材料中梳理国家与民族存在的历史根基，由此为国家政治统治和民族主义运动提供合法性支持。但在后民族国家时代（现在讨论这个问题似乎稍有点早，但征兆已现），沿着某种民族主义逻辑展开的历史叙述正在被后现代哲学解构，如杜赞奇所谓"从民族国家拯救历史"之说。然而，擅长解构的后现代哲学，虽然可以消解某些民族主义历史知识的确定性，却无法提供一种新的历史叙述方案，而在历史观念上只能奔向虚无主义的终点。

在20世纪之前的人类历史中，如果说，权力政治（Power Politics）压抑了弱小国家与社群的历史书写机会，那么，20世纪之后，权利政治（Rights Politics）大大增加了这种机会。事实上，20世纪在人类社会普遍发生的民族解放运动、反种族歧视运动、族群运动和土著人运动的本质都是权利政治，其最显著的意识形态产出就是多元文化主义作为一种政治规范和"政治正确"在世界范围内的兴起。从此，历史叙述不再仅仅聚焦于国家和伟大的英雄人物，凡夫俗子和边缘社群也可以进入历史叙述的中心。

由是观之，无论是国家化的还是族群化的民族主义历史叙述，都面临一种深刻的知识风险，即当民族主义原则成为历史叙述的终极价值时，历史就变得不那么重要了，而"民族"会变得至关重要。"民族"宣称是自身历史的创造者、行动者和解释者，并且将历史遭遇投射到现实的情感基调中来，如何看待历史成为考验人们爱国主义或族群情感的试金石。于是，"民族"和历史之间的这种互动关系，使得历史观时而替代历史本身，成为民族主义历史表达的核心。对于一些历史基础薄弱的国家来说，他们的历史书写有时难免会陷入某种安德森所谓的"想象的共同体"式的尴尬①。而对于那些激进表达族群情感的历史书写者而言，历史也会成为一种主观倾向明显的选择性社会记忆。

实际上，离开历史，现代人无从理解自己所处的时代和自己所经历的社会生活，在被现代性文化深深浸染的当代社会生活中，某种类型的历史知识、群体记忆和解释范式不仅深刻塑造了我们的价值观、人生信念和社会理想，也强烈地激发了我们的认同、意志力和情感，而这一切，都和某种类型的民族主义历史观念脱不开干系。因此，当我们审视现代社会表现出来的各种文化气质，除了个人主义和基于社会分工的职业化取向之外，无论是政治意识形态、宗教或族群认同还是国家与国际政治，其核心都与民族主义意识形态和社会运动相关。

作为影响历史书写的核心要素之一，民族主义有两个显著特征：一是基于既有的权力政治而形成的格局与结构，包括既定的地缘政治格局、国家制度和族群参与国际政治、国家政治的渠道与方式。在权力政治的范畴中，无论是国际政治还是国家政治，强势群体都试图巩固自己的优势地位，而与之相对的弱势群体则试图改变这种格局。二是和权利政治有关的诉求表达。族群精英代表族群所做出的各种诉求表达，不仅与特定族群的

---

① 〔英〕本尼迪克特·安德森：《想象的共同体：民族主义的起源与散布》（增订版），吴叡人译，上海人民出版社，2011。

历史遭遇、在国际国内社会的人口分布、所处的社会经济地位有关，也和具体社会语境下的价值与政治规范有着密切的联系。族群运动演变为民族主义运动的核心标志，就是族群精英要在文化上将自身的"族群"（Ethnic Group）论证为"民族"（Nation），从而得享"民族自决权"。

权力政治的历史将人类居住的星球划分成国家，而权利政治的历史则不断改变人类社会的价值观念。

在国际政治层面，权力政治是现代国家以及国际地缘政治格局的最重要的起源要素。无论是西方殖民主义实践造就的国家，如基于海洋殖民扩张形成的美国、加拿大、澳大利亚等，以及基于陆地扩张形成的俄罗斯；还是中国这样从传统的"天下帝国"转变成现代国家，在很大程度上都是国际地缘政治格局中权力政治的历史演变结果。而由权利政治创设的国家，无论是那些基于"主权在民"原则而通过或激进或渐进改良的方式改变国家体制的法国、英国，还是经由"民族自决权"的实现而形成的德国、意大利，以及后来从原欧洲殖民地经由反殖民主义斗争和民族解放运动而创设的新国家，如亚非拉的多数国家，都是基于权利政治的社会运动所产生的结果。当然，权力政治与权利政治对国家形成的影响，往往不是单方面的，而是相互作用的。

从这个意义上说，历史书写从来都不可能只是一种简单的描述，而必须表达某种思想立场与价值观。这种哲学立场的两个极端，就是民族主义与世界主义（Cosmopolitanism）。前者张扬"民族"的整体性及其作为历史创造者不容置疑的主体性，而后者否认民族主义的价值基础，倡导普遍主义的大同世界，历史也必将终结于这个世界。历史书写在这两端之间的徘徊，是当代历史研究的非历史取向的典型症状。吊诡的是，人类文明发展的历史经验表明，既不可能存在绝对孤立发展的文明体系，也不可能存在"放之四海而皆准"的普遍文明模式，特别是随着后现代主义哲学的兴起，伴随着进步论的退场，在很多时候，历史书写看上去更像是披着文学或社会科学外衣的"神话表述"。由此导致的一种思想后果是，民族主义和世界主义的非历史的历史写作，正在造成史观的混乱。

民族主义意识形态永远无法摆脱强烈的非历史的一面，正如盖尔纳和霍布斯鲍姆等人所揭示的那样，它是工业时代的一种社会构建物①。民族

---

① 〔英〕厄内斯特·盖尔纳：《民族与民族主义》，韩红译，中央编译出版社，2002。

主义意识形态往往伪装成一种彻头彻尾的历史主义面孔，但历史并非它的本质，而只是它建构自身的知识工具。在这个方面，民族主义具有变色龙一样的文化适应力，它能够适宜而得体地契合各种社会语境，以灵活多变并饱含激情的说辞聚拢人心，厘清社会群体之间的文化边界，通过建构群体认同与群体忠诚而使自身成为一种世俗化的宗教，一种具有绝对主义倾向的是非分明的价值观。

能与之抗衡的是一种普遍主义世界观。在近代史上，自由主义以及当下的宗教极端主义，都宣称自己是一种普世价值，是"放之四海而皆准"的绝对真理。这些价值观立足于各种物质性与精神性的社会基础形成强大的社会运动，但这些运动并未消解民族主义，如果不是进一步刺激了民族主义运动的话。第二次世界大战之后，当世界真正成为一个民族国家的世界时，世界政治不可避免地成为民族主义的政治世界。冷战的终结，不过是一种适时的回归而已。而从民族主义的角度看，历史不仅从未终结，而且不断被重新创造。

冷战结束，意识形态政治的退场，造成权力政治与权利政治的纠结被深化。所有的"民族"，包括那些历史上来源复杂的族群，都期待得到其他民族的承认并被赋权，这种赋权的最高等级仍然是 20 世纪初列宁和威尔逊从不同的角度提出的"民族自决权"。但显然，民族自决权并非绝对真理，既存国际秩序的行为主体——主权国家，普遍对"民族自决权"持有一种机会主义的两面态度：一方面在原则上延续"二战"后《联合国宪章》的传统，在法理上承认"民族自决权"；另一方面视情况而定，是否对某个群体对自决权的要求做出积极回应，要根据是否符合自身国家利益而定。在这一点上，西方国家承认了科索沃的"民族自决权"，却拒绝承认当前克里米亚的"民族自决权"。在"民族自决权"的暧昧外衣之下，国际地缘政治仍然严格遵循着现实主义国际政治逻辑。

同时，现代民族国家体制要求国家必须保持某种程度的民族主义关怀（特别是在国际关系的维度上），以维护国家利益、保护国家公民。这种民族主义通常被定义为"公民的民族主义"（Civic Nationalism）。与之相对的，则是可能将族群认同置放于国家认同之上的"族群的民族主义"（Ethnic Nationalism）。公民民族主义与族群民族主义的区分是社会科学领域一个"传统的"知识工具，对于国家而言，二者通常也具备道德意义上的差别，即前者可能是"合理的"、"正确的"，而后者则是"离经叛道的"、"危险的"，等等。

　　无论是在文化上还是在身份认同上，国家和族群并不是必然对立的。在全球化时代，当今世界上几乎所有国家都是多族群国家，但在历史书写上将国家与族群对立起来的做法，并不是到处都在发生。这种现象出现的一个前提，与历史的关系不大，却与政治的关联甚大，其关键在于"国族政治"（National Politics）与"族群政治"（Ethnic Politics）之间产生的张力。

　　民族国家建构工程总是要试图建构一个"国族"（Nation）出来，但显然，造国家易，建国族难。因为国家是一个客观的、理性的政治实体，而"国族"却是一个主观的、感性的、非实体化的群体，其群体一致性大大依赖于人们主观的身份认同。例如，我们不仅无法简单地通过识别一个人的国籍而确认他（她）内心深处的国家认同，也无法设定这种认同是一成不变的。

　　国家强调爱国主义情感和公民身份认同，在理性制度层面，法律对公民的责任义务要求是明确的。但同时，国家在文化上往往是遵循多数主义原则的，国家的文化特征更多符合主流群体的文化特点。因此，在感性层面，当国家试图用多数的、主流的群体文化塑造一种标准化的"国族"文化时，少数的、非主流的群体就可能有某种程度的抗拒，从而将"国族政治"导引向"族群政治"。因此，族群民族主义者在历史书写上与国家产生的分歧，其实质并不是历史研究本身的问题，而是族群政治问题。

　　任何声称自己是单一的、独特的民族群体都必须刻意强调自身独特的、具有主体性意义的历史根基。为了使这种根基更加深厚繁盛，"民族"不惜有选择性地呈现历史书写，独特的语言、宗教和生活习俗在这里表现出特殊的政治重要性，从而使社会分类更加政治化，民族或族群被等同于先赋的、原生的政治体。显然，民族主义的历史根基并不仅仅植根于历史，更依赖于那些民族主义思想家的贡献。

　　现代性文化的普遍主义特征无疑对民族主义历史知识起到一种抑制和消解的作用。社会科学追求对于普遍规律的通则性因果解释，将民族主义从其杂糅的历史叙述中离析出来，而成为一个单独的变量。这使得我们可以观察并分析弥漫在历史解释中的民族主义情感、价值观和政治立场。但这一点仍然是不够的，因为社会科学知识有时也插着"西方化"的政治标签，如前文所述，隐藏在社会科学知识范式背后的西方中心论也正成为被批判的对象。

民族主义史观是附着在民族主义意识形态与社会运动之上的，因此在这个问题上，武器的批判和批判的武器显得同样重要。历史知识的构建需要打破民族主义、民族认同与历史之间模糊不清的界限，正是由于历史解释的民族化，历史学本身已经受到后现代主义批判理论的强烈质疑。需要正视在历史研究中的非历史取向，历史事件的发展顺序本身并不意味着解释者提供的因果关系和性质定义本身就是"科学的"，相反，同样的历史事实可以有不同种解释。对于解释者而言，自己所提供的解释体系能够做到自洽，远比自认为某种解释是绝对真理更有价值。

后现代哲学的兴起，也在从另一个维度挑战历史书写。极端的解构论，将人们多样化的历史理解全面合理化，并导向一种虚无主义。如果这一切只在知识场域里发生，倒也无可厚非（若单纯从思想史的意义上说，后现代主义理论也确实强化了我们对于社会生活的理解力），然而，后现代主义质疑一切并解构一切的知识范式，恰恰给改换了形式的民族主义历史书写提供了另外一种生长发育的空间，使之以一种新奇的仪态完成对民族主义意识形态的理论再包装。这是值得警惕的一个问题，因为知识生产直接影响到人们的社会观念，而所有的社会实践都发生在某种社会观念的主导之下。如萨义德所言，所有的社会科学知识都是一种政治性知识[①]。实际上，社会科学家标榜的"价值中立"只具备方法论的意义，而不具备价值意义。

受到民族主义和后现代主义历史书写带来的政治挑战最为严峻的是国家。新的知识范式和新的历史书写方式都要求国家做出知识性回应，否则国家就会在一定程度上丧失历史解释的话语权力。同时，"民族国家不可能本质化为超越的现实，超越自营的政权与竞争的利益集团。民族国家是同时作为权力关系、群体表述以及对超越的追求而存在的。正如三者之间的关系复杂而不断变化一样，只有合理配置历史所提供的所有资源，才能够理解民族国家"[②]。这都要求国家必须成为一个学习型组织，具备反思性以及不断强化、更新自己的知识生产能力，否则，在历史书写上，国家政治就会出现意识形态上的风险。

---

① 〔英〕厄内斯特·盖尔纳：《民族与民族主义》，韩红译，中央编译出版社，2002；〔英〕埃里克·霍布斯鲍姆：《民族与民族主义》，李金梅译，上海人民出版社，2000。

② 杜赞奇：《从民族国家拯救历史：民族主义话语与中国现代史研究》，王宪明译，社会科学文献出版社，2003，第7～8、220页。

四　中国的民族问题与历史书写

中国的文明发展道路在世界上是唯一的。中华文明不是依托一神论宗教发展起来的，而是在上古时期就形成一种"即凡即圣"式的普遍主义道德伦理体系。在数千年的历史岁月中，中国始终有不间断的国家实体、自成体系的哲学思想传统以及世界上唯一自上古时期使用至今的文字系统。中华文明虽以农耕文明的儒家社会为中心，但不断与周边的游牧社会、渔猎采集社会发生互动，甚至中央王朝的正朔之中，亦有元、清两季是非汉政权。正是由于中华文明的这些特性，中国人世代生息在绵绵无尽的历史感之中，历史观可以说是中国社会最重要的意识形态，迄今依然。

源起于西方的现代性文化东渐之后，尽管中国没有成为完全的殖民地的历史经历，但民族主义之于中国的影响也是一场"思想与政治的斗争"。在中国从"天下帝国"向现代民族国家体制转型的过程中，公民民族主义、族群民族主义以及二者之间的张力始终是国家建构面临的深刻挑战。这种挑战集中表现于今日之民族问题。

理解中国的民族问题，首先，需要理解中国的国家文化特性，这种特性蕴含于历史的断裂与延续之中，既需回望文明历史，亦需明察现代性与文明传统的默契与分歧。

赵汀阳在一篇论文中谈到，当代人的历史叙事暗含对历史的"当代思维的倒叙理解"。"虽然此时之当代性可以对彼时之当代性提出问题，却不能把此时之当代性倒置为彼时之当代性。假如把当代概念倒映并追认为古代事实，这种'逆向建构'会切断历史自身的筋脉，使一种历史变成了无线索的情节组合，失去自身连贯的历史性。"他进一步认为，"来自西方历史线索的民族国家、民族主义、征服王朝、帝国主义等现代学术概念对于西方历史是自然连贯的，而用于解释中国历史则造成历史线索的断裂"。中国一直具有广泛的包容性，是因为中国存在一种被他称为"旋涡模式"的文化机制，这种机制一旦形成就具有"必然的向心力和自身强化的力量"，这与早期中国的政治行为和天下观有关。因此，这个"内含天下的中国"是一个神性存在，"不能被削足适履地归入民族国家、文明国家或者帝国之类的政治概念或社会学概念"。①

---

① 赵汀阳：《中国作为一个政治神学概念》，《江海学刊》2015 年第 5 期。

赵汀阳的立论代表了一种有意义的知识讨论方向，世界上几乎没有任何其他文明能够在历史的延续性上与中华文明相提并论，但塑造天下文明的力量，并不是某个特定的现代意义上的族群，是漫长历史中的社会与文化互动，造就了中国及其文化。赋予这种文化一种民族主义标签，使之仅仅成为"汉人"的族群文化，无疑是一种偏见。近年来，对"天下"概念的重新发现与反思，在文化反思的同时也显示出一种政治哲学意义上的理论关怀，即不能在民族主义的狭隘框架中解释中国的历史，中国之成为中国，是因为在历史上"天下观"之包容性与超越性，无论是中原王朝还是蒙元清，都在这个"天下"建构的历史过程中做出过卓越的历史贡献。

《现代中国思想的兴起》一书中也论述道，需要将"中国"从僵硬的帝国/民族国家、传统/现代等二元论的叙事框架中解放出来，而将之理解成一个在绵长的历史进程中不断建构起来的生成物，并不具有一种固定不变的"民族本质"，而是一个不断去重新整合、建构认同的过程①。换言之，不能以一种刻板、固化的眼光看待中国，不能以西方中心论的刻板标准衡量中国，要察觉为保存或创设文化连续性，中国社会一代又一代人做出的艰苦努力。事实上，这个实现现代化的进程迄今仍是进行时。

其次，"所有的历史都是当代史"，需要对历史书写中的民族主义保持高度的敏感。

然而，在当下现实的语境中，任何强调中华文明独特性的言说，都可能被国家外部社会冠以民族主义标签，而国家内部的族群多样性也对华夏中心主义的历史叙事构成知识和观念上的挑战。因此，深刻理解民族主义历史书写的知识逻辑，与深刻理解中华文明的独特性同样重要。因为，显而易见的是，历史观的演变将直接影响到中国现实与未来的国家建构。

民族主义是一种现代意识形态，这种意识形态既可能为少数人所保有，亦可能为多数人所保有。而国家建构的本意，是要强调国家对于不同族裔之共同性。这种共同性之重要不仅是不言而喻的，而且也更符合历史事实。任何一个多族群社会都不是由单一文化主导的，而是由不同文化特质相互浸染而形成一种区域性文化，进而形成国家化的一种"多元一体"的文化格局。

---

① 汪晖：《现代中国思想的兴起》（全四册），生活·读书·新知三联书店，2008。

费孝通先生对此深有感触。他说："我的困惑（对 55 个少数民族史的编写）出于中国的特点，就是事实上少数民族是离不开汉族的。如果撇开汉族，以任何少数民族为中心来编写它的历史很难周全。困惑的问题，在编写'民族简史'时成了执笔的人的难题。因之在（20 世纪）60 年代初期有许多学者提出了要着重研究'民族关系'的倡议。着重'民族关系'当然泛指一个民族和其他民族接触和影响而言，但对我国的少数民族来说主要是和汉族的关系。这个倡议反映了历史研究不宜以一个个民族为单位入手。着重写民族关系固然是对当时编写各民族史的一种有益的倡议，用以补救分族写志的缺点，但并没有解决我思想上的困惑。"费孝通先生进一步提出，"如果把具有多元一体格局的中华民族的形成过程如实地摆清楚，也就是一部从民族观点描述的中国通史了。也可以说就是我在民族研究领域中悬想已久而至今没有能力完成的一个目标"。①

费先生以"未竟之业"提出问题在今日仍显示出其远见，也同样被其他一些学者所关注。2014 年 9 月，藏学家石硕教授在《新疆通史》之《民族卷》研讨会上提出：目前在中国历史的书写中，主要形成了两种文本体系：一种是"中国通史"的体系；另一种是"中国民族史"的体系，前者以华夏正统为主线，并主要按中原地区朝代演变、更迭来书写。后者则主要是以二十四史中"四夷传"为主干材料，集中来写今天少数民族或历史上属于非汉人群的历史。今天我们所见到的"中国民族史"，大多属于这一类型。形成这两种不同的书写体系，主要和二十四史的文体及分类体系有关，确切地说，也是和历史上传统士大夫的"中国观"和立场有关。因为在传统中国士大夫的观念中，对周边四夷始终存在着一种与看待自己不尽相同的倾向。他还指出，尽管这两种有关中国历史的书写体系有它一定的方便与合理之处，但是这种将中原正统与周边"四夷"截然两分、彼此割裂开来的书写体系却带来了一个很大的弊端，那就是使我们对中国历史整体面貌的认识和理解受到割裂与制约，缺乏一种全局性的整体视野，同时在空间上也丧失或忽视了更广阔的地域与民族背景②。

费孝通先生和石硕教授的中肯之见，无疑是今天中国在历史书写上面临的一个相当紧迫的问题。

---

① 费孝通：《简述我的民族研究经历与思考》，《中央民族大学学报》2000 年第 1 期。
② 石硕：《关于区域民族史书写中若干问题的思考》，《西藏民族学院学报》2015 年第 1 期。

五　结论

历史研究经常会成为一种政治写作，而其关键不在历史本身，而在看待历史的世界观。

从理论上看，当代的民族研究正在将视角从对"民族的起源与特征"的历史关注转向对现象学意义上的"主体间性"（Inter - subjectivity）的现实关怀——相互对应的不同文化主体（民族或族群）之间，即自我与他者之间，原本被描述为"对立的、差异性的"文化关系，正在被重新解释为相互作用、相互塑造以及相互依存的关系，而并不存在完全由自我决定与控制的主体。相反，按照福柯的解释，塑造人的主体性的力量，来源于语言和隐藏在话语中的权力关系。在现代社会，知识与权力的一体化形成了权威（具有合法性的权力），通过"规训与惩罚"，对社会成员自内而外地塑造出新形式的主体意识[1]。从这样一种后现代哲学视角出发，"民族"是一种社会文化群体，"民族关系"的核心并非彼此之间的文化差异与隔阂，而是彼此之间的文化互动与浸染，以及"民族"对一个更大的社会环境（如国家制度、全球化等）的文化抗拒与顺从。同时，权力隐含在关于"民族"的叙述话语之中，塑造出对于"民族"的社会想象。

历史书写本身也正在创造更多的知识可能性，从而在一定程度上消解民族主义的狭隘性。事实上，一切人文与社会科学都建立在对普遍人性的理解和解释基础之上，每一个人既关心个体命运，也关心群体归属及其所属群体的社会处境，同时也关注世界主义的普遍价值，在三者之间能够达成的某种平衡，可以有效地遏制民族主义不滑向攻击性的极端取向。这就要求在权力政治与权利政治之间达成一种平衡，由权力政治规范的秩序，和由权利政治规范的秩序需要同步。同时，基于当今世界秩序以民族国家为基础的事实，国家建设虽不能脱离一定程度的公民民族主义关怀，却不能以公民民族主义为国家建设的最高目标。用通俗的话说，关怀别人，别人才会关怀你，唯如此，才能面对国家内部文化多

---

① 〔法〕米歇尔·福柯：《规训与惩罚：监狱的诞生》，刘北成、杨远译，生活·读书·新知三联书店，1999。

样性的现实。

当下正在隐隐发生的史观之变，本身是一种文化现象。凝结在史观变化之中的，不仅仅是面对过去的历史经历、历史记忆和历史解释，也是迎向未来的价值关怀和基于共同社会理想的共同意志。而真正的历史，不仅是知识生产，更是社会实践。从这个意义上说，国家建设的文化之路，就是要树立更为开放、更为包容的历史观念。

"一带一路"与边疆民族地区发展

22　全球社会与21世纪海上丝绸之路 *

麻国庆 **

【摘要】以费孝通先生"全球社会"理念为基点，立足中国"海上丝绸之路"研究的传统与当下，指出"海上丝绸之路"的重心是"丝绸"，是物，是经济，但整体上看，尤其是站在历史的维度上来看，核心是文化的交流、互通与理解。这就需要将中国传统文化思想体系中的"天下大同"的理念推向东南亚社会甚至全球，共同创造一个和而不同的全球社会。

【关键词】海上丝绸之路　全球社会　费孝通　环南中国海

公元20世纪不只是传统上以西方特别是以美国为中心的世纪，它也是非西方社会如亚非拉地区摆脱殖民化、实现民族独立和文化自觉的世纪。而在全球化的今天，随着"冷战"结束，全球体系越来越向多极化方向发展，区域问题、地缘政治与发展等问题，不断超越民族国家的界限，传统上认为的全球化所带来的全球文化同质性、一体化的理想模式，受到了来自地方和区域的挑战。因此从区域角度出发来探索全球性问题和现象，是认识"和而不同"的全球社会的关键出发点。

一　费孝通先生的全球社会理念与"一带一路"倡议

1991年9月，我随费孝通先生到武陵山区考察，在北京上火车后，他花了一个多小时给我们讲人类学的发展面向。联系到东欧苏联的解体、动荡的阿拉伯世界（特别是阿以问题以及巴尔干半岛问题）以及当时美国洛

---

*　本文原载于《广西民族大学学报》（哲学社会科学版）2015年第5期。

**　麻国庆，中央民族大学民族学与社会学学院院长、教授、博士生导师。

285

杉矶发生的种族冲突事件等，他当时就提及，在 20 世纪末 21 世纪初的相当长的时段内，民族和宗教的纷争将会成为国际焦点问题之一。而人类学的研究传统和对象又与民族和宗教关系有着直接的联系性，因此，从国际政治的角度看，人类学将会在动荡的世界格局中对解决民族宗教的纷争及地域间的冲突发挥不容小觑的作用。

2000 年夏，国际人类学与民族学联合会中期会议在北京召开。当时会议安排费先生做主题发言，他在开会前几个月就把我叫去，由他口述我来录音记录，费老在我的整理稿基础上又亲自做了修改，最后形成著名的演讲——创造"和而不同"的全球社会。演讲文稿特别强调在全球化背景下不同民族不同文化如何和平相处的问题。其实对于全球化和地方社会的关心是费老晚年研究的"第三篇文章"，他在会上提出的"全球社会"理念强调，在全球化过程中，不同的文明之间如何共生，特别是世界体系中的中心和边缘以及边缘中的中心与边缘的对话，越来越成为人类学所关注的领域。而"文明间对话"的基础，是建立以"和而不同"、"美美与共"为核心理念的人类共生的"心态秩序"，这对于中国如何融入世界，特别是如何以一种开放的心态来对待世界这一问题，具有重要的参考意义。

实际上，费孝通先生的全球社会理念在 20 世纪三四十年代就有所体现。比如，费先生非常关注西方与非西方的问题。1947 年 1 月，他在伦敦政治经济学院的学术演讲中提到，Radcliffe - Brown 在中国的一次旅行中发现荀子的著作里有不少与其相同的见解。同时，费孝通先生还指出，"中国的社会变迁，也是世界的文化问题"，"让我们东西两大文化共同来擘画一个完整的世界社会"。[①] 显然，费先生在这里很明确地提出了"世界社会"的概念。

丝绸之路是全球社会理念的重要例证。历史上，丝绸之路是沟通全球不同社会的桥梁和通道。现在，中国又重新强调与打造丝绸之路，其目的依然在于推进全球不同文化、区域与社会的沟通与交流。事实上，在全球社会理念下，费孝通早在 20 世纪 80 年代就提出重开"丝绸之路"的构想。在讨论河西走廊时，费先生强调依托于历史文化区域推进经济协作的发展思路。"以河西走廊为主的黄河上游一千多里的流域，在历史上就属

---

① 费孝通：《费孝通文集》（第 4 卷），群言出版社，1999。

于一个经济地带。善于经商的回族长期生活在这里。现在我们把这一千多里黄河流域连起来看，构成一个协作区。"① 这个经济区的意义正如费先生所言："就是重开向西的'丝绸之路'，通过现在已建成的欧亚大陆桥，打开西部国际市场。"②

借助南方丝绸之路，实现区域经济发展，是费孝通先生晚年给自己确定的重要研究课题之一。他在 1991 年 5 月访问凉山地区，并在《瞭望》杂志上发表《凉山行》，其中就提到重建"南方丝绸之路"，解决藏彝走廊区域内和外的发展问题。他提出这一区域的发展构想，由四川凉山彝族自治州与攀枝花市合作建立攀西开发区。以此为中心，重建由四川成都经攀西及云南保山在德宏出境，西通缅、印、孟的南方丝绸之路，为大西南的工业化、现代化奠定基础。③

与南方丝绸之路理念一脉相承的是费孝通关于"南岭走廊"的学术研究与经济发展的论断与构想。费先生非常强调南岭走廊所具有的流动性和区域性，强调从整体上对南岭走廊进行研究，探讨其中的民族流动与定居、共性与个性、民族的源与流等话题。比如，费孝通在 1981 年的中央民族研究所的座谈会上，就对学术界提出期望："广西、湖南、广东这几个省区能不能把南岭山脉这一条走廊上的苗、瑶、畲、壮、侗、水、布衣等民族，即苗瑶语族和壮傣语族这两大集团的关系搞出来。"④ 事实上，南岭走廊的研究对于我们认识南部中国的海疆与陆疆的文化互动关系有着重要的学术与现实意义。比如，从民族流动来看，南岭走廊作为华南重要的分水岭，貌似是民族流动的终点，实则是民族流动的桥梁与中转站。一方面，大量山地民族沿着南岭走廊西向流动，到达越南、泰国、老挝等东南亚国家；另一方面，大量汉族通过南岭走廊南下，与岭南土著民族合作甚至融合，开发岭南地区，并进一步跨越南海，扎根在菲律宾等地。

费老强调的全球社会理念以及在此理念指引下的"南方丝绸之路"，对我们今天的"一带一路"倡议有着重要的参考价值。2013 年 10 月，习近平主席在出访印度尼西亚时指出，东南亚地区自古以来就是海上交往的

---

① 北京大学社会学人类学研究所：《东亚社会研究》，北京大学出版社，1993。
② 北京大学社会学人类学研究所：《东亚社会研究》，北京大学出版社，1993。
③ 费孝通：《费孝通文集》（第 12 卷），群言出版社，1999。
④ 费孝通：《深入进行民族调查》，载费孝通《费孝通民族研究文集新编》，中央民族大学出版社，2006。

重要枢纽，中国愿同东盟国家共同建设21世纪"海上丝绸之路"。紧接着，在同年11月中共中央发布的《中共中央关于全面深化改革若干重大问题的决定》中进一步明确了"海上丝绸之路"对于建设中国全方位开放新格局的重要意义。

值得注意的是，中国提出的"海上丝绸之路"的基础理念是不同文化与文明间的沟通与共赢。这集中地体现在中共中央提出的"命运共同体"概念中。2012年11月，中共十八大报告提出，"这个世界，各国相互联系、相互依存的程度空前加深，人类生活在同一个地球村里，生活在历史和现实交汇的同一个时空里，越来越成为你中有我、我中有你的命运共同体"。2013年3月，中国国家主席习近平在莫斯科国际关系学院演讲，向世界传递对人类文明走向的中国判断，再次强调"命运共同体"的意义。习近平对命运共同体的不断阐释，把握人类利益和价值的通约性，在国与国关系中寻找最大公约数。[1] 习近平总书记在不同的场合所提出的你中有我、我中有你的人类命运共同体，这一理念跨越了家族、社区、社群、民族、国家、区域等不同层次的社会单位，建立起了文化共享、和而不同、互通有无的全球社会的观念价值与对未来美好社会的憧憬。构建区域命运共同体，是实现人类命运共同体的关键环节之一，"一带一路"国家倡议的提出，本身就是超越民族国家理念的区域共同体的具体表现。

二　海上丝绸之路与环南中国海区域社会体系

"海上丝绸之路"的内涵相当广泛，通俗而言是指以中国为中心，通过海路和陆地中转站与亚洲、非洲、欧洲之间的交通、贸易、文化之路。经过几代学人的共同努力，中国在"海上丝绸之路"研究领域取得了丰硕的成果，具体体现为以下四个方面。

其一，是对海上丝绸之路沿线国家的研究。中国古代不同朝代的航海家与旅行家留下大量介绍各国方物、风俗与中外交流的古籍。《诸番志》、《岛夷志略》、《瀛涯胜览》等珍贵古籍成为研究古代中外文化交流的重要材料。民国至新中国成立初期，陈寅恪、陈序经等学者在这些古籍资料的

---

[1] 国纪平：《为世界许诺一个更好的未来——论迈向人类命运共同体》，《人民日报》2015年5月18日。

基础上对东南亚及其他国家的古代社会史进行了深入研究。改革开放以来，中山大学、厦门大学、北京大学、暨南大学等高等院校相继成立了东南亚研究的相关学术机构，进一步推进了对沿线区域近现代社会经济发展的研究。其二，是对中外海洋交通贸易史的研究，这既包括朱杰勤、冯承均、岑仲勉、韩振华等人对中外交通史概况的基础研究，又包括以白寿彝《宋时伊斯兰教徒底香料贸易》为代表的贸易史专题研究。其三，华人华侨是海上丝绸之路的实践主体，他们以群体性迁移的方式实现了中国文化向外的传播，尤其对环南中国海区域的文化交流起到至关重要的作用。因此，前辈学者对华人华侨的研究构成"海上丝绸之路"研究的第三大主题。早期，陈达、田汝康、李亦园、姚楠就对南洋华侨社会进行了相关研究，后来，对侨乡、侨批及华人跨国网络的相关研究又丰富了这一研究领域。其四，是关于"海上丝绸之路"的专题研究。20 世纪 80 年代后期，北京大学陈炎教授在季羡林先生的鼓励下开始从事古代"丝绸之路"的研究，相继出版了《陆上和海上丝绸之路》、《海上丝绸之路与中外文化交流》两部著作。其中《海上丝绸之路与中外文化交流》一书，收录了作者十几年间研究"海上丝绸之路"的三十余篇论文，通过实地调查、文献考据和考古论证等方法，对海上丝绸之路的形成、发展，以及各国间的文化交流进行了论述。后来，东南沿海各省亦陆续开展了以古代重要港口为中心的"海上丝绸之路"研究。

　　这些研究成果与学术传统促使我一直在思考华南在全球社会的位置，以及其与东南亚社会的联动性问题。萧凤霞认为，"华南"作为一个有利视角可以用来说明"历史性全球"（historical global）的多层次进程。[①] 而从当代全球人类学的研究视域而言，华南研究提供了"从中心看周边"和"从周边看中心"的双重视角，对重新审视华南汉人社会结构、华南各族群互动及东南亚华人社会都具有重要的方法论意义。[②] 灵活地转换"中心"和"周边"的概念，不仅是要跳出民族国家的限制，从区域的角度来重新审视"华南"，更是提倡突破传统的大陆视角，转而从"海域意识"出发来思考从华南到东南亚这片区域的整体性与多样性。

---

① 萧凤霞：《跨越时空：二十一世纪的历史人类学》，《中国社会科学报》2010 年 10 月 14 日。

② 麻国庆：《作为方法的华南：中心和周边的时空转换》，《思想战线》2006 年第 4 期。

　　历史上，海上丝绸之路沿线国家和地区间发生了持久而复杂的民族迁徙和文化交流，在此基础上形成的历史、文化、记忆以及社会纽带是今天推动中国与欧洲、亚洲、非洲国家贸易往来和政治交往的重要基础。作为"海上丝绸之路"文化交流的核心区域，从华南到东南亚的环南中国海区域经过历史上复杂的族群交流和社会交往，形成了"你中有我，我中有你"的文化格局，多重网络关系相伴而生。近代以来，随着资本、劳工、资源、商品等跨国流动的日益频繁，这种网络关系得以在更广泛的层面扩展和流动。正如我在《文化、族群与社会：环南中国海区域研究发凡》一文中所指出的那样，整体性与多样性相结合是环南中国海区域社会的基本特点，而由多种社会网络及象征体系构成的跨区域社会体系，则是这个区域社会得以延续的基础。这个体系就像一个万花筒，从不同的角度看会发现不同的"区域社会"。① 换句话说，区域各文化社会事项的流动之下暗含某种稳定的深层结构，在环南中国海区域社会发生的所有人文交流的时空过程不仅形塑了区域的文化生态，同时还具有社会整合的功能。网络化的区域社会体系构成了讨论环南中国海区域社会整体性的方法论基础。而抽取和剥离这个体系中多重文化与社会网络的过程，正是我一直强调的"环南中国海区域"研究。

　　不同类型的社会网络会因主体活动空间的变化而流动，又可因家族、地域、族群、国家等认同关系的变迁而进行延展和相互糅合。若将当前环南中国海区域网络进行类型化区分，可抽离出具有不同社会整合功能的网络。其中区域贸易网络、跨国族群网络、信仰网络直接推动了华南——东南亚交往体系的形成。

　　地区相互依赖的经济交换关系是引发以古代"海上丝绸之路"为基础的持久而复杂的人口流动和文化交流的原动力。以"海上丝绸之路"为基础而形成的商品贸易网络不仅形塑了古代中国与东南亚各国的物质文化交流，而且是当前推动中国与东盟社会交往及文化交流的主要形式。我指导的一个博士生童莹在印度尼西亚的香料群岛做田野调查。我们都知道香料自古便是海岛东南亚地区的特殊物产，也是现代之前"海上丝绸之路"上最重要的贸易商品之一。但我们可能很难想象，这种跨海贸易一直延续至今。目前，中国市场上供应的50%以上的肉豆蔻、胡椒等香料来源于印度

---

① 麻国庆：《文化、族群与社会：环南中国海区域研究发凡》，《民族研究》2012年第2期。

尼西亚。不少中国本土的商人还在印度尼西亚泗水设立分公司，专管香料的进出口贸易。

作为文化交流的主体，"人"的跨国实践必然引起迁出地与迁入地间文化交流现象的发生，并形成以相应主体为中心的"跨国文化圈"。华人迁徙东南亚地区历史悠久，时间跨度长达几个世纪，空间范围则遍及整个东南亚地区，并由此形成了中国与东南亚地区特殊的文化生态区域。陈杰在对海南侨乡及祖籍海南的华侨的调查基础上提出的"两头家"概念，就是华人通过移民创造的跨国社会联结的具体阐释。①

作为世世代代在南中国海海域生产生活的渔民群体，他们既是国家海权的实践者又是自身渔权的维护者。广东、海南的渔民去南海打鱼是其世世代代的生计方式，并形成了一整套的历史、信仰、民俗和知识体系。他们与东南亚如菲律宾、印尼、越南的渔民也在开发同一个生态体系的渔业资源。与我合作的博士后王利兵博士就研究了南海不同国家渔民流动与文化交流的问题。例如，潭门渔民在南沙建立了一个以海产品交换和交易为主的互动网络。这个网络中不仅包括越南渔民，还加入了很多菲律宾渔民。② 我指导的留学生郑胜营做的有关马来西亚华人渔村龟咯港脚家庭生计与社区宗教的研究中也注意到了渔民在祖籍地与东南亚沿海渔港间流动的现象。③

以区域内的宗教体系来看，宗教的传播必然与人口的流动联系在一起。南海是早期佛教向东南亚传播的重要通道，也是中国早期佛教的输入途径之一。而伊斯兰教最初进入中国的途径之一，也是经由南海海道到达广州、泉州等港口城市。环南中国海区域穆斯林的分布状态与伊斯兰教在本地区的传播路线有密切关系。海南岛位居南中国海要冲，是中国联系东南亚社会的交通枢纽。海南岛的民族研究在中国人类学的学术版图中具有极其重要的地位，中山大学人类学系的海南研究在学术史上书写过浓重的一笔，这一学术传统应该得到继承和发扬，并完全有条件进行更加深入的

① 陈杰:《两头家:华南侨乡的一种家庭策略——以海南南来村为例》,《广西民族大学学报》(哲社版) 2008 年第 3 期。
② 王利兵:《流动、网络与边界:潭门渔民的海洋适应研究》,厦门大学,硕士学位论文,2015。
③ 郑胜营:《家庭生计与社区宗教——以马来西亚华人渔村龟咯港脚为例》,中山大学,硕士学位论文,2014。

学术讨论。在海南岛的少数民族中，回族有其特殊的地位。相对于中国的穆斯林主体而言，海南穆斯林孤悬于海外，似乎是一片文化的孤岛，但实际上，由于地缘的关系，海南岛与东南亚的交通甚为便利，社会文化交流频繁，海南穆斯林先民的主体从越南占城迁移而来，在当代社会中依然与东南亚地区保持着密切联系。海南回族以其独特的语言文化历史在海南岛的民族研究中占据着不可或缺的地位，在人类学学科中具有巨大的讨论空间，不仅在民族志层面上，且在理论层面上也具备与国际学术界对话的条件。

中国与东南亚经过长期的族群流动、文化互动与社会交往形成了网络化的区域社会体系，而已建立的复杂的多重网络的运作又推动了当前中国与东盟的文化交流。厘清当前区域社会体系与各国文化交流之现状，有利于推动环南中国海区域内的文化互动与社会整合，增进不同民族、地区、国家间的文化理解，推动区域命运共同体的文化交流与人文发展，充分挖掘21世纪"海上丝绸之路"建设的社会文化资源。

三　区域命运共同体与"和而不同"的全球社会

"海上丝绸之路"研究不应局限于具体的经济活动，还要考察一些重要的社会、文化和族群纽带，及其在时间上的变迁和空间上的流动。也就是说，我们不能简单地将"海上丝绸之路"当作促进中西文化交流与贸易往来的海上通道，而要发掘"海上丝绸之路"在社会文化领域的意义，即对"路"的延展性进行研究。正如陈炎先生所言，"海上丝绸之路"把世界上的文明古国、世界文明的发祥地与中国文明都联系在一起，"形成了连接亚、非、欧、美的海上大动脉，使这些古老文明通过海上大动脉的互相传播而放出了异彩，给世界各族人民的文化带来巨大的影响"。[①] "海上丝绸之路"是各地区和国家背后，不同时空海陆文明交融的重要纽带，体现了区域整合的历史过程。这里所说的区域不仅包含我所提到的环南中国海区域，还辐射到大洋彼岸的欧、非地区。

2012年，我与中山大学人类学系考古专业的朱铁权副教授以及美国美利坚大学的Chap教授（Chapurukha M. Kusimba），对非洲肯尼亚的拉姆岛

---

①　陈炎：《海上丝绸之路与中外文化交流（自序）》，北京大学出版社，1996。

进行了学术考察。当地显现出来的古代中非间文化交流的历史线索令我们非常震撼。比如，在当地博物馆藏有来自各国的瓷器，其中尤以中国瓷器为多。漫步在蒙巴萨拉姆岛上小巷的老房子间，随处可见中国不同年代的瓷片。后来，在 2013 年，Chap 教授还在旁边的小岛上发现了中国明朝的永乐通宝，这也进一步验证了郑和下西洋船队来过此地的传说和相关的文献记载。中非之间的这种交流，在全球化的今天变得更加多样化和长期化。在往返肯尼亚的飞机上，我发现机上无一空座，其中大部分是往返非洲和中国（尤其是广州）间做生意的商人。

广东一向以向外移民著称于世，近十几年来，却涌入了大量非裔、阿拉伯裔、印度裔、韩裔、东南亚裔等族群，而且出现了较为突出的民间跨境行为。我的另一个博士生牛冬以广州小北路的非裔族群的聚居社区为中心，讨论在全球化社会中由移民形成的非洲人群体，他将之称为"过客社团"。据海关记录，每年进入广州的非洲人有数十万人，长期居住下来的初步估计有 5 万人左右。由此，我们可以思考广州的外国人流动现象反映出的全球体系在中国如何表述的问题。广州的非洲人作为非洲离散群体（African diaspora）的一部分，以移民的身份进入中国这个新的移民目标国，在全球化的背景下重新形塑了人们之间的行为边界及行为内容，成为跨界流动中的"过客"。与此相类似的，中国的技术移民 - 工程师群体移居到新加坡等国后，亦面临着对家乡的认同、国家的认同以及对新的国家的重新认同，这也反映了流动、迁居所带来的多重身份认同问题。

众所周知，中国与东南亚以及非洲很多国家历史上就以"海上丝绸之路"为途径，通过人口迁徙、贸易往来、文化交流和族群互动保持密切的社会交往，形成了复杂多元的社会网络体系。

在全球化的今日，人口、商品和信息的洪流相互交织，带来了边界的模糊化、重置和并存，由此，跨界成为基本社会事实。其中，人口跨国流动影响最大，人口的跨界流动，必然伴随着文化的流动，也意味着社会与文化所赋予的重重界限被打破。正因为如此，中国与东南亚地区频繁的跨国实践行为带来不同文化要素在环南中国海的整体场域中的高速传播与流动，形成了"你中有我，我中有你"的复杂局面。事实上，中国与东南亚不同区域之间的纷繁复杂的文化交流现象，不仅为古代"海上丝绸之路"，也为"21 世纪海上丝绸之路"的建设提供了文化基础与机制保障。

移出地的人和物进入移入地后，双方的社会文化都会发生变化。文化的跨界与交融在现代化和全球化背景下越发明显和频繁。中国与东盟各国无一例外都是多民族国家，有着多元且具有差异性的文化与传统。在此基础上，不同国家乃至民族对利益的诉求也不一样，人口的大规模流动，刺激着国家或地区之间及其内部固有的族群矛盾、宗教冲突等问题不断涌现。由此，我们需要以环南中国海区域研究视角重新审视华南与东南亚社会间的文化互动，分析区域内的跨界行为及由此而产生的历史、文化、记忆与秩序等问题，注重将民族走廊地区、少数民族社会、跨越国界的华人社会、东南亚与中国华南交往体系放在一个体系下进行思考。

这就要求我们，要推动"21世纪海上丝绸之路"建设，就必须首先了解区域整体内不同民族、社会、文化、经济之间的跨界纽带和机制。在对区域社会文化有整体性认知之后，通过不同渠道的合作与交流，以"海上丝绸之路"为契机，构建区域性的"命运共同体"。换句话说，只有充分认识区域内文化交流的历史、现状与挑战，才能以此为基础，建构出共享的人文价值体系和目标。

字面上看，"海上丝绸之路"的重心是"丝绸"，是物，是经济。但是，整体上看，尤其是站在历史的维度上看，"海上丝绸之路"的核心是文化的交流、互通与理解。对不同文化、不同民族、不同国家进行同理心的理解，才能彼此尊重、平等交流、和平共处。我国建设"海上丝绸之路"，其实就是希望将中国传统文化思想体系中的"各美其美，美人之美，美美与共，天下大同"的理念推向东南亚社会甚至世界，共同创造一个和而不同的全球社会。

23 "一带一路"国家愿景与新疆沿边民族地区发展的新机遇：国家安全与地区发展的协调共进[*]

马东亮^{**}

【摘要】21世纪，中国领导人结合时代主题与政治现实，审时度势提出了"一带一路"的发展愿景与构想，这既是国家面向21世纪乃至更深远未来的宏观构想，也给"一带一路"沿线相关地区带来了极大的发展机遇，对新疆维吾尔自治区来说更是如此。积极融入国家战略愿景，以国家战略为中心拟定地区发展战略方向与目标应当成为目前新疆沿边民族地区发展的重要工作任务之一，同时，基于独特的地缘位置与发展阶段，新疆的发展也需要从国家安全角度出发，结合"一路一带"构想探索出自己独特的发展方式与方法。

【关键词】民族发展 "一带一路"愿景 总体国家安全观

一 "一带一路"国家愿景的提出

2013年9月，中国国家主席习近平在首次出席上海合作组织峰会并访问中亚四国时，提出了共同建设"丝绸之路经济带"的倡议构想，2013年10月，习近平主席在出访印度尼西亚期间又提出了建设"21世纪海上丝绸之路"的构想，至此，"一带一路"伟大构想中的"丝绸之路经济带"与"海上丝绸之路"的构想初步成型。

2013年11月，党的十八届三中全会将"一带一路"倡议构想正式写

---

* 本文曾发表于《兰州学刊》2016年第9期。

** 马东亮，任教于中央民族大学中国民族理论与民族政策研究院，主要研究方向为民族政治学、比较政治、政治哲学。

入了全会决定，2014 年 3 月 5 日中国"两会"召开之际，国务院总理李克强在向十二届全国人大二次会议所作政府工作报告中正式提出，要"抓紧规划建设丝绸之路经济带、21 世纪海上丝绸之路，推进孟中印缅、中巴经济走廊建设，推出一批重大支撑项目，加快基础设施互联互通，拓展国际经济基础合作新空间"。这表明，国家已经从战略层面将"一带一路"与"两个走廊"建设联系起来进行高层规划。而在 2014 年 11 月在北京举行的 APEC 会议期间，中国政府承诺出资 400 亿美元成立"丝路基金"，为"一带一路"沿线国家基础设施、资源开发、产业合作和金融合作等与互联互通有关的项目提供投融资支持平台，这表明宏观大战略已经开始一步步走向落实。

包括中国在内的"一带一路"上的相关国家初步统计至少有 18 个，按照 2013 年的数据，这些国家人口占世界人口的 47% 以上，面积占全球的 25% 以上，经济总量占世界的 27% 左右。从国际政治角度而言，"一带一路"倡议构想既是中国谋求自身和平与发展的诚意之举，也是包容各国利益，将各相关国家利益纳入综合与全面考虑的新安全观的重要实践，习近平主席在 2014 年 11 月主持召开的中央财经领导小组第八次会议上专门强调"推进'一带一路'建设，要诚心诚意对待沿线国家，做到言必信、行必果。要本着互利共赢的原则同沿线国家开展合作，让沿线国家得益于我国发展。要实行包容发展，坚持各国共享机遇、共迎挑战、共创繁荣"。

二 抓住机遇参与国家 "一带一路" 建设，谋求对新疆具体而多样的支持

对新疆而言，国家"一带一路"发展愿景所带来的绝不仅仅是直接的经济利益或好处，而是一整套可供选择与借鉴的"发展机遇大组合"，对新疆沿边民族地区而言更是如此。

经国务院授权，中国国家发改委、外交部、商务部一起于 2015 年 3 月 28 日联合发布了《推动共建丝绸之路经济带和 21 世纪海上丝绸之路愿景与行动》文件，其中对新疆维吾尔自治区在国家战略中的定位给予了明确表述："发挥新疆独特的区位优势和向西开放重要窗口作用，深化与中亚、南亚、西亚等国家交流合作，形成丝绸之路经济带上重要的交通枢纽、商贸物流和文化科教中心，打造丝绸之路经济带核心区。"可见"丝绸之路经济带

核心区"这一定位给新疆在 21 世纪的发展打下了主色调。新疆应当抓住历史性的机遇从各个方面扩展发展内涵，提升发展能力，提高发展质量。

（一）积极融入国家战略，以国家战略为中心拟定地区发展战略方向与目标

在新疆的经济与产业发展上，可以参照国家"一带一路"倡议中的某些具体布局，积极从自身角度思考将某些具体产业的发展与国家战略相融合、匹配的问题。在此方面，新疆维吾尔自治区政府层面已经有所作为。2015 年新疆维吾尔自治区发改委委托中国国际经济交流中心开展的"新疆沿边经济带开发开放战略研究"，已经取得初步研究成果，提出了一些具体的建议，如在对接国家大战略的基础上，提出了加快新疆城镇体系的规划，包括设立经济特区、构建疆内经济区及建设新疆九个区域性中心城市的提法。这其中，对新疆沿边民族地区有了重点的思考。

这些规划中的经济特区、经济区以及区域性中心城市大多分布在新疆沿边民族地区，这给该地区实现超越式发展提供了极大的机会。

（二）在具体实施环节上，主动求得国家相关的配套战略支持

如在新疆的能源企业，尤其是有潜力成为国家发展战略中的中流砥柱的企业，完全可以结合国家"一带一路"布局中的具体政策与实施环节，谋求自身快速、超越式发展的可能。这其中就包括深入理解并有效利用"一带一路"倡议中的产业政策、金融政策等。

以金融政策为例，为保障国家历史性的"一带一路"宏观大战略的实施，我们在金融方面采取了三个颇具创新性的金融举措：一是建立"亚洲基础设施投资银行"（Asian Infrastructure Investment Bank，AIIB），即我们常说的"亚投行"；二是成立丝路基金有限责任公司，即"丝路基金"；三是促成"金砖国家开发银行"即"金砖银行"的成立。

在这三个支持性金融机构中，最有希望得到其支持的当数亚投行与丝路基金，但考虑到亚投行的多国参与性质以及其战略构想目标，最有可能得到其直接性有力支持的还应数丝路基金。

丝路基金成立于 2014 年年底，是由中国外汇储备、中国投资有限责任公司、中国进出口银行、国家开发银行共同出资，依照《中华人民共和国

公司法》，按照市场化、国际化、专业化原则设立的中长期开发投资基金，重点是在"一带一路"发展进程中寻找投资机会并提供相应的投融资服务。并且，丝路基金与亚投行之间的不同在于，亚投行是政府间的亚洲区域多边开发机构，在其框架下，各成员国都要出资，且以贷款业务为主。而丝路基金，由于其类似股权投资的属性，主要由有资金且想投资的主体加入，且股权投资可能占更大比重。更重要的是，丝路基金瞄准一些有战略意义的中长期项目，同时，股权投资基金也可能和别的融资模式相配合，在"一带一路"未来会有大发展的背景下，丝路基金将一些可以做出中长期承诺的资金，用于"一带一路"有关的项目和能力建设，包括相关产业行业的发展，也包括通信、道路等基础设施建设。

也就是说，丝路基金是一个完全由我们国家自己控制股权，控制资金投向的大型战略投资公司，更重要的是，这种资金投向完全指向与"一带一路"倡议相关的国内地区与其他国家，这对新疆的很多产业甚至企业来说，都是一个巨大的机遇。新疆承接"一带一路"中丝绸之路经济带的任务，连接国内与国外中亚地区，很多工业制造、资源类以及一些农业企业都需要投资与发展，主动对接国家大战略，谋求诸如丝路基金等国家主权投资实体的支持，不仅可以帮助新疆本地企业实现快速升级，而且可以借此迅速做大做强本地企业，使之成为我国伸向中亚各国，乃至欧洲地区的有力的经济之翼。

从丝路基金已经投资的几个项目来看，在产业方向上主要投向能源、基础设施建设，在国家与地区选择上目前也主要倾向于中亚、俄罗斯等国家以及我国的新疆地区（重点、大型企业），因此，新疆完全可以凭借自己的独特区位优势与资源禀赋，在国家大战略的具体实施环节中得到极其有力的资金支持。

（三）发挥地方能动性，以新疆为基点，发挥国家经济发展桥梁与国家安全桥头堡作用

由于地缘因素，中亚五国均为无出海口的内陆国家，其中哈萨克斯坦、吉尔吉斯斯坦和塔吉克斯坦与我国新疆陆地接壤，苏联解体后，几个中亚国家亦需要从自身的发展与经济安全出发，拥有一个除俄罗斯之外的、可靠的经济大通道。而我国的经济安全，尤其是当前表现比较突出的能源安全，也需要一个除世界热点能源供应地之外的可靠通路，中亚国家

无疑可以成为我们的理想合作伙伴，现实的发展也证明了这一点。目前，中国和中亚国家在能源合作方面已经取得了良好的成果。中亚所在的里海地区，是世界重要的油气资源产地，油气资源开发也是中亚经济的最大支柱。中国则是中亚油气资源最稳定、最可靠的长期客户。2012年，中国全年天然气使用量是1270亿立方米，其中来自中亚的天然气供应达到了250亿立方米，占中国天然气全年使用量的18%。目前，中国和中亚的输气管线已经有三条在运营，连接中国和哈萨克斯坦的第三条输气管线2013年年内竣工，2014年年初投入运营。中国与中亚长期稳定的能源合作关系对于双方的能源战略来说，具有重大的意义。

以中国与邻国哈萨克斯坦的关系为例，以新疆为基点，借"一带一路"东风，以经济关系先行，搞好两国的政治、文化、军事等方面的关系，建立更牢固与安全的联系应当是现实政治中巩固国家安全的理性选择。这其中，哈萨克斯坦是连接中亚各国与东亚的交通要地，其地理与经济延伸就是中国最大的贸易伙伴欧盟。如果能以新疆为桥头堡，将途经哈萨克斯坦或俄罗斯的运输网络通过"一带一路"相关政策的支持拓展为通往欧洲的物流大通道，那么，除了海洋运输这一手段外，我国可以另辟蹊径，这对于国家经济安全将极其有利。这其中，新疆企业大有可为，而新疆的整个产业发展也将因此而得到质的提升。

三 以愿景为基点，处理好沿边民族地区发展与国家安全协调共进关系

"一带一路"愿景很大程度上已经为新疆在相当长的时间与空间范围内规划好了发展的方向与重点，以"一带一路"愿景为基点，发展民族地区经济文化，同时能够很好地对国家整体安全起到正面的提升作用，为了处理好新疆沿边民族地区发展与总体国家安全的协调式演进，目前至少应当重视以下五个方面的问题。

(一) 安全观问题上确立"总体国家安全观"的绝对性指导地位，以之统领新疆建设、发展、稳定与国家安全问题

2014年4月，习近平总书记在主持召开中央国家安全委员会第一次会

议中的讲话核心部分比较全面地表达了目前我国党和中央政府对新时期国家安全问题的认识，即在"总体国家安全观"的理念下，走出一条中国特色国家安全道路。

总书记讲话中"以政治安全为根本，以经济安全为基础"的表述，说明国家始终保持着广阔的安全视域，经济安全是国家安全的基础，因此，经济的停滞不前将直接影响国家的政治安全；"国家安全一切为了人民、一切依靠人民"的表述，将国家安全落实到每一个人，全体人民，不仅包括广大内陆地区的各民族同胞，也包括沿边民族地区的少数民族同胞，沿边民族地区人民，同样是国家安全的受益者；"发展是安全的基础，安全是发展的条件"的表述，说明国家始终将安全与发展结合起来考虑，具体到沿边民族地区的发展问题上，必须将安全意识落实到沿边民族地区的发展纲领中来，同时以沿边民族地区的发展力促国家安全的巩固。

总体国家安全观不仅扩展了安全的领域与范围，也又一次强调了发展的急迫与重要，在保证总体国家安全的原则下追求沿边民族地区的真正发展，是发展与安全良性互动研究的目标，也是包括沿边民族地区在内的全社会的努力目标。总体国家安全观应当是相当长一段时期内，指导包括新疆维吾尔自治区在内的我国各民族自治区发展与安全工作的重要纲领性原则。

（二）从国际政治角度，应更加善于利用国际政治平台，利用国际组织、国际论坛等场合，熄灭国内不稳定因素的外部地区导火线

具体到新疆地区而言，相关工作的重心和重点应当放在利用"上海合作组织"等致力于保障地区安全的机制上，统合解决跨国跨境带来的民族问题、宗教问题与其他潜在的传统、非传统安全问题等。"一带一路"中新丝绸之路向西延伸出境的国家，基本都在上合组织的成员国与观察员国范围内，新疆经济如果要借"一带一路"愿景实现大发展，首先就需要重新定位与认识上合组织在新疆安全与发展上的重要作用。

（三）正视并防范发展与安全方面可能存在的阶段性矛盾与问题

当前比较重要的问题之一就是新疆人口增长与生态资源环境之间的阶

段性紧张关系。

因此，在尊重国家民族政策与少数民族权利的前提下，严格执行计划生育的总国策十分必要。在一项利用"生态足迹理论"（Ecological footprint）针对新疆可持续发展问题展开的研究中，学者经过测算发现，自2000年到2008年9年间，新疆人均生态足迹呈现明显的逐年上升的变化趋势，说明新疆的社会经济活动对自然生态资源的需求是逐年增加的，并且需求量的增加幅度较大。具体而言，一方面，由于人口增长必然会增多自然资源的消费；另一方面，人们物质生活水平和收入的提高以及经济的快速发展，也同样使得消费数量快速增加，全疆生态足迹的快速增长和人口的增长有着紧密的联系。新疆人均生态足迹超过了人均生态承载力，使得新疆一直处于生态赤字的状态。随着新疆总人口的逐年增加以及人口增长速度的加快，新疆的可持续发展面临着严峻的挑战，控制新疆人口的过快增长，是减少生态足迹的重要举措之一。

（四）从新疆发展和安全的理论高度重视区内高层人才缺乏的问题

人才，尤其是专业性高端人才的急缺不仅表现在自治区地方层面，新疆建设兵团层面也面临着类似的问题，而且由于现行制度的相对封闭性，新疆建设兵团的人才建设对其发展来说显得更加迫切。从维护自治区安全与国家安全的角度来看，新疆面临着很多新的问题与挑战，而应对这些挑战的关键之举就是人才资源的发掘与储备。

以非传统安全领域中的重点之一——网络安全的维护与监管为例，自治区网络安全维护急需大量年轻化、专业化并且政治素质过硬的网络人才。自治区商务厅发布的较新数据显示，2013年底，新疆网民已经突破千万规模，达到1094万人，互联网普及率达49%，在全国各省份排名第9位，进入全国网络普及化程序较高的地区行列。然而，相关专业人才建设则并未跟上这一发展趋势。一般来讲，为了保障最低限度的网络安全，网络工作队伍中至少应当有网络舆情信息员、网络评论员、网络安全监管员、网站管理员等。从综合安全的角度讲，这些网络人才同时应当至少具备四个方面的综合素质：一是有较高的思想政治素质，较强的政治敏锐性、政治鉴别力和较高的政策理论水平，能把握正确的舆论导向，牢牢掌握网络舆论主动权；二是要有较广的知识面，有较强的专业能力和文字表达能力，能够与网民进行良性互动，及时反馈网络舆情处置结果；三是掌握网络基本操作技术，了解网络传播特点和规律，管理和运行好网站，监测和发现网络舆情信息，发现倾向性苗头性问题，掌握突发事件处置的主动权，保障网络安全；四是善于运用网络语言，讲求网络舆论引导艺术性，积极主动开展正面宣传，及时发帖、回帖、跟帖，引导网络舆情，在网民中有一定的知名度和影响力。除了这些专业要求之外，基于新疆存在的语言环境与结构，这些网络专业人士还必须精通至少一种当地少数民族的语言以及普通话，在某些情况下，还必须至少熟练掌握一门外语。由此，我们看到，新疆安全的维护对高精专人才的需求是多么急迫，但符合这些条件的人才即使从全国范围看也比较稀缺。同时，由于内陆与沿海地区存在薪酬差距，从理性经济人的角度分析，符合上述要求的人才会更倾向于向沿海地区流动，这无形之中给新疆招揽贤才增加了难度。

抓住"举全国之力，深入推进对口援疆工作"号召和"智力援疆"这一口号推出的机会，整合各个行业、各个国民经济部门与重点部门的人才需要，列出菜单式的新时期新疆发展急需人才目录，以一个行业一个政策、一个部门一种优惠的方式招揽人才、吸纳人才。类似这些思路和实际举措的实施，都非常急迫而重要。

（五）适时寻求国家支持，协调中央与地方各级力量，争取国家级新区政策在新疆落地

经济安全是国家总体安全观中的重要一环，而经济安全很大程度上要靠经济发展来保障。新疆经济未来需要成为全国经济新的、重要的增长点，新疆社会经济发展是否有后劲，更理论化地讲，是否能够实现可持续发展，将在很大程度上影响到国家整体社会经济的发展与安全。然而与新疆在整个国家的发展定位不甚协调的是，在国家级新区数量逐步增加、布局不断优化、功能日益完善的今天，截至目前尚未有国家级新区在新疆落地。

至2016年3月，国家已设立上海浦东、天津滨海、重庆两江、浙江舟山群岛等17个国家级新区，目前，国家级新区已经覆盖我国沿海、内陆、沿边等地理区域以及相对发达、急待发展和相对落后地区，无论以何种方

式进行分析，新区的建设都基本覆盖了全国各类型地区。然而同属我国重要的经济试验田，位于我国面对中亚甚至东欧国家开放的前沿阵地，新疆至今仍没有一个国家级的新区落地，这在我国致力于推进"一带一路"建设，着力建设新常态中国经济的关键性阶段，不能不说是一个遗憾。因此，抓住国家全力推进"一带一路"建设的历史机遇，适时寻求国家政策支持，在新疆成立国家级新区，不仅有助于民族地区发展事业，也必将有益于国家的稳定与长治久安。

24 中国民族地区新型城镇化建设的思考[*]

青 觉

【摘要】 民族地区的新型城镇化建设具有普遍性与特殊性要求，本文在科学理解新型城镇化内涵的基础上，全面认识民族地区新型城镇化建设的重要意义与作用，对于正确处理民族地区新型城镇化的十二个关系进行了深入探讨。

【关键词】 民族地区　新型城镇化

城镇化和工业化是我国现代化的两个引擎。2013 年 12 月 12 日至 13 日，党中央城镇化工作会议召开，习近平总书记在会上发表了重要讲话，分析了我国城镇化发展的形势，明确了推进城镇化的指导思想、主要目标和重点任务。2014 年 3 月中旬，党中央和国务院又发布了《国家新型城镇化规划（2014－2020 年）》，对城镇化进程中有序推进农业转移人口市民化、优化城镇化布局和形态、提高城市可持续发展能力、推进城乡发展一体化、改革完善城镇化体制机制等重点任务进行了规划。城镇化是我国社会主义现代化建设不可回避的历史任务，民族地区城镇化又具有许多特点，它不仅是民族地区自身可持续发展的要求，而且关乎全面小康社会建设目标能否如期实现。同时，和东部、中部地区相比，民族地区新型城镇化建设更具艰巨性和复杂性。

一　科学理解新型城镇化的内涵

目前，我国正进入全面建成小康社会的关键时期，城镇化是小康社会的一个重要指标，是提升群众生活水平的一个重要途径，也是我国农村地

---

[*] 本文曾发表于《黑龙江民族丛刊》2015 年第 2 期。

区经济社会加速发展、破解"三农"问题的重要发展战略。为此,《中共中央关于全面深化改革若干重大问题的决定》中明确提出:"坚持走中国特色新型城镇化道路。"2014 年 3 月,党和国家关于新型城镇化的指导性文件《国家新型城镇化规划(2014 - 2020 年)》出台,为我们正确认识新型城镇化的内涵、准确把握新型城镇化发展规律起到了指引作用,综合党和国家的相关方针政策及城镇化理论,新型城镇化的内涵主要体现在如下方面。

一是提升发展质量。新中国成立六十多年来,我国城镇化建设取得了突出的成就。改革开放以来,伴随着工业化进程加速,我国城镇化经历了一个起点低、速度快的发展过程。《国家新型城镇化规划(2014 - 2020 年)》指出,1978 ~ 2013 年,城镇常住人口从 1.7 亿人增加到 7.3 亿人,城镇化率从 17.9% 提升到 53.7%,年均提高 1.02 个百分点;城市数量从 193 个增加到 658 个,建制镇数量从 2173 个增加到 20113 个[①]。但总体上看,改革开放三十多年来,我国城镇化发展水平以追求规模数量为主,处于一种粗放型的发展态势,这种发展模式带来诸多问题,突出表现在:大量农业转移人口难以融入城市社会,市民化进程滞后;"土地城镇化"快于人口城镇化,建设用地粗放低效;城镇空间分布和规模结构不合理,与资源环境承载能力不匹配;城市管理服务水平不高,"城市病"问题日益突出;自然历史文化遗产保护不力,城乡建设缺乏特色;体制机制不健全,阻碍了城镇化健康发展。因此,传统的城镇化模式必须转入提升质量的发展新阶段,表现为城镇化过程中注重内涵式发展,包括重视可持续发展、关注民生、强化社会融合、促进社会公平正义,等等。

二是以人为本。人是社会发展的主体,满足人的需求也是社会发展的重要动力之一。马克思曾指出:"人们奋斗所争取的一切,都同他们的利益有关。"[②] 党的十六届三中全会首次明确提出以人为本的科学发展观,强调发展要以不断满足人的全面需求、促进人的全面发展作为根本出发点。2013 年 1 月,李克强总理到国家粮食局考察时指出,城镇化的核心是"人"的城镇化,关键是提高"人"的生活质量。《国家新型城镇化规划

---

① 中共中央、国务院印发:《国家新型城镇化规划(2014 - 2020 年)》(全文),《人民日报》2014 年 3 月 17 日。
② 《马克思恩格斯全集》(第 1 卷),人民出版社,1956,第 82 页。

（2014－2020年）》明确提出，新型城镇化能富裕农民、造福人民，全面提升生活质量，使人们的物质生活更加殷实富裕，精神生活更加丰富多彩。可见，新型城镇化把满足人民群众的需求放到了核心位置。"以人为本"的新型城镇化，主要表现在：城镇化要进一步提升人民群众的生活水平与幸福指数；进一步提升社会融入程度，实现外来人口市民化，关心人的需求，最终目标是实现人与人的社会公平和正义。新型城镇化以人为本，突出表现为实现流动人口的市民化，通过户籍制度、就业制度、社会保障制度、教育制度等方面的改革，努力实现社会更加公平正义，使全体人民，特别是亿万农民成为新型城镇化的主体，共享改革发展成果，各民族共筑中国梦。

三是"四化"同步。十八大报告中提出："坚持走中国特色新型工业化、信息化、城镇化、农业现代化道路，推动信息化和工业化深度融合、工业化和城镇化良性互动、城镇化和农业现代化相互协调，促进工业化、信息化、城镇化、农业现代化同步发展。"[1] 以城镇化作为中心视角，可以这样理解"新四化"，工业化为城镇化发展提供动力与产业支撑，农业现代化为城镇化提供基础与保障，而信息化是提升城镇化程度的重要途径。"新型城镇化本质上不仅仅是服务于工业化的城镇化，更超越了城镇化本身，强调城镇化、工业化、信息化和农业现代化的协同发展，走城镇化引领、工业化主导、农业现代化筑基、信息化深度渗透的'产城融合'之路"[2]。

四是优化布局。我国的经济社会发展走的是一条不均衡的发展道路，这一方面是由不同地区的资源禀赋造成的，另一方面也是国家发展战略的客观需要。但是，伴随着我国市场经济体制的确立与不断深化发展，出现了诸多问题，突出表现为城乡差距，沿海发达地区与西部地区、民族地区发展差距不断拉大，经济结构不合理等一系列问题。为此，党的十八大明确提出要把推进经济结构战略性调整作为加快转变经济发展方式的主攻方向，以改善需求结构、优化产业结构、促进区域协调发展、推进城镇化为重点，着力解决制约经济持续健康发展的重大结构性问题。目前，新型城

---

[1] 胡锦涛：《坚定不移沿着中国特色社会主义道路前进 为全面建成小康社会而奋斗——在中国共产党第十八次全国代表大会上的报告》（2012年11月8日），新华网，2012年11月19日。

[2] 张冬梅：《民族地区如何推进特色新型城镇化》，《中国民族报》2014年12月19日。

镇化建设已经成为国家推进经济结构转型的战略目标与重要手段。新型城镇化的优化布局功能主要表现在：第一，统筹城乡发展。充分发挥城乡各自优势，促进城乡之间生产要素流动，走城镇群、中小城镇、城镇和乡村的协调发展之路。第二，促进区域均衡。在提升发达地区城市发展水平与竞争力的同时，通过有效的区域加速发展战略，使西部地区、民族地区等城市逐步缩小发展差距，拉动区域经济发展。第三，优化产业结构。通过发展特色优势产业、培育支柱产业等扶持政策，实现城市产业结构合理、三次产业协同发展。

五是生态文明。我国以往城镇化建设有一种错误的倾向，就是人为地片面追求城镇化的发展速度、数量与规模，而忽视了环境的承载力。这是一种以牺牲生态环境为代价的粗放型的城镇化发展道路，目前，已经付出惨痛的代价，如 2010 年全国有超过 50% 的城市出现酸雨，按 2012 年 2 月新修订的《环境空气质量标准》，我国有 2/3 的城市空气质量不达标。全国 2/3 的大中城市陷入垃圾包围之中[1]。为此，《国家新型城镇化规划（2014 - 2020 年）》明确提出把生态文明理念全面融入城镇化进程，着力推进绿色发展、循环发展、低碳发展，节约集约利用土地、水、能源等资源，强化环境保护和生态修复，减少对自然的干扰和损害，推动形成绿色低碳的生产生活方式和城市建设运营模式。新型城镇化是可持续发展的城镇化道路，将城镇化建设与生态环境保护相结合，使人民群众在享受城镇化带来的高品质生活的同时，也能"望得见山、看得见水，记得住乡愁"，符合建成"美丽中国"的总体要求。

六是文化传承。每一个村落，无论面积大小，在发展过程中，均延续着本村特有的地域文化；每一个民族，无论人口多少，在繁衍过程中，均承载着本民族独有的民族文化。文化是人类的精神家园，形态各异的多元文化是人类文化大家庭中的平等一员。一个城镇特有的地域文化、民族文化等是该城镇发展的人文根基。在新型城镇化建设中，要注重把握传统文化命脉，这样的城镇化才是人类文明成果的延续，也才具有生命力。"失去了文化的支撑，城镇就是一个钢筋水泥的空壳，不考虑文化的城镇化往往变成盲目圈地盖房子的'造城运动'，导致土地资源的

---

① 姜小平、李志忠：《加快发展新型城镇化的若干思考》，安徽省哲学学会第九次会员代表大会暨理论研讨会论文集，2014，第 368 页。

巨大浪费"。① 为此，在新型城镇化建设中，要充分挖掘地方文化特色，取其精华、弃其糟粕，将优秀传统文化融合到城市的规划与建设之中，打造彰显地域文化、民族文化特色的城镇形象，避免"千城一面"的低层次发展，突出地区自信、民族自信，使城镇化成为展示文化多样性的舞台。

二　全面认识民族地区新型城镇化的重要意义

2013年12月12日到13日，首次中央城镇化工作会议在北京召开，会议指出，城镇化是现代化的必由之路。推进城镇化是解决农业、农村、农民问题的重要途径，是推动区域协调发展的有力支撑，是扩大内需和促进产业升级的重要抓手，对全面建成小康社会、加快推进社会主义现代化具有重大现实意义和深远历史意义。结合民族地区的经济社会发展实际，新型城镇化建设具有如下重要意义。

一是有利于加速实现民族地区现代化。现代化是一个国家或地区经济社会发展的终极目标之一，也是发展的加速器。国家或地区要成功实现现代化，在工业化发展的同时，必须注重城镇化发展。对于多民族国家而言，现代化是国家整体现代化、区域现代化与民族现代化的有机结合。新中国的成立，为各民族的现代化发展奠定了国家统一的基础，1978年改革开放为现代化的加速发展指明了方向。改革开放三十多年，我国民族地区的改革开放取得了巨大成就，但是我国少数民族地区的现代化，仍然处于全国平均水平之下。"2000年，同世界中等发达国家水平相比，中国总体实现现代化的程度为40%，其中，新疆为36.61%，宁夏为36.11%，西藏为28.34%，广西为34.66%，内蒙古为37.06%，云南为32.03%，贵州为29.96%，青海为33.93%。如果以实现现代化的时间来度量，全国平均时间是2050年，民族省区亦普遍落后于全国平均时间，其中，新疆为2055年，宁夏为2060年，西藏为2090年，广西为2054年，内蒙古为2055年，云南为2057年，贵州为2070年，青海为2065年。"② 为此，民族地区要加速实现现代化，必须实施有效的赶超战略，新型城镇化提倡工

① 孟航：《文化实践与民族地区的新型城镇化道路》，《中国民族》2013年第6期。
② 中国科学院可持续发展课题组：《2001中国可持续发展战略报告》，科学出版社，2001，第59页。

业化、信息化、城镇化、农业现代化互动发展，"新四化"是发展的核心内容，是现代化加速发展的"组合拳"。与全国平均水平相比，民族地区的"新四化"建设处于弱势地位。但是，民族地区抓住新型城镇化建设的历史机遇，通过发挥地区优势和民族政策、地区政策优势，和合发展，定会实现现代化的加速发展。

二是有利于转变民族地区经济增长方式。长期以来，我国在经济发展过程中，片面追求经济发展的速度，而忽略发展的质量与效益，这种粗放式的经济增长模式，以牺牲资源、环境为代价，造成生态恶化、经济社会发展后劲不足等一系列不良后果。我国民族地区由于发展起步较晚，受到资金、技术的限制，经济发展对自然资源的依赖性更强。民族地区的工业结构呈现典型的资源型工业结构特征，中国城市产业结构中轻、重工业比平均为 1:15，民族地区资源型城市克拉玛依、鄂尔多斯、霍林郭勒、石嘴山、六盘水、个旧等轻、重工业比平均为 1:21.28，霍林郭勒轻、重工业比达 1:75.9①。这种单纯依赖自然资源开发的产业结构已经造成"资源诅咒"效应。民族地区的地形地貌复杂，既是我国自然资源比较富集的地区，也是生态环境十分脆弱的地区，不转变粗放式的经济增长方式，民族地区的经济发展就会成为"黄粱一梦"。因此，党和国家提出了我国经济社会发展"五位一体"原则，明确将生态文明建设放在全局高度和突出地位，融入社会主义经济建设、政治建设、文化建设、社会建设的各方面和全过程。新型城镇化建设所提出的生态文明、绿色低碳的发展理念，与国家经济社会发展总体战略一脉相承，也符合民族地区发展资源环境的实际情况，事实上，民族地区的生态资源、文化资源同样是经济发展的优势，通过有效利用与挖掘，也会加速实现经济发展以及城镇化的有效推进。1992 年，九寨沟县城镇化率仅 20% 左右，在九寨沟风景区被列入世界遗产名录后的 2008 年，九寨沟县城镇化率达到 30%，成为川西民族地区城镇化率最高的县。民族地区转变经济增长方式、实现经济发展与环境友好和谐，不仅关系地区经济的永续发展，也关系整个中国的生态安全。

三是有利于社会稳定与民族团结。我国是一个统一的多民族国家，少数民族人口约 1.14 亿，民族自治地方占国土总面积的 64%，西部和边疆

---

① 柳建文：《新型城镇化背景下少数民族城镇化问题探索》，《西南民族大学学报》2013 年第 11 期。

绝大多数地区都是少数民族聚居区。新中国成立以来，在党和国家民族政策的大力推动下，在各民族干部群众的辛勤努力下，民族地区的经济社会获得了显著发展。表现为民族地区的经济持续快速发展、基础设施得以改善、人民生活水平显著提高等方方面面。民族地区经济发展成就来之不易，这得益于我国安定的社会环境，也是各民族共同团结奋斗的结果。在肯定成绩的同时，我们也要客观地看到民族地区的发展面临着诸多问题，表现为民族地区的经济发展总体上仍处于低水平，与东部发达地区的差距持续扩大；民族地区的基本公共服务能力仍然较弱，难以满足民族群众的各种基本需求；少数民族人口大规模流入内地城市特别是东部发达地区，各民族交往、交流、交融规模空前，给民族工作特别是城市民族工作带来巨大挑战，等等。这些问题得不到有效合理的解决，就会增加民族矛盾与冲突发生的可能性，影响我国安定团结的大好发展局面。民族问题的产生，根源于差异的存在，而地区、民族发展差距无疑会使差异进一步扩大。发展是解决民族地区所有问题的关键。新型城镇化所提倡的一系列发展理念，对维护我国社会稳定、民族团结具有较好的促进作用："四化"同步的发展理念，可以促进民族地区加速发展，缩小与发达地区的差距；全面统筹的发展理念，有利于消除城乡、地区发展差距，使全体人民共享改革开放的发展成果；促进融合的理念，有序推进农业转移人口市民化的政策措施，有利于实现少数民族群众的市民化，促进社会公平正义的实现。

四是有利于全面建成小康社会。党的十八大报告提出了全面建成小康社会的总体目标与任务，明确规定我国到2020年全面建成小康社会，实现国内生产总值和城乡居民人均收入比2010年翻一番的目标。习近平总书记参观"复兴之路"展览时强调："我坚信，到中国共产党成立100年时，全面建成小康社会的目标一定能实现，到新中国成立100年时，建成富强民主文明和谐的社会主义现代化国家的目标一定能实现，中华民族伟大复兴的梦想一定能实现。"[①] 全面建成小康社会是惠及960万平方公里中华大地、56个民族的宏大事业，少数民族群众大部分分布在祖国边疆地区，民族地区由于发展基础差、底子薄，成为我国全面建成小康社会的重点和难

[①]《习近平在参观〈复兴之路〉展览时强调：承前启后、继往开来继续朝着中华民族伟大复兴目标奋勇前进》，中国广播网，2012年11月29日。

点区域。新型城镇化提出的以人为本的发展理念，使城镇化建设以满足人民群众的物质需求和精神需求为根本出发点，这正是全面建成小康社会的主旨所在。"小康不小康，关键看住房"。新型城镇化提出的城镇化水平和质量稳步提升、城市生活和谐宜人的具体的发展目标与小康社会建设提出的人民安居乐业的发展目标协调统一。民族地区的小康社会建设虽然总体上处于相对落后的态势，但是民族地区具有生态环境、传统文化等诸多优势，将这些后发优势融入新型城镇化建设的规划中去，就一定能促使民族地区人民群众安居乐业、早日全面建成小康社会。

三　正确处理民族地区新型城镇化的十二个关系

与东部、中部地区相比，民族地区新型城镇化建设更具艰巨性和复杂性，民族地区城镇化建设任重道远。民族地区城镇化水平较低，城镇聚集功能和辐射功能较小。在民族地区经济结构中，以农牧业为主的第一产业比例偏高，以能源资源开发为主的第二产业比例偏重，有待城镇化的人口多，而城镇吸纳人口能力弱。民族地区城镇化建设与生态环境保护之间的关系更具刚性。城市管理涉及众多民族关系。因此，民族地区推进新型城镇化，的确存在许多复杂的新课题。民族地区新型城镇化中要处理好以下十二个关系。

一是民族地区人口城镇化与土地城镇化的关系。城镇化不仅是人口向城镇的集中，也是城镇空间的扩展，它内涵了土地城镇化。东部和中部地区的城镇化曾一度将土地城镇化作为重要甚至首要的推动力，这对于保护耕地、提高城市土地利用率都产生了巨大压力。对于民族地区来讲，土地城镇化虽不可避免，但要坚持以人口城镇化为重点。中央城镇工作会议已经明确要坚持以人为本，这对于民族地区城镇化尤为重要。所谓新型城镇化与传统城镇化的区别，最根本的一条区别正在于此。要坚持把提高城镇就业率、人口素质和居民生活质量作为城镇化的根本要求和原则。那种没有产业就业支撑，靠炒地炒房的城镇化形成的"鬼城"，是片面土地城镇化的典型。要大力提高城镇现有土地利用效率，提高城镇建成区人口密度。由于城镇人口的集中居住，人口城镇化速度超过土地城镇化速度是城镇化的基本特征。

二是常住人口城镇化与户籍人口城镇化的关系。要积极推进户籍制度改革，按照"全面放开建制镇和小城市落户限制，有序放开中等城市落户限制，合理确定大城市落户条件"的原则，把促进有能力在城镇稳定就业和生活的常住人口有序实现市民化作为首要任务。重点解决已经转移到城镇就业的少数民族农牧业转移人口落户问题，努力提高农民工融入城镇的素质和能力。

三是民族地区城镇化与工业化的关系。工业化是城镇化的动力，城镇化是工业化的结果。脱离产业和就业支撑的城镇化难以持续，靠在城镇集中办学形成的人口向城市集中，不仅增加农牧民负担，也不能使农牧民真正融入城市文明。要根据民族地区城镇资源禀赋，发展各具特色的城镇产业体系，打破民族地区城镇能源资源产业为主、传统民族手工业为辅的产业结构形态，大力拓展新兴制造业、战略新兴产业、民族特色产业和民族地区特色旅游业，特别是要着力提高服务业比重，增强城镇创新能力。

四是民族地区新型城镇的现代元素与民族地方元素的关系。在城镇建设中，既要力戒千城一面，也要避免城镇缺乏现代元素的两种片面性。城镇化是现代化的重要标志，坚持城镇建设中现代元素的主体地位，是推进新型城镇化的关键所在。同时，在民族地区城镇化中，要规划建设一批各民族发展成果共享、各民族文化共存、具有浓郁民族风情的特色新城镇。民族地区城镇建设，要传承各民族文化，建设有历史记忆、地域特色、民族特点的美丽城镇。

五是民族地区城镇化与生态保护的关系。树立"守住绿水青山，就有金山银山"的观念。扩大城镇绿色生态空间的比重，减少污染物排放。城镇化要坚持生态文明，着力推进绿色发展、循环发展、低碳发展，尽可能减少对自然的干扰和损害，节约集约利用土地、水、能源等资源。要将城市布局同主体功能区结合起来，把生态移民的城镇化作为一个专门问题予以考虑。在城镇化中，要注意保留村庄原始民族风貌，慎砍树、不填湖、少拆房，尽可能在原有村庄形态上改善居民生活条件。

六是市场和政府的关系。要把坚持使市场在资源配置中起决定性作用，同更好发挥政府在创造制度环境、编制发展规划、建设基础设施、提供公共服务、加强社会治理等方面的职能结合起来。一些民族自治地方政府不仅主导市政基础设施建设，而且直接干预产业发展、商贸投资，热衷于征地卖地，大拆大建，盲目追求50年、100年不过时。结果导致"土地财政"，卖完了未来几十年的土地使用权，背上了沉重债务包袱，积累了大量社会矛盾，经济活力、产业发展和人民生活水平却没有实质性提高，甚至只是造了一些没有产业和人气的空城，这个教训十分深刻。因此，充分发挥市场在各种资源配置中的决定作用，极为必要和重要。

七是城镇聚集功能与辐射功能的关系。城镇聚集功能是辐射功能发挥的基础，城镇辐射功能是城市聚集功能的发挥。每个城镇都有自己的腹地，城镇聚集与辐射的关系实际就是腹地与城镇的关系。在统筹城乡发展中，以城镇化带动民族地区农村牧区剩余劳动力的转移，实现小农经济的中农化和家庭农牧场的发展，在家庭经营规模扩大的基础上，推进农业和畜牧业现代化，增加少数民族农牧民收入。要在城镇建立各种生产要素的生成和交流平台，实现城镇与腹地之间在人力、资本、产品、技术、信息、市场和文化上的交流互动，以城镇产业结构升级和产业链延伸带动腹地发展。应当看到，当前民族地区不少城镇，尤其小城镇的聚集和辐射功能都较弱，这就决定了城镇化的速度不可能过快。

八是民族地区大中小城市和小城镇的关系。根据资源环境承载能力进行科学合理的城镇化宏观布局，把城镇群作为主体形态，促进大中小城市和小城镇合理分工、功能互补、协同发展。强化城镇间专业化分工协作，增强中小城市产业承接能力。

九是民族地区城镇布局和形态与西部经济支撑带和重要交通干线规划建设的关系。新型城镇建设要以点带线，以线撑面，将民族地区新型城镇化作为整个西部大开发的新引擎。在城镇布局上，要同"一带一路"的发展战略，同民族地区对外通道建设、三大能源通道建设紧密结合，着力打通大通道与"静脉"和"毛细血管"的联系。以新型城镇群带动西部开发，以西部深度开发促进新型城镇化，形成良性互动。

十是统筹外部支援与民族地区内生发展的关系。要发挥好中央、发达地区和民族地区三个积极性，走出一条民族地区内生型发展道路。片面强调民族地区城镇化靠自我造血和自我积累，与片面强调"等、靠、要"和中央财政的转移支付，都是要不得的。长期以来，在中央与地方关系的架构下，我们注重研究发挥中央和民族自治地方两个积极性，但对民族地区来说，还存在一个如何发挥好发达地区积极性的问题。协调各发达地区省份的对口支援、协调中央和发达地区支援的关系，统筹外部支援与民族地区内生发展的关系，是民族地区新型城镇化的新优势与新课题，应当按照"顶层设计缜密、政策统筹到位、工作部署稳妥"的原则，认真研究发挥三个积极性内在联系的体制和机制。

十一是建设城市与管理城市的关系。建设城镇易，管理城镇难，管理众多民族融于一城的城市则更难。2014 年中央召开的民族工作会议提出，对少数民族流动人口城镇化，既不能采取"关门主义"的态度，也不能采取放任自流的态度①。因此，在城市管理中，适应各民族跨区域大流动的新特点，关键是要抓住流入地和流出地的两头对接。把着力点放在社区，推动建立相互嵌入的社会结构和社区环境，注重保障各民族合法权益，坚决纠正和杜绝歧视或变相歧视少数民族群众、伤害民族感情的言行，让城市更好地接纳少数民族群众，让少数民族群众更好地融入城市。

十二是边境地区城镇化与分散守边的关系。我国陆地边境线 2.2 万公里，136 个边境县中 107 个是民族自治县，总人口只有 2300 万。针对这一情况，边境地区城镇化不应过度建设，要保持沿边居住人口的适度分散，以满足守边所需。如果片面追求人口城镇化率，甚至以内地城镇化率为标准硬性要求边境地区，是违背发展规律和国家利益的。

结束语

城镇化是一个自然历史过程，是我国民族地区经济社会发展的必经阶段。推进城镇化必须从民族地区的实际出发，遵循规律，因势利导，使城镇化成为一个顺势而为、水到渠成的发展过程。确定民族地区城镇化目标必须实事求是、切实可行，不能靠行政命令层层加码、级级考核，更不能急于求成、拔苗助长。追求"一年一变样，三年大变样"，往往事与愿违、得不偿失。城镇化是人与人、人与各种经济、社会和文化关系及其制度的总体演进，综合性是其基本特征，只有客观分析新型城镇化给民族地区带来的机遇和挑战，认真处理好上述各种关系，才能积极稳妥而富有成效地推进民族地区新型城镇化，从而助推实现各民族共同繁荣发展的目标。

---

① 《中央民族工作会议暨国务院第六次全国民族团结进步表彰大会在京举行》，新华网，2014 年 9 月 29 日。

25   跨界民族的政治：一个新的研究视域[*]

王 军^{**}

【摘要】跨界民族的政治研究是冷战结束后渐渐新兴的领域，它是由苏东剧变、全球化进程的加速推进以及移民人口增加等因素所触发的。在该议题领域，存在着安全化视角、民族冲突视角、发展政治视角、网络政治视角的分野，这些研究视角之间也存在着交叉之处。在审视跨界民族的政治影响与后果时，我们需要排除几个常见的误解或错误认识。

【关键词】跨界民族　离散者　移民　民族政治

一　跨界民族政治研究的兴起：成因与核心概念

对跨界民族进行政治考察是冷战结束后新兴的研究领域。2003 年加布里尔·谢菲（Gabriel Sheffer）所著的《离散者政治》^① 一书，是该议题领域中比较杰出且有代表性的作品。该书梳理了此前离散者政治研究的脉络，认为该议题领域是在冷战结束后发展起来的，因为 20 世纪 80 年代晚期只有很少的研究报告和理论文献注意到并阐释了离散者政治现象，而 20 世纪七八十年代只有四篇值得提及的文献^②，这些作品为后来日渐繁荣的离散者研究奠定了基础。2012 年，美国乔治梅森大学全球研究中心全球移民和离散者政治研究项目的主持人特伦斯·莱恩斯（Terrence Lyons）与彼

---

* 本文曾发表于《黑龙江民族丛刊》2015 年第 2 期。
** 王军，教授，中央民族大学中国民族理论与民族政策研究院副院长。
① Gabriel Sheffer, *Diaspora Politics: at Home Abroad*, Cambridge University, 2003.
② Armstrong, Mobilized and Proletarian Diasporas, *American Political Science Review*, 1976, Vol. 70, No. 2, pp. 393 – 408; Seton – Watson, *Nations and States*, Boulder, CO: Westview Press, 1977; Bertelsen, *Non – state Nations in International Politics*, New York: Praeger, 1980,; Sheffer, *Modern Diasporas in International Politics*, London: Croom Helm. 1986.

得·曼达威尔（Peter G. Man‑daville）合作出版了《远方政治：跨国离散者及其网络》一书①，代表了离散政治的最新研究进展。基于全球不同区位的案例，该书开创性地探索了跨国离散者政治对发展、民主、冲突和变化中的公民权的根本影响。当许多人以为全球化预示着人类将进入一个全球主义新时代时，该书作者们则强调，远方政治表明族裔民族主义和主从关系在跨国空间活力依旧、欣欣向荣。这一前一后两本作品，代表了跨界民族政治研究的两个小高峰。当然，其间还有诸多的论文与研究报告从各个层面阐释了理论与经验层面跨界民族政治的复杂内涵、外延、表现与影响。

跨界民族的政治学解读，大多集中出现在冷战结束后，这是由冷战结束前后全球范围内一系列经济社会政治变迁所决定的。其一，苏东剧变导致了诸多新生国家，它使地球版图更加马赛克化，同时被称为开启了20世纪第三波民族主义浪潮。虽然新生国家仍称自己为民族国家，但这客观上反而导致更多民族离散群体出现，如除俄罗斯外，独联体其他国家的俄罗斯族由主体民族变成了民族离散者。其二，从全球政治角度看，冷战结束后的国际安全议题中，武装冲突往往不是发生在国家间，而是出现在国家内部，且通常与族类群体有着直接与间接的联系。有统计显示，1989～1998年全球共爆发了108场武装冲突，其中，国家间冲突共7场，内部冲突（大多具有显著的民族因素）共92场，由外部干预而导致的内部冲突为9场②。民族离散者在上述冲突中扮演了一定的角色。"9·11"事件后，西方发达国家反恐行动的深入推进，进一步引发一些国家对民族离散者的政治忠诚和行为取向表示怀疑。因此，自20世纪90年代初，部分国际政治研究者比较关注离散者参与骚乱和军事冲突。其三，20世纪80年代，涌向欧洲、海湾地区和北美等地的劳工移民潮愈演愈烈，到冷战结束后，随着全球化进程的深入推进，全球移民数量不断增长（据2011年国际移民组织发布的数据，全球移民总数有10亿）。一些学者开始从"离散者"角度探讨国际政治中的移民问题，因为移民有着复杂的族性身份，族性政治在移民群体中必然有所呈现。

① Terrence Lyons, Peter G. Mandaville, *Politics from Afar*: *Transnational Diasporas and Networks*, Hurst Publishers, 2012.
② Peter Wallensteen and Margareta Sollenberg, "Armed Conflict 1989 – 98", *Journal of Peace Research*, Vol. 36, No. 5, 1999.

早期的"离散者"主要指离散的犹太人,而当代"离散者"的内涵有所扩大,即泛指"移居国外的少数民族群体"。一般而言,该群体具有以下特征:他们从最初的"中心"流散到两个甚至更多的"边缘"地方;他们保留着"关于祖籍国的集体的记忆、想象和神话";他们深信自己不能或不完全能为移居国(所在国)社会所接受;他们深信自己以及后代会在适当的时候返回祖籍国;他们共同承诺拥护或重建祖籍国;他们因与祖籍国持久的关系而拥有集体意识和群体团结。从这一意义上说,离散者与移民是相关但并不一致的两个概念,离散者一词本身具有社会团结与政治内涵,而移民则是一个技术性的中性词——国际移民通常是指跨越国界的长久性人口空间移动,主要是指在其原常住国(一般为出生国或国籍所在国)以外居住超过 12 个月的人。由于移民只是一个与跨界民族有关(部分重叠)的概念,从跨界民族的政治角度看,离散者这一概念比较全面地呈现了这一群体的族性。因此,在移民研究中,探索外来移民与当地居民的民族文化冲突及其政治社会影响,属于典型的跨界民族的政治范畴。

二 西方跨界民族政治研究:主要视角与争论

英语世界的跨界民族政治研究,包含了多种研究视角与议题,下面只是阐释其中四种比较重要的视角与议题,它们分别是国家安全与国际安全视角、民族冲突视角、所在国政治视角、网络政治视角。这四种视角也有所交叉,但各有所重。

(一) 跨境民族研究的安全视角及其争论

冷战结束后,受全球化加速推进以及 20 世纪民族主义第三波的影响,作为跨界民族的移民与离散者成为安全研究中的重要对象。20 世纪 90 年代,移民流动在欧洲安全议程中占据重要位置。而在美国和其他国家,移民在战争或危机期间往往被视为国家安全的威胁,因为他们可能拥有双重政治效忠对象,或在冲突中扮演"第五纵队",尽管这些移民可以从多种类型上加以区分,尽管它们的政治与安全后果要在具体环境下加以把握,族性因素可以显性与隐性地、主动或被动地卷入所在国、母国政治体系与政治进程中,乃至嵌入全球政治格局变迁中。

由于现实主义政治思维的强大影响力,诸多政治家、公众人物和学者颇为担心，跨境民族及其政治行动会对国家安全、区域性国际安全产生程度不一的负面影响与挑战，特别是当冷战结束后那些刚成立的国家的边境还处于可渗透与不确定的状态之际。一些国家认为，尊重生存在国外的同族居民的各种权利会对区域安全秩序构成威胁，这一担忧与一些学者的观点相互呼应。

埃弗拉在探讨民族主义与战争关系的一篇文章中指出，战争易于发生在国家将离散者和旅居所在国视为自己对外政策目标的环境之下①。卡勒维·霍尔斯蒂（Kalevi Holsti）也说过："一些精英人群居住于国境一边的国家之内但与国境线另一边的群体保持联系的条件下，民族向心力（民族偏好）与民族情感比其他标准更容易使一个国家走向侵略之路。"② 在一些学者看来，跨政治边界的民族联系可被认为是独立国家间情缘关系的体现，同民族离散者利益受到威胁会迫使本国政府对外国政府进行干预③。一些观察家甚至大胆设想并提议，通过重新拟定边界或交换民族来消除边界之间民族嫌隙④。上述担忧并非空穴来风，哈普威金（Kristian B. Harpviken）以移民中的阿富汗难民为对象，从能动的环境、意识形态和组织三个解释变量入手，考察了 30 年阿富汗武装冲突中的跨界民族因素，也彰显了离散者在安全冲突中的挑战者角色，即一些难民返回他们的母国，不一定是和平重建家园，而是参与暴力活动⑤。

当政治学界聚焦于跨界民族群体对国家安全的直接影响时，一些人类学家与社会学家也关注到了它们与国家之间的政治紧张与文化紧张，并从政治人类学的角度进行了阐释。有学者指出，公民权包含法律定位、权

---

① Stephen Van Evera, Hypotheses on Nationalism and War, in Michael E. Brown, Owen R. Cote, Jr. Sean M. Lynn – Jones and Steven E. Miller edited, *Nationalism and Ethnic Conflict*, Cambridge: The MIT Press, 1997, pp. 35 – 36.

② Kalevi J. Holsti, *The State*, *War*, *and the State of War*, Cambridge University Press, 1996, p. 127.

③ Will H. Moore and David R. Davis, Transnational Ethnic Ties and Foreign Policy, in Lake and Rothchild, *The International Spread of Ethnic Conflict*, Princeton University Press, 1998, pp. 89 – 103.

④ Chaim Kaufmann, Possible and Impossible Solutions to Ethnic Civil Wars, *International Security*, Vol. 20, No. 4 (Spring 1996), pp. 136 – 175.

⑤ Harpviken, Kristian B. From "Refugee Warriors" to "Returnee Warriors" – Militant Homecoming in Afghanistan and Beyond, 2014, http://www. gmu. edu/centers/globalstudies/publications/gmtpwp/gmtp_ wp_ 5. pdf.

利、参与权与归属感,传统上来讲,它定位于特定的、地理的和政治共同体,公民权激发了国家认同、主权以及国家控制这一系列概念。但是这些关系为跨国移民的范围和多样性所挑战①。斯蒂文·沃图维克(Steven Vertovec)对移民文化常被视为国家文化之威胁进行了研究。他认为,两者的张力关系存在着文化政治的根源,而文化主义是文化政治的一种理解方式,即认为在有限的群体中文化是具体的、静态的和同质的。但事实上,移民文化和国家文化在国家机构、媒体以及我们日常可感知的一些关键政治法律行动中相互构成。文化主义还包含一种流行的、常识性的结构功能主义认知,即认为所有的文化价值和实践在本质上都是相通的,但许多政治文化模式存在文化焦虑,担心文化丧失。在关键时刻,一国特定的代表试图通过借代法在政治文化中获得权威性角色,即让特定的符号代表一套完整的文化属性,例如法国的穆斯林头巾和美国的"清真寺"。沃图维克认为,上述文化主义解释是有一些问题的,人类学家能够有效地减轻文化主义,还能够通过促进更多的交流过程和文化的理解来致力于公众辩论,从而消减移民文化与国家文化之间的张力②。当沃图维克试图从人类学家的角度来化解移民文化与国家文化之间的张力时,人类学家迪迪尔·法欣(Didier Fassin)则进一步挖掘了民族国家对移民的约束与控制,他提到,当代社会移民治理已变成一个关键问题。但有些讽刺的是,全球化意味着货物流通的便利,它也意味着对流动中的男人和女人约束的增加。这种演变包含了身体边界的管制和民族边界的生产,即民族国家加强了对边疆和领土进行监督的角色定位③。

　　尽管上述学者对移民、离散者与难民存在安全忧虑,或发现了他们卷入国家安全或国际安全议程,但也有学者质疑将移民及其文化安全化的逻辑。有学者因是指出,不少安全化的分析思路、担心和政策建议,源于一些成问题的假设。其一,政治家们经常夸大民族政治认同的华丽辞藻与特定国家实际对外政策的关系。事实上,一国政策制定者尝试着将对外国同

---

① Irene Bloemraad, Anna Korteweg, and Gokce Yurdakul, Citizenship and Immigration: Multiculturalism, Assimilation, and Challenges to the Nation – State, *Annual Review of Sociology*, 2008, Vol. 34, pp. 153 – 79.

② Steven Vertovec, The Cultural Politics of Nation and Migration, *Annual Review of Anthropology*, 2011, Vol. 40, pp. 241 – 56.

③ Didier Fassin, Policing Borders, Producing Boundaries. The Governmentality of Immigration in Dark Times, *Annual Review of Anthropology*. 2011, Vol. 40, pp. 213 – 226.

民族百姓视为自己人而跨境干涉他国事务是可预想到的。虽然一些国家建设者和潜在国家扩张者的言论极具煽动性，但该国内部事实上存在着抑制将外国同民族群体的事务作为自己行动目标的力量。虽然跨境族群事件常被假设成为未来冲突发生的原因，但在以往历史中，传统政治中的应急措施（国内不同利益派别的争论、稀缺的资源、对外政策优先性的衡量）比在口号上的"为了同民族"的政治动员显得更为重要和实际。其二，在对离散族群研究的基本范畴中，"亲缘国"和"离散者"并非给定的和不变的。将政权国家作为"亲缘国"和将分散的族群作为"离散者"不会使他们自然而然地担当各自角色，也不会使他们在角色划定之下毫无顾忌地去制定对外政策①。

上述质疑并不否认跨界民族群体可以安全化，而是认为应该将其纳入更为宽广的国际国内政治体系中考察民族认同与跨境因素的作用，不能夸大其安全影响。这意味着，对于离散者的安全担忧不是多余，但应该是有节制的。国家对于外国同民族同胞命运的关注并不一定使之在未来成为侵略国。国家尝试着接触外国的同民族族群是出于多种原因的，其中大多是和亲缘国国内政治有关②。

（二）民族冲突视角下的民族离散者

在离散者政治中，持民族政治视角的学者比较关注它与民族冲突的关系，特别是与种族冲突中的极端主义的关系。康维西（Daniele Conversi）借用了远距离民族主义的概念，认为远距离民族主义区别了无国籍离散者与那些将自己想象为与既有的"民族国家"相联系并被代表的离散者。这样的例子有来自南斯拉夫的种族游说团体，存在于海外华人中间的强烈的汉族排外情结以及在印度裔美国人之中的印度教技术官僚主义。在他看来，离散者所推进的远距民族主义极端形式快速扩张，通常导致对多数派所追求目标的压力以及对责任的放弃。作者还认为，在互

---

① Charles King and Neil J. Melvin, Diaspora Politics: Ethnic Linkages, Foreign Policy, and Security in Eurasia, *International Security*, Vol. 24, No. 3 (Winter, 1999 – 2000), pp. 108 – 138.

② Charles King and Neil J. Melvin, Diaspora Politics: Ethnic Linkages, Foreign Policy, and Security in Eurasia, *International Security*, Vol. 24, No. 3 (Winter, 1999 – 2000), pp. 108 – 138.

联网激进主义中"网上聚众滋扰"或"网络欺凌"的出现，是该现象中一种新的不祥趋势①。

事实上，著名的民族主义研究者本尼迪克特·安德森也借用远距离民族主义这一概念分析了它导致极端政治的险恶预兆，在他看来，虽然远距离民族主义拥有一些积极的政治影响，但总的来说，它让人感到未来的凶险。他指出了三个方面的原因：第一，它是资本主义对一切社会实施的冷酷无情、日甚一日的改造的宠物。第二，它造就了一种真诚却不负责任的政治。第三，与全球人权环保积极分子比，他们的政治既非时断时续的，也不是心血来潮的②。这一论述源自他对现代民族主义的源头与传播动力的剖析，深入且让人警醒。

玛丽·克洛娃（Maria Koinova）对离散者温和地卷入民族冲突，或卷入并加剧极端民族冲突进行了颇为细致的动因与机制分析。她以阿尔巴尼亚、亚美尼亚和车臣的离散者以及20世纪90年代科索沃、卡拉巴赫和车臣地区的冲突为案例，探讨了离散者对分离主义冲突的影响。其核心问题意识为，离散者究竟如何激化这些冲突。在她看来，尽管离散群体特征各异，分离主义形式不同，但存在一个共同模式的动因。在条件上，离散者对冲突的激进化影响体现在以下两个特定时刻：当他们国家的人权遭到严重危害时以及当本地温和派精英开始失去取得分离主义目标的可信度时。在过程上，陷入冲突旋涡而且参与以下四种动员过程后，离散群体发展成了一股激进化力量。首先，当地分离主义者宣称独立后，离散群体陷入冲突旋涡。尽管离散者个体可能在独立宣言之前就与分离主义者相关联，但离散群体一致认可分离主义是在这之后。独立举措引发了离散者的共鸣，即强化并激活了认同中的痛苦部分和不公正感知机制。其次，当地分离主义者加强了与主要离散组织和有影响力个体的跨国合作。严重的人权冲突促发了第三过程。受到国际媒体报道的影响，离散者把威胁归于冲突所引起的让人感到痛苦的身份认同，离散者参与违法事件中。最后，当本地分离主义者开始失去达到分离目标的可信度时，建立起来的跨国合作也开始解散，离散者转向拥护更加激进

①　Daniele Conversi. Irresponsible Radicalisation Diasporas, Globalisation and Long – Distance Nationalism in the Digital Age, *Journal of Ethnic and Migration Studies*. Vol. 38, No. 9, November 2012, pp. 1357 – 1379.

②　本尼迪克特·安德森：《比较的幽灵》，甘会斌译，译林出版社，2012，第92～93页。

的竞争者①。

在《离散者温和与激进动员的时机：离散者引发冲突的证据》一文中，玛丽·克洛娃指出，激进或温和的离散者运动是根据冲突的阶段、母国事态发展以及侨民的主动性、侨居国政府的行为判定的。学术界和决策者需要重新审视离散者是不是跨国政治中的温和因素②。克洛娃的研究表明，离散者政治并不是天然温和与激进的，离散者介入冲突以及介入的方式受多种因素影响，存在着不同的复杂的作用机理。

还有学者指出，从因果关系上看，离散者政治往往是冲突进程中的介入者，而不是简单的动因（诱因），从而强调离散者政治更可能是冲突的结果而非原因。国家对民族的定义以及国家认同与分散的民族群体的联系对跨国的联系是有影响的，但是观察家们应该对环境更为敏感，因为在这种被高度关注的环境之下，"亲缘国"和离散者的联系是冲突的结果而不是冲突的原因。如果离散者被严重威胁了，亲缘国在压力之下必会以行动保护国外的离散者。离散者和亲缘国之间的紧密联系可能在所在国之内是冲突的结果。民族联系可能形成国际性的跨边界冲突的催化剂，但是，民族联系大体而言是不会造成国家关系紧张的。在此一层面上，亲缘国政治因素的影响力是小于所在国政治因素的影响力的。自从经历了1991年苏东剧变之后，不少亲缘国放弃了对同民族的离散者利益的保护，也不会动员国内资源来资助他们③。

乔纳森·霍尔（Jonathan Hall）从个案研究层面支撑了克洛娃的观点。在《和解社会中的离散者》一文中，霍尔考察了后代顿时代波斯尼亚和黑塞哥维那（波黑）离散人口在瑞典的情况，指出了部分离散者在冲突背景下也可能是和平的。在探讨海外离散者与其母国人民分别对结束战争重建和平所发挥的作用时，过去的学术研究认为，当所在国当地人口更加青睐

① Maria Koinova. Diasporas and Secessionist Conflicts: the Mobilization of the Armenian, Albanian and Chechen Diasporas, *Ethnic and Racial Studies*, Vol. 34, No. 2, February 2011, pp. 333 – 356.

② Koinova, Maria. Conditions and Timing of Moderate and Radical Diaspora Mobilization: Evidence from Conflict – Generated Diasporas. 2014, http://www.gmu.edu/centers/globalstudies/publications/gmtpwp/gmtp _ wp _ 9. pdf.

③ Charles King and Neil J. Melvin, Diaspora Politics: Ethnic Linkages, Foreign Policy, and Security in Eurasia, *International Security*, Vol. 24, No. 3 (Winter, 1999 – 2000), pp. 108 – 138.

和平时，离散者往往被认为会加剧国内冲突。与以往不同，霍尔指出，相较母国族群，瑞典的波黑离散者群体更加以平和而非激进的态度对待冲突①。

在离散者议题中，民族主义是重要的关联话语，离散者的社会思潮与政治行动往往与某种类型的民族主义关联密切。当安德森看到了远距离民族主义的威胁时，一些学者附和之，也有一些学者并不会笼统地接受。有学者认为，离散者政治与民族统一主义发生密切联系后容易导致武装冲突，但也有学者反驳道，离散者政治与民族统一主义是不一定有必然联系的。有学者指出，尽管离散者政治和民族统一主义经常被比喻成硬币的两面，但是他们经常是站在对立面的，而不是相互合作。向一个同民族群体灌输离散者认同思想，并创造条件帮助其提高民族生活水平是解决国家间突出领土问题的一条出路。民族统一主义有着领土诉求、人口诉求，并向境外同民族共同体示好。离散者政治是不一样的，它往往不具有领土和土地的要求，国家可以对同民族的同胞贴上离散者的标签，旨在确保其是在境外的同民族成员；离散者民族认同暗含族群同胞生活在国外是一个正常而又永久的特点，这一特点对于成员个人与民族群体都是共通的。政治领导者经常将外国的离散者群体的问题与棘手的跨国边境问题相分离。相比于公开的（领土要求）声明，离散者政治是表达出族群地位上的利益（支持使用民族语言，支持回国旅行，建立官方支持的民族机构，等等）。离散者政治在此层面相当于是民族统一主义的解毒剂，而不是领土冲突的催化剂②。

迪克（Hilary Parsons Dick）十分关注美国语言民族主义和隐蔽的种族话语，它彰显了离散者文化民族主义之冲突。他认为，对美国移民的民族志研究显示，人们用特定的文化方式对群体加以区分并且将其排列为不同等级，是促使组织移民运动的关键因素。在移民社会中，这种人为的制度是跨国的、遍布国家边界并涉及不同的、基于多边交往而产生的社会政治制度。语言及其实践在这一进程中产生了影响。因此，语言创制的方式和

---

① Hall, Jonathan. The Transnational Dimensions of Societal Reconciliation. 2014, http：//gmtp. gmu. edu/publications/gmtpwp/gmtp_ wp_ 14. pdf.

② Charles King and Neil J. Melvin, Diaspora Politics：Ethnic Linkages, Foreign Policy, and Security in Eurasia, *International Security*, Vol. 24, No. 3 (Winter, 1999 – 2000), pp. 108 – 138.

分工索引顺序给我们提供了一个非常有用的方法，可以用来考察和呈现不同的社会制度是如何产生以及被挑战的。作者得出的结论是，文学索引顺序因移民而产生，索引的顺序塑造了国家边界，因此，需要关注美国的语言民族主义和隐蔽的种族话语，它们使民族国家变得更加复杂①。

（三）所在国政治视角中的民族离散者

理论与实践上，所在国对离散者的政策是多种多样的，包含了从隔离到多元文化主义到同化在内的各种政策选项，其效果也大相径庭，离散者在所在国的作用也甚为悬殊。

第一，所在国的某些政策会加剧族群紧张论。沃特博利观察了冷战后10年间东欧跨界民族和离散者政治，她认为，该地区政府实施的政策经常受本国精英的国家建设利益所驱使，能够潜在加剧地区和种族间的紧张关系。她通过讨论两种政策以及其影响来论述这些动态。这两种政策分别是：双重国籍和优惠的公民身份，以及针对一些侨民的特殊津贴待遇。这些政策会对东欧的地区稳定和少数民族造成影响②。苏珊·奥扎克和苏赞尼·莎娜汉（Susan Olzak and Suzanne Shanahan）谈及了影响美国种族冲突的移民因素。其立论的数据来自美国1869年到1924年间76个大城市中的反对亚裔和非洲裔美国人的集体暴力。通过研究，作者认为，联邦立法和法院应该强调白人和黑人种族之间的界限，污名化非白人并且鼓励白人对非白人的进攻。立法和法院机构裁决拆除隔离和消除对少数民族的歧视，同时也煽动种族暴力——像白人煽动去赢得竞争。当立法机构与行动成功限制了在一个特定人口内的竞争，对特定群体的集体暴力将减少。作者强调，移民增长和经济竞争的增长使得族群冲突有所上升，而国家政治对种族的关心也使种族暴力比例有所上升③。

第二，所在国一体化政策可能缓和离散者与所在国社会力量的矛盾。乔纳森·霍尔与罗兰·科斯蒂克（Jonathan Hall and Roland Kostic）研究了

---

① Hilary Parsons Dick, Language and Migration to the United States, *Annual Review. Anthropology.* 2011.

② Waterbury, Myra A. From Irredentism to Diaspora Politics: States and Transborder Ethnic Groups in Eastern Euro, 2014, http://www. gmu. edu/centers/globals - tudies/publications/gmtp-wp/gmtp_ wp_ 6. pdf.

③ Susan Olzak and Suzanne Shanahan, Racial Policy and Racial Conflict in the Urban United States, 1869 - 1924, *Social Forces*, Vol. 82, No. 2 (Dec. , 2003), pp. 481 - 51.

所在国的一体化政策,认为该政策过程可以缓和制造冲突的离散者与所在国社会的矛盾。通过对从前南斯拉夫到瑞典生活居住的离散者的调查数据分析,作者强调了离散者同化过程与他们对所在国的和解态度之间的复杂关系。研究发现,通过更高意义的融合机制,一体化进程使离散者置身于战争相关的经历背景中,让他们明白日常生活的意义,同时使他们与所在国或者其母国的其他族群一样对未来有着乐观的前景预期①。

第三,所在国的政策可能具有工具性。弗兰西斯科·拉嘎齐(Francesco Ragazzi)以20世纪90年代所产生的克罗地亚离散者群体为对象进行了相关讨论。作者认为,关于离散者群体在国际关系和国际冲突中所扮演的角色,存在着几个简单却常被忽视的观点。一些组织和机构代表离散者群体在国际政治中的行为,但这些组织和机构并不是统一的行为体。作者还论证,政府打着"离散者群体"的旗号使一些与离散者无关的政策合法化,否则这些政策将被视为非法的②。这意味着,所在国的离散者政策,可能受挂羊头卖狗肉的工具性动机驱动。

第四,移民与离散者在所在国政治经济生活中不乏建设性作用。诸多研究表明,离散者在所在国政治社会生活中并不必然是麻烦,而可能成为建设性力量。海瑟·威廉姆斯以南加州萨卡特卡斯联合会(FCZSC),一个墨西哥西北萨卡特卡斯州的当地乡村俱乐部式保护性组织为主要关注对象,展示离散者政治认同的形成与发展。作者指出,在美国这种有影响力的墨西哥移民联盟可以成为启示性范例,移民参与其母国事务是21世纪新的民主创新实践③。安东尼·欧濡姆也指出,多年来关于移民的研究主要集中在移民如何适应主流社会,但如果我们承认美国或其他地方正在成长的民族多样性,那么将会引出最有趣的问题,即移民如何影响主流社会——而不是他们如何适应主流社会④。

---

① Hall, Jonathan and Roland Kostic. Does Integration Encourage Reconciliatory Attitudes among Diasporas? 2014, http://www. gmu. edu/centers/globalstudies/publications/gmtpwp/gmtp_ wp_ 7. pdf.
② Ragazzi, Francesco. The Invention of the Croatian Diaspora: Unpacking the Politics of "Diaspora" During the War in Yugoslavia. 2014, http://www. gmu. edu/centers/globalstudies/publications/wpgmtp. html.
③ Williams, Heather. From Visibility to Voice: The Emerging Power of Migrants in Mexican Politics. 2014, http://www. gmu. edu/centers/globalstudies/publica – tions/wpgmtp. html.
④ Anthony M. Orum, Circles of Influence and Chains of Command: The Social Processes Whereby Ethnic Communities Influence Host Societies, *Social Forces*, Vol. 84, No. 2 (Dec, 2005), pp. 921 – 939.

　　还有学者分析了国别个案，指出离散者在所在国政治生活中的积极作用或中性作用，试图消除将离散者负面化的倾向。在《美国黎巴嫩离散者的家国情怀》一文中，作者阐述道，尽管黎巴嫩离散者已经繁衍好几代，但年轻的一代与他们的祖父母、曾祖父母一样，有着强烈的故土情怀。作者注意到，黎巴嫩裔美国人有组织的跨国政治行动，总是由其受过高等教育和具有社会地位的成员推进的。离散者组织可以成为母国决策者的助手，然而也可以帮助侨居国的政策制定者以期促进社会稳定和经济发展①。在当下英国，有关英国穆斯林的角色，以及其与恐怖主义威胁的关系，存在大量政治争论，但《摒弃极端主义与意识形态：北非伊斯兰主义者和圣战分子在当代英国社会所发挥的建设性作用》一文呈现了另一种"光谱"。作者通过采访北非伊斯兰主义者和激进暴力的前圣战分子得出结论，"恐怖分子"与"伊斯兰主义者"有明显的区别。然而如今人们并没有将被贴上"极端分子"标签的各种人口区分开来，错误地评估了他们给社会安全带来的威胁，阻碍了公民减少隔阂的对话交流②。上述文章，主要讨论了离散者在发达国家政治社会生活中可能起到的积极作用，但其他国家类型的研究需要推进。

　　第五，离散者政治的动因与影响机制。巴瑟（Bahar Baser）把斯里兰卡泰米尔人和土耳其库尔德人两个离散群体联系起来，阐释了无国籍离散者的能动性、其关注的离散政治中东道主国家的机会结构。离散者尽可能调动相关资源，建立跨国组织，以实施攻击性行为来吸引公众和东道主国家决策者对他们的情况加以关注。从当今世界无国籍离散群体现状看，参与社会运动是他们表达自己意见的最好方式。如果东道主国家关闭了这扇窗，他们会想法开辟另外一扇。无论是对虚拟的还是实际上的家园，无论是出生的国家还是现定居的国家，离散群体都做出了很多努力（离散群体在东道主国家的抗议形式限于游行、绝食罢工、暴乱和运动）。不同的离散群体时而合作时而竞争。由于他们的问题、诉求与亲缘国相关，影响国家决策的传统方式对他们来说十分有限。

---

① Marinova, Nadejda. Transnational Homeland Involvement of the US – Based Lebanese Diaspora. 2014, http：//www. gmu. edu/centers/globalstudies/publications/wpg – mtp. html.

② Githens – Mazer, Jonathan. Beyond Extremism and Ideology：The Unanticipated Constructive Roles Played by North African Islamists and Jihadis in Contemporary British Society. 2014, http：//www. gmu. edu/centers/globalstudies/publications/wpgmtp. html.

德默斯（Jolle Demmers）认为当下离散团体对国内冲突的政治影响力增强了，这与新冲突模式的增加、移动和交流速度上升以及西方国家文化和政治界限作品的增加有关。为了分析和理解这些新现象，他着眼于分析地方性、民族主义和冲突的态势的关系。他指出，地方和环境生成能力引起我们日益关注虚拟团体，也使得我们更为关注实践中的离散者和暴力冲突。对民族主义的关注为国家建构、少数民族主义和跨国团体建构提供了一个更具历史性和政治性的视角。冲突理论和具体冲突态势有助于分析当代冲突中的离散因素。他也指出，上述观点需要进一步加工和调整，但这要在有力的经验主义研究的帮助下才可以完成①。

（四）网络政治视野下的跨界民族

在互联网快速发展之际，部分跨界民族也为其民族主义思潮和行动找到前所未有的活动平台，跨界民族政治与网络政治联系在一起。

首先，一些学者比较关注某些著名的跨界民族是如何通过卷入网络空间介入政治生活的。以库尔德人为例，学者们注意到，库尔德斯坦民党、库尔德爱国联盟、华盛顿库尔德人研究会等组织都建有自己的网站；这些网站或博客有些突出和强调民族文化特质、高扬文化民族主义旗帜，而有些网站具有鲜明的政治属性，彰显和宣传的是政治民族主义。穆图努尔（Can Mutlul）分析了20世纪80年代以来土耳其库尔德问题，并阐述了土耳其库尔德离散者在欧洲的政治行动，特别是互联网对这一政治行动的意义与影响。土耳其库尔德民族主义运动在本土主要围绕马克思主义纲领与话语展开，随着欧盟扩大以及土耳其加入欧盟的可能性增加，库尔德人的民族主义运动开始拓展出通过欧盟途径的民主化方案，在这一方案推进过程中，库尔德离散者扮演了重要角色，它们在欧盟各个层面（国家、社会、超国家的组织）展开政治动员。互联网是这些离散者获取信息、相互交流、表达主张并进行动员的便捷低价的平台，库尔德离散者偏好使用互联网，除互联网给社会运动带来便利这一原因外，还因为库尔德人试图提升国际意识与国际影响力，而不限于内部获取信息与交流，他们不是使用库尔德语或方言，而是使用英语进行网络交流与动员，他们力图尽可能地

---

① Jolle Demmers, Diaspora and Conflict: Locality, Long – distance Nationalism, and Delocalisation of Conflict Dynamics, *The Public*. Vol. 9 (2002), pp. 85 – 96.

形塑国际公共空间，赢得更多的外部注意与支持①。

其次，也有学者关注跨界民族如何在网络空间构建公共空间、塑造民族政治与文化认同。其中，跨境华人网络空间认同、动员与政治影响是重要的次级议题。有学者指出，在全球化的信息时代，越来越多华人离散者开始利用互联网。互联网为离散者提供了构建各种社会关系网络的平台，通过相同的中国传统文化价值观催生出认同感，而后动员海外华人积极地参与到全球华人政治中来。虚拟空间华人离散者的跨国行为在增强中国国际影响力和地位的同时也提高了中央政府在国内外的影响②。

再次，也有一些学者是从网络战的角度考察跨界民族政治的。最为典型的案例是，斯里兰卡内战结束后，泰米尔离散者在网络空间（主要通过自己的网站 www. tamilnet. com）内与斯里兰卡政府进行对抗③，斯里兰卡政府不得不在原有的战场之外与之对抗，这也是民族问题治理的一种独特方式，属于远距离民族主义与互联网相结合的一种形式。

最后，也有一些学者比较关注离散者、移民如何通过网络空间参与地方政治生活，特别是在事件刺激背景下的政治参与。《政治新舞台：穆斯林青年如何设计全球性和地域性事件的网上交流》，研究了丹麦、美国、英国受过良好教育的年轻穆斯林妇女的网络交流行动，该文初步分析了穆斯林如何运用事件来表达其归属感。文章指出，所在地与"地方政治"的含义，对于我们理解生活在非穆斯林社会的年轻穆斯林妇女归属意识的，以及网络交流形式是如何影响这些意识的，十分重要④。

三　进一步讨论与结论

跨界民族的政治在冷战结束后才受到学界与政界高度关注，从变化的

---

① Can Mutlul, Kurds in Cyberspace, The Kurdish Diaspora, the Internet and Its Impact on the Kurdish Question, 2006.

② Ding, Sheng. Sons of the Yellow Emperor Go Online: The State of the Chinese Digital Diaspora, 2014, http://www. gmu. edu/centers/globalstudies/publications/wpg – mtp. html.

③ Athulasiri Kumara Samarakoon, Ethnic Wars on Cyber – space: Case of Tamil Tigers and the Majoritarian Sinhalese State in Sri Lanka, The 3rd International Conference on Humanities and Social Sciences April 2, 2011 Faculty of Liberal Arts, Prince of Songkla University.

④ Possing, Dorthe. A Politics of Place: How Young Muslims Frame Global and Local Events in Online Communication.

角度说，这与苏东剧变的复杂后果、全球化进程加速导致移民增加、后冷战时期民族冲突在全球武装冲突中地位上升等事态息息相关。从目前的跨界民族政治研究的角度说，它包含了不同的分析思路与视角，这些视角有时具有竞争性，有时只不过是拓展性地聚焦某个独特变量的结果（视角交叉）。

安全化思路强调跨界民族对国家安全与国际安全的影响，它主要体现在国际政治研究或国别民族问题研究中，安全化视角成果表明，跨界民族并不是先验意义上的安全麻烦，不同区域的跨界民族嵌入不同的政治与安全环境中，有时它能够带来安全挑战，但很多时候它与安全议程没有多大关系，因此，不能将跨界民族政治过度安全化。

民族冲突视角则往往与政治动员、社会运动结合起来，主要讨论跨界民族在所在国、亲缘国或国家间的动员与运动，由于跨界民族的动员与社会运动涉及的议题颇为复杂多样，这类作品与安全视角、政治发展视角的呈现有所重叠，但它们更为擅长分析跨界族类群体不同类型的动员及其机理，它涵盖了温和与激进的社会运动与动员。

所在国视角在某种意义上也就是政治发展视角，它主要关注跨界民族中的移民如何卷入所在国的政治发展进程中。这类研究包含了不同的取向，部分学者旨在说明，跨界民族通常不是所在国政治生活中的麻烦，而是可能的积极建设者，或能够较为积极地融入所在国及其不同区域的政治生活中。也有一些学者关注的是所在国对移民的政策，也呈现了所在国政策的差异性和张力。部分政治发展视角还与外交学关联起来，即关注跨界民族的外交意义，重点讨论跨界民族作为游说集团，能够影响一国或国际组织的对外政策与对外关系，这主要体现在发达国家与欧盟这样的组织中。

网络政治视角主要关注跨界民族通过互联网来卷入政治进程，它几乎可以与前述所有视角相结合，但又能展示信息社会来临之际，跨界民族政治议题因互联网这一变量的出现而出现了内涵与外延变化。

在审视跨界民族的政治时，我们需要排除几个常见的误解或错误认识。其一，不能天然地将跨界民族麻烦化，或正面化，跨界民族群体的政治影响是双面的，研究跨界民族的政治影响主要应关注其生活的内外部政治环境以及跨界民族的政治诉求，如果它与某种民族统一主义或分离主义结合起来，那它将是一个重要的安全挑战。其二，不能将跨界民族视为同质化的、铁板一块的行为体或分析对象，跨界民族在具有一定同质性的同时，其内部的政治意识形态差别甚大，其内部也有很多的政治竞争或紧张，或政治社会文化联系比较松散。因此，从科学研究乃至政府政策角度说，应重点关注的是跨界民族内的群体与组织，而不是松散的跨界民族本身。其三，不少跨界民族及其政治影响的研究，关注的是民族，而不是跨界要素的作用（变成了一般的民族研究），或关注了跨界但没有考察其族性的影响（变成了没有族性的移民研究），结果是对跨界民族的不适当关切与虚化。

26　边疆民族地区国家认同的多维空间与空间构设[*]

刘永刚

【摘要】 基于国家疆域的地理空间、共同利益的价值空间、历史文化的情感空间、制度结构的规范空间，体现着边疆民族地区国家认同空间的多维属性。在王朝国家与民族国家阶段，边疆地区国家认同空间的构设，呈现为文化主义与族际主义、国家整合主义与区域主义的价值取向与行动逻辑。当代中国由国家主导，边疆社会、内地社会、民族自治机关、民族精英及域外力量共同参与、相互作用下的边疆地区国家认同空间构设，深受传统疆域观的制约与影响。各构设主体间的关系也存在着合作、博弈、冲突等模式，并表现出一定程度的国家认同问题。在国家建设的关键时期，社会管理的完善、社会发展与民生保障、以"合"为取向的中华历史叙事与文化建设、以"法"为中心的边疆治理体系革新，当是边疆民族地区国家认同多维空间构设的必然选择。

【关键词】 多维空间　国家认同　构设路径　边疆治理

边疆民族地区的国家认同是近年学界研究的热点命题。学界将"国家认同"的研究重点放在了少数民族成员及其少数民族社会，尤其是边疆民族社会；采取的分析范式是考察社会认同中关于民族的（或族属的）认同与关于国家的认同间的关系，并提出国家建设的基础性目标就是协调民族认同与国家认同间的关系，维护和巩固多民族国家政治共同体。具体的实现理论与路径有"抑制民族认同论"、"文化多元论"、"国家民族认同论"、"公民身份统一论"等。然而，对边疆社会认同的内在结构、认同构设主体及其相互关系的研究并不深入。对边疆社会国家认同的多维空间结

---

* 本文曾发表于《思想战线》2016 年第 5 期。

构、内涵及构设逻辑过程做深入分析，才有利于确认国家边疆治理的目标、内容及现代体系。

一　边疆民族地区国家认同的多维空间

论及边疆民族地区的"认同"及认同问题，最直观并直接影响边疆社会的认同形式为民族认同（或族群认同）与国家认同。二者均是社会人对社会特征的接纳与共享，从而呈现为关于社会相对稳定的态度、价值与行动。以各种社会特征为素材搭建的社会人认同意识的创构场域，就是社会认同的空间，该空间具有多维互动性。民族认同与国家认同的差别在于，社会人在接纳与共享社会特征时选取的素材不同，二者的本质属性在于可建构性。笔者认为，边疆地区国家认同的多维空间至少应包含着地理、价值、情感、规范四个子类。

（一）国家疆域或"领土"是国家认同形成的地理空间

在国家政治生活中，边疆划定及边疆社会认同空间形成的前提，是以领土为核心的国家疆域的确认。中国王朝国家时代"大一统"、"天下观"形成的有边陲而无国界的疆域特征，使得边疆社会的认同受到国家疆域与族类群体生活区域两类地理空间的制约，且呈现为错杂的关系模式。由于国家能力对于疆域划定的决定意义，国家疆域因中央政府所能够凝聚国家力量的强弱呈扩张与收缩态势。国家疆域地理空间与族类群体生活空间呈吻合、交错、离散等状态。边疆社会国家认同与族类认同的地理空间也因此呈现吻合、交错与离散状态。当然，国家认同的场域并不完全受到地理空间的严格限制。曾经的边疆社会对于中央王朝的记忆与情愫，以及国人关于国家疆域空间的记忆与想象，是后代王朝国家疆域拓展的社会心理基础。

中国社会从王朝国家向民族国家转型过程中，传统的由内而外的"天下观"向现代的由外而内的"主权"国家疆域观转变，边疆社会认同的地理空间构设方式发生巨大变革。以汉族为核心凝聚传统疆域内各族各群形塑的中华民族，以及中国社会传统疆域记忆与想象的存续，成功地回答了中国现代国家的构建主体与疆域界限问题。这个"使'天下'变为'国家'的过程"，既在于国家疆域观的革新，也在于社会人关于中国传统疆域的再次想象与创构。所以说，现代中国作为主权国家的疆域确认的基本依据，是传统国家边疆的外沿线。这条外沿线既是一条客观的地理边界，也是一条深刻埋藏于中国社会的文化心理界限。

（二）共同利益是国家认同形成的价值空间

马克思指出："人们奋斗所争取的一切都与他们的利益有关。"利益对应着特定的社会关系，并将人与社会有机地链接在一起。由个体组成的社会共同体（无论是政治共同体的国家，还是文化共同体的族类群体），其成员凝聚为一体的根源在于共同体利益的确认与对共同利益实现的期待。社会资源是社会人利益确认与实现的物质基础，其"内嵌""'存在于'不同的时—空中并构成它们的社会体系的结构属性"，使得配置性资源和权威性资源的权力源泉"很大程度上都依赖于对时—空关系的控制"。资源配置中形成的时空关系及其价值体系，成为疆域内国家认同的价值空间。

边疆社会关于利益的确认存在着三类主体，即以社会人为基本单元的个人、社会人文化集群形式的族群（ethnic group），以及社会人政治集群形式的民族（nation）。所以，在边疆社会成员身上同时具备政治法律特征的国民身份、国家民族成员身份以及族类群体成员身份。传统社会国家疆域与边疆社会认同地理空间上的多元关系，使得边疆居民在确认其利益时存在着国家与族类群体两个维度、两个视角。随着中国社会从传统向现代的转型与民族国家机制在边疆社会的有机运行，边疆与内地的同质性与一体化不断增强，边疆居民在确认并实现其利益时，无不以其所居国家为基础与凭依。边疆社会在国家共同利益实现的过程中，也形塑了关于国家认同的价值空间。

（三）历史记忆与文化符号是国家认同形成的情感空间

国家认同是国家权力和制度发挥作用的通道和关节点，而国家认同形成的文化心理基础，则基于该国家的历史记忆与文化想象。对于生活于边疆的居民而言，由历史记忆与文化符号搭建的关于个体与族属、国家之间的文化心理联系与社会场域，是边疆国家认同形成的情感空间。王朝国家时代，"大一统"政治理想的传承与制度建构，是中国历史记忆与文化传承的最为主要的内容。要理解传统中国的统一与凝聚力，

"必须从制度上找原因，从已有社会上确立的思想和行为习惯着手"，而非简单地归之于"地理因素"。而思想和行为的根源在于中华历史与中华文化的聚合性，以及中华儿女对这种文化聚合优越性的自信与想象。各族人民在中华大地上繁衍生息、共同书写中华历史，既是客观史实，更是历代文化、知识、政治精英践行"大一统"理念、维护国家统一的结晶。

在社会变革与转型之际，中国疆域的主体部分承继不辍的主要根源，就在于中华文明中以儒学为轴心形成的文化共同体和"大一统"的政治体系。中国传统社会中深刻存续的历史记忆与文化符号在国家转型之际，既孕育了中华民族，也成为中华民族形成的客观背景。作为现代国家建构主体的民族（nation），就是"一个具有名称的特定人群，他们居住于一个历史上既已存在的疆域，具有共同的神话、记忆，独特的大众文化以及为全体成员所享有的共同权利和责任"。作为国家民族的中华民族，是中华现代国家建构过程中各族群国家认同的直接载体与情感归属。

（四）制度结构是国家认同形成的规范空间

按照区域来组织社会是国家发挥其社会管理功能的基本特征。无论传统与现代，边疆区划均体现着国家的统治意志与国家的政治空间格局。边疆的国家属性决定了国家制度框架，与边疆的社会结构共同作用于边疆社会认同的形构与存续之中，并形成了边疆社会国家认同的规范空间。疆域之内、核心之外的区位格局，决定了边疆社会成员的国家认同空间往往外溢于国家疆域，但是由国家制度框架形构的地理、情感、价值，仍是国家认同形成与维持的最有力影响与规范因素。

王朝国家的中央政府在处理与异域间的关系时，形成以"纳贡"体系和"互市"贸易为基本形态的国家认同的规范空间，其基本目标就是"保持边疆人的中国规范"。当然，王朝国家的疆域特征与边疆服从并服务于核心区的利益格局，使得国家政治制度对于边疆社会认同形构的规范是相对有限的。在由外而内划定主权性疆域的民族国家时代，要通过国家力量调整边疆的社会结构并重构利益关系，在边疆社会建立起稳固且强大的制度规范与治理体系，使国家的制度与框架成为形成边疆民族地区国家认同空间的核心规范力量。

二　边疆的国家属性与边疆民族地区国家认同多维空间的构设

在人类共同体中，特定个体在不同层面上认同于不同群体。国家认同的建构性与认同空间的多维性，决定了在政治国家的框架下，国家认同及其空间的构设，就是创造出一个为国家共同体成员所接纳、共享并将成员有机链结为一体的时空网络。而这个时空网络在边疆的生成与发展，自有其演进的逻辑与脉络。

（一）国家的边疆与中国疆域的一体化

"疆域"与国家密切相关，王朝国家"守中治边"的疆域治理体系与国家疆域的变动性，使得边疆社会的认同结构呈现多元性与波动性。当然，在中国历史发展进程中，中华大地上的各族类群体"经过接触、混杂、联结和融合，同时也有分裂和消亡，形成一个你来我去、我来你去，我中有你、你中有我，而又各具个性的多元统一体"。这种多元一体格局，直接归因于以儒家文化为轴心的中华文明对于边疆社会的有效辐射与吸附，以及中华大地上各族农牧互补的依存关系。中国传统社会这种"超强社会聚合机制"形构了强大的国家认同场域空间。

在中国社会所经历的王朝国家与正在经历的民族国家阶段，边疆社会国家认同想象的基本地理空间就是国家的疆域与领土。但传统国家的疆域划定模式是由内而外，而现代国家是由外而内，其实质则是对边疆的价值判断与制度创设存在逻辑上的重大差异。有众多学者对传统和现代国家的疆域观及治理策略做出了有意义的研究。笔者认为，传统王朝国家与现代民族国家疆域观及治理体系的不同，在于传统国家与现代国家对国家认同地理空间想象上的差别。

在民族国家时代，国家政治地理空间的最直接界限就是国界。国界形成既在于对国家传统统治区域内暴力的合法垄断，也在于民族国家的排斥性合法外延属性为其他国家所同意。当然，这种现代国家建设并非国家政治权力的单向过程。以中国传统疆域、历史文化、利益价值、规范体系以及现代民族主义与国家理论为素材，凝聚而成的中华民族以及中华民族主义，是中华现代国家建构的基础性政治资源。以其为核心形成的中华民文化机制、中华民族国族机制、现代国家公民机制与利益整合机制，在利益整合力、文化内聚力、政党组织力以及强大的外部压迫力共同作用下，边疆社会与内地社会的一体化，才是中华现代国家建构与建设的本质特征。

（二）边疆民族地区国家认同多维空间构设的历史逻辑与现代展开

纵观边疆社会国家认同多维空间的构设，文化主义与国家整合主义、族际主义与区域主义是其历史逻辑与现代展开的基本线索。文化主义与族际主义在指导思想上强调人群的异质与差别；国家整合主义与区域主义在指导思想上，则强调国家共同体的整体利益与社会的一体化，在行动上表现为融合与包容。

（1）文化主义与族际主义。在边疆社会国家认同的多维空间构设中，王朝国家以儒家文明为统治合法性基础的中央政府与边疆社会存在着合作、博弈、离散等关系。在具体的治边实践中，"以中原文化之礼仪观念教化四方""以中原文化之政令法律统一四方"的"中华中心主义"为核心，形构治边体系与治理方略。"守中治边"的地域划分、"夷夏大防"的文化区隔、"华夷之辨"的人群分类，使得中央王朝对待边疆社会的政策总体以隔离、限制为主。中国历史上基于地域文化差异的边疆建构与演进逻辑，呈现的是国家疆域治理体系中的文化区隔与价值想象。朝贡与互市、羁縻与教化为主要内容的中原与内地互动及治边体系，总体上是基于国家的中心与边缘的文化分野，从对边疆的"夷狄"与中原的"华夏"间族际关系的协调而展开的。"文化主义"与"族际主义"，成为王朝国家时代中国边疆社会国家认同空间构设的线索与逻辑之一。

中华现代国家建构之初，由于对欧美知识认识的渐进性与欧美知识传播的殖民色彩，国人长期纠缠于"国家民族"与各构成族体间关系的识认之中。其直接后果是"nation"概念及其理论传入后，作为国族的"中华民族"与地方性族类群体"民族化"的共同建构。由此呈现为现代中国转型时族际关系中"合"与"分"的两种取向。中国近代以来的历次边疆危机，虽多由列强殖民所致，但边疆社会地方性族类群体的"民族化"现象伴随始终。通过对内争取统一、对外争取主权的民族复兴运动，中华现代国家得以建立。新中国的边疆治理理念与边疆治理体系，既大量沿袭了以稳定为取向的差异治边策略，也承继了革命时期对于少数民族的同情、关心。在国家层面，一方面在中国特色的民族理论指导下，以建构平等、团结、互助、和谐的社会主义民族关系为目标；另一方面在具体的政策执行上，通过"民族识别"的方式赋予国民"民族"的称谓并享有"民族"的地位和权利。这样，国家的边疆治理体系被打上了"族际主义"的烙印，并形成了针对边疆民族地区的以稳定为基本取向的差异治理观。

（2）国家整合主义与区域主义。自春秋战国逐渐形成的"大一统"思想，既强调以"华夏"为中心的地理空间，也体现着国家对"华夷一统"的文化价值与政治一统规制的想象与构设。以"大一统"思想为指导的"边疆统一观"、"国家认同观"以及"以和为主的治边思想"，是中国历史前后相继不曾中断的思想根源。"大一统"思想中的国家整合主义与区域主义取向，对于中国传统疆域的奠定与中华民族"多元一体格局"的最终形成，发挥了重要的政治整合功能。

作为现代中国建构主体的"中华民族"，具有鲜明的建构属性与国家整合主义取向，是中华现代国家建立的基础性政治资源与边疆社会国家认同构设的客观载体。在中华现代国家建构时，"大一统"天下观的承继以及对传统社会国家认同素材的整合、征引与现代想象、加工甚至再发明，均是基于国家整合主义与区域主义实施的。中华大地上各族群对于国家的政治认同经由中华民族而实现，使得中华民族的价值与意涵在边疆社会国家认同多维空间的构设上，具有基础性的规约作用。

中华现代国家将边疆作为特殊区域划定并加以治理，直接体现着国家疆域治理的整合主义与区域主义取向。围绕着民族国家的疆域治理而呈现的国家权力结构、法律框架、制度设计、政策过程等，无不体现着国家整体的政治意志与价值取向。作为中国轴心制度的人民代表大会制度、共产党领导的多党合作和政治协商制度、民族区域自治制度与基层自治制度，均是国家整合主义与区域治理主义的根本性体现。

（三）边疆民族地区国家认同多维空间构设的基本要件

现代国家建构时，民族（nation）原则与国家原则的结合也被称为"国族建构（或建设）"或"国家建构"（nation building），其意指一国内部走向一体化，并使其居民结为同一民族的过程。"nation‑building"（国族建设）与"state - building"（政治国家建设）是中华现代国家建构的一体两面。

（1）主权疆域与国家领土。如上文所述，在边疆社会认同的形塑中，国家疆域或"领土"是承载其想象的地理空间。作为社会认同重要构成部分的国家认同，其基本构成要件，就是作为政治共同体的国家疆域界限与"领土"划定。这种主权性疆域的划定，既是传统疆域外沿线的延续与想象，也是基于疆域内人群的有机整合。中华民族的"多元一体"格局与"一族多群"的结构特征，正是中华大地上各族因出生、生活而有机形构的地域性版图的结果。无论是传统还是现代，国家合法性权力的形成与运用，均是以中华大地这个地域性版图为依据。在中华现代国家，这个地域性版图经主权原则由外而内划定，显现出排斥性外延合法属性，直接界定了边疆社会国家认同的地理空间。

（2）历史叙事与文化符号。"'辉煌记忆'和'悲惨记忆'这两种类型的记忆都是不可或缺的，民族自豪感和民族屈辱感都是国家认同感的基本维度"。对于国家传统疆域空间的记忆与想象，既是王朝国家疆域与政治文明承续的前提，也是主权国家疆域划定的合法性依据。现代主权国家的建构过程，就是以中华大地上各族各群历史记忆与文化符号为素材进行再想象、再加工，通过内争外战方式坐实的国家生存空间。历史的荣光与近代的屈辱，使中华大地各族各群结成中华民族命运共同体，这是中国现代国家建构的基础性政治资源。另外，国家认同政治直接体现在民族国家的公共空间政治上，诸如公共空间命名上的文本、口号、地名、族称，公共建筑中的博物馆、展览馆、纪念碑、雕塑等，公共政治生活中的政治话语、日常规范、行为准则、评判价值，等等。这种取材传统用于当下的历史叙事与文化符号，承载着边疆民族地区社会成员国家认同的情感与归属。

（3）共同体利益与公共价值。现代国家主权原则下，国家疆域的有效治理是政治统治合法性的直接来源，这也是现代中国国家认同多维空间构设的基本逻辑。边疆社会的国家认同空间，既是一个边疆社会自我反思的过程，更是边疆社会与民族国家多维互动的结果。确认并实现中国疆域内国民的共同利益与公共价值，是边疆社会形成稳固的国家认同空间的价值标尺。这种共同利益与公共价值，是由凝聚中华大地各族人民的"中华民族"予以确认的。所以，在边疆社会国家认同空间的构设过程中，既要抵制"大汉族主义"，又要警惕与规制"地方族群民族主义"。当然，以共同利益与公共价值为准绳，适时满足边疆民众特殊而紧迫的实际需求，是边疆社会国家认同空间构设的直接合法性来源。

（4）制度规制与政策效能感。作为"嵌入政体或政治经济组织结构中的正式或非正式的程序、规则、规范和惯例"的制度，对于国家疆域内人、事、物的组织与规范，是国家政治共同体内公共利益、公共价值得以实现与发展的现实保障，也是国家疆域内民众关于国家认同空间构设的制度性素材。作为中华人民共和国国家疆域治理体系重要构成部分的边疆治理，无论是观念还是制度，均超越传统社会的治边体系。系统的民族政策与民族工作，是我国边疆社会认同政治展开的基本制度规制与政策逻辑。当然，随着国家一体化与全球化的推进，"人口的流动性使地方主义走到了尽头"，通过一体化与平等化的制度规制和有效的政策过程，在边疆民众中生成强大的制度规范与政策效能感，是边疆社会国家认同空间形成的保障性构件。

三　边疆民族地区国家认同多维空间构设
主体间的关系及边疆的认同问题

基于依地域组织国家的原则，国家结构深受地域因素的制约。由于地缘、文化、历史、社会发展状况等多重因素的作用，在边疆社会国家认同多维空间的构设过程中，存在着多个主体与影响力量，并形成错综复杂的关系模式。

（一）边疆民族地区国家认同多维空间构设的主体

边疆的划定与边疆社会的形成，是边疆社会与国家政治共同体作用的结果。在国家认同多维空间的构设上，也存在着国家与边疆民族及社会两类基本主体，以及国家主体民族、民族自治机关、民族社会中的权力精英、毗邻国家、境外势力等特殊主体。正是因为边疆社会国家认同空间构设主体的多元性与关系的复杂性，在全球化背景下，我国国家认同问题集中表现在边疆民族地区。

主体一：国家政治共同体。"国家对认同的选择性制度化（selective institutionalization）对整体社会和国家的动力有着非常重要而间接的影响。"

边疆居民关于民族国家内族际关系、地方社会的认识，以及由此形成的关于国家、民族（或族群）的意识，虽然均深受国家共同体内各要素的制约与影响，但因国家所能动用的政治力量远强于疆域内的各族类群体，所以，这种被个体内化的社会规则及其认同空间，更多地来自国家的需要甚至要求。作为政治主体的国家，以国家的疆域治理为背景而构设的边疆治理体系，在边疆社会国家认同空间的构设上扮演着根本性、主导性的角色。

主体二：边疆民族及边疆社会。边疆的各族类群体及其社会，是边疆居民集体行动建构与有机体记忆保存的结果。边疆民族成员个体将群体的规则内化，从而实现自我认同（Identity），这成为认同建立的基本逻辑，而族类群体与国家是社会规则最主要的供给者。因历史、文化、习俗、传统等因素形成的特定边疆社会场域与规范体系，是边疆民族地区国家认同空间的直接构设力量。伴随全球化进程，边疆地区以各族类群体为核心的区域认同或民族认同被强化的事实表明，"这些认同是为抗拒世界的无序、无法掌握及快节奏的变迁而产生的自我防卫认同"。在边疆民族地区社会认同空间中，如果国家整合的意志与行动遭到边疆社会主导的认同和利益体系的拒绝，那么边疆社会的国家认同问题将成为国家疆域治理的根本性问题。

主体三：主体民族及内地社会。中国是单一主体民族结构的多民族国家，非主体民族（习惯统称为少数民族）大多集中居住于边疆地区的事实，使得我国的边疆地区多被称为边疆民族地区或边疆多民族地区。在国家政治制度、政策执行、社会结构、分配体系、文化规范、社会交流等各个方面，由主体民族及内地社会对于国家疆域的识认而形成的话语体系与社会规范，在边疆民族地区国家认同空间的构设中扮演着催生与参照作用。同时，主体民族成员与内地社会，对于边疆少数民族与边疆社会的认识、理解与接纳程度，均使得主体民族与内地社会成为边疆民族地区国家认同空间构设的主体之一。

主体四：民族自治机关与民族精英。"民族自治除了保障多民族国家内部非主体民族的合法权益以获得其对于国家的认同与忠诚外，也使得非主体民族通过民族自治而拥有了一定意义上的国家政治制度"。然而，在我国边疆社会国家认同空间构设中长期形成了"族际主义"范式及自治机关的"民族"特征。在国家通过制度与政策推动国家认同建设时，边疆地区的民族自治机关与民族精英，扮演着国家与边疆民族的双重代理人角色。所以，在边疆地区国家认同空间构设过程中，国家与边疆社会的民族自治机关与民族精英相互链结，成为最直接的参与者与主导者。

主体五：毗邻国家及境外势力。我国边境线漫长、邻国众多、区域差异巨大，同时边疆民众普遍的宗教信仰与社会发展相对滞后的状况，使得境外宗教势力和教会组织、非政府组织、敌对势力、分裂组织的影响，直接作用于边疆地区国家认同空间的构设上，甚至肢解着边疆居民的国民身份与国家认同。

（二）各主体间的关系模式与边疆地区的认同问题

笔者认为，对于边疆社会国家认同空间的构设，需从边疆成员与民族国家的双重维度予以考量。在边疆民族地区国家认同的多维空间中，国家（nation－state）认同与民族（ethnic group）认同的关系可归纳为"整体"与"部分"、"整合"与"外溢"、"对抗"与"排斥"三种基本类型。相应地，在边疆地区国家认同空间构设中，各主体间也呈现合作、博弈、冲突三类基本关系模式。

其一，合作关系。民族国家的排斥性外延合法属性，决定了中华大地上各族群融为中华民族建立中华现代国家的"一体"过程，既是政治整合过程，也是利益整合与文化整合过程。各族群交往交融呈现的族际关系的本质属性，是民族国家内人民间的关系，其根本利益既是一致的，也是可调和的。构成中华民族的各族类群体的根本利益与长远利益，均是在中华民族的主权国家框架内被确认和实现的。所以，在边疆地区国家认同的空间构设中，各参与主体以合作为基本关系形式。主体民族与非主体民族、内地社会与边疆社会的有机协作与相互支撑，是民族国家建立并强大的社会基础。当然，这种协作关系并不排斥各主体间的竞争与博弈。

其二，博弈关系。新中国成立以来边疆治理中的"族际主义"取向与中华民族大家庭内的汉族与少数民族（族群）间"区隔化"的制度设计，以及边疆地区民族自治机关与民族精英政治活动的"民族"特征，成为边疆地区国家认同多维空间构设主体间关系形成的制度环境与现实背景。同时，在社会结构调整与资源配置的市场原则背景下，社会个体追求社会价值的道路不畅或无效时，回归或利用"民族"及"民族"身份参与有效的资源竞争，"不可避免地会引发族际龃龉和纷争"。在边疆地区国家认同空间构设中，参与主体间的博弈与竞争关系是普遍且不可避免的。当然，在博弈过程中，各主体间的博弈关系以积极博弈为主。然而，因恶性竞争呈现的冲突与对抗也屡见不鲜。

其三，冲突关系。国家转型期的利益分化及国际民族主义浪潮，对我国边疆地区族际关系与国家认同均有深刻影响。因地方或族群民族主义催生边疆部分成员意识中民族认同强化而国家认同被削弱的现象，体现的就是边疆地区国家认同空间各构设主体间的冲突关系。同时，因近年宗教极端恐怖主义的猖獗与国家反恐态势的严峻，内地居民与边疆居民在心理上产生严重隔阂。近年我国边疆地区出现的系列社会问题与安全问题表明，新时期边疆地区国家认同空间构设中，各主体间的关系呈现紧张迹象。冲突关系的极端形式是分裂与反分裂的斗争。

以上合作、博弈、冲突关系，构成了国家认同构设各主体间的主要关系形态。当然，无论何种关系，均直接或间接折射为边疆社会成员是否认同国家共同体的问题。边疆社会国家认同建设的长期性与艰巨性，使得边疆地区国家认同空间构设的核心主体只能是国家。须在中华民族主权国家的框架下，革新边疆治理体系，协调各主体间的利益关系与合法利益实现机制，建构边疆地区国家认同多维空间构设主体间的新型协作关系。

（三）以国民身份为核心的边疆民族地区国家认同多维空间的构设路径

王朝国家与现代民族国家在边疆治理的价值取向及其体系上的差别，集中表现为隔离限制与平等包容的不同模式。中华现代国家须在国家宪法规制下，以协调、整合各族利益为前提，通过国族机制、文化机制、公民机制及利益整合机制，以现有的地理、历史、文化、价值与规范为素材，构设边疆社会国家认同的多维空间。

其一，强化边疆民众的国家意识，革新边疆（尤其是边境）社会管理体系，巩固边疆社会国家认同的政治地理空间。"国家的认同来自它们与不同国际国内社会环境的互动"。作为国际法基本单位的民族国家，是人类社会认同的基本政治单元与想象空间。同时，国界与边境地区的社会管理是国家体现主权、履行职能的主要场所，并成为国家疆域治理的最基本部分。全球化的深入与影响边疆社会权力因素的多样化，尤其是"信息权力"以及由之衍生的国家信息边疆,使得边疆社会国家认同的政治地理空间有被解构的风险。但信息权力的"基地是人们的心灵",无论国家的边疆形态或权力形式如何变化,边疆社会国家认同政治地理空间依然由国家权力所划定并规范。

其二,加快边疆整体发展,保障边疆民众的合法权益,构筑稳固的边疆社会国家认同的利益价值空间。中华现代国家的建构与建设是通过国家力量克服渗透性危机,实现对边疆社会空前的管控。但是"权力扩张绝非一件孤立事件,它意味着要在新领域承担重大职责"。边疆地区面临着社会发展与民生保障的问题,加之内外比较的双重视角,使得边疆社会发展状况直接关涉着边疆民众合法权益的维护与实现,并直接表现为边疆的国家认同问题。新时期,国家"以提高基本公共服务水平、改善民生为首要任务,以扶贫攻坚为重点,以教育、就业、产业结构调整、基础设施建设和生态环境保护为着力点",推动边疆民族社会和谐发展,实际的社会发展成果与合理的资源配置,对于构筑稳固的边疆社会国家认同的利益价值空间显得极其重要。

其三,完善以"合"为取向的中华历史叙述与文化建设,打造边疆社会国家认同的情感归属空间。从中国边疆治理来看,边疆的范围、界限与独特利益的认知及情感归属,对于边疆的稳固具有基础性的价值。当然,因国家疆域治理格局与体系上的"族际主义"色彩,边疆社会成员"族属"与"国民"的双重身份成为国家疆域治理的直接客体。俄国学者季什科夫在反思苏联解体时认为:在多族裔环境中,国家及决策者们的目的,是创造及推广能使族裔多元政策运行的一致的意识形态和象征符号,而不是寻求不费气力的策略,去细分为更小的、显然是自我管理的实体。

反思我国的国家历史叙事与文化建设,"加强中华民族大团结,长远和根本的是增强文化认同,建设各民族共有精神家园,积极培养中华民族共同体意识"。建构和完善以"中华民族"为核心、以"合"为基本价值取向的国家历史叙述范式与中华民族文化建设,是构设边疆社会国家认同情感归属空间的时代要求。

其四,推进以"法治"为中心的边疆治理体系革新,构建边疆社会国家认同的规范空间。这里的"法治",既包含国家法制体系的完备与有效运行,更体现着边疆民族社会的现代法治信仰与法治认同。首先,从国家制度与政策供给角度来看,须在现代"法治"体系与框架下,实现疆域内各族各群以国家认同与国家忠诚为目标的政治一体化过程。其次，从边疆社会的视角来看，依据法治原则规范并引导边疆居民的国民权益与利益诉求，有利于规范市场行为，有效限制市场原则对非经济领域（尤其是政治、文化、宗教）的渗透与侵蚀。通过体制内正常的沟通协商途径，以法律为准绳来协调，整合利益分歧与冲突，进而形成中国新型的族际关系。

　　总之，新时期国家疆域治理体系与治理能力现代化，需要"加强民族团结，不断增进各族群众对伟大祖国、中华民族、中华文化、中国共产党、中国特色社会主义的认同"，在边疆治理中须改变传统的稳定取向的差异治理观，树立新型的发展取向的平等治理观，推进各族各群的交往、交流、交融，以现代国民身份与合法权益为核心，构设边疆社会国家认同的多维空间。

图书在版编目（CIP）数据

民族政治辑刊. 第四辑 / 青觉主编. -- 北京：社
会科学文献出版社，2017.11
ISBN 978 - 7 - 5201 - 1100 - 3

Ⅰ. ①民…　Ⅱ. ①青…　Ⅲ. ①民族学 - 政治学 - 文集
Ⅳ. ①D0 - 05

中国版本图书馆 CIP 数据核字（2017）第 168641 号

民族政治辑刊（第四辑）

主　　编／青　觉

出 版 人／谢寿光
项目统筹／桂　芳
责任编辑／桂　芳　伍勤灿

出　　版／社会科学文献出版社·皮书出版分社（010）59367127
　　　　　地址：北京市北三环中路甲29号院华龙大厦　邮编：100029
　　　　　网址：www.ssap.com.cn
发　　行／市场营销中心（010）59367081　59367018
印　　装／三河市东方印刷有限公司

规　　格／开　本：787mm×1092mm　1/16
　　　　　印　张：22.25　字　数：367千字
版　　次／2017年11月第1版　2017年11月第1次印刷
书　　号／ISBN 978 - 7 - 5201 - 1100 - 3
定　　价／79.00元

本书如有印装质量问题，请与读者服务中心（010 - 59367028）联系